Finland
und
seine Bewohner.

Von

Friedrich Rühs.

Mit einer Charte von Finland.

Leipzig
bei Georg Joachim Göschen.
1809.

Det war det sköna land, hwars sol, ur tusen sjöar
Dig leende emot uppå din segerfärd,
O Birger, i dess pragt af lunder och af öar
Dig böd en werkningskrets, dit skaparsnille wärd;
Hwars långsamt tämda folk igenom råa seder
Och trumpna anleten dig wisade et mod
Af stilla kraft och naken heder
Ståndaktigt på sin punct, liksom en ärestod.

Francén.

Vorrede.

Daß diese Schrift nicht einer Speculation auf die vielleicht augenblickliche Neugierde des Publicums ihre Entstehung verdankt, wünsche ich durch sie selbst dargethan zu haben. Meine Studien der nordischen Geschichte nach ihrem weitern Umfange führten mich auf die Finnen; ich beschäftigte mich mit ihrer Sprache; denn ohne die Sprache eines Volks zu kennen, sollte Niemand sich unterstehn, über den Zustand und die Geschichte desselben zu schreiben; ich sammelte alles über ihre Schicksale und ihre Cultur, was sich mir darbot; bei den eigentlichen oder schwedischen Finländern hatte ich Gelegenheit, einen wenig gekannten und wenig genutzten Vorrath von Materialien zu gebrauchen. Das Interesse, das diese Nation in diesem Augenblicke für die Zeitgeschichte hat, erzeugte in mir den Gedanken, daß ihre Verarbeitung auch dem größern Publicum nicht unwillkommen seyn dürfte: zugleich wollte ich einen Versuch machen, eine allgemeine Theilnahme für ein edles und hochherziges Volk zu erregen, das durch seine ungünstige Lage unaufhörlich den schrecklichsten Unglücksfällen Preis gegeben war; mögen sich seine Schicksale entwickeln, wie sie wollen, so wird diese Theilnahme für das Glück künftiger Zeiten nicht unfruchtbar seyn.

Manche gelehrte und polemische Anmerkung habe ich, oft ungern und mit einiger Ueberwindung, fortgestrichen: ob es mir aber dennoch gelungen sei, ein Buch zu liefern, das nicht blos den Gelehrten interessirt, darüber mögen die Leser entscheiden. Vielleicht habe ich manches aufgenommen, was in den Augen andrer unbedeutend ist; aber bei einer Arbeit, wo alle Materialien so zerstreut waren und mit vieler Mühe einzeln zusammengesucht werden mußten, wird man es verzeihn, wenn in der Freude des Findens diesem oder jenem Ueberbleibsel ein höherer Werth beigelegt seyn sollte, als ihm vielleicht zukommt. Aller Reflexionen hab' ich mich, so nah' sie auch oft lagen, enthalten: gewisse Betrachtungen, die aus den Thatsachen hervorgehn, werden sich den Lesern von selbst aufdrängen.

Die Charte bei diesem Buch ist eine Copie der Hermelinschen Generalcharte von Finland. Sollten einige Druckfehler eingeschlichen seyn, was bei so vielen fremden und unbekannten Namen leicht möglich ist, so bitte ich dafür um Entschuldigung; in den ersten Bogen sind sie von keiner Bedeutung, Seite 63 Zeile 7 von unten lese man südwestlich statt südöstlich.

Rühs.

Inhalt.

Erster Theil.

Geschichte des Großfürstenthums Finland bis auf das Jahr 1807. Seite 1

Zweiter Theil.

Allgemeine Schilderung Finlands, seiner Erzeugnisse und Bewohner. S. 246

Dritter Theil.

Anhang.

Zusätze und Verbesserungen.

S. 8 Z. 9 v. u. l. Seppä
S. 13 Z. 4 l. Verwandten=
S. 16 Z. 5 hinter einer schalte andern ein.
S. 22 Z. 9 v. u. l. Pyhäma
S. 44 Z. 3 v. u. Vielleicht Tschernoja Retschka, der schwarze Bach, der beim Alexander Newsky's Kloster in die Newa fällt. Hupels Bemm. über Ingermanland, in seinen nordischen Miszellen, St. 13. 14, S. 25.
S. 63 Z. 7 v. u. l. südwestliche
S. 64 Z. 8 l. die Russen statt sie u. Z. 11 sie statt die Russen.
S. 65 Z. 4 v. u. lösche daher aus.
S. 67 Z. 14 l. statt: von den Bedingungen u. s. w.: im Jahr 1513 sollte die Gränze näher bestimmt werden und vom Meer nach Sesterå und von da nach dem Kapino = Meer sich erstrecken. Streitigkeiten zwischen Russen und Schweden sollten von den respectiven Behörden gerecht geschlichtet und Verbrecher und Uebelthäter ausgeliefert werden. Freier Handel und Wandel ward zwischen beiden Reichen festgesetzt. Schweden versprach den Feinden Rußlands nicht beizustehn. Zur Bestätigung des Vertrags durch das Kreuzküssen ward eine schwed. Gesandtschaft nach Novgorod geschickt. Einen Auszug aus der Urkunde vom 7ten März 7018 (1510) s. in Hallenberg nya allmänna historia I. S. 255. Anm. b.
S. 72 Z. 2 Bischof Conrad von Åbo ließ im J. 1488 zu Lübeck durch Barthol. Gothan ein Meßbuch für seinen Sprengel drucken und es an alle Kirchen desselben austheilen.
S. 79 Z. 13 l. Bengt
S. 85 Z. 12 l. von statt vor
S. 86 Z. 7 l. Ekytte
S. 109 Es war ein förmlicher innerer Kampf zwischen den nördlichen und südlichen Finnländern: die Ostbottnier und Careler waren auf Carls, die übrigen auf Siegmunds Seite. Die Ostbottnier zwangen alle, die sie trafen, sich mit ihnen zu vereinigen: und um die Aufrichtigkeit eines neuen Anhängers zu prüfen, ward ihm eine Keule in die Hand gegeben: und er mußte alsdann den ersten, der ihnen begegnete, fragen, wem er ergeben sey? Antwortete er Siegmund, so mußte er ihn niederschlagen, und that er es nicht, so ermordeten ihn seine Begleiter; so mußten Väter ihre Söhne, Kinder ihre Eltern und Brüder ihre Brüder eigenhändig entleiben. – Den königl. Statthalter auf Korsholm nahmen die Bauern gefangen und brachten ihn nach Stockholm, wo sie nicht eher ruhten als bis er hingerichtet war. Unter den Bauern in Ostbottn giebt es von diesem Keulenkriege noch manche wohl nicht immer zu verbürgende Sagen, die man gesammelt findet in Nytta och Nöje, nr. 6. 7. Stockh. 1793.

S. 116 Einen Theil ihrer Abgaben mußten die Bauern in allerlei Peltereien entrichten: Carl erließ eine Bestimmung über das Verhältniß der verschiednen Felle zu einander. — In den öden Gegenden von Oesterbotten wollte er Lappen ansiedeln, die hier umherziehn, Fischfang und Renthierzucht treiben, und den letztern Nahrungszweig den finländischen Einwohnern lehren sollten. (Dalin IV. Bd. 2. S. 447.) Im J. 1602 ward das schwedische Gesetzbuch von Thomas Ljung, Pastor zu Kalajoki, ins Finländische übersetzt; nach 8 Jahren ward diese Uebersetzung dem Könige überreicht, und auf Betrieb des Hofcanzlers Nic. Chesnocephorus ward mit dem Druck der Anfang gemacht, der aber beim Tode des Königs aufhörte: nur der Titel, Carls Vorrede und K. Christophus Bestätigung wurden 1610 zu Stockholm in Folio abgedruckt. (M. s. den ganzen Titel in Stjernmanni biblioth. Sviogothica S. 7. nr. VI.)
S. 152 Z. 12 l. Newa
S. 158 Z. 4 lösche um aus.
S. 169 Z. 11 v. u. lösche über aus.
S. 180 Z. 9 v. u. l. ihn
S. 182 Z. 12 l. Tataren
S. 186 Z. 7 l. Bång
S. 186 Z. 13 Unter den Lehrern an der Åboer hohen Schule fand die Cartesianische Philosophie früh eifrige Anhänger; der Prof. der Beredsamkeit, Dan. Achrelius, gab nach ihren Grundsätzen eine Reihe von Dissertationen heraus, die hernach die Aufschrift erhielten: Contemplationes Mundi. Aboae 1682. Die übrigen Glieder der philosoph. Facultät wollten den Druck dieser Abhandlungen verhindern, weil der Verfasser von den angenommenen Meinungen andrer Philosophen abweiche und neue Grundsätze einzuführen suche: allein die Theologen und Mediciner fanden in seinen Behauptungen keinen Widerspruch mit der heiligen Schrift, und bemerkten, daß es vor ihm ausgezeichnete Männer gegeben, die lieber frei hätten urtheilen, als sklavische Anhänger fremder Schriften und Meinungen seyn wollen. (Anmärkningar i svenska Historien, S. 203.)
S. 194 Z. 4 v. u. l. XII.
S. 218 Auch die geistige Cultur drohte der Krieg bis auf den letzten Keim zu vertilgen. Es entstand ein gänzlicher Mangel an Erbauungs- und Unterrichtsbüchern: im Lande gab es keine Buchdruckerei. Um dem Mangel an Lehrbüchern einigermaßen abzuhelfen, schnitt ein Bauer in Tawastland ein A B C in hölzerne Tafeln, die, so roh die Kunst auch erscheint, doch ihrem Zweck einigermaßen entsprachen. (Porthan de libris rarioribus, Aboae 1791. S. 43.)
S. 222 Z. 9 l. Berechnung
S. 257 Z. 30 hinter Korn l. und
S. 288 Z. 10 l. Erich statt Sven
S. 299 Z. 4 l. Tulen
S. 314 Z. 11 l. Geld
S. 350 Z. 13 hinter Dompropstei ein

Erster Abschnitt.

Geshichte des Großfürstenthums Fin-and bis auf das Jahr 1807.

Seitdem der nördlichste Theil unsrer Halbkugel bekannt ist, findet man ihn von finnischen Stämmen bewohnt, die noch gegenwärtig ziemlich ausgebreitet sind, aber ehmals weit zahlreicher waren: manche Völker sind entweder ganz mit andern verschmolzen oder nur noch in schwachen Ueberresten vorhanden; (wie Meren, Wessen (Watländer) Tschuden, (Liwen), oder sie haben durch den Eigensinn ihres Geschicks ihre ursprüngliche Lebensart, ihren Character, ja sogar ihre Sprache verändern müssen, (wie Baschkiren, Tschuwaschen). Nur allein den Ungern (Madyaren) ist es gelungen, einen Staat, ein selbstständiges Reich zu bilden: alle andre wurden von ihren mächtigern Nachbaren entweder unterjocht oder auch, wie die Lappen und Ostjaken, in den äußersten Nord hinaufgedrängt, wo dem Geiz keine Hoffnung mehr blühte und alle Reizungen für die Ehrsucht endlich aufhörten. Die Finnen waren erst wenige Schritte über den Zustand der Natur herausgetreten, sie lebten noch ohne politische Verbindung und hatten ihre Stärke weder kennen noch brauchen gelernt: da wurden sie von Völkern angegriffen, die bereits unter dem Zwange des Gesetzes standen, deren Kraft durch Einen Willen geleitet ward und die, ihnen an Cultur weit voraus, mit schlauer Kunst und mit neuen, ungewohnten Waffen wider sie fochten. Ein solcher Kampf konnte nicht zweifelhaft bleiben. Traurig war das Loos der Stämme, die von Deutschen oder Slaven bezwungen wurden; die erstern erniedrigten ihre Besiegten zu Knechten, deren Druck in dem Fortgang der Zeiten immer schwerer und entsetzlicher ward: die letztern machten es nicht viel besser; es geschah nichts, um die unterjochten Völker auf eine höhere Stufe bürgerlichen Wohlstandes und dadurch zu einer größern sittlichen und geistigen Cultur empor zu heben. Nur die Schweden behandelten die Finländer, zu deren Herrn ein Ungefähr sie bestimmte, auf eine edlere Art; schon in jenen rohen Zeiten, da die ersten Erwerbungen an Finlands Küste gemacht wurden, befolgten die Sieger Grundsätze, die den Eroberern nur selten heilig gewesen sind: sie gaben dem bezwungnen Volk ihre Rechte und Gesetze und ließen es an allen Vortheilen ihrer Verfassung Theil nehmen, ohne ihm seine Sprache zu nehmen oder sich in die Oekonomie und die besondern Verhältnisse der Einzelnen einzumischen: sie theilten ihm ferner alle Güter der Cultur mit, die sie selbst besaßen, ohne es gewaltsam von seiner Lebensart, wozu es durch Clima und örtliche Beschaffenheit oder nur durch Vorurtheile veranlaßt ward, entwöhnen zu wollen. Freilich ward Finland bald der Schauplatz entsetzlicher Kriege, die mit einer Wuth, einer Erbitterung geführt wurden, die allen Glauben überschreitet, und die die Fortschritte der Bevölkerung, des Wohlstandes und der Aufklärung um Jahrhunderte verzögerten: allein weil das Volk nicht zur Sklaverei erniedrigt war und seine Eigenthümlichkeit nicht eingebüßt hatte, erhob es sich im Genuß bürgerlicher Freiheit, der ersten Grundbedingung zu aller irdischen Wohlfahrt, durch männliche Beharrlichkeit, obgleich unter harten Anstrengungen, aus dem tiefsten Ruin. Fehlt es auch der finländischen Geschichte an einem bedeutenden politischen Interesse, so wird sie doch anziehend durch die Darstellung des Ursprungs und der Fortschritte, den die Cultur unter einem zahlreichen, dem Geist und Gemüth nach trefflichen Volk gemacht hat; durch die Schilderung des beharrlichen und glücklichen Eifers, womit freie und fleißige Menschen das Zerstörte wieder herzustellen und die Spuren des Elends zu vertilgen suchten, tröstet sie über die Verheerungen, die das Land in gewissen Perioden zur Einöde machten: endlich, da die Bande, die bald sechs Jahrhunderte Schweden und Finland verknüpften, auf eine so unerwartete Art zerrissen wurden, da eine neue Periode für Finland beginnt, darf sich der erste Versuch, die Geschichte des finländischen Volks darzustellen, auch in einem größern Kreise einige Aufmerksamkeit versprechen.

I.

Die Vorzeit der Finländer.

Ueber den Zustand und die Lage der Finländer zur Zeit der schwedischen Eroberung haben wir nur höchst unvollständige Nachrichten. Das Volk selbst hatte noch keinen Begriff von der Schreibkunst, und konnte also keine schriftlichen Denkmäler hinterlassen. Seine Sagen sind verschwunden; die alten Gesänge gewähren wenig Aufklärung: die ältesten, die ohne Zweifel sehr verändert und verstümmelt zu uns gekommen sind, enthalten nur mystische Andeutungen und die Träume eines ausschweifenden Aberglaubens. Es sind nur noch Fragmente historischer Lieder übrig und selbst diese erstrecken sich nur auf neuere Begebenheiten. Die Verheerungen, womit die vielen auf Finlands Gefilden geführten Kriege begleitet waren, hatten auch für die Geschichte sehr nachtheilige Folgen; eine Menge von Urkunden und Verhandlungen wurden dadurch zerstreut und vernichtet. Die Schweden selbst hatten noch keine Geschichtschreiber und die Klostergeistlichen, die uns einige Anzeichnungen von ihrer Zeit hinterlassen haben, geben uns nur sehr trockne und zum Theil sehr unbedeutende Notizen: und doch sind ihre Schriften nebst einigen päpstlichen Bullen die einzigen Quellen, die dem Forscher offen stehn: nur durch den Beistand der Sprache und die Vergleichung mit den ihnen so nah verwandten Ehstländern, über deren frühere Geschichte wir etwas besser unterrichtet sind, können wir uns wenigstens eine allgemeine Vorstellung von der Lebensart und der gesellschaftlichen Verfassung der alten Finländer machen.

In den finländischen Chroniken, die im vierzehnten Jahrhundert verfaßt sind, findet man ausführliche Verzeichnisse finländischer Könige, die aber nie existirt haben, sondern von den Verfassern aus dem dänischen Geschichtschreiber Saxo und dem Schweden Johann

Magnus herbeigeholt sind: um ihren Verzeichnissen einen Anstrich von Wahrheit zu geben, ist hin und wieder ein finländisch klingender Name darunter gesetzt. Die Finländer standen bei Ankunft der Schweden noch nicht unter einem gemeinschaftlichen Oberhaupt, sondern lebten in ihrer natürlichen Freiheit, ohne Gesetze, ohne Regenten oder eigentliche bürgerliche Regierung. Hätten die Schweden einen König oder Fürsten an der Spitze der Finländer gefunden, so würden die Geschichtschreiber einen so wesentlichen, den Ruhm ihrer Helden vergrößernden Umstand schwerlich ausgelassen haben: überdies hat die finländische Sprache kein Wort, das König, Fürst, Oberhaupt, Herrscher oder Richter ausdrückt: der König z. B. heißt Kuningas, der Fürst Ruhtinas (vom Schwed. Drott, Thrutin; Tr können die Finländer nicht aussprechen) der Richter Duomari; (vom Schwed. Domare;) das Reich Valdakunda, (von välde Gewalt und dem finländ. Anhängewort Kunda, das Gegend, District bezeichnet.) Obrigkeit Ehsiwalda u. s. w. Die einzigen Wörter, die auf eine Art von Regierung und Herrschaft zu deuten scheinen, sind Wero, Schatz, Auflage, und Sakko, Buße: vielleicht forderten die Hausväter von ihren Knechten Abgaben und übten ein Strafrecht aus; auch kannten sie den Eid und die Handlung des Schwörens, denn es giebt für diese Begriffe eigne Ausdrücke. — Daß die Russen vor Ankunft der Schweden irgend eine Obergewalt über Finland ausgeübt haben, ist eine ganz ungegründete Vermuthung: die russische Geschichte zeigt keine Spur davon. Die

Finländer forderten niemals die Russen zum Beistand gegen die schwedischen Angriffe auf, noch weniger glaubten die erstern durch die Unternehmungen der Schweden beeinträchtigt zu seyn: selbst nicht einmal ganz Carelen, dessen nördlicher Theil ihnen unstreitig von jeher gehörte, war ihnen bis gegen das Ende des dreizehnten Jahrhunderts unterworfen.

Es gab bei den Finländern keinen andern Unterschied der Stände als zwischen Freien (Wapa) und Sklaven, Orja, Palvelja Diener) die sie hauptsächlich durch Kriege und Raubzüge erhielten und deren Loos von dem der Freien nicht sehr verschieden war. Die Ausdrücke Stadt, Markt, Jahrmarkt, Gasse, so wie die Benennungen vieler Geschäfte und Handwerke, z. B. des Schneiders, Drechslers, Mahlers, Gerbers u. s. w. haben die Finländer von den Schweden entlehnt und etwas nach ihrer Zunge modificirt, ein Beweiß, daß ihre Bekanntschaft mit diesen Dingen von den Schweden herstammt. Einige Handwerke können freilich mit rein finländischen Namen bezeichnet werden, allein man sieht sogleich, daß sie neugemacht sind. Dagegen scheinen Kanguri (der Weber) und Seppa *) (der Schmidt) uralte Worte zu seyn und zu beweisen, daß diese Handwerke von Alters her bei der Nation üblich gewesen sind. Für alle Arbeiten und Geräthe, die zu ländlichen Geschäften, nicht blos zur Jagd und Fischerei, sondern auch zur Viehzucht und zum Ackerbau gehören, hat die Sprache einen reichen Vorrath von eignen und

*) Eigentlich Einer, der etwas verfertigt, faber: Puuseppä, der Tischler von Puu Holz, Tinseppä, Zinngießer u. s. w.

einheimischen Wörtern. Mit diesen Erwerbszweigen ist dies Volk daher von Alters her bekannt gewesen, weil es im andern Fall mit der Kenntniß der zu diesen Geschäften erforderlichen Werkzeuge und Verrichtungen unfehlbar ihre schwedischen Namen entlehnt, oder sie mit nachgeahmten und verstümmelten Wörtern und Redensarten bezeichnet haben würde. Der Ackerbau, den die Finländer trieben, bestand hauptsächlich in dem sogenannten Svedjen, das ihnen eigenthümlich ist und unten näher beschrieben wird: sie scheinen sich mehr auf diesen Nahrungszweig als auf die Viehzucht gelegt zu haben: denn bald nach der Einnahme des Landes und der gezwungnen Bekehrung des Volks ward den Einwohnern zur Pflicht gemacht, ihre Abgaben an den Bischof und die Priesterschaft in Getreide zu entrichten; dahingegen erlegten die schwedischen Ansiedler in Nyland und den finländischen Schären, die meistens aus Helsingland waren, und sich, nach Art ihres Vaterlandes, hauptsächlich von der Viehzucht ernährten, die ihrigen in Butter. Für Butter haben die Finländer ein einheimisches Wort Woi; den Käse Juusto (vom schwed. Ost) scheinen sie erst später kennen gelernt zu haben. Auch mit den Metallen und ihrer Verarbeitung waren sie nicht unbekannt; Rauta heißt Eisen, Tekås Stahl, Waski Kupfer, Hopia Silber; für Gold, Zinn und Blei giebt es keine einheimischen finländischen Namen. Daß die Finländer seit undenklichen Zeiten Eisen, vermuthlich aus ihrem See- und Sumpferz, das vor seiner Reinigung und Schmelzung Hölmä genannt wird, zu verfertigen wußten, läßt sich theils aus den eignen Bezeichnungen in der Sprache für Schmiede, Schlacke, Gußeisen, Gänse u. s. w., theils aus verschiednen abergläubischen Gesängen schließen, worin die Kunst das Metall zu bearbeiten den Göttern zugeschrieben wird. Finländische Schwerter kommen in den isländischen Sagen vor und selbst noch in spätern Zeiten hatten die Finländer den Ruf, in der Verfertigung von Schmiedearbeiten vorzüglich geschickt zu seyn. Es verdient endlich auch der Umstand angeführt zu werden, daß, der Tradition nach, die wichtigsten Bergwerke in Schweden von Finländern entdeckt sind. Der Bock eines Finländers kam von der Weide und war vom Wälzen roth; der Besitzer spürte die Stelle auf und ward Entdecker der berühmten Gruben von Falun *). Das Silberbergwerk bei Sala soll von einem Ehsten gefunden seyn, der seine Entdeckung eine Zeitlang geheim hielt; man will daher auch den Namen vom Finnischen Sala, geheim, ableiten **). Diese Erzählungen mögen nun wahr oder, was glaublicher ist, durch Dichtung entstellt seyn, so ergiebt sich doch daraus, daß selbst die Schweden den Finländern eine vorzügliche Kenntniß der Metalle beilegten. Sie scheinen sogar schon eine Art von Handel gekannt zu haben, denn man findet einheimische Wörter für kaufen und verkaufen (myydä und ostaa); ja sie haben einen eignen Ausdruck, Raha, für Geld, der jedoch ältestens ein Fell bezeichnete, eine Bedeutung, die sich

*) A. Hülphers Resa genom Dalarne, Wästerås 1762. S. 386.

**) O. Grau Beskrifning öfver Westmanland, Wästerås 1754. S. 223.

noch jetzt im lappischen Dialect erhalten hat: vermuthlich bedienten sich die Finländer anfänglich der Felle als eines Maßstabes, um den Werth der Dinge darnach zu bestimmen: wie z. B. die alten Ostseeslaven Leinwand, die Novogroder die Stirnläppchen von Eichhörnern und Marderschnauzen und die Isländer Fische und Wadmel (grobes Tuch) zu derselben Absicht gebrauchten.

Alle diese Umstände und die Gewöhnung an verschiedne Bequemlichkeiten beweisen deutlich, daß sich die Nation nicht mehr im Zustand der äußersten Rohheit befand, sondern bereits einige Fortschritte in der Cultur gemacht hatte. Es erhellt ferner aus dem Vorrath einheimischer Wörter, um nicht nur verschiedene Arten von Häusern und allerlei Hausgeräth, sondern auch Höfe, Dörfer und selbst gewisse Bezirke mehrerer Dörfer (Kyläkunda, Kylä das Dorf) und Versammlungen (Keräjä, ein Ausdruck, den man nachher zur Bezeichnung des Landgerichts angewandt hat) zu bezeichnen, daß sie nicht ganz ohne gesellschaftliche Verbindungen waren. Die meisten dieser Wörter sind ihnen mit ihren nächsten Stammverwandten auf der andern Seite der finländischen Bucht, den Ehsten, gemeinschaftlich: so daß sie vermuthlich schon früher im Gebrauch waren, eh' die beiden Nationen sich trennten. Aus den Berichten in der alten livländischen Chronik, für deren Verfasser man den Letten Heinrich hält und die zu den vorzüglichsten Denkmälern der nordischen Geschichte gehört *),

*) Unter dem Titel: Origines Livonicae, recensuit J. D. Gruber, Francof. et Lips. 1740. Fol. Deutsch von J. G. Arndt, Halle 1747. Fol.

lernen wir, daß die Ehsten noch in ihrer natürlichen Freiheit lebten, aber dennoch größere oder geringere Verbindungen zu gemeinschaftlicher Vertheidigung schlossen, daß sie sich auf allgemeinen Zusammenkünften, bei denen die Aeltesten der Nation das größte Ansehn hatten und am thätigsten waren, versammelten, und Kriegs- und Raubzüge zu Wasser und zu Lande beschlossen und daß der Anmaßendste, Stärkste, Erfahrenste oder Geachtetste im Kriege eine, obgleich sehr eingeschränkte, Art von Oberbefehl erhielt. Dies Gemälde, das mit den Sitten andrer halbwilder Völker so sehr übereinstimmt, paßt allen seinen Theilen nach auch auf die bürgerliche Verfassung der alten Finländer.

Auch in ihren häuslichen Sitten glichen sie Wilden oder Halbbarbaren: Härte in der Denkungsart, Trägheit, Verdrießlichkeit, und Rohheit im Umgange, wovon sie nicht freizusprechen sind, können ihnen jedoch in keinem höhern Grade als andern uncultivirten Völkern zur Last gelegt werden. Der Ackerbau hatte sie bereits an gewisse Wohnplätze gebunden, und führte sie dadurch allmählig zu einer Art von geselligem Leben, dem, wenn es gleich von dem Geschmack, der Feinheit, der studierten Ueppigkeit entblößt war, die die Sitten und Zeitvertreibe gebildeter Völker bezeichnen, doch nicht alle gemeinschaftliche Vergnügungen fehlten, die mit dem ernsten Character der Nation, und ihrer mehr trüben, als muntern und lebhaften Denkungs- und Umgangsart übereinstimmten. In jedem Hause, in jeder Dorfschaft wurden jährlich mehrere besondre Gastgebote von Nachbaren, Verwandten und Freunden mit gemeinschaftlicher Freude gefeiert: dahin gehören die Feste bei ihren Hochzeiten, Verlobungen, der Geburt junger Kinder, Begräbnissen, ferner die verwandten, Erndte und Schlachtfeste, so wie auch das feierliche Freudenfest nach glücklich geschloßner Bärenjagd. Das Hauptvergnügen und den größten Reiz gewährten bei allen diesen Zusammenkünften gute und starke Getränke, die zur Ehre des Wirths und des Festes gemeiniglich in so überflüssigem Maß verzehrt wurden, daß man sich um die ganze übrige Bewirthung wenig bekümmerte: man sagte daher auch Häitä juoda, Pejjäisia juoda (Hochzeit, Begräbniß trinken.) Wein und andre ausländische Getränke waren ihnen selbst dem Namen nach unbekannt, wurden also auch nicht bei ihren Gelagen gegeben: alle Weine werden in Finland noch jetzt mit dem Namen Saxan Wiina, sächsische oder deutsche Weine, bezeichnet, weil sie zuerst von deutschen Kaufleuten, finländisch Saxat genannt, eingeführt wurden. Einem Volke, das schon lange den Ackerbau getrieben hatte, konnte es nicht unbekannt seyn, daß sich aus Gerste ein wohlschmekkendes und berauschendes Getränk bereiten läßt; deswegen können auch mehrere zur Verfertigung desselben gehörige Erforderniſſe, Handgriffe und Geräthschaften, so wie der Rausch, den das Uebermaß erzeugt, mit verschiednen finländischen Wörtern und Redensarten ausgedrückt werden. Die Gerste (Ohra), woraus Bier (das stärkere Bier heißt Juoma, das schwächere Kalja) gemacht wird, scheint die älteste Getreideart gewesen zu seyn, mit deren Cultur sich die Nation beschäftigte: Rocken (Ruis, schwed. Rug) und Haser (Kavra) sind wahrscheinlich von den Schweden ins Land und in die Sprache gekommen. Auch die Bienenzucht, die jetzt ganz untergegangen ist, war nicht unbekannt und ward mit einigem Fortgang betrieben; die Sprache hat einen eignen Ausdruck für die Biene (Måttiaiset, Kimalaiset) und den Honig und Meth, (Måsi, Simà); überdieß läßt sich aus verschiednen alten Liedern auf ihre Bekanntschaft mit Meth und Honig schließen. Eben so einfach und ungekünstelt als ihre Getränke, waren auch ihre Speisen; worunter keine Leckereien, keine den Gaumen reizenden Mischungen vorkamen. Ihr Fischfang und ihre Jagd, ihr Ackerbau und ihre Heerden gaben ihnen die wenigen Gerichte, die sie sowol zum eignen Gebrauch als auch zur Bewirthung der Fremden nöthig hatten, und an ihrer Zubereitung hatte die Kunst keinen großen Antheil. Die Ueppigkeit der Reichen zeigte sich bisweilen nur in der Menge der eßbaren Waaren: der Tisch war übermäßig mit allem, was das Haus vermochte, belastet, und ward wohlbedächtlich so lange in diesem Zustand der Fülle erhalten, als die Festlichkeit fortdauerte.

Aber außer den Tafelfreuden hatten sie bei ihren frohen Zusammenkünften noch andre Zeitvertreibe, worunter der Gesang und die bisweilen damit verbundne Instrumentalmusik zuerst genannt werden müssen. Von den ältesten Zeiten an hat die finländische Nation eine eigne Dichtkunst gehabt: der finländische Name für Gedicht ist Runo, in der Mehrzahl Runot, und ein Dichter heißt Runoniecka, wobei zu erinnern ist, daß diese Wörter zufälligerweise einen ähnlichen Klang mit dem skandinavischen Ausdruck **Runen** haben, daß sonst aber nicht die geringste Aehnlichkeit dazwischen Statt findet. Die Verse der Finländer bestehn in gleichlaufenden, achtsilbigen Zeilen, die in ihrer Zusammensetzung an gewisse bestimmte Regeln gebunden und dem Laut und Ausdruck nach auch für feine und genaue Ohren nicht unangenehm sind. Der Reim ist der finländischen Poesie fremd; in neuern Zeiten hat man ihn aus Nachahmung freilich angewandt, doch ist aus solchen Gedichten der eigenthümliche Charakter fast ganz verschwunden: dagegen sind Buchstabenassonanzen eine Hauptbedingung, d. h. in jedem Verse müssen immer zwei Wörter mit demselben Buchstaben oder derselben Silbe anfangen: Abkürzungen, Verstümmlungen, Auslassungen oder andre Freiheiten dürfen sich die Dichter nicht erlauben. Die einzelnen Ideen, woraus das Gedicht besteht, müssen immer zwei oder mehrere bestimmte Glieder haben, die in eben so vielen Versen enthalten und so mit einander verbunden sind, daß der folgende Vers dieselbe Sache wie der erste, nur mit andern Worten und, wenn es seyn kann, kräftiger ausdrückt. Die finländischen Dichter besangen die Handlungen und Abentheuer der Götter, das Gedächtniß und die rühmlichen Thaten der Altvordern, so wie fast alle frohe und traurige Ereignisse des Lebens, die ihnen von einiger Merkwürdigkeit zu seyn schienen: von ihren alten Gedichten, besonders historischen Inhalts, hat sich jedoch nichts erhalten, und man kennt kein einziges, das älter als das Zeitalter der Reformation wäre. Die ältesten sind unstreitig die sogenannten Zaubergesänge, denen der Aberglaube eine große Kraft beigelegt hat, um Krankheiten und andre Unglücksfälle abzuwenden, von denen an einer Stelle ausführlich gehandelt werden soll *). Die Lieder der alten Finländer hatten eine eigne, höchst einfache und monotone Melodie, die noch bei dem Landvolk in den obern Provinzen überall bekannt und beibehalten ist, und die die einzige musicalische Composition gewesen zu seyn scheint, die die Nation in ältern Zeiten kannte: die wenigen sonst im Lande vorkommenden Volkslieder sind offenbar entweder von schwedischer oder russischer Herkunft. Diese Melodie, der es bei aller ihrer Einfachheit, nicht an einem gewissen melancholischen Ausdruck fehlt, ward durch das ganze Lied, es mochte so lang seyn als es wollte, fortgesetzt: die Hauptidee blieb beständig dieselbe, ohne in den kleinen Variationen, die sich dieser oder jener Sänger erlaubte, unter den Grundton zu fallen oder über die Quinte zu steigen **). Gewöhnlich pflegten die Finländer ihre Gesänge mit Saitenspiel zu begleiten. Sie haben jetzt dreierlei Art Cythern: die älteste und gewöhnlichste heißt Kandele: sie ist ungefähr $\frac{3}{4}$ Ellen lang, am untern Ende etwa $\frac{1}{4}$ Elle breit, oben aber etwas schmäler, mit zwei Böden und graden Seiten versehn und von der Dicke

*) Unten im zweiten Abschnitt.

**) Siehe das beiliegende Notenblatt, wo zugleich die Variationen beigefügt sind. Der Text heißt: Ein Gebot ging aus vom Himmel, vom Aufrechthalter der ganzen Natur.

Tempo giusto.

Dicke einer gewöhnlichen Violine. Sie ist mit fünf stählernen (ehemals pferdehärnen) Saiten bezogen, die genau wie G. A. B. C. D. gestimmt sind: doch ist B etwas niedriger als tertia minor bis G. moll. Das Accompagnement geschieht gemeiniglich im Unisono, doch wird auch meistens bei jedem Achtzehntel die Quinte D angegeben, und, wenn es sich so paßt, auch der volle Terzquintaccord gehört *). Sie wird mit den Fingern gespielt. Nach der finländischen Mythologie war einer von ihren vornehmsten Göttern, der alte Wäjnämöjnen, Erfinder dieses Instruments: nachdem es fertig war, suchte er vergebens jemand unter den Sterblichen, der es behandeln konnte; daher nahm er selbst die Harfe und spielte so vortrefflich, daß alle Bewohner des Waldes, der Lüfte und des Meers entzückt den Zaubertönen lauschten, und er selbst ward zuletzt so gerührt, daß ihm die Thränen in großen Perlen auf die Kleider rollten. Die zweite Art ihrer musikalischen Werkzeuge wird mit einem von den Schweden geborgten Ausdruck Harppu genannt, ist beinahe zwei Ellen lang und ungefähr eine Elle breit und oben offen; sie ist mit drei stählernen Saiten versehn und wird mit einem Bogen aus Pferdehaaren gestrichen. Die dritte Art endlich Jouhi-Kandele ist der vorigen fast gleich, aber um die Hälfte kleiner und nur mit pferdehärnen Saiten bezogen, wird aber auf dieselbe Art gespielt. Von Blaseinstrumenten, die bereits seit alten Zeiten

*) S. J. Tengström om de fordna Finnars sällskapsnöjen ach tidsfördrif (in vitterhets academiens handlingar, VII. S. 265-287) S. 280.

bei der Nation bekannt waren, wurde in ihren Zusammenkünften kein Gebrauch gemacht; die Schallmei (Torvi), und die Pfeife (Pilli oder Huilu) scheinen zu andern Zwecken bestimmt gewesen zu seyn. — Der Tanz war bei den alten Finländern so unbekannt, daß sie nicht einmal ein Wort hatten, diese Körperübung zu bezeichnen: so wie sie auch aller diesem Vergnügen entsprechenden Musik entbehrten. Die Bewohner von Karelen und Sawolax wissen noch jetzt nichts von diesem Zeitvertreib und die Küstenbewohner und Tawasten haben ihn ohne Zweifel von den Schweden erlernt, wie auch die Namen tanßi, tanßan bezeugen. Eben dies gilt auch von allen auf Gewinn berechneten Spielen, worin sie ehemals ganz unerfahren waren, obgleich diese für die Sitten und den Wohlstand so gefährlichen Zeitverkürzungen gegenwärtig auch bei dem finländischen Volk allgemein eingerissen sind. Einige andre Spiele waren der Nation eigen, die jedoch mehr der Jugend und dem kindlichen Alter angehörten, als daß sie zur Erheiterung der oben erwähnten Zusammenkünfte dienten. Die Aelteren ergötzten sich vielmehr an allerlei körperlichen Uebungen, die Stärke und Behendigkeit erforderten, z. B. am Bogenschießen, dem Schneeschuhlaufen, Schwimmen, Ringen u. d. g. und die ihnen die Stärke, den Muth und das sichre Vertrauen auf sich selbst gaben, wodurch sich die Nation beständig sowol in friedlichen Geschäften, als auf dem Gefilde der Schlacht ausgezeichnet hat. *)

*) S. Tengström's vorhin angeführte Abhandlung.

Dem andern Geschlecht, das bei allen Barbaren ein trauriges Schicksal erfahren muß, weil die Begierde allein in den rauhen Busen gebietet und die wilde Kraft von keinen sanftern Gefühlen gezähmt ist, ward auch von den alten Finländern mit geringer Achtung und ohne Schonung begegnet. Der Vater, der in seinem Hause die höchste Macht hatte, oder, nach seinem Tode, die Söhne, verkauften den Liebhabern die Töchter oder Schwestern für einen gewissen Preis, worüber man übereingekommen war: für „eine Tochter verheirathen“ ist der alte finländische Ausdruck: sie verkaufen. In einem alten Gedicht ward von einem Vater, der im Begriff war, seine Tochter zu verheirathen, gesagt: er verkaufte sein Mädchen, er verhandelte seine Dirne. Die Braut war unterdessen abwesend im Walde gewesen. Der Freier kommt, um sie aufzusuchen, und erzählt ihr, wie er ihren Vater besucht und mit was für einem Handel er ihn beschäftigt gefunden habe. Wem ward ich dann verkauft? fragt die Schöne. „Du wardst mir verkauft, mein schönes Huhn, mir wardst du verhandelt,“ ist die Antwort des Liebhabers. Sie unterrichtet sich darauf von dem Brautpreise; der Freier versichert, daß er recht ansehnlich gewesen sei: nämlich ein Streitpferd für den Vater, eine Kuh für die Mutter, ein Paar Ochsen für den Bruder, für die Schwester eine Schaafmutter und eine große Spange für die Sohnsfrau. Der Braut scheint dies alles zu wenig, und aus Verdruß, daß sie um einen so geringen Preis fortgegeben sei, erklärt sie ihrem Bräutigam, daß sie seine Gattin nicht werden wolle;

„wenig, sagt sie, gabst du für die Gute, sehr wenig für die Schöne, um dich bekümmre ich mich nicht.“ So wußte die weibliche Eitelkeit selbst einer barbarischen Sitte eine schmeichelhafte Ansicht abzugewinnen. In ältern Zeiten war an dem Beifall der Braut wenig gelegen: so bald der Vater oder der Bruder mit dem Freier übereingekommen war, blieb ihr nichts weiter übrig, als zu gehorchen. Von Galanterie und zarter Bewerbung findet sich nirgends eine Spur; ein einziges Beispiel, das in einem alten Liede besungen wird, ist daher sehr merkwürdig: ein Mädchen, das um einen ansehnlichen Preis an seinen Freier verkauft war, ward hernach von einem Russen fortgeraubt: weder Vater, Mutter, Schwester noch Bruder wollten es gegen Erlegung des Brautpreises aus der Gewalt des Feindes befreien: allein ein fremder Junggesell war weich genug, hundert Thaler zu zahlen, da es ihn um Hülfe anrief und seine ewige Sklavin, seine beständige Gattin zu werden versprach. — Außer dem Vater oder Bruder, der die Braut eigentlich ausgab, mußten auch ihre andern nächsten Angehörigen mit Geschenken bedacht werden; die Kosten der Verheirathung waren also sehr bedeutend, und dies ist vielleicht die Ursache, warum sich bei den Finländern keine Spur von eigentlicher Polygamie findet. Im Hause ward die Frau nicht viel besser als eine Sklavin betrachtet: außer andern beschwerlichen Geschäften war es ihre Obliegenheit, nebst den Sklavinnen und andern weiblichen Hausgenossen, alles Korn, das zum Unterhalt erforderlich war, zu stampfen oder zu mahlen: noch gegenwärtig findet man in Sawolax und Karelen, wo

Wind- und Wassermühlen ziemlich neue Einrichtungen sind, Ueberbleibsel von dieser Gewohnheit. Bei den Festen hatten sie die Sorge für die Bereitung der Speisen und Getränke, waren aber von aller Theilnahme an den Gelagen und Ergötzlichkeiten ausgeschlossen.

In der Religion zeigt sich zwischen den finnischen Stämmen eine große Aehnlichkeit; nur muß man bemerken, daß, je nachdem die einzelnen Völker einen höhern oder geringern Grad der Cultur erreicht hatten, auch ihre religiösen Ansichten roher oder ausgebildeter waren. Es ist indessen schwer, eine richtige Vorstellung davon zu erhalten, weil die Quellen zu unrein und zu unvollständig sind. Diese Kenntniß wird größtentheils aus den Liedern geschöpft, die in ihrer jetzigen Gestalt aber sehr jung sind, wenn sich gleich nicht läugnen läßt, daß ihnen ältere Ansichten zum Grunde liegen: allein das Alte von dem Neuen zu scheiden, ist eine Aufgabe, woran der Scharfsinn des feinsten Kritikers verzweifeln muß. Es kommt dieselbe Erscheinung vor, die sich bei der sogenannten skandischen oder nordischen Mythologie zeigt; so wie diese ist auch die finländische mit neuen Zusätzen aus der Bibel, bisweilen auch aus der römischen und griechischen Fabelgeschichte bereichert und aufgestutzt worden. Daß moderne Aftergenies nicht mit ihr einen ähnlichen Mißbrauch getrieben haben, ist vielleicht nur der bisherigen Unbekanntschaft mit der Sprache und Literatur des finländischen Volks zuzuschreiben. Der Ausdruck, womit die Finländer Gott bezeichnen, und der in allen finnischen Dialecten vorkommt, ist Jumala; das Wort scheint nicht eine besondre Gottheit bezeichnet zu haben, sondern, wie das Bog der Slaven, der allgemeine Name für das höchste Wesen überhaupt gewesen zu seyn: es wird daher auch in der Mehrzahl Jumalat gebraucht. Im Zustand ihrer ersten Rohheit verehrten die Finländer, wie noch jetzt ihre am wenigsten cultivirten Brüder, die condischen Ostiaken, und, vor ihrer Bekehrung, die Lappen, blos natürliche Gegenstände, die Sonne, den Mond, die Sterne, die Erde, Berge, Meere, Quellen, Bäume, Steine u. d. g. Unter den Gestirnen wandten sie sich hauptsächlich an den großen Bär; auf die Schultern desselben steigen, bedeutet in den alten Liedern eben soviel als in den höchsten Himmel erhoben werden. Ihm wird eine Frau beigelegt, die Tochter der Sonne, deren Beistand gegen nächtliche Diebe angerufen ward, um sie zur Zurückgabe des Gestohlnen zu zwingen. Von der ehemaligen Verehrung der Berge und großer einzeln liegender Steine findet man noch gegenwärtig viele Spuren: im Kirchspiel Oriwesi, im eigentlichen Finland, liegt ein hohes Vorgebirge Eräpyhä (Sehr heilig), an dessen ehemalige höhere Bestimmung die auf seinem Rücken im Viereck gelegten Steine erinnern. Pyhämä, heiliges Land, ist der Name eines Kirchspiels im nördlichen Finland: unzählig viele Seen, Flüsse und Wasserfälle werden mit dem Namen Pyhä, heilig, bezeichnet. Daß auch vor Zeiten die Quellen verehrt wurden, beweisen die vielen Nadeln und andern kleinen Geschenke, die man noch jetzt an vielen Stellen hineingeworfen findet. In den obern Provinzen werden noch gegenwärtig gewisse Bäume von abergläubischen Leuten für heilig gehalten und verehrt. Die ursprüngliche finländische Religion war also ein eigentlicher Fetischismus, d. h. jedes Individuum hielt den Gegenstand, der ihm zuerst begegnete, für seinen Gott, und wandte sich mit seinen Opfern und Gebeten an ihn; Laune und Zufall veranlaßten sie oft, ihre Götter, deren Wirksamkeit aufhörte, so bald sie nicht länger verehrt wurden, zu ändern. Der Hausvater machte seine Fetische nachher vielleicht zu Familiengöttern, und das Oberhaupt eines Stammes konnte die seinigen zu Stammgöttern erheben; so entstanden nach und nach feste und allgemeine Gottheiten, und wie die Nation an Cultur fortschritt, wurden die Naturerscheinungen personifizirt, was sogar bei Krankheiten und selbst bei dem Tode der Fall war.

Der höchste Gott der Finländer heißt Wäjnämöjnen, der Erfinder der Musik und der Leier, der Urheber der ganzen geistigen Cultur, die unter ihnen gefunden ward. Er soll zuerst das Feuer auf die Erde gebracht haben und hatte das Vermögen zu donnern; auch zeichnete er sich im Schiffsbau aus. Vogelfänger, Jäger und Waldleute riefen ihn an, auf seine Harfe zu schlagen, um durch den Zauberklang derselben alles Wildpret hervorzulocken; auch die Fischer wandten sich in der Voraussetzung an ihn, daß sein Saitenspiel eine ähnliche Wirkung bei den Bewohnern der Fluten hervorbringen werde. Er hatte eine wunderliche Tracht; sein Gürtel war mit Federn und Dunen besetzt: sein Rock und seine Decke hatten eine äußerst schützende Kraft und wurden als ein Palladium in den heftigsten Kämpfen angerufen. Man glaubte, daß sein Schweiß im Stande sei, Krankheiten zu heilen. In der heidnischen Zeit war er oft mit seinem jüngern Bruder, dem Luftgott Ilmareinen in Gesellschaft: während des Papstthums mußte er die Regierung mit der Marie theilen: daher gab ein carelischer Hexenmeister auf die Frage, was für Gottheiten von seinen heidnischen Vorfahren am meisten verehrt worden wären, die Antwort: „der alte Wäjnämöjnen und die Jungfrau Mutter Maria." Er wird beständig mit dem Beiwort: Wanha, der Alte genannt, und es scheint, daß man ihn bisweilen zur Abwechslung Ucko, Greis, genannt hat, woraus verschiedne Schriftsteller über die finländische Mythologie einen eignen Gott gemacht haben. Hiisi, ein Sohn des Riesen Calewa, war von großer Stärke und Wildheit und ward als der Gott der Bären und der Bezähmer wilder Thiere verehrt. Seine Wohnung dachte man sich als einen furchtbaren, abscheulichen Ort: Mene Hiiten, geh zu Hiisi, war eine große Verwünschung. Tapio, der Gott der Wälder, gab den Jägern Beute; seine Wohnung sollte er im tiefsten heimlichsten Theil des Forstes haben. In dem Zauberrunot wird daher oft der Biene, die die alten Finländer für heilig hielten, der Auftrag gegeben, aus Tapio's Wohnung Nectar oder Honig zur Heilung der Wunden zu holen. Er ward auch angerufen, wenn das Vieh auf die Weide getrieben ward, um es vor den Nachstellungen wilder Thiere zu bewahren. Ihm ward ein Huhn dargebracht. Ilmareinen, von Ilma, Luft, Wetter, war Herr und Vorsteher der Luft- und der Witterung, und ward auch um heitres Wetter und Reiseglück angerufen: ihm wird beständig das Beiwort Säppä, Schmidt, Künstler, gegeben, und er scheint daher auch in Metallarbeiten geschickt gewesen zu seyn. Kekki, in einem andern Dialect Köyri, war der Vorsteher der Viehzucht oder vielleicht überhaupt des gesammten Ackerbaus. Veden Emä, die Wassermutter, war eine Meergöttin. Pohjolan Emendä, die Mutter des Nordsitzes; sie soll neun Söhne gehabt haben, die alle häßlich und ungestaltet oder an einem oder dem andern Theil des Körpers verstümmelt waren. Tapiolan Emendä, Mutter des Waldhofes, war Tapios Gemahlin und ward von den Jägern öfter als er selbst angerufen, besonders, wenn sie kleinen Thieren oder Vögeln nachstellten. Sackamieli, die Göttin der Liebe, erweichte die Herzen spröder Schönen oder machte trotzige Jünglinge für die Reize der Mädchen empfänglich. Alle diese scheinen allgemeine Gottheiten gewesen zu seyn, die dem ganzen Volk heilig waren: überdies gab es aber eine Menge Untergötter, die einzelnen Dingen vorstanden, zum Theil aber auch nur durch die Phantasie späterer Dichter erschaffen seyn mögen; so wird z. B. eine eigne Gottheit Egres angeführt, die die Aufsicht über den Flachs und die Gartengewächse hatte, Producte, die aber erst nach den Zeiten des Christenthums in Finland bekannt wurden. Sie hatten ferner eine Menge Hausgötzen und Kobolde, die aber zum Theil erst in spätern Zeiten von benachbarten Völkern entlehnt sind. Den Erdmännchen (Maahiset) mußten auch bei den Finländern Geschenke gespendet werden; wenn Bier gebraut oder Brot gebacken wurde, gebührten ihnen die Erstlinge; bei keinem Fest oder Gelag durfte man ihrer vergessen, und die Hausmutter, die von ihrer Viehzucht Glück erwartete, mußte sie an der Milch Theil nehmen lassen. Wer ein neues Haus bezog, mußte, wenn er anders gesund und wohlbehalten in demselben leben wollte, sich zuvörderst nach allen Winkeln neigen, und diese unterirdischen Bewohner grüßen und ihnen ein Opfer von Salz, Bier und Brot bringen. An jedem, der ihre Wohnung auf irgend eine Art verunreinigte, übten sie eine strenge Rache. Andre Kobolde, Capeet, stifteten lauter Unheil; sie neckten nicht nur die Menschen, sondern wagten es sogar den Mond anzugreifen und waren die Ursache seiner Verfinsterung.

Die Wohnungen der Götter und überhaupt die mythischen Oerter wurden alle nach dem äußersten Norden von Finland versetzt: so ist z. B. Kipumäki (Qualhügel) am Flusse Kemi im Kirchspiel Kemi in den finländischen Liedern ein sehr berüchtigter Plageort: mitten auf der Anhöhe findet sich ein flacher, ausgehöhlter Stein, wie ein Tisch, rund umher mit mehrern steinernen Altären; in seine Löcher werden die Schmerzen und Qualen verwiesen: ehemals war es vermuthlich ein Opferplatz, den man aber jetzt nicht mehr zu besteigen wagt; weil von Allen, die den Versuch gemacht haben, Keiner gesund zurückgekommen seyn soll. Es fehlte ihnen nicht ganz an Begriffen von einem künftigen Leben, sie dachten es sich dem gegenwärtigen völlig gleich und glaubten, daß die Menschen dort ihre hiesigen Beschäftigungen fortsetzen würden, daß sie in dieser wie in jener Welt Nahrung und Kleider nöthig hätten, daß die Ehe, daß alle irdische Vergnügungen daselbst Statt fänden: dem Todtenreich, das Tuonala hieß, fehlte es daher nicht an Gerste, Wild, Fischen u. s. w. Sie gaben auch den Verstorbenen, nach der Sitte andrer wilden Völker, ihren Bogen, Pfeile u. s. w. mit ins Grab und brachten ihnen Trank und Speise dar; weil sie glaubten, daß die Seele nach ihrem Tode eine besondre Vorliebe für die Oerter habe, wo sie sich im Leben am meisten aufgehalten hatte. Es giebt auch in Finland mit ungeheuren Steinen bedeckte Hünengräber, in denen man öfters einzelne Geschirre von Gold, Silber und andern Metallen, so wie eine Menge Vögelknochen und Schädel von kleinern Waldthieren gefunden hat. *) Die Finländer hatten, wie die alten Germanen, keine Bilder von ihren Göttern; nicht weil ihre Vorstellungen zu hoch und erhaben waren, sondern weil es ihnen an Materialien, Werkzeugen und Kunstfertigkeiten fehlte. Sie waren nicht im Stande, ihnen Tempel aufzuführen, ihnen Altäre zu weihn; auch wählten sie zu ihrem Dienst keine besondern Priester; für alle diese Begriffe fehlt es ihrer Sprache an einheimischen Ausdrücken. Jeder Hausvater stand dem Gottesdienst selbst vor: er ward besonders in dazu geheiligten Waldstellen, dergleichen es bei allen finnischen Nationen giebt, auf eine uns nicht hinlänglich bekannte Art verrichtet. Doch muß man Wahrsager, Zeichendeuter, Quacksalber und Hexen-

*) Åbo-Tidning, 1782. S. 221.

meister nicht mit Priestern verwechseln; solche Betrüger, die alle Geheimnisse entdecken zu können glaubten, und Tietäjät, Indomiehet, Welhot, Noidat u. s. w. genannt wurden, gab es auch bei den Finländern, und noch gegenwärtig hat sich der Glaube an weise Männer der Art nicht ganz verloren. Einige Tage im Jahr waren ihnen heiliger als andre und wurden mit gewissen Feierlichkeiten und allerlei Vergnügungen gefeiert: z. B. der Tag, an dem die Frühlingssaat gestreut war; bei'm Schluß der Aerndte lebte man höher als gewöhnlich, und schlachtete und verzehrte ein vom Frühling her ungeschornes Lamm mit gewissen abergläubischen Ceremonien. Wenn alles gut eingebracht und das Schlachten verrichtet war, wurde ein Herbstfest, zur Bezeugung der Freude über den erhaltnen guten Jahrswuchs, angestellt. Das Bärenfest (Kouwwonpäälliset) ward mit vielen Ceremonien, unter Zechen und Becherklang gefeiert: von den Nachbaren ward zu diesem Gelage ein Zusammenschuß von Korn und Eßwaaren gemacht. Alle Gäste waren festlich gekleidet: ein Bursche und ein Mädchen wurden in vollem Schmuck zum Brautpaar auserwählt. Zuerst ward der Kopf des Bären, der in einen Baum gehängt wurde, und alsdann das übrige, mit Erbsensuppe gekochte Fleisch herangetragen. Eine Menge andrer Feste, die auch noch jetzt zum Theil lustig begangen werden, sind christlichen Ursprungs, und manche dabei vorkommende abergläubische Gebräuche, die der Unkundige leicht für Ueberreste des Heidenthums halten könnte, sind nichts weiter als Ansichten und Folgerungen, die sich aus katholischen Zeiten erhalten haben und sich in Deutschland, bei den slavischen Völkern u. s. w. ebenfalls, nur anders modifizirt, wiederfinden. Ob diese ältern Feste in großen, allgemeinen Volksversammlungen oder nur von einzelnen Familien und Dorfschaften gefeiert wurden, ist unausgemacht. Man behauptet, daß die Finländer keine Opfer gekannt haben, weil die Sprache kein einheimisches Wort zur Bezeichnung dieser Handlung besitzt *): allein der Gedanke, den höhern Wesen durch dargebrachte Gaben seine Erkenntlichkeit zu beweisen, ist dem ungebildeten Natursohn so angemessen, daß man eine so auffallende Abweichung ohne weitere Gründe nicht annehmen darf. Es giebt überdies mehrere Spuren, die zum Theil vorhin angeführt sind, daß das Volk wirklich Spendungen an die Götter kannte, und auch in den alten Gesängen deutet manches darauf hin. Alle übrige finnische Stämme, selbst Lappen und Ostiaken, weihten den höhern Naturen wenigstens Knochen und Rennthierhörner **).

*) Uhri, vom Schwed. Offra; sie hat kein F. Opfern und offra kommen ebenfalls von obferre.

**) Gabr. Arctipolitani (sub praesidio F. Törner) Diss. de origine ac religione Fennorum. Upsaliae 1728 (8 Bogen 4.) ist völlig unbrauchbar. Vortreffliche Aufklärungen aber finden sich in: C. E. Lencquist (praeside G. H. Porthan) spec. acad. de superstitione veterum Fennorum theoret. et practica. p. I. Aboae 1782. 55 SS. 4. p. IIda ibid. (Leider! habe ich nur den ersten Theil benutzen können.) C. Gannander mythologia fennica eller förklaring ofwer afgudar u. s. w. Åbo 1789. 112 S. 4. In alphabetischer Ordnung.

Unter einem Volke, das der Schrift unkundig und von der Bekanntschaft mit der übrigen bekannten Welt gleichsam abgeschnitten ist, das unter einem ungünstigen Himmel ein armes Land bewohnt, darf man keine Spur von Wissenschaften erwarten. Die dürftige Kenntniß von gewissen einfachen Arzneimitteln, einigen Sternbildern u. d. g. die die Nation besaß, verdienen nicht darunter gerechnet zu werden. Für den großen und kleinen Bär, das Siebengestirn und den Orion (Wäinämojnen's Schild) haben die Finländer eigne und uralte Namen. Sie konnten auch die Jahrszeiten und die Monate unterscheiden: aber für die Woche und ihre Tage haben sie die Ausdrücke von den Schweden geborgt; für Stunde haben sie keine andre Bezeichnung als Hetki, d. i. ein kleiner Zeitabschnitt. Sonderbar ist es, daß die Finländer ein einheimisches Wort für Buch oder Brief haben; der Schluß, als wenn sie bereits vor ihrer Bezwingung mit der Schreibkunst bekannt gewesen wären, würde aber doch zu rasch seyn.

voll guter Bemerkungen, die sich auch auf die lappische Religion erstrecken, aber durch eine übelangebrachte Gelehrsamkeit entstellt werden, die sich in Vergleichungen mit griech. und hebr. Namen u. d. g. gefällt. H. G. Porthans Anmärkningar rörande Finska folkets läge och tillstånd, da det först lades under svenska kronans vissa och varaktiga välde. (In vitterhets Acad. Handlingar IV. S. 1—35.) S. 21. M. Pauli Juusten chronicon episcoporum Finlandensium annotationibus illustratum. Disputationibus acad. proposuit H. G. Porthan. Aboae 1799. (812 S. ohne den Index 4.) S. 93.

Auch die Slaven, die gewiß erst mit dem Christenthum Buchstabenschrift kennen lernten, haben eigne Ausdrücke für Buch (Knigi) und Schreiben (piesat.) Das finländische Wort Kirja, das Buch, scheint von Kirjawa bunt zu kommen: die Wurzel des Worts Raamattu, das eine Schrift, einen Codex bedeutet, ist ohne Zweifel das griechische Grammata und von den Russen zu den Finländern verpflanzt; Luen, ich lese, dürfte mit lesen verwandt seyn.

Eine eigentliche Kriegskunst findet bei unabhängigen Wilden nicht Statt; doch benutzten die Finländer verschiedne Waffen zum Angriff und zur Vertheidigung sowol gegen Feinde als wilde Thiere: darunter gehören die Streitkolbe, das Schwert, der Bogen, der Spieß: sie hatten größere und kleinere Pfeile. Vermuthlich kannten sie auch Schilde, die wenigstens bei den Ehstländern üblich waren. Diese bedienten sich auch der Reiterei; nicht nur die nahe Verwandtschaft der beiden Stämme *), sondern auch das eigenthümlich finländische Wort Ratza, womit ein Streit-

*) Ehstland und Ehsten (Ostland, Ostländer) sind offenbar germanische Namen; (die Etymologie vom ehstnischen Eees, Eeest, Vor, eestimaa das Vorland, will mir nicht einleuchten.) Eine Festung der Ehstländer hieß Sommelinde (Suomelinne, Finlandsburg), bei Heinrich dem Letten S. 94. nach Arndts Uebers.; es ist daher nicht unwahrscheinlich, daß ältestens der Name Suome sich auch auf den Strich im Süden der finländischen Bucht erstreckte. Vergl. Porthans Anmärkningar S. 27.

roß von einem andern Pferde Hep, Hevoinen unterschieden wird, machen es glaublich, daß auch die Finländer den Kampf zu Pferde verstanden. Die vornehmste Zuflucht derjenigen, die zum Kampf zu schwach waren, waren vermuthlich die tiefen und dichten Wälder; doch haben sie auch gewisse von Natur unzugängliche Berge mehr befestigt und zur Sicherheit benutzt; solche Festungen scheint ehemals das Wort Linna bezeichnet zu haben. Die Ehstländer hatten auch feste Oerter, die aus hölzernen oder steinernen Verschanzungen ohne Mauerwerk bestanden. Die an der Seeküste, besonders an der finländischen Bucht wohnenden Finländer legten sich früh auf den Seeraub; besonders waren die Careler und Ehstländer deswegen berüchtigt. Sie machten nicht nur die nächsten Gewässer unsicher, sondern wagten sich bis in die schwedischen Schären, ja bis in den Mälar und nach Dänemark. Dies beweist, daß die Finländer einige Erfahrungen im Seewesen besaßen, was auch durch den Reichthum der Sprache an dahin gehörigen Wörtern und Redensarten bestätigt wird. Wahrscheinlich reizte der bedeutende Handel, der bereits in ältern Zeiten zwischen den deutschen Küsten und Nowogorod getrieben ward, die Begierde dieser Korsaren und gab ihnen Mittel und Veranlassung, ihre Farthen immer weiter auszustrecken und diesen abscheulichen Nahrungszweig zu erweitern. So wie die Streifereien der Normänner eine Hauptveranlassung zur Bekehrung und Aufklärung des skandinavischen Nordens waren, so war auch die Unterjochung der finländischen Nation und die Ausbreitung des Christenthums an den östlichen Küsten

des

des baltischen Meers zunächst eine Folge der Raubzüge, die finländische Corsaren so oft unternahmen *).

II.

Eroberung Finlands durch die Schweden. — Schwedische Colonisten.

Der schwedische König Erich mit dem Beinamen der Heilige durstete nach dem Ruhme, der christlichen Lehre neue Bekenner zu erwerben und ihre Herrschaft auszubreiten; die jenseits der bottnischen Bucht belegnen Lande, deren Bewohner durch öftere Raubzüge überdies seine Rache aufgefodert hatten, schienen ihm die schönste Gelegenheit anzubieten. Es war wahrscheinlich im J. 1156 oder 1157 als er seinen Zug antrat; er landete an der südlichsten Küste des eigentlichen Finlands: seine Eroberungen beschränkten sich auf die Gegenden von Nyland und dem eigentlichen Finland, zunächst an der See, und erstreckten sich mehr nach Westen als nach Osten und Norden. Die Einwohner längs der ganzen Küste von Nyland bis an den Kymmene und etwas weiter sind schwedischer Herkunft. Die neue Colonie ward durch den Namen Neuland (Nyland) von dem übrigen Finland unterschieden. Noch in demselben Sommer kehrte Erich zurück: theils um das

*) Vergl. Porthans Anmärkningar und P. Juusten chronicon. S. 58 ff.

bezwungne Volk in Gehorsam zu halten, theils um den Priestern die nothwendige Unterstützung zu verschaffen, wurden einige Truppen in Finland zurückgelassen. Auch ist nicht unwahrscheinlich, daß zu größerer Sicherheit eine Burg, vielleicht das Schloß Åbo, angelegt ward. Die Colonisten verbreiteten sich auch über die Inseln (Skären) an den Küsten von Nyland und Finland; sie waren meistens aus Helsingland, wie theils aus den vielen Ortsnamen Helsinge, Helsingfors u. s. w., theils aus dem Unterschied zwischen finnischem oder carelischem und helsingländischem Recht erhellt.

Bischof **Heinrich** von Upsala, der Geburt nach ein Engländer, ermunterte den frommen König hauptsächlich zu seinem Zuge wider die Finländer und ward auf demselben sein Gefährte. Sein Eifer, der Apostel der Finländer zu werden, war so groß, daß er auch nach Erichs Abreise zurückblieb, um den christlichen Glauben auszubreiten: vermuthlich in der Nebenabsicht, die Neubekehrten dem Upsalischen Sprengel zu unterwerfen. Das Geschäft eines Glaubensboten unter rohen, feindlichgesinnten Völkern erforderte unstreitig einen Muth und eine Verzichtleistung auf die irdischen Genüsse, die man nicht genug bewundern kann, und die allein durch einen ungewöhnlichen Grad der Begeisterung erklärlich wird. Freilich wurden die Neubekehrten nicht durch Ueberzeugung zur Aenderung ihres Glaubens veranlaßt, sondern oft durch Gewalt, öfter durch die schlauesten und feinsten Künste, durch Wunder, die ihnen die Missionäre zeigten, durch irdische Vortheile, womit sie sie anzulocken suchten. So auch in Finland. Die ersten

Bekenner des Christenthums waren es aus bloßem Zwange: so lange ein feindliches Heer ihnen drohte, versprachen sie immer den Glauben zu bewahren und verlangten Lehrer und Prediger; kaum war es fort, so fielen sie ab und verachteten und verfolgten die Geistlichen *). Es war überdies mit unendlichen Schwierigkeiten verbunden, dem Volke einen Begriff von den religiösen Wahrheiten zu geben; nicht nur weil es an Dollmetschern fehlte, sondern weil diese, wenn sie sich auch fanden, den rechten Sinn derselben in einer ungebildeten und an Ausdrücken für abstracte Gegenstände armen Sprache nicht mittheilen konnten. Selbst in spätern Zeiten gab es Prediger, die kein Finländisch verstanden und sich daher der Dollmetscher bedienen mußten; aus Mangel an Sprachkenntnissen verkündigten die letztern der Gemeinde oft den abgeschmacktesten Unsinn: einst predigte z. B. ein Geistlicher am Weihnachtstage, daß Jesus von der Wurzel Jesse geboren sei: der Dollmetscher, durch die Aehnlichkeit des biblischen Ausdrucks mit dem schwedischen Wort Gjässe, Gänse, verführt, übersetzte, der Welthеiland sei von einer Gans entsprungen; die Zuhörer fingen an zu

*) Siehe die Bulle Papst Alexanders III. (der von 1159 bis 1185 auf dem päpstlichen Stuhl saß) ohne Jahrangabe, in G. H. Porthan sylloge monumentorum ad illustrandam historiam fennicam. Aboae 1802. ff. 4. S. 14. Leider ist diese höchst wichtige Urkundensammlung durch des Herausgebers Tod unterbrochen worden: es sind nur II. Theile erschienen, die 168 S. enthalten.

lachen; der Prediger vermuthete gleich, daß sein Interpret etwas Falsches gesagt haben möge und erinnerte ihn, sein Versehn zu verbessern: er aber sagte auf finländisch: „ist er nicht von dem Fuße der Gans geboren, so ist er's vielleicht von ihrer Zehe.“ *) Man verfiel auf die sonderbarsten Einfälle, um den Heiden das Christenthum bekannt zu machen; mitten in Riga führten die Geistlichen 1204 ein sehr wohlangeordnetes Prophetenspiel auf, das die Lateiner eine Comödie nennen. Der Inhalt des Spiels ward den heidnischen Liwen und Ehsten, die dabei Zuschauer abgaben, durch einen Dollmetscher erklärt. Wie aber Gideons Gewaffnete mit den Philistern kämpften, ward ihnen bange; sie fingen an davonzulaufen, aus Furcht, sie möchten todt geschlagen werden **). Wem kann es unter solchen Umständen wunderbar scheinen, daß ein so bekehrtes Volk den heftigsten Haß gegen seine Lehrer und ihren Glauben faßte? Oft mußten sie freilich der Gewalt weichen und im Aeußern die Gebräuche nachmachen, die man sie als die Kennzeichen eines Christen gelehrt hatte: im Geheimen blieben sie den alten Göttern treu. Allmählig entstand der Gedanke, die Macht des Christengottes möge der der ihrigen wenigstens gleich kommen, und es würde folglich auf jeden Fall das Sicherste seyn, ihn ebenfalls zu verehren; sie stellten daher den dreieinigen Gott und die Jungfrau Maria neben Wäjnämöjnen und Ilmareinen. Auf diese Art scheint sich die wunderbare Mischung

*) Ganander mythol. fennica S. 92.

**) Heinrich der Lette, nach Arndts Uebers. S. 44.

altheidnischer und christlicher Ideen in der finländischen Mythologie am natürlichsten erklären zu lassen. — Heinrich erwarb auf Finlands Gefilden die Märtyrerkrone: ein Finländer hatte einen Mord begangen, er wollte ihn der Kirchenzucht unterwerfen, ward aber von dem trotzigen Barbaren erschlagen. Wunder geschahen durch seinen todten Körper auf der Stelle, die sein Blut benetzt hatte: fromme Gemüther waren von seiner Heiligkeit überzeugt; zwar weiß man nicht, daß sie ihm auf die gewöhnliche feierliche Art zuerkannt ward, doch gaben ihm verschiedne Päpste das Beiwort heilig, und die bekehrten Finländer hielten ihn für ihren himmlischen Vertreter, an den sie gläubig ihre Gebete richteten: seine Verehrung verbreitete sich auch bald nach andern Stellen im Norden. Sein Bild, das ihn in vollem Bischofsschmuck, auf seinen Mörder, der zu seinen Füßen liegt, tretend, an der Seite eine Streitaxt, zeigt, ward in den finländischen Kirchen zu allgemeiner Verehrung aufgestellt; seinem Andenken wurden allgemeine Festtage der 19. Jan. und 18. Jun.) gewidmet; zu seiner Ehre ward die Domkirche zu Åbo aufgeführt: nach ihrer Vollendung im Jahre 1300 wurden seine Gebeine mit großer Feierlichkeit nach derselben hingebracht und als ihr größtes Kleinod betrachtet: schon früher waren nach seinem Grabe zu Nousis Wallfahrten angestellt, und man hatte die abentheuerlichsten Erzählungen von den Wundern, die bei demselben vorgefallen waren. Auch der Tag der Versetzung ward äußerst festlich begangen; es ward Ablaß ertheilt, die Reliquien wurden zu allgemeinem Anschaun, zur Küssung und Verehrung ausgestellt. — Heinrichs Ueberreste wurden im Jahre 1720, während der russischen Besetzung, aus der Kirche genommen und zu einem vollständigen Beingerippe zusammengesetzt, das dem Fürsten Gallitzin übergeben ward; dieser schickte es nebst dem Brote, wovon die Arbeiter beim Bau des Doms gegessen hatten, an den Zar für seine Sammlungen: Heinrichs Gebeine befinden sich vermuthlich noch jetzt in St. Petersburg, doch wird sich schwerlich ausmitteln lassen, an welchem Ort *).

Ueber die ersten politischen Einrichtungen, die die Schweden trafen, sind wir in völliger Ungewißheit; eben so wenig wissen wir, wie weit ihre Besitzungen sich erstreckt haben. Schwedens damalige Verhältnisse lassen schließen, daß die Zahl der zurückgelaßnen Truppen nicht groß seyn konnte: auch waren anfangs nur wenige Neubekehrte. Im Ganzen erfuhren die Finländer noch immer ein mildes, und, verglichen mit ihren ehstnischen Nachbaren, ein glückliches Loos. Keinem ward seine persönliche Freiheit entrissen: allen, die sich nach und nach der Herrschaft des Siegers unterwarfen, und folglich mit der Zeit dem ganzen Volke, wurden ihre Güter und Höfe gelassen; bald nahmen sie auch an den Rechten, die die Ueberwinder mitbrachten, Antheil. Der Unterschied zwischen finländischem und schwedischem oder helsingischem Recht bezieht sich blos auf die Abgaben; dem erstern waren die alten Einwohner, dem

*) S. Lagerbring Svea Rikeshistoria II. S. 255. Paul Juusten S. 145—164. Om St. Henriksben, Åbo-Tidning 1800. nr. 6. 7.

letztern die Colonisten unterworfen; oft stand ein Kirchspiel halb unter schwedischem, halb unter finländischem Recht. Ein Haus (oder Rauchfang in der damaligen Kanzleisprache) zahlte nach carelischem Recht zwei gute Felle, nach schwedischem zwei Pfund Butter; oder im erstern Fall ein gehäuftes Karp *) Roggen, im letztern zehn Pfund Butter. Viele Einwohner flohen jedoch vor den neuen Ankömmlingen in die innern Gegenden und verbreiteten überall den lebhaftesten Haß gegen das fremde Volk, das von ihren Küsten Besitz genommen hatte: auch auf die Lappen scheint diese Revolution höchst ungünstig gewirkt zu haben, die von den auswandernden Finländern weiter nach Norden hinaufgedrängt wurden.

Die heidnischen Finländer, besonders die Tawasten, zu denen sich, obgleich mit schlechtem Erfolge, bisweilen Glaubensboten wagten, verbanden sich mit den übrigen Stämmen, Careliern, Ingrern, Ehsten, und beunruhigten die neue Kirche und die Fremdlinge, die sich in ihrer Nähe niedergelassen hatten: auch die Russen gesellten sich den Feinden der Schweden und des russischen Glaubens bei. Papst Gregor IX. liefert ein entsetzliches Bild von der Wuth, womit insonderheit die Tawasten die Christen verfolgten: getaufte Kinder wurden getödtet; den Erwachsnen rissen sie erst die Eingeweide aus und opferten sie ihren Göttern: andre zwan-

*) Karp ist ein finländisches Maß, das drittehalb, in einigen Gegenden anderthalb Scheffel beträgt: letzteres Verhältniß ist vermuthlich das älteste.

gen sie, um Bäume herumzulaufen, bis sie athemlos niedersanken; (vielleicht um sie für die Verwegenheit zu bestrafen, womit sie heilige Bäume umzuhauen pflegten;) den Priestern stachen sie die Augen aus, andre wurden verstümmelt und verbrannt *). Der erste Nachfolger des heiligen Heinrichs, Rudolph, ward von den Curen fortgeführt und getödtet; um's Jahr 1198 ward die von den Schweden angelegte Stadt Åbo von den Russen verbrannt, und noch der vierte Bischof, Thomas, ein Engländer von Geburt, der sich um die Erhaltung der wankenden finländischen Kirche außerordentliche Verdienste erworben hat, mußte, um der feindlichen Wuth zu entgehn, eine Zuflucht auf der Insel Gothland suchen. Die norddeutschen Handelsstädte trieben mit den wilden Christenfeinden einen beträchtlichen Verkehr, der den Barbaren Gelegenheit gab, ihre Beute zu verkaufen und dadurch ihre Raubbegierde immer mehr entflammte, sie aber auch zugleich mit allerlei Bedürfnissen, besonders mit Eisen, Waffen und Schiffsbauholz versah, die ihre Unternehmungen sehr erleichterten. Gregor IX. erließ freilich zu wiederholten Malen Verbote gegen einen Handel, der dem Gedeihn der neuangelegten Kirche so hinderlich war: allein wann waren Befehle im Stande der Gewinnsucht Schranken zu setzen?

Um diesen beständigen Einfällen ein Ende zu machen, den Eroberungen in Finland einen größern Umfang und dadurch höhere Sicherheit zu geben, beschloß der schwedische Majordomus (Jarl) Birger einen neuen Zug.

*) S. Gregors Bulle vom 9. Dec. 1237. Porthan Sylloge S. 37.

Er landete 1249 an der Südküste des jetzigen Oesterbottns, und wandte sich gegen die Tawasten, die nach einem leichten Widerstande zerstreut und in die Flucht getrieben wurden. Wenn die Gefangnen die Taufe und das Christenthum annahmen, wurden sie verschont; wer sich weigerte, ward niedergemacht. Auch der Umfang seiner Eroberungen läßt sich nicht genau angeben: wahrscheinlich ward außer Satakunda die Provinz Tawastland bis an den Päjjäinesee der schwedischen Herrschaft unterworfen: den nördlichen Theil bewohnten aber noch ohne Zweifel Lappen. Zur Sicherheit legte Birger ein Schloß an, dem der Name Tawasteborg (nachher Tawastehus, bisweilen auch Kronoborg) beigelegt ward. Von des Landes Beschaffenheit und den neuen Einrichtungen um diese Zeit sind wir wenig unterrichtet. Neue Colonisten wurden angesetzt und an mehrern Orten Tempel erbaut. Das ganze Land war mit Waldung bedeckt; jeder Hausvater oder erwachsne Mann mußte, statt andrer Abgaben, dem Bischofe Felle von Eichhörnern oder Hermelinen entrichten. Gleich nach Ankunft der Schweden wurden die Wälder aber ausgerodet, der Ackerbau nahm zu; die Leistungen wurden bald nachher auf Gerste und Hafer gesetzt. Anfänglich scheinen die schwedischen Könige gar keine Einkünfte aus dem Lande gezogen zu haben; die Abgaben der unterjochten Finländer und der Colonisten fielen den Bischöfen zu, die sie vermuthlich zur Befestigung und Ausbreitung des Glaubens verwenden sollten. Da aber das Gebiet der Schweden vergrößert ward und der Ertrag der Abgaben sich bedeutend vermehrte, überließ der fünfte Bischof Bero sie freiwillig dem König *). Nach und nach ward der Werth der neugewonnenen Provinz einleuchtender; Birgers vierter Sohn Benedict erhielt sie bereits gegen das Ende des dreizehnten Jahrhunderts als ein Herzogthum: doch wissen wir nicht, unter welchen Bedingungen es ihm gegeben ward, noch wie er es nutzte.

Die dritte Unternehmung endlich, die der Schweden Herrschaft über Finland befestigte und vollendete, geschah im Jahre 1293, während der Minderjährigkeit des Königs Birger, von seinem Vormund Thorkel Knutson. Die nächste Veranlassung waren die unaufhörlichen Räubereien der Carelier, die von den Russen unterstützt, nicht nur in das schwedische Gebiet einfielen und die größten Grausamkeiten ausübten, sondern auch die Ostsee überhaupt unsicher machten. Der Plan zu diesem Zuge war bereits lange entworfen: der Papst hatte seine Einwilligung ertheilt und allen Rittern und Kriegsleuten, die daran Theil nehmen wollten, denselben Aolaß versprochen, der die Helden erwartete, die das heilige Grab den Händen der Ungläubigen zu entreißen strebten. Durch die Verwirrungen, die im schwedischen Reiche herrschten, ward die Ausführung verzögert. Endlich ging der Reichsmarschall Thorkel mit einer mächtigen Flotte nach der feindlichen Küste: die Einwohner wurden überwältigt und zur Sicherheit ward die Festung Wiborg angelegt: er selbst kehrte durch Schweden zurück. Bischof Peter von Westerås ver-

*) Paul Juusten chronicon. S. 189.

kündigte den Barbaren das Christenthum; sie mußten es bekennen, wenn sie dem Schwert oder der Knechtschaft entgehen wollten. Unter dem Namen Carelen ward damals auch zugleich Sawolax verstanden: die Provinz war, besonders in den nördlichen Gegenden nur noch schwach bevölkert: vermuthlich suchten bei den schwedischen Einfällen verschiedne Carelier aus den südlichen Gegenden hier und im nördlichen Oesterbottn eine Freistätte. Je weiter die schwedische Herrschaft aber nach Osten sich ausbreitete, desto näher rückten sie auf die Russen zu, die der alten Verwandtschaft lange vergessen hatten und nur ungern die germanischen Stämme in ihrer Nähe erblickten. Eine Reihe blutiger Kriege, die bis in die neuesten Zeiten Finland unaufhörlich verheerten, war die Folge dieser Berührung. Thorkel Knutson nahm die im Norden des Ladogasees belegene Festung Kexholm (ein schwedisch klingender Name, der aber vermuthlich aus dem finländischen Käkissalmi, Kukuksfund verdorben ist) ein, und versah sie mit einer Besatzung: Mangel an Lebensmitteln zwang einen Theil der zurückgelassenen Truppen nach Schweden zu gehn; die Russen, von der Schwäche der Besatzung unterrichtet, beschlossen die Festung den Schweden zu entreißen, die, da sie dem überlegnen Feinde nicht länger widerstehen konnten, den Tod einer schmachvollen Uebergabe vorzogen, einen Ausfall machten und sich so lange vertheidigten, bis Keiner mehr übrig war. Im Jahre 1298 ging Thorkel Knutson abermals nach Finland, um diese Niederlage zu rächen und die neue Provinz, von deren Werth man sich immer mehr über zeugte, vor den schrecklichen Verheerungen der Russen zu sichern. Er landete ohne Hinderniß und rückte mit seinem Heer an die Newa, an deren Ufer — man weiß nicht genau, in welcher Gegend *) — er eine zweite Festung Landskrone, anlegte. Die Russen suchten die Unternehmung zu hindern: eine furchtbare Macht zu Wasser und zu Lande ward aufgeboten. Nachdem sie in wiederholten Anfällen die Schanzen zu erstürmen gesucht hatten, aber stets zurückgetrieben waren, zwangen die Schweden den Feind durch einen Ausfall zum Abzug, und konnten den angefangnen Bau ohne weitere Störung vollenden. Thorkel kehrte, nachdem er vorher noch einen verheerenden Einfall in's feindliche Gebiet, Ingermanland und Watland, gemacht hatte, nach seinem Vaterlande zurück. Während des Winters ward die Besatzung in der Festung durch den Aufenthalt in den frischen Mauern und den Genuß gesalzner Nahrungsmittel äußerst geschwächt; nur noch eine kleine Anzahl war zum Dienst fähig; in dieser Lage erschienen die Russen vor den Thoren; die Burg ward erobert und zerstört **) — In politischer Hinsicht ward ganz Finland jetzt in drei Statthalterschaften eingetheilt, deren Vorsteher auf den drei bis jetzt angelegten Schlössern oder Burgen (Åbo, Tawastehus, Wiborg) ihren Sitz hatten: der Hauptmann über das Schloß Åbo scheint,

*) Wo die Swartä in die Newa fällt, sagen die schwedischen Jahrbücher: giebt es einen Fluß dieses Namens?

**) Lagerbring II. S. 672 — 681. Meine Geschichte Schwedens. B. IV. §. 73.

wenigstens zu gewissen Zeiten, den Vorrang vor den übrigen behauptet zu haben. Die schwedischen Könige wählten zu Statthaltern über Finland beständig ausgezeichnet kluge und mäßige Männer, die mehr mit Milde als Gewalt das Volk zu zügeln suchten. Strenge vermochte nichts über das harte Gemüth der Finländer: allein so bald sie ihren Obern mit Liebe zugethan waren, bezahlten sie nicht nur alle Abgaben mit pünktlicher Bereitwilligkeit, sondern sie erfüllten ihre Befehle selbst mit Todesgefahr *). Daß die neuen Festungen und andre Vorkehrungen zum Schutz der Provinz nicht hinreichend waren, erhellt aus mehrern Spuren von neuen und großen durch die Russen angerichteten Verheerungen. Die Schweden behaupteten jedoch fortdauernd die Herrschaft über die finländische Bucht und die Newa: sie ertheilten den hanseatischen Kaufleuten förmlich die Erlaubniß, diese Gewässer zu beschiffen, doch unter der ausdrücklichen Bedingung, daß sie den Russen keine Waffen, kein Eisen, keinen Stahl und kein Geld (expensas) zuführen sollten **).

*) Olai Magni breviarium de gentibus septentrionalibus L. XI. c. 14.

**) J. C. H. Dreyer spec. juris lubecensis de jure naufragii, S. 109 ff. und S. 174. ff. und Porthans sylloge S. 50.

III.

Geschichte Finlands während des Mittelalters bis auf Gustav I. 1523.

Die schwedischen Könige wandten, so viel es der Geist und die Einsichten ihrer Zeit erlaubten, auch auf die Beförderung der Cultur unter ihren neuen Unterthanen eine Aufmerksamkeit, die wirklich überrascht. Tawastland ward nach und nach bevölkert: im Norden der Landschaft waren noch ungeheure Wälder: die Einwohner aus den südlichern Gegenden pflegten sich zu gewissen Zeiten dahin zu begeben, theils der Jagd und Fischerei wegen, theils auch, um, wenn sich eine günstige Gelegenheit zeigte, das Land zum Swedjen zu benutzen. Sie maßten sich daher eine Art von Eigenthum über diese Districte an und wollten andre vom Anbau derselben zurückhalten: allein auf königlichen Befehl wurden hier neue Colonisten angesiedelt und durch einen Schutzbrief vom Jahre 1300 gegen alle Ansprüche gesichert *). Die schwedischen Soldaten glaubten vermuthlich, daß die strengen Gesetze, wodurch der Weiberfriede in Schweden gesichert war, auf die Frauen und Töchter der besiegten Carelier nicht angewendet werden dürften; die Ausschweifungen, die sie sich deswegen erlaubten, veranlaßten den König Birger im Jahre 1316, den carelischen Weibern und Jungfrauen dieselbe Sicherheit und dieselben Rechte zu bewilligen, die dem andern Ge-

*) Porthan Sylloge S. 53.

schlecht in Schweden zukamen. *). Ein neuer Einfall, den die Russen im Jahre 1318 unternahmen, setzte die beginnende Cultur wieder außerordentlich zurück; sie drangen bis nach Åbo, verbrannten die Stadt, und raubten und zerstörten in der Cathedralkirche eine Menge Kleinodien und alle Denkmäler dieses ehrwürdigen Tempels; die Einwohner mußten ihre Zuflucht in die Wälder nehmen, weil sie sich sonst der Gefahr aussetzten, von den rohen Feinden in die Gefangenschaft fortgeführt zu werden. Nachdem sie überall Schrecken und Verwüstung verbreitet hatten, kehrten sie zurück. Die innern Verwirrungen, unter denen Schweden damals seufzte, verstatteten nicht, der entfernten Provinz zu Hülfe zu kommen. Die Russen wurden immer kühner: im Jahre 1322 belagerten sie unter der Anführung des Zars Georg Danielowitsch das Schloß Wiborg, sie waren aber genöthigt abzuziehn, ohne ihren Zweck erreichen zu können. Durch diese Fehden ward der Verkehr der hansischen Kaufleute gestört und unterbrochen, sie vermittelten daher im folgenden Jahre einen Frieden; die Grenze ward mit großer Genauigkeit bestimmt: drei Gerichtsbezirke, (die damals einen viel weitern Umfang als in spätern Zeiten hatten) Sawolax, Jäskis und Euräpää wurden an Schweden abgetreten; die Grenze fing beim Auslauf des Systerbachs (eine Meile vom heutigen Petersburg) an und ging bis nach Kellontaipala (vermuthlich im jetzigen Kirchspiel Kuopio.) Allen Handelnden ward freie Farth auf der Newa zuge-

*) Porthan Sylloge S. 47. vergl. Juusten S. 58 f.

standen und sie sollten weder von Schweden noch Russen beunruhigt werden. So wenig in Rußland als in Carelen sollte man neue Festungen anlegen; die Ueberläufer versprach man auszuliefern; durch Vergehungen, die sich Privatpersonen gegen einander erlaubten, sollte nicht gleich das gute Vernehmen zwischen den beiden Reichen gestört werden *). Allein auch durch die feierlichsten Verträge ward die Ruhe des Landes wenig befördert: die Russen hielten sie nur so lange, als es ihnen gefiel; ihre Raubbegierde bedurfte nur die geringste Veranlassung, und sie erneuerten ihre verheerenden Züge. Das Elend, worein Finland versetzt war, erweichte den König Magnus: er suchte 1334 es dem Volk durch verschiedne Vergünstigungen zu erleichtern und überhaupt die Cultur in dem schrecklich verödeten Lande wiederherzustellen: alles neue Land, das die Bauern urbar machen würden, sollten sie vier Jahre hindurch ohne alle Abgaben benutzen. Eine Menge Waldungen waren ein Raub der Flammen geworden und lagen, ungeachtet sie zum Anbau vollkommen geschickt waren, öde; der finländische Ackerbau bestand noch immer in Svedjen; einen zufällig zerstörten Busch ließen die Besitzer brach liegen, weil sie erst nach mehrern Jahren einen Ertrag erwarten konnten: der König gab allen, die diese Gegenden cultiviren und dafür den gewöhnlichen Schatz bezahlen würden, die Erlaubniß, sie sich zuzueignen, im Fall der recht-

*) Sylloge S. 76. Vergl. Lagerbring das. S. 398. Paul Juusten S. 243 ff. Meine Geschichte Schwedens B. V. §. 112.

rechtmäßige Eigenthümer die Bebauung nicht unternehmen wollte oder konnte; wer zu einer solchen Urbarmachung Lust und Kraft hatte, mußte sich vorher an den Gouverneur oder seinen Stellvertreter wenden und sollte hernach alles Land, das er auf diese Art erwerben würde, für sich und seine Nachkommen zum beständigen Erbe behalten. Auch ward festgesetzt, daß ursprünglich schatzpflichtige Güter nicht, wenn sie in die Hände eines befreiten (adlichen) Besitzers kommen würden, ihre Natur ändern sollten, sondern sie mußten nach wie vor die auf ihnen haftenden Leistungen tragen. Die Einwohner besonders in den neuerworbnen Provinzen wurden mit vieler Schonung behandelt, selbst die Zehnten zahlten sie nach einer billigen Uebereinkunft. Durch die Schweden, hauptsächlich die Mönche, die sich um viele andre Länder dasselbe Verdienst erworben haben, wurden verschiedene neue Pflanzen und Gewächse, theils Küchenkräuter, theils auch Hopfen, Flachs und Hanf, die um diese Zeit namentlich unter den Gegenständen aufgeführt werden, wovon der Zehnte zu entrichten sei, eingeführt. Der Ackerbau scheint immer ergiebiger geworden zu seyn: die Jagd, die noch einen Haupterwerbszweig ausmachte, nahm ab, das Getreide stand zu einem niedrigen Preise, dagegen wurden die Felle verhältnißmäßig weit höher angesetzt. Die Bewohner des nördlichen Oesterbottns lebten noch fast ganz wie die Lappen: sie hatten geringen Ackerbau; daher konnten hier auch keine Pfarren nach schwedischem Vorbilde eingerichtet werden; die Geistlichen erhielten ihre Zehnten und Stolgebühren in Fellen (von Hermelinen und Eichhörnern; erstere hießen weisse, die letztern

Bogenfelle, weil die Thiere mit Pfeilen geschossen wurden,) in Seehunden, Vögeln und allerlei Thieren, in Fischen, trocknen Hechten, Heu und Butter: sie erhielten ferner die Brust von jedem Bären, das Vordertheil von jedem Renn- und Elenthiere und jedes zehnte Rennthierkalb. Ein Liespfund getrockneter Hechte ward zwei Hermelinfellen und ein halb Pfund Butter fünf Eichhörnerfellen gleichgerechnet *).

Etwa um das Jahr 1348 entspann sich ein neuer Krieg mit den Russen, über dessen Ursachen uns die Geschichte gar keinen Aufschluß giebt. König Magnus von Schweden wollte einen entscheidenden Versuch machen, seine östlichen Nachbaren zu bändigen: um die Unternehmung dem Volke angenehm zu machen und sich den Beistand fremder Mächte zu verschaffen, gab er vor, daß er damit umgehe, die Russen zur katholischen Religion zu bekehren. Die Bewegungsgründe, die den König zu diesem Feldzuge veranlaßten, werden noch unbegreiflicher, wenn man sich an den ganzen damaligen Zustand Schwedens erinnert, der so verwirrt und zerrüttet war, daß er auch nicht die entfernteste Hoffnung zu einem glücklichen Ausgang haben durfte. Fanatiker reizten ihn vermuthlich zu einer so thörigten Unternehmung und schmeichelten ihm mit einem unmittelbaren Beistand des Höchsten **). Unterstützt von einer be-

*) Sylloge S. 61. Vergl. Några anmärkningar til K. Magnus Erichsons historia, egentligen rörande Finland, Bihangtil Åbotidningar 1785. S. 94-135.

**) Dalin schwedische Reichsgeschichte II. S. 378. deut-

trächtlichen Zahl auswärtiger Söldner zog er an der Spitze seines Heers gegen Novogorods Grenzen; im Anfang lächelte ihm das Glück: Orechowetz (Schlüsselburg) und der angrenzende Landstrich ward eingenommen; die Gefangnen wurden gezwungen, auf ihren vaterländischen Glauben Verzicht zu leisten, und gegen das Versprechen eines ansehnlichen Lösegeldes in Freiheit gesetzt. Allein die Russen, von ihren Landsleuten, Mongolen und Litthauern verstärkt, eilten herbei, um den übermüthigen Feind ihrer Selbstständigkeit und Religion zurückzutreiben und seine Verwegenheit zu bestrafen. Die Schweden wurden eingeschlossen: Magnus entkam, nicht ohne Mühe, mit einem Theile seines Heers: Orechowetz ward mit Sturm wiedergenommen und die ganze Besatzung niedergemacht. Wie der Krieg sich endigte, wissen wir nicht: doch dauerte er noch bis zum Jahre 1351 fort; Papst Clemens VI. suchte dem Könige durch eine Bulle zu Hülfe zu kommen, worin er zu einem Kreuzzuge gegen die ungläubigen Russen aufforderte, die er als die Urheber dieses Kriegs darstellte. Bei der Vereinigung, die König Magnus mit seinem Sohn Erich, der sich wider ihn empört hatte, im Jahre 1357 zu Jönköping schloß, ward das ganze schwedische Fin-

sche Uebers. erzählt, daß die schwedischen Abgesandten, die den Russen den saubern Vorschlag zur Annahme des lateinischen Ritus machen mußten, von ihnen Philosophen genannt wurden; sollten unter diesem Ausdruck, wie bei den Byzantinern, Mönche verstanden werden? S. Schlözer Nestor III S. 183.

land dem letztern abgetreten: er besuchte selbst die Provinz, um den Zustand derselben kennen zu lernen, und befreiete das Volk von den neuen Tributen, womit es die königlichen Statthalter beschwert hatten.

Die bürgerlichen Unruhen, womit die Thronbesteigung Albrechts von Mecklenburg 1364 begleitet war, verbreiteten sich auch bis nach Finland: er selbst ging über die bothnische Bucht, um es den Anhängern seines Gegners, des Königs Magnus, zu entreißen. Nach einer langwierigen Belagerung ward Åbo endlich eingenommen; ein Theil von Finland huldigte dem neuen Regenten. Er bemühte sich dem Volke Vertrauen und Liebe zu sich einzuflößen: besonders suchte er die Geistlichkeit, deren gewaltigen Einfluß auf die Gemüther und Neigungen des großen Haufens er kannte, für sich zu gewinnen: allen Beschwerden, die sie vorbrachten, ward abgeholfen, ihre Privilegien wurden vermehrt und bestätigt. Der schwedische Reichsdrost, Bo Jonson, der seines Ansehns und seines außerordentlichen Reichthums wegen in den schwedischen Annalen berühmt ist, hatte sich ganz Finland zu erwerben gewußt; er war Erbauer des Schlosses Raseborg in Nyland, dessen Ruinen noch gegenwärtig im Kirchspiel Karis vorhanden sind. Auf der Ostseite erneuerten die Russen ihre verderblichen Einfälle. Wir wissen freilich nicht genau die nähern Umstände, die ihre Verwüstungen begleiteten: aber es ist eine Bulle des Papstes Urban VI. vorhanden, worin er die Gläubigen auffordert, dem schwedischen Reiche gegen die Russen beizustehn, die entsetzliche

Grausamkeiten ausübten: nicht nur Allen, die der Aufforderung Folge leisteten, ward Ablaß versprochen, sondern auch andre Personen, wenn sie einen bestimmten Beitrag an Gelde gaben, der zum russischen Kriege verwandt werden sollte, konnten derselben Gnade theilhaftig werden *). Ueberdies trat ein neuer Feind auf; die berüchtigten norddeutschen Seeräuber, die Vitalienbrüder, verwüsteten und plünderten die Küstengegenden.

Die Periode der Calmarschen Union war auch für Finland keine Zeit des Glücks und der Blüthe; obgleich die Provinz ihrer Entlegenheit wegen den Gährungen, die der Partheihaß und tiefeingewurzelte Vorurtheile so früh in Schweden erzeugten, weniger ausgesetzt war. Nur verblendete Partheilichkeit kann den guten Willen und die redlichen Absichten der Unionskönige verkennen und verlästern. Erich von Pommern, dessen Andenken von den Geschichtschreibern so ungerecht gemißhandelt ist, schenkte Finlands Angelegenheiten eine vorzügliche Aufmerksamkeit: er besuchte selbst im Jahre 1407 das Land, und alle seine Veranstaltungen zeigen von einem höchst gesunden Blick und dem aufrichtigen Streben, Finlands Wohlstand empor zu bringen. Um die zu großen Ländereien zu theilen und mehrern Einwohnern Gelegenheit zum Erwerb zu schaffen, verordnete er, daß die culturfähigen Allmenden neuen Anbauern gegen die gewöhnlichen Abgaben an die Krone angewiesen werden, denen

*) Acta liter. Sveciae 1724. S. 591.

aber, die sie bisher besessen oder benutzt hatten, nach dem Ermessen von zwölf ansäßigen Männern eine Entschädigung zugebilligt werden sollte. Waldungen und unangebaute Felder sollten von den Höfen, wozu sie bis jetzt gehört hatten, getrennt und andern Besitzern angewiesen werden, doch ohne Nachtheil für die frühern Eigenthümer. Der König suchte bei seiner Anwesenheit auch den Steuerfuß zu bestimmen: die bisherigen Leistungen in Producten wurden auf Geld gesetzt; ein ganzer Hof sollte zehn Mark, ein geringerer (Röök) fünf, und ein Pflug zwei bezahlen: dabei war die Bedingung, daß die ganze Dorfschaft oder der District für die Bezahlung der ganzen Summe haften sollte. Bei dieser von den schwedischen Geschichtschreibern ohne Unterschied mißverstandnen und verlästerten Anordnung, liegt offenbar eine doppelte Ansicht zum Grunde, einmal die Abgaben sollten gerechter vertheilt werden und die Reichern einen größern Theil der Steuern tragen, als die Armen; zweitens wünschte man die Einkünfte in baarem Gelde einzuziehn, um leichter darüber disponiren zu können, denn die Regierung hatte ihren Hauptsitz in Dänemark. Daß Erich seine finländischen Unterthanen durch diese Verfügungen nicht drücken wollte, erhellt aus manchen andern Anordnungen zu ihrem Besten. Die Einlieger sollten den Bauern bei Bezahlung der Steuer zu Hülfe kommen; die Größe ihres Beitrags sollte von vier Biedermännern bestimmt werden. Wollten die Bauern aus Mangel an baarem Gelde Producte und Waaren geben, so sollte ihr Werth nicht nach dem Gutdünken der Einnehmer, sondern von acht, halb von den Bauern, halb von dem Vogt erwählten Biedermännern ausgemittelt werden. Den von den Schlössern entfernten Landleuten ward verstattet, ihre im Sommer fälligen Abgaben ohne allen Nachtheil im Winter zu entrichten, in welcher Jahrszeit der Transport leichter war. Zu den drückendsten Leistungen, denen die Bauern im Mittelalter unterworfen waren, gehörte die Obliegenheit, die Schlösser und sogenannten Königshöfe theils zu unterhalten, theils den dazu gehörigen Acker zu bestellen. Die Einwohner sahn es daher ungern, wenn eine neue Burg in ihrer Nähe angelegt ward: sie wurden auch von den Söldnern, die die Besatzung ausmachten, belästigt und gemißhandelt. König Albrecht ward daher durch die Vorstellungen des umherwohnenden Volks bewogen, die von ihm bei Kumo aufgeführte Festung niederreißen zu lassen. Die Statthalter übten überdies allerlei Erpressungen aus, und forderten mehr Dienste, als ihnen eigentlich zukamen: dieser Druck mochte in Finland, das von der Aufsicht des Königs so weit entfernt war, besonders groß seyn. Erich suchte diesem Unwesen so viel als möglich abzuhelfen: er erklärte, daß die Bauern nicht nöthig hätten, den Unterbeamten freie Zehrung, Pferde und Wagen zu geben; den Einnehmern befahl er, ihre Reisen ohne Nachtheil für die Unterthanen einzurichten. Besonders wohlthätig waren seine Anordnungen über das Justizwesen. Schwedisches Gesetz und Rechtsverfassung wurden bei der ersten Ankunft des fremden Volks eingeführt; den Finländern fehlte es fast an allen Begriffen darüber, wie man noch jetzt aus der Sprache sieht, die fast alle rechtliche Ausdrücke (z. B. Laki, Gesetz) *) von den Schweden entlehnt hat: die Nation konnte leicht damit zufrieden seyn, denn sie mußte keine alte Rechtsverfassung dafür aufgeben. Um das Jahr 1324 wird zuerst eines Richters (Legifer, Lagmann) über Finland erwähnt; früher, ehe das Volk über den Rechtsgang aufgeklärt war und sich daran gewöhnt hatte, wurden die vorfallenden Rechtsstreitigkeiten in der Kürze, entweder von den Militärbehörden oder den Geistlichen geschlichtet. Die Sprache mußte nothwendig auch schon eine Art von Bildung erreicht haben, um zum rechtlichen Gebrauch geeignet zu seyn. Vermuthlich war es die Obliegenheit der sogenannten Lagläsare (Gesetzleser) das Gesetz zu verdollmetschen. Anfänglich scheint der Richter über Finland eine geringere Würde gehabt zu haben, als seine Amtsgenossen in Schweden: er hatte auch keinen Antheil an der Königswahl, den erst im Jahre 1363 Håkon, mit Einwilligung seines Vaters und des ganzen Reichsraths, dem finländischen Lagmann zugestand, theils weil Finland (Oesterland), so gut wie die schwedischen Provinzen, ein Bisthum und einen Gerichtsbezirk bilde, theils weil seine Vorfahren beständig die Treue und Liebe des Vols erfahren hätten; den Lagmann begleiteten die Geistlichen und zwölf Bauern; doch ward ausdrücklich festgesetzt, daß wenn sie des Winters oder übler Witterung wegen nicht zu rechter Zeit eintreffen könnten, die Königswahl deswegen nicht verschoben

*) Andre Beispiele s. oben.

werden sollte *). Die Landschaft war bereits in gewisse Gerichtssprengel getheilt, denen besondre Unterrichter vorgesetzt waren: zu gewissen Zeiten ward auch in Finland das königliche Gericht gehegt, vor welchem die Rechtsstreitigkeiten in höchster Instanz entschieden wurden. — Ein Oberrichter konnte, wegen des großen Umfangs des Landes und der beschwerlichen Wege, jährlich nicht überall Gericht halten: auch war es ihm nicht erlaubt, die Einwohner aus mehrern Districten auf einer Stelle zu versammeln, sondern er sollte laut den Gesetzen die einzelnen Untergerichte besuchen; deswegen verordnete Erich im Jahre 1435, daß ganz Finland unter zwei Richter vertheilt werden sollte; der Lagmann über Südfinland hatte den südlichen Theil des eigentlichen Finlands mit den dazu gehörigen Inseln, Nyland, Ost- und Westcarelen, wozu auch Sawolax gerechnet ward, und Tawastland unter sich; dem über Nordfinland ward der nördliche Theil vom eigentlichen Finland mit seinen Inseln, Oesterbottn, Satacunda und Åland, beigelegt. Eine zweite Einrichtung, die er traf, war nicht weniger heilsam für die Provinz; er fand, daß die Justizverfassung sehr verfallen war, weil der König diese entfernte Gegend nur selten besuchen konnte, und es dem Volk zu lästig war, sich an ihn zu wenden: er stiftete, um diesen Schwierigkeiten abzuhelfen, ein Landgericht, das jährlich einmal (am St. Heinrichstage, den 29. Jan.) zu Åbo gehalten werden sollte: die Zeit war äußerst bequem, denn der Ablaß und die Jahrmärkte

*) Sylloge S. 132.

lockten zahlreiche Schaaren herbei. Der Bischof, alle in Finland anwesende Reichsräthe, die Lagmänner, Häradshöfdinge (Unterrichter) und Kronvögte wurden zu Mitgliedern bestimmt. Die Stelle des Königs sollte ein von ihm ernannter Reichsrath vertreten; übrigens wurden blos Appellationssachen, und Klagen gegen den Bischof, die Lagmänner und Vögte angenommen *). Dies Gericht war bereits 1407 von ihm eingerichtet, erhielt aber erst 1435 eine förmliche schriftliche Instruction. Es bestand aus den ersten aufgeklärtesten und patriotischsten Männern des Landes, und ward zugleich als der höchste Regierungsausschuß betrachtet, von dessen Eifer für das Vaterland und besondrer Lokalkenntniß die Ausführung mancher für Finlands Wohl nothwendiger Maßregeln und Veranstaltungen erwartet ward. Der König wollte durchaus, daß den Finländern in ihrem Lande Recht gesprochen werde, und er äußerte laut sein Mißfallen, wenn bisweilen die Partheien mit schweren Kosten herunterreisten, um sich an ihn zu wenden. Nach Erichs Zeiten hörte dies so verbesserte Gericht auf, und die ältern sogenannten Straf- und Läuterungsgerichte traten wieder ein: doch blieben die beiden Oberrichter, und die Zahl der Unterrichter vervielfältigte sich. Selbst das Gute ward nicht angenommen, sobald es von Königen kam, die einmal verdächtig waren: man wollte lieber, um ihnen keinen Dank schuldig zu seyn, die alten Gebräuche beibehalten. Das größte und fühlbarste Uebel, das diese Zeiten drückte, war der unbestimmte

*) Sylloge 163. Vergl. Lagerbring IV. S. 113.

Werth der Münzen; ihre beständige Verschlechterung war das Hauptmittel, wodurch die Regenten ihren Finanzen zu helfen suchten. Die Abgaben sollten aber fortdauernd nach dem innern Werth, den das Geld zur Zeit ihrer Entstehung gehabt hatte, entrichtet werden. Die Einwohner mußten daher eine weit größere Anzahl von Münzstücken geben, und sie klagten über eine außerordentliche Erhöhung ihrer Auflagen: sie erinnerten sich aber nicht, daß auch der Werth aller Dinge, und selbst ihrer eignen Producte in dem Verhältniß gestiegen sei, als der Werth der Münzen sich, des schlechten Gehalts wegen, verminderte: im Grunde blieb die Größe des Tributs sich immer gleich. Nach Erichs Entfernung aus Schweden versprachen die Finländer dem Reichsrath, kein andres, als das von ihm eingesetzte Oberhaupt anzuerkennen: zum Lohn dafür, und, um den entthronten König in den Augen des Volks verhaßt zu machen, fand man alle Beschwerden gerecht und gegründet: den Finländern wurden dieselben Freiheiten von den Schatzungen, ungesetzlichen Bürden und Auflagen als den übrigen Provinzen versprochen. Der Tribut ward wirklich vermindert, und, um das Volk noch mehr zu begünstigen, festgesetzt, daß 1) alle dem Adel und der Priesterschaft gehörende befreite Güter mit in Anschlag gebracht, und die übrigbleibenden schatzpflichtigen Ländereien um den fünften Theil vermindert werden sollten; 2) daß die Größe der Höfe nach der Schätzung unpartheiischer Männer zu bestimmen sei, und 3) daß auch die zum Schloßbau erforderlichen

Dienste und Materialien zu Gelde angesetzt, und von der allgemeinen Summe der Tribute abgezogen werden sollten *). Bei diesen Begünstigungen, die blos ertheilt waren, um die Gunst des Volks zu erringen, konnte der Staat unmöglich bestehn: daher sah sich auch schon Carl Knutson genöthigt, sie aufzuheben: hierüber entstanden vermuthlich Empörungen, die gefährlich werden konnten, aber durch die Klugheit des Bischofs Magnus von Åbo im Keime erstickt wurden **). In den großen Streitigkeiten zwischen dem gedachten König und dem Erzbischof Johann von Upsala war der größte Theil der Einwohner auf der Seite des letztern, und im Jahre 1457 fiel fast die ganze Provinz den Dänen zu; Wiborg mit der umliegenden Gegend blieb den schwedischen Königen jedoch länger treu; erst ein furchtbarer Brand in der Stadt zwang Carls Anhänger sich zu ergeben. Anfangs drohten sie freilich, sich lieber den Russen unterwerfen zu wollen; allein da durch die Bemühungen seiner Feinde fast das ganze Land zum Abfall gebracht, und er selbst nicht im Stande war, seiner Parthei zu Hülfe zu kommen, mußten auch sie dem allgemeinen Beispiel folgen. In Fällen der Art entschieden die Gesinnungen der Häupter und Anführer, denen das Volk in der Regel folgte. Christian I. unterließ nichts, um sich die Liebe der Finländer zu erwerben: weil

*) Åbotidningar 1785. S. 204 und 218. P. Juusten chron. S. 500 ff.

**) P. Juusten S. 22. Vergl. S. 502.

er wußte, welchen großen Einfluß die Clerisei und ihr erstes Oberhaupt auf das Volk und seine Neigungen hatte, ertheilte er dem Bischof Olof von Åbo, der anfangs ein erklärter Anhänger Carls gewesen war, und der finländischen Geistlichkeit einen besondern Schutzbrief, außer den ausgedehnten Freiheiten, die er der Priesterschaft des Reichs bewilligt hatte *). Im Jahre 1463 war er selbst in Finland und hegte das höchste Gericht in eigner Person: zugleich hatte er die Absicht, das Land vor den Einfällen der Russen zu sichern; sie hausten nach alter Weise in Carelen; doch scheinen sie dießmal durch die Dazwischenkunft des Königs, es sei durch Furcht oder durch Unterhandlungen, von weiterm Vordringen abgehalten worden zu seyn.

Auch Sten Sture der Aeltere war zu wiederholten Malen selbst in Finland. In Sawolax ward, um das Land mehr gegen die Russen zu beschützen, 1477 eine neue Festung Olofsburg angelegt, die nachher unter dem Namen Nyslott bekannter geworden ist. Die Erbauung war mit großen Schwierigkeiten verknüpft; die Arbeitsleute mußten beständig von gewaffneten Schaaren geschützt werden. Auch Wiborg ward mit einer neuen Mauer umgeben. Die Gefahren der russischen Kriege wurden, seitdem Iwan Wasiljewitsch den Thron bestiegen und das Reich consolidirt hatte, immer größer: einzelne Horden machten ehemals mehr oder minder verderbliche Streifzüge; jetzt wurden die Unternehmungen weit aussehend, einsichtsvoll und planmäßig

*) Bihangtil Åbotidningar 1785. S. 82.

geleitet. Schwedens innere Unruhen, die sich auch nach Finland verbreiteten, machten es unmöglich, an der östlichen Grenze eine zum Widerstand hinreichende Kraft aufzustellen: nur sparsam wurden Verstärkungen und Lebensmittel herübergeschickt.

Die Beschuldigung, daß die dänischen Könige, und bereits Christian I. die Russen gegen Finland aufgewiegelt habe, ist durchaus ungegründet; die damaligen Russen durften wahrlich nicht zu einer Unternehmung gereizt werden, die ihrer wilden Raubsucht eine so schöne Befriedigung versprach. Die Schweden suchten, so oft sie Gelegenheit hatten, sich durch ähnliche Einfälle zu rächen. Erich Axelson machte um das Jahr 1479 einen verwüstenden Streifzug auf mehr als zwanzig oder dreißig Meilen; viele tausend Menschen, ohne Rücksicht auf ihr Geschlecht und Alter, wurden erschlagen. Um den Russen desto eher gewachsen zu seyn, schlossen die Schweden im Jahre 1488 mit dem livländischen Landmeister Johann Freitag von Loringhoff ein Bündniß wider den Großfürsten Iwan Wasiljewitsch, dessen anwachsende Macht auch dem Orden Sorge erregte.

Friedensschlüsse waren kein Band, wodurch die Russen sich zügeln ließen. Unter dem Vorwand, Handel treiben zu wollen, fielen sie über die unbesorgten Finländer, besonders in den nördlichen Gegenden her, wo keine Festungen und Besatzungen waren, plünderten ihre Wohnungen, verwüsteten ihre Felder, mordeten ihre Kinder, schleppten Männer und Weiber mit sich in die härteste Knechtschaft und quälten ihre Gefangnen mit jeder Grausamkeit, die nur Barbaren erdenken können *). Iwan hatte um das Jahr 1492 an der livländischen Grenze eine Festung Iwanogorod angelegt, die von den Schweden gleich darauf angegriffen und belagert ward: der Entfernung wegen konnten sie sich hier nicht behaupten, sie boten den Ort dem Landmeister an, der es aber bedenklich fand, sich darauf einzulassen; mit Beute beladen segelten die Schweden daher ab und bekümmerten sich nicht weiter um das verlaßne Iwanogorod **). Vermuthlich um sich wegen dieser Feindseligkeit zu rächen, und zugleich seine Ansprüche an verschiedne Grenzdistricte geltend zu machen, brach Iwan im Jahre 1495 mit einem Heer von 60000 Mann in Finland ein. Um den Haß und die Erbitterung der Schweden und Finländer recht hoch zu entflammen, ward das Gerücht ausgestreut, daß auch dieser Krieg nichts als die Folge dänischer Verhetzungen sei: um demselben auch nachher Glauben zu verschaffen, behauptete man, daß, nach der Versicherung der russischen Gesandten, die im Jahre 1500 in Stockholm waren, ein feierlicher Vertrag darüber zwischen den beiden Mächten geschlossen sei. — Der Reichsvorsteher Sten Sture, dessen ganze Aufmerksamkeit auf die südöstliche Grenze Schwedens gerichtet war, hatte höchst unzureichende Maßregeln getroffen, um das Verderben von diesen Gegenden abzuwenden:

*) S. meine Geschichte Schwedens B. VIII. S. 289.

**) B. Russow Chronik der Provinz Livland, Bl. 21, 6. Die schwedischen Geschichtschreiber erwähnen dieses Vorfalls später.

ganz Carelen, Sawolax, ein großer Theil von Tawastland, ein Strich in Nyland und auch das nördliche Oesterbottn wurden mit Schwert und Feuer verwüstet. Die Schweden vertheidigten sich so gut sie konnten: durch Verstand und Beharrlichkeit suchten sie zu ersetzen, was ihnen an Zahl abging. Hauptsächlich fanden sie in Wiborg, das sie mit einer gewaltigen Heeresmacht belagerten, den lebhaftesten Widerstand: hier führte Knut Posse, ein Ritter sonder Furcht und Tadel, den Befehl. Die Russen hatten eine Menge Geschütz, zum Theil von außerordentlicher Größe; allein trotz aller ihrer Anstrengungen mußten sie die Belagerung aufheben. Dieser glückliche Erfolg war nach den Begriffen der Zeitgenossen ein Wunder, das man der unmittelbaren Dazwischenkunft der Gottheit zu danken hatte: ein Gesicht sollte die Russen erschreckt haben. Der Aberglaube späterer Zeiten hielt Wiborgs tapfern Vertheidiger für einen Schwarzkünstler, der durch Hülfe der Geister und übernatürliche Mittel seinen Feind besiegte. Die Russen wurden bei ihrem Abzuge lebhaft verfolgt; in Sawolax standen die Bauern auf und trieben sie über die Grenze. Wegen ihres heftigen Characters war den Finländern der Gebrauch der Lanzen, Wurfspieße, Degen und langer Dolche verboten, um innerliche Zwistigkeiten, die sonst leicht einen blutigen Ausgang hatten, unschädlicher zu machen. Sie mußten sich deswegen gegen die Russen, die ihre Grenzen heimsuchten, einer ganz eignen Kriegskunst bedienen. Ihre Waffen bestanden in Schleudern, Steinen und an der Sonne gehärteten Spießen aus Fichtenholz, die sie durch die Kraft ihrer Arme und die beständige Uebung auf eine furchtbare Art anwandten. Einige warfen mitten im Getümmel des Kampfs ihrem Gegner oder seinem Pferde einen Strik um den Hals, woran sie den Reuter oder sein Thier mit Gewalt näher heranzogen. Sie hatten auch sehr große, beißige Hunde, wovor die russischen Pferde sich scheuten; denn sie waren so abgerichtet, daß sie diesen nach der Nase sprangen; das Thier ward hierdurch so erschreckt, daß es sich bäumte und den Reuter abwarf. Ihre Panzer waren theils aus Seehunds- theils aus Elenshäuten bereitet: ihre Helme waren sehr künstlich aus den Klauen der Ochsen, Renn- oder Elenthiere schuppenartig zusammengesetzt; andre verfertigten sie aus einer dichten Haut *). —

Endlich erschien Sten Sture mit Hülfstruppen: der Erzbischof von Upsala gab ihm die Fahne des heiligen Erichs mit, die allein gegen die Feinde des christlichen Glaubens entfaltet werden durfte. Er fand keinen Feind mehr, nur ein schrecklich verödetes Land, wo es nicht möglich war, ein Heer an einer Stelle zu ernähren: es mußte über die ganze Provinz vertheilt werden. Als daher im Anfange des folgenden Jahrs die Russen zurückkehrten, konnten die Truppen nicht schnell genug zusammengezogen werden: die Feinde drangen daher ungehindert vor, und verübten einen unermeßlichen Schaden: die Schweden wurden überfallen und zum Theil erschlagen. Der Reichsvorsteher

*) Olai Magni brev. XI. c. 13. 14.

eilte nach Schweden zurück, um Verstärkungen zu holen: den Befehl in Finland übertrug er einigen seiner vertrautesten Freunde. Allein zu sehr mit den dänischen Angelegenheiten beschäftigt, vergaß er seines Versprechens; alle Vorstellungen waren umsonst, ihn zur Rückkehr nach Finland zu bewegen. Der schwedische Legat in Rom, Hemming Gadd, Präpositus in Linköping, hatte vom Papst Alexander VI. einen Ablaß für alle diejenigen ausgewirkt, die gegen die Feinde des Namens Christi in's Feld gezogen waren oder sich den Streitern beigesellen würden; *) allein die Russen fuhren mit ihren verheerenden Einfällen immer fort. Die Unzufriedenheit der Finländer mit des Reichsvorstehers Maßregeln, die so wenig zum Ziel führten, war allgemein; sie äußerten laut ihr Mißvergnügen; **) selbst die zurückgelassnen Befehlshaber wünschten, über die so lang verzögerte Hülfe ungeduldig, von ihrer beschwerlichen Stelle entbunden zu werden, und es entstand eine Spannung zwischen ihnen, worunter die öffentlichen Angelegenheiten noch mehr litten. Endlich kehrte der Reichsvorsteher, nachdem eine Kriegssteuer ausgeschrieben und ein beträchtliches Heer zu Finlands Rettung aufgeboten war, zurück; er begnügte sich aber, die Besatzungen von Wiborg und Neuschloß zu verstärken und einige Verschanzungen zur Sicherheit von Tawastland anzulegen. Gern hätte er den Frieden mit Ruß-

*) S. I. H. Porthan ad recensionem bullarii Sveogothici accessio. S. 107.

**) Juusten chron. S. 634.

land durch einen Theil Finlands erkauft, denn dieser Kampf war seinen Plänen zu sehr entgegen: der Reichsrath wollte aber nicht darein willigen. Ohne auch diesmal auf eine hinreichende Art für die Sicherheit der Provinz gesorgt zu haben, begab er sich wiedrr nach Schweden. Dieser unbestimmte Zustand dauerte einige Jahre hindurch: die Grenzen waren nicht gesichert, und die Russen machten nach ihrer Weise öftere Streifzüge; doch scheinen sie keine große und allgemeine Unternehmung weiter versucht zu haben. Endlich ward im Jahre 1504 ein zwanzigjähriger Stillstand geschlossen, der sechs Jahre später unter Sten Sturen bis 1564 verlängert ward; von den Bedingungen sind wir aber nicht näher unterrichtet.

Die erhöhten Anstrengungen, womit Johann die Vereinigung der drei nordischen Reiche wiederherzustellen suchte, verbreiteten die Schrecken eines neuen Kriegs nach Finland. Da im Jahre 1502 der Kampf zwischen dem König und Sten Sturen mit größerer Erbitterung ausbrach, belagerten die Truppen des Letztern das Schloß Åbo vom zweiten Juli bis sechsten September; die deutschen Soldaten zwangen den Commandanten zur Uebergabe der Burg, weil sie sich einer in derselben befindlichen Geldsumme bemächtigen wollten. Ein neues Unglück, desto größer, je unerwarteter es einbrach, schlug am zweiten August des Jahrs 1509 Åbo's Bürger nieder: es war Mitternacht, sie hatten sich unbesorgt dem Schlaf überlassen: schrecklich erweckte sie der Krieger wildes Geschrei, der Klang der Trommeln und Pfeifen; der Feind drang plündernd in die Wohnungen; die ersten und vornehmsten Einwohner wurden niedergemetzelt; überall erblickte man Leichen, hörte man das Stöhnen verwundeter Bürger: auch die Cathedralkirche ward ihrer Bücher, ihrer vorzüglichsten Kostbarkeiten, ihres gesammten beweglichen Vermögens beraubt: drei Wochen blieben die Dänen; bei ihrem Abzuge nahmen sie alle Vorräthe der Einwohner mit nach ihren Schiffen. Otto Ruuth, sonst ein weidlicher, ehrenfester Ritter, war der Anführer der räuberischen Schaaren.

Von der Cultur und der Aufklärung dieser Zeiten haben wir nur einzelne Nachrichten. Die eifrigsten Beförderer derselben waren die Geistlichen, die manche vorhin unbekannte Bequemlichkeiten, einen höhern Luxus, eine ordentliche Baukunst mitbrachten. Die hohe Geistlichkeit, d. h. der Bischof von Åbo und sein Kapitel, stand im größten Ansehen: selbst die bürgerlichen Anstalten und Einrichtungen wurden zum Theil durch ihre Vermittelung getroffen. Das Heidenthum hörte immer mehr auf; höchstens fand es noch in den entferntesten Gegenden von Tawastland, Oesterbottn und Sawolax Anhänger. Die Zahl der Kirchen ward allmählig vermehrt, und gegen das Ende des funfzehnten Jahrhunderts wurden die gottesdienstlichen Gebäude, die bis jetzt meistens von Holz aufgeführt waren, immer mehr mit steinernen vertauscht; bei der Anlage neuer Pfarren verfuhr man mit großer Vorsicht, um die ältern Geistlichen dadurch nicht zu beeinträchtigen. Die Gemeinden blieben daher immer noch sehr weitläuftig; zu manchen Kirchspielen wurden zwölf bis dreizehnhundert Bauern gezählt: einzelne Mitglieder hatten oft zwölf bis funfzehn Meilen zur Kirche; viele kamen daher in vielen Jahren nicht dahin, sie vergaßen die Religionswahrheiten, lebten wie Lappen und Heiden; ihre Kinder starben ohne Taufe, sie konnten selbst in der Todesstunde nicht die letzten Erquickungen des Glaubens erhalten. Bischof Lorenz trug daher im Jahre 1504 bei dem Reichsrath auf eine Trennung der weitläuftigen Sprengel und eine Vermehrung der Kirchen an, wozu er auch die Einwilligung desselben erhielt. *) Nach und nach hatten sich Finländer bis nach Westerbottn verbreitet, und sich in der Gegend von Torneå niedergelassen. Sie trieben an den großen Flüssen dieser Gegend eine einträgliche Fischerei; es entstanden zwischen dem Erzbischof von Upsala und dem Bischof von Åbo Streitigkeiten über die Grenzen ihrer Stifte; denn jenem war ganz Westerbottn, das unter Helsingland, dem allgemeinen Namen für ganz Nordschweden, gerechnet ward, unterworfen. Die Nachtheile, die aus dem ungeheuren Umfang des Åboer Bisthums entstanden, der eine genaue Aufsicht unmöglich machte, wurden freilich erkannt und man hatte bereits 1361 den Gedanken, einen Bischof zu Wiborg anzusetzen: die Ausführung unterblieb aber. Der Gottesdienst ward mit Ordnung, in Åbo mit nicht gewöhnlichem Aufwande gefeiert. Die Cathedralkirche dieser Stadt war bereits mit Altären, Bildern, u. s. w. geschmückt; es gab Chorsänger, Präbendarii, Hospitäler, geistliche

*) Åbo = Tidning. 1789. S. 337.

Convente und Brüderschaften. Die Ansprüche und Forderungen der Geistlichen an Zehnten und andern Abgaben waren dem Volke sehr drückend: es entstanden Streitigkeiten und Rechtsgänge darüber, die meistens zum Vortheil der Geistlichen entschieden wurden. Ihre Oberhäupter wachten eifrig über die Erhaltung des geistlichen Ansehens, und die Vermehrung des kirchlichen Eigenthums. Bischof Hemming (von 1340 bis 1367) drang mit Strenge auf die Entrichtung des Zehnten, und er forderte die Hülfe des weltlichen Arms auf, um die Widerspenstigen zur Erfüllung ihrer Pflicht zu zwingen.

Die Geistlichkeit verpflanzte auch die wissenschaftlichen Kenntnisse ihrer Zeit nach Finland; nach und nach wurden sechs Klöster angelegt; das älteste war das Dominikanerkloster zu Åbo; Nådendal (Gnadenthal), ein Birgettenkloster ward 1438 auf inständiges Verlangen des finländischen Volks gestiftet; ein Franziskanerkloster war zu Raumo; zu Wiborg waren ein Franziskaner- und ein Dominikanerkloster; auch befand sich ein Kloster zu Kökar auf Åland. Alle diese Stiftungen waren nur schlecht dotirt; nicht an frommen Eifer, sondern an irdischen Gütern fehlte es den Finländern; nur das Kloster Nådendal kann reich genannt werden, es ward aber mit öffentlichen Ländereien dotirt. Hier ward die Jugend in den Anfangsgründen nützlicher Kenntnisse unterrichtet. Das Collegium Raumense stand bei'm Anfang der Reformation in großem Ansehn. Die Åboer Cathedralschule ward sehr zahlreich auch von Jünglingen aus andern Stiften besucht, die hier Lesen, Schreiben, die ersten Grundwissenschaften, (die artes triviales) die lateinische Grammatik, Dialektik und Rhetorik erlernten, denen bei den fähigern Schülern noch eine dürftige Theologie, die Rechenkunst, die Choralmusik und soviel von der Astronomie hinzugefügt wurde, als nöthig war, um die hohen Feste zu berechnen. Wer nach einer höhern wissenschaftlichen Bildung strebte, mußte auswärtige Schulen besuchen: es waren auch öffentliche Mittel angewiesen, um fähige und wißbegierige Jünglinge dazu in den Stand zu setzen. Bischof Hemming schenkte seiner Domkirche 1354 eine Sammlung von Handschriften, freilich meistens nur Postillen, Anmerkungen über das Kirchenrecht u. d. g. *), aber alle von Schriftstellern, deren Ansehn im Mittelalter sehr groß war: die Capitularen erhielten dadurch Gelegenheit, sich bei den begabtesten Männern Rath und Belehrung zu holen. Auf eine ähnliche Art sorgte auch Bischof Magnus Olofssohn (von 1412 — 1452) für die Aufklärung seiner Geistlichkeit, indem er den Büchervorrath der Domkirche vermehrte. Von dem Preise, den die Bücher in diesem Zeitalter hatten, kann man sich einen Begriff machen, wenn man weiß, daß für ein Legendarium ein ganzer Hof gegeben, und daß ein Meßbuch auf siebzig und hundert Mark baaren Geldes geschätzt ward, Summen, wofür beträchtliche Landgüter feil

*) Man sehe das Verzeichniß bei Porthan historia bibliothecae Aboensis. S. 15.

waren.*) Der große Haufe blieb jedoch roh und unaufgeklärt; auch die Vornehmen und Beamten zeichneten sich durch Cultur und Kenntnisse wenig vor ihnen aus. Die Muttersprache ward ganz vernachlässigt. Noch weniger wurden die bildenden Künste gepflegt; im Anfang des sechzehnten Jahrhunderts gab es selbst in Åbo noch keinen gewöhnlichen Maler.

Städtisches Wesen wollte in Finland lange nicht gedeihn. Åbo war die erste Stadt, die als Sitz der Regierung und des Bisthums zu einigem Wohlstande gelangte: der Ablaß, der an den Festtagen des heiligen Heinrichs in der Domkirche ausgetheilt ward, gab zugleich Veranlassung zu bedeutenden Jahrmärkten, die noch gegenwärtig zu derselben Zeit gehalten werden. Åbo allein durfte freien Handel treiben. Durch seine Lage begünstigt, die es zu einem Stapelplatz für russische Waaren machte, kam auch Wiborg empor. Auch Ulfsby oder das jetzige Björneborg scheint bereits ein Flecken gewesen zu seyn oder eine Art von Municipalverfassung gehabt zu haben, obgleich es erst später von Albrecht dem Meklenburger förmlich die Befugniß erhielt, sich des städtischen Rechts zu bedienen, das sein Ohm, König Magnus, eingeführt habe. Bis auf die Union gab es weiter keine Städte: die deutschen Könige hatten den wohlthätigen Einfluß derselben auf die Indüstrie und die Blüthe der Länder in ihrem Vaterlande kennen gelernt: sie wünschten, die Zahl derselben auch in den nordischen Reichen zu ver-

*) P. Juusten chron. S. 489.

mehren; in der ersten Hälfte des funfzehnten Jahrhunderts kommen Raumo, Nådendal und Borgo vor; die beiden ersten Oerter hatten ihren Ursprung den daselbst angelegten Klöstern zu danken, in deren Nähe sich Kaufleute und allerlei Handwerker niederließen, die sich hernach in Gemeinschaften ordneten und eine politische Verfassung erhielten. Ihr Emporkommen ward aber durch das Gesetz verhindert, das ihnen auferlegte, ihre Waaren nur nach Stockholm zu schicken: anfangs scheint die Verordnung auf das Beste der Finländer gerichtet gewesen zu seyn; in dem Vergleich zwischen Magnus und Erich von 1357 wird ausdrücklich ausbedungen, daß die Finländer (die Einwohner des östlichen Landes) ihre Waaren nach wie vor nach Stockholm führen und ungestört daselbst handeln könnten: äußerst hart aber war es, als man allen finländischen Oertern außer Åbo in der Folge keinen andern Markt, als die Hauptstadt Schwedens bewilligen wollte. Diese zog bereits damals einen großen Theil ihrer Bedürfnisse aus Finland: Butter, geräuchertes und eingesalznes Fleisch, Vieh, Fische, besonders Hechte und andere Viktualien waren die Hauptexporten: das Holz war noch ein wenig gesuchter Artikel. Åland und die Schären verführten ihre Producte fast ausschließend nach Stockholm: Nyland und Karelen hatten einen ziemlichen Verkehr mit Ehstland und den angränzenden Ländern, wie unter andern der Münzfuß beweist: preußische und revalsche Schillinge machten das gewöhnliche Currentgeld in Finland aus. In Åbo galt eine eigne Rechnungsart: fünftehalb

Mark Åboschen Geldes kamen einem Rosenobel gleich, oder zehn Mark machten eine Mark löthigen Silbers. Der Ostbottnische Handel ward meistens von den Einwohnern in den südlichen Kirchspielen, Nerpis, Mustasaari und Pedersöre getrieben; sie reisten zu gewissen Zeiten nach den nördlichen Gegenden, wo alsdann bei den Mündungen der großen Flüsse eine Art von Markt gehalten ward: schon König Albrecht, dem die Ostbottnier besonders ergeben waren, hatte ihnen dies Handelsrecht feierlich versichert. Den lebhaftesten und ausgebreitetsten Verkehr trieben deutsche Kaufleute: unter den ersten Åboschen Bürgermeistern, Rathsherrn und Handelsleuten kommen viele deutsche Namen vor: bei den Finländern ward daher auch das Wort Saxat ein Nennwort, das noch gegenwärtig einen großern Kaufmann bezeichnet: sie stammten hauptsächlich aus Niedersachsen. Wie groß ihr Ansehn war, kann man daraus schließen, daß der bedeutendste Adel kein Bedenken trug sich durch Heirathen mit ihnen zu verbinden. Viele der angesehnsten finländischen Geschlechter unter dem Adel, der Geistlichkeit und den Kaufleuten leiten ihren Ursprung von diesen Deutschen her. Im funfzehnten Jahrhunderte gab es in Åbo Kaufleute, die der Domkirche nicht nur ganze Landgüter, sondern auch Steinhäuser und Handelsbuden in der Stadt nebst andern Vermächtnissen hinterlassen konnten. Durch die deutsche Bürgerschaft scheint in Åbo eine größere Bekanntschaft mit der Kunst zu lesen und zu schreiben verbreitet worden zu seyn; das Bedürfniß machte diese Kenntniß bald unentbehrlich: von den Bürgern ging sie ohne Zweifel zu den vornehmen und vermögenden Leuten auf dem Lande über. Um die Mitte des funfzehnten Jahrhunderts wurden bereits viele Verhandlungen in Åbo schriftlich verfaßt. — Auf die Schiffarth scheinen sich die Finländer stark gelegt zu haben; von jeher zeichneten sie sich durch Muth und Geschicklichkeit in diesem Gewerbe aus. Im Jahre 1521 verlangte der Magistrat von Stockholm tausend erfahrne Boots- und Steuermänner, einige gute Böttcher und Zimmerleute, und eine Anzahl wehrbarer Schiffe, die von Åbo und der umliegenden Gegend aufgebracht werden sollten.

Bei den ewigen Kriegen konnten die Bevölkerung und der Ackerbau unmöglich bedeutende Fortschritte machen. Um die Mitte des funfzehnten Jahrhunderts hatten die obern oder vom Meer entfernten Gegenden Oesterbottns, der nördliche Theil von Sawolax, Nordtawastland, namentlich ganz Rautalambi, die nördlichen Theile von Satacunda (die Kirchspiele Ickelås, Ruovesi und Kuuru) noch keine andre Einwohner als herumstreifende Lappen: auf der langen Strecke zwischen Sysmå in Tawastland und St. Michel in Carelen gab es noch keine menschliche Wohnungen; sondern alle Reisenden, selbst der Bischof, der die Carelischen Kirchen visitirte, waren gezwungen unter freiem Himmel auf dem Eise oder Schnee zu übernachten. Landstraßen, die besonders im Sommer bereist werden konnten, traf man fast gar nicht; höchstens einen beschwerlichen Fußsteig, gar selten eine Brücke. Im Sommer mußte man daher entweder zu Fuß oder zu Wasser reisen:

im letztern Fall wurden die Fahrzeuge öfters gewechselt, oder wenn man einem Wasserfall oder einer Landenge nahte, über Land gezogen. Die Finländer pflegten ihre Reisen deswegen gewöhnlich im Winter zu Schlitten anzustellen. Die Bevölkerung litt auch ungemein durch die Pest und andre ansteckende Krankheiten, deren Verwüstungen im Mittelalter aus mangelhafter Einsicht in die Heilkunst, gänzlicher Vernachlässigung aller Vorsichts- und Vorbauungsmaßregeln und endlich wegen der ganzen Diät und Lebensart so groß waren. Der Aussatz, eine durch die Kreuzzüge in Europa verbreitete Seuche, war bis nach Finlands kalten Gefilden vorgedrungen. Für Sieche der Art ward früh ein Hospital (Leprosenhaus) angelegt: durch Absonderung der Kranken von den Gesunden wollte man der Ansteckung vorbeugen. Zur Erhaltung dieser Anstalt mußte jede Familie jährlich drei Pfennige beitragen: allmälig ward das Geld säumiger entrichtet, das Hospital verfiel; es irrten eine Menge Unglücklicher umher, mit der schrecklichen Krankheit behaftet. Die Erneuerung des Siechenhauses ward daher im Jahre 1440 mit großem Eifer betrieben; die Leitung der Anstalt sollte zwei rechtschaffnen Bürgern in Åbo unter der Aufsicht des Bischofs und des Statthalters auf dem Schloß übertragen werden. — Von den Sitten und dem Luxus dieser Zeit haben sich fast gar keine Nachrichten erhalten. Die Åboer Prälaten lebten, wie es scheint, lustiger, als man Männern ihres Standes verstatten darf; der Keller des heiligen Heinrich war wohl versehn, und die hochwürdigen Herrn durften, so oft es ihnen gefiel, sich ein Stübchen Wein aus demselben abfordern lassen. Das allgemeine Lieblingsgetränk war Bier, und das finländische Bier scheint von vorzüglicher Güte gewesen zu seyn. Gegen das Ende des funfzehnten Jahrhunderts ward der Brantwein bekannt, doch noch nicht allgemein; nach einer unverbürgten Angabe haben ihn die Finländer von den Russen kennen gelernt. *)

Die Schreckensregierung des unglücklichen Christian II. vermehrte die Leiden, die Finland so lange heimgesucht hatten; während des frühern Kriegs wurden die Küsten auch von seinen Schaaren verheert. Gleich nach seiner Ankunft in Schweden schickte er einen Befehl nach Finland, daß die Räthe und Stände sich bei ihm einfinden und über das Wohl des Vaterlandes mit ihm berathschlagen sollten. Da dieser Befehl nicht gleich befolgt ward, wurde er dringender wiederholt. Die Finländer hatten kein Vertrauen in die Aufrichtigkeit seiner Versprechungen: sie entgingen dadurch dem Schicksal, das Schwedens erste Magnaten und Patrioten am 8. Nov. 1520 traf. In seiner Capitulation mit Sten Sture's hinterlaßner Wittwe hatte er ihr und ihren zahlreichen finländischen Anhängern, zum Theil den bedeutendsten Männern des Landes, völlige Sicherheit sowohl für ihre Personen als für ihr Eigenthum versprochen; zugleich ward ihr das Schloß Tawastehus mit dem dazu gehörigen Län und Kumogård zum Unterhalt angewiesen,

*) Tengström om de fordna Finnars sällskaps nöjen. S. 275. Die Behauptung ist auffallend: ich habe nirgends einen Beweis dafür gefunden.

aber keine dieser Verheissungen ward erfüllt. Nach der Einnahme von Stockholm schickte der König den berühmten Hemming Gadd, erwählten Bischof von Linköping, der ehemals der eifrigste Anhänger des Stureschen Hauses gewesen war, sich aber jetzt auf seine Seite gewandt hatte, mit einem Kriegsheer nach Finland, um sich der Schlösser zu bemächtigen und ihm das Land zu unterwerfen. Da er in Finland bekannt war und viele Freunde hatte, hoffte Christiern von seinem Eifer, seiner Thätigkeit und Beredsamkeit den sichersten Erfolg. Die Schlösser wurden fast ohne Widerstand, der jetzt für ganz vergeblich gehalten ward, seinen Truppen übergeben; die bisherigen Befehlshaber wurden ihrer Stellen entsetzt, und mußten Dänen und Deutschen weichen. Der König befahl seinen Vertrauten, alle Personen, die ihnen verdächtig wären, zu ergreifen und hinzurichten: Åke Jöransson (Tott) ward zu Tawastehus, Nils Eskilssohn (Baner) und Hemming Gadd, ungeachtet der Treue, womit er dem Könige gedient hatte, zu Raseborg hingerichtet. Nur der Bischof Arvid, unstreitig der bedeutendste Mann, entging der Gefahr: entweder fand er auf seinem Schlosse Kuusto Sicherheit, oder er wußte auf eine andre Art seine Verfolger zu täuschen, er behauptete sein Ansehn und war bald im Stande, sich seinen Feinden furchtbar zu machen.

Sobald Gustav Wasa zum Reichsvorsteher erwählt war, dachte er auch auf Finlands Befreiung; er schickte im Jahre 1521 eine Anzahl Soldaten hinüber, die im Lande bald eine beträchtliche Verstärkung erhielten. Am 24. Nov. begannen sie die Belagerung Åbo's, worüber ein eben so grausamer als tapfrer deutscher Ritter, Thomas Wolf, den Befehl führte: die Besatzung war zahlreich, bestand meistens aus Ausländern, und war mit allen Nothwendigkeiten hinreichend versehn. Den Belagerern, die in der Eile zusammengestürzt waren, fehlte es an Gewehr und Ammunition. Einigermaßen half Bischof Arvid diesen Mängeln ab; die Schweden machten nur langsame Fortschritte; bei einem Ausfall fielen den Belagerten verschiedne Gefangne in die Hände, unter andern Bengl Arvidssohn, der Bruder des schwedischen Feldherrn. Wolf ließ sie allesamt außerhalb der Schloßmauer aufknüpfen. Im Januar des folgenden Jahrs kam ein neuer Befehl von König Christiern an seine sämtlichen Commandanten, alle in ihrer Gewalt befindlichen Schweden zu ermorden: Ritter Wolf hatte mehrere vornehme Finländer — wie es scheint als Bürgen für die Treue des übrigen Landes — zu sich in die Burg beschieden. Tönnies Erichssohn (Tott) Lagmann über Nordfinland, Heinrich Stenssohn, selbst sein eigner Schreiber Magnus und Andere wurden hingerichtet. Ein gleiches Schicksal stand auch einem der Ersten unter Finlands Edlen, Erich Fleming, bevor. Zu seinem Glück hatte er von den angekommenen Befehlen Christierns Nachricht erhalten; mit einer seltnen Geistesgegenwart, von der er auch hernach mehrere glänzende Proben ablegte, beschloß er, sich und verschiedne seiner Landsleute zu retten und sich an seinen Feinden zu rächen. Er stellte sich als den eifrigsten

Anhänger der dänischen Parthei und verschaffte sich dadurch Ritter Wolfs Vertrauen; er erbot sich einen Ausfall anzuführen, wozu hauptsächlich die auf dem Schloß befindlichen Schweden, an deren Verlust so wenig gelegen sei, gebraucht werden sollten: die Schaar sollte von so vielen Dänen verstärkt werden, als hinreichend seyn würden, sie zur Erfüllung ihrer Pflicht anzutreiben. Der Commandant willigte in den Vorschlag. Nun bereitete sich Flemming seinen Entwurf auszuführen; er fand Gelegenheit, den schwedischen Befehlshaber auf einem heimlichen Wege von seinem Vorhaben zu unterrichten: die Dänen auf der einen Seite von Flemmings Genossen, auf der andern von den Belagerern angegriffen und eingeschlossen, wurden sämmtlich niedergemacht, er aber und seine Gefährten entgingen glücklich den Händen des Tyrannen.

Die Belagerung dauerte bis zum Frühling des folgenden Jahrs: endlich kam der Admiral Severin Norby zum Entsatz; die Schweden, zu schwach zum Widerstande, mußten also nicht nur vom Schloß abziehn, sondern auch die Stadt verlassen; sie waren genöthigt, ihren Pulvervorrath, der in einem steinernen Hause verwahrt wurde, anzuzünden, woraus eine Feuersbrunst entstand, die fast die ganze Stadt in Asche legte. Was die Flammen verschonten oder ihnen entrissen ward, das eigneten sich die raubbegierigen dänischen Söldner zu. Das schwedische Corps zog sich bis nach Tawastland, ungefähr 16 — 17 Meilen von Åbo, zurück, wo es sich setzte; alle finländische Edelleute wurden zur Verstärkung aufgeboten. Norby hatte

hatte andre Absichten und verfolgte sie nicht: er segelte nach Stockholm zurück, und hielt sich zwischen den schwedischen und finländischen Schären auf, um den bedrängten Festungen beistehn und besonders um sie mit Lebensmitteln versehen zu können: er landete überdieß hier und dort an den Küsten kleine Parthien, welche plünderten und andern Unfug trieben. Da die schwedischen Befehlshaber sahen, daß sie für den Augenblick nicht im Stande waren, etwas Bedeutendes auszurichten, beschlossen sie sich zu theilen. Erich Flemming ging mit den mehrsten Truppen nach Schweden, um sich mit Gustav Wasa zu vereinigen. Nils Grabbe blieb mit einem Theil zurück, um den Feind zu beunruhigen. Norby glaubte völlig Herr der See und der Schären zu seyn: er befahl daher dem Ritter Wolf unverzüglich so viele Victualien als möglich in Finland zusammen zu treiben und nach Stockholm zu schaffen. Letzterer vereinigte eine beträchtliche Transportflotte und begab sich, von einigen Kriegsschiffen begleitet, selbst auf den Weg. Er wußte aber nicht, daß Gustav Wasa, der Wiederhersteller der schwedischen Freiheit, durch Lübecks Beistand im Besitz einer Seemacht war, die zwischen den Schären versteckt lag. Fast alle seine Schiffe und er selbst geriethen daher den Schweden in die Hände. Um sich an ihm wegen der Grausamkeiten zu rächen, die er in Åbo an so vielen Schweden verübt hatte, ließ ihn Gustav mit einem Bastseil an einer Eiche aufknüpfen.

Nachdem durch Norby's Ankunft die schwedischen

Angelegenheiten in Finland eine so üble Wendung genommen hatten, ward nicht nur das Schloß Kusto dem Bischof Arvid genommen, sondern er selbst mußte seine Rettung in der Flucht suchen: die Dänen waren so ergrimmt wider ihn, daß sie ihm überall nachspürten. Selbst in Oesterbotten hielt er sich nicht mehr für sicher; er beschloß nach Schweden zu flüchten, um unter Gustavs siegreichem Panier seinen Verfolgern zu entgehn. Er ward von seinen nächsten Verwandten, seinen Dienern, vielen finländischen Edelleuten, ihren Frauen und Töchtern begleitet. Allein ein fürchterlicher Sturm, der sich plötzlich erhob, überwältigte das Fahrzeug und es ward mit allen Personen und Gütern ein Raub der Wellen. So kam der letzte katholische Bischof in Finland um, wie fast die meisten seiner Vorgänger ein frommer und um das Vaterland wohlverdienter Mann. Nun war Nils Grabbe der einzige, der sich Christierns Anhängern zu widersetzen wagte: ein kühner und schlauer Partheigänger, der mit einer kleinen Flotte von wohlbemannten Schärenbooten überall an der finländischen Küste herumschweifte, bald hier, bald dort an's Land stieg, die Stärke und Stellung des Feindes auskundschaftete, und ihm den möglichst größten Schaden zufügte. Er überfiel die Amtleute des Königs, während sie ihre Geschäfte verübten und machte eine große Anzahl feindlicher Soldaten nieder. Sobald er erfuhr, daß eine bedeutende Macht wider ihn im Anzuge sei, zog er sich zurück, bisweilen bis nach der ehstländischen Seite, wo er in Reval und andern Häfen eine sichre Zuflucht fand: doch währte es nicht lange, so zeigte er sich wieder am finländischen Strande. Gustavs Werk war unterdessen vollendet und Schweden von der dänischen Oberherrschaft befreit: jetzt war er im Stande, kräftigere Maßregeln zur Rettung Finlands anzuwenden. Im August 1523 ward ein wohlgerüstetes Heer von Schweden, Deutschen und Finländern, unter Iwan und Erich Flemmings Befehlen hinübergeschickt; sie landeten bei'm Schlosse Kusto und eroberten es am andern Tage mit Sturm: sie wandten sich gegen Åbo und auch diese Burg ward nach einer zwölftägigen Belagerung wiedergenommen: anfangs war die dänische Kriegsmacht den Schweden entgegengerückt, zog sich aber, nach näherer Erkundigung über die Stärke der Gegner, über Tawastehus nach Wiborg. Die Schweden vertheilten sich nun in mehrere Haufen, die nach und nach Tawastehus, Raseborg, Nyslott und Wiborg belagerten und einnahmen; noch vor Weihnachten ward dadurch das ganze Land den Feinden entrissen. Da keine Hülfe weiter aus Dänemark erwartet werden konnte, verloren Christierns Anhänger bald den Muth und waren zu einem längern Widerstande eben so wenig geneigt als fähig.

Wenn Finland unter Christierns Regierung einige Ruhe vor den Russen genossen hatte — doch nicht immer, denn 1517 hausten sie in Oesterbottn — so war der innere Zustand des Landes deswegen nicht besser; der obere Theil blutete noch von den Wunden, die es im großen russischen Kriege erhalten hatte. Kaum hatte die Provinz angefangen, sich einigermaßen zu erholen, als die unglücklichen innern Unruhen ausbrachen, die sie während eines Zeitraums von drei Jahren mit neuen Verheerungen heimsuchten. Die an der Seeküste und den Städten zunächst belegnen Gegenden, die am meisten von diesen Unruhen litten, waren damals ziemlich bevölkert und angebaut. Dies erhellt aus manchen einzelnen Angaben, die aus dieser Periode bis zu uns gekommen sind: das Kirchspiel Karislojo in Nyland zählte ums J. 1460 auf 137 Höfe oder Hofstheile, 1747 aber nur 85, die sich 1775 bis zu 100 vermehrt hatten. Im obern Lande waren aber beträchtliche Striche ganz unbebaut, wie z. B. der nördliche Theil von Satakunda, wo jetzt drei Kirchspiele liegen, ganz Rautalambi, Nord-Sawolax und Cajaneborg; alle diese Districte waren nichts weiter als Lappmarken. Ein ähnliches Ansehn hatte Finland noch unter Gustavs I. Regierungszeit. Da der Zerstückelung der Höfe durch keine Verordnungen Schranken gesetzt ward, waren sie gemeiniglich in ganz kleine Theile zerspaltet, die im Besitz von verschiednen Bewohnern und Familien waren. Man sieht aus alten Urtheilssprüchen, daß fast in allen Dörfern um Åbo weit mehr Höfe und Einwohner waren, als jetzt; alle waren angeseßne Bauern, Einlieger waren beinahe ganz unbekannt. Nach und nach sind die Höfe öde geworden oder zusammengeschlagen, besonders durch die Verheerungen, die das Land seit Gustavs I. Zeiten erlitt, durch lange äußere und innere Kriege, durch Hungersnoth, ansteckende Seuchen und die Uebergewalt barbarischer Feinde. Für die Bevölkerung war diese Theilung sehr günstig; die dürftige Lebensart machte es den Einwohnern leicht, sich und ihre Familien zu erhalten *). Von den Sitten und dem Charakter der damaligen Finländer stellt Olaus Magnus ein sehr vortheilhaftes Bild auf: seit seiner Bekehrung sind unter dem finländischen Volke alle Tugenden einheimisch, gegen Fremde und Ankömmlinge beweisen sie die uneigennützigste Gastfreiheit mit zuvorkommender Bereitwilligkeit; unter sich sind sie gütig und bescheiden; zum Zorn werden sie langsam gereizt, doch ersetzen sie die Zögerung durch die Größe der Rache. Den Priestern beweisen sie die größte Ehrfurcht, vor allen Dingen geben sie ihnen den Zehnten: von diesen werden sie wieder, mit Hülfe von Dollmetschern im göttlichen Gesetz unterrichtet, so daß sie, nach Ausrottung der alten Irrthümer, mit einer gewissen Offenheit des Gemüths zur Ausübung alles Edlen bereit und willig sind **).

IV.

Finland unter Gustav I. und seinen Söhnen bis zum Jahr 1611.

Die Reformation war ein so wesentliches Hülfsmittel zu Gustavs Entwürfen, daß sie sich, von ihm

*) Finlands Historia under K. Christian II. Regering, (v. G. H. Porthan) Abo-Tidning 1800. nr. 12. 13. 17. 20. 21. 51. 52 und 1801. nr. 12. 14.

**) Lib. IV. c. 17.

begünstigt, schnell durch das ganze Reich verbreitete. Magister Peter Särkilax, der in Wittenberg studiert hatte, von dessen übrigen Verhältnissen wir aber nur sehr unvollkommen unterrichtet sind, war der erste Finländer, der sein Vaterland mit den neuen Ansichten bekannt machte. Zum ersten evangelischen Bischof ward Martin Skytle im Jahre 1528 erwählt, unter dem die Umänderung des Kirchenwesens vollkommner durchgesetzt ward; um das Volk nicht zu sehr zu betrüben, wurden die päpstlichen Gebräuche erst nach und nach abgeschafft. Die Einkünfte der Geistlichkeit wurden ungemein vermindert; sie mußten einen beträchtlichen Theil derselben (sie bestanden hauptsächlich in Getreide, Butter, gesalznen und gedörrten Fischen) dem Könige zukommen lassen, worüber im Anfang große Klagen entstanden: zu der Contribution von 15000 Mark, die die schwedische Priesterschaft im J. 1526 bewilligte, bezahlte das Stift Åbo ein Fünftel. Einen andern Theil der ihm übrigen Einkünfte verwandte der neue Bischof auf die Unterstützung verschiedner Jünglinge, die in den Künsten und Wissenschaften und den Grundsätzen der verbesserten Religion unterrichtet, und im Auslande weiter ausgebildet wurden; die finländische Kirche gewann dadurch eine Reihe brauchbarer Männer, die auch den ersten Schimmer einer wissenschaftlichen Aufklärung in der Provinz verbreiteten. Durch den Versuch, die religiösen Wahrheiten schriftlich darzustellen, und auf diesem Wege ihre nähere Kenntniß zu befördern, geschah ein bedeutender Schritt, das finländische Volk auf eine höhere Stufe der Cultur empor zu heben. Der Rector der Schule zu Åbo, Michael Agricola, nachmals Bischof über Finland, ließ im Jahre 1548 eine Uebersetzung des neuen Testaments drucken; im folgenden Jahre lieferte er einen besondern Auszug der Leidensgeschichte, und 1551 folgte auf königlichen Befehl eine Uebersetzung der Psalmen Davids, die Paul Juusten zuerst übertragen hatte. Weil das Volk zu arm war, der König aber nichts darauf verwenden wollte, konnte die ganze heilige Schrift nicht übersetzt werden: vom alten Testament erschienen nur die Gesänge des Mosis und einzelne Stellen aus den Propheten. Zum Unterricht der Jugend hatte Bischof Agricola bereits früher einige Elementarbücher und 1544 ein finländisches Gebetbuch herausgegeben, dem ein Calender mit allerlei öconomischen und andern Anmerkungen voransteht. Es erhellt aus demselben, wie viele katholische Vorstellungen und Ansichten noch übrig waren: dahin gehören eine Menge Gebete an einzelne Heilige und die Engel; in einer Bitte um die Gaben des heiligen Geistes wird noch des Fegefeuers erwähnt u. d. g. Man sieht noch den Kampf des Uebersetzers mit einer rohen Sprache, deren Wörtervorrath für abstracte Begriffe nicht hinreichte, und die ihn oft zwang, zu fremden Ausdrücken seine Zuflucht zu nehmen, die seinen Landsleuten schwerlich bekannt waren *). Selbst

*) Viele theologische Ausdrücke hat die Sprache entlehnt, z. B. Synddi, Sünde. In einem Kriegsgebet heißt es: wir bitten, daß den Feind ein panischer Schrecken ergreifen möge u. d. g.

die Bestimmung der Orthographie machte außerordentliche Schwierigkeiten; es wurden wunderliche Regeln erfunden, von denen man erst in den neuesten Zeiten angefangen hat, sich loszureißen. Demselben thätigen Bischof verdankte die finländische Kirche auch eine Liturgie in der Landessprache, die 1549 zu Stockholm im Druck erschien: auch in ihr sind noch manche papistische Ueberreste geblieben. Ihr folgte endlich ein finländisches Meßbuch, worin die Art beschrieben wird, wie das Abendmahl vertheilt werden sollte. Geistliche Gesänge, die so viel beitragen, andächtige Gemüther in der Stille zu höhern Empfindungen zu erheben und die gemeinschaftliche Erbauung feierlicher zu machen, hatte man noch nicht in finländischer Sprache; dagegen ward in den gottesdienstlichen Zusammenkünften von dem Geistlichen bisweilen ein lateinischer oder schwedischer Psalm abgesungen. Erst die Zukunft konnte Agricola's große Bemühungen für die Cultur seines Volks in ihrer ganzen Wohlthätigkeit entwickeln: für den Augenblick war schon dadurch viel gewonnen, daß den Geistlichen, die oft weder schwedisch noch lateinisch verstanden, Hülfsmittel zu höherer Belehrung in die Hände gegeben wurden. Auf das Schulwesen hatte die Reformation die glückliche Wirkung, daß die Gegenstände des Unterrichts überhaupt erweitert wurden; die alten Sprachen wurden mit größerm Eifer getrieben und der Jugend reinere Begriffe von der Religion beigebracht. Das Lesen der Bibel ward allgemeiner und veranlaßte zur Bekanntschaft mit der Geschichte und andern Zweigen der Gelehrsamkeit. Allein bei dem allem blieben doch noch die Domschulen in Wiborg und besonders in Åbo fast die einzigen Lehranstalten des Landes; der Unterricht in denselben erstreckte sich theils nicht über die ersten Elementarkenntnisse, theils war er fast ausschließend auf die Bedürfnisse des künftigen Priesters berechnet; denn diesem Stande war der größte und vornehmste Theil der Zöglinge bestimmt. In einigen Städten (Raumo, Björneborg und Helsingfors) gab es überdies zwar noch Trivialschulen, allein sie konnten zur Verbreitung von Kenntnissen nicht viel beitragen. In ganz Tawastland, Oesterbottn und Sawolax fand sich keine Schule. Deswegen war um diese Zeit die Zahl der Schüler oder Djekner in Åbo so groß; es waren größtentheils erwachsne Bauerbursche; zu gewissen Zeiten gingen sie in den verschiednen Kirchspielen herum, theils um die Kinder zu unterrichten, theils um Hülfe und Unterstützung zu suchen: sie verübten auf diesen Wanderungen öfters allerlei Ausschweifungen, betrogen die einfältigen Landleute u. s. w. wogegen die Bischöfe oft strenge Verordnungen erließen. Zur Aufmunterung und Erbauung der Jugend war man auf ein sehr sonderbares Mittel verfallen; es wurden in den finländischen Schulen Tanzübungen veranstaltet und mit geistlichen Gesängen in lateinischer Sprache begleitet *). — Der große Haufe ward nur noch selten im Lesen unterwiesen: was er durch Predigten und Catechisationen, die meistens nur in Auswendiglernen, oft ohne beigefügte Erläuterung, bestanden, behielt, erweiterte seine Kenntnisse indessen mehr, als während des Papstthums

*) Åbo=Tidning 1796. nr. 18.

möglich war, da der Gottesdienst lateinisch verrichtet ward und Predigten ganz ungewöhnlich waren. Die Einsichten der Beamten und Standespersonen waren im Allgemeinen nicht viel umfassender, besonders in den Wissenschaften, die für sie am nützlichsten waren. Woher sollten sie sie schöpfen? die wenigen Bücher in der Landessprache waren allein ascetischen Inhalts: daher war ihre Amtsverwaltung eben so traurig, als der Zustand der allgemeinen Aufklärung.

Gustavs Regierung war für Finland lange nicht so vortheilhaft als für die übrigen Provinzen des Reichs; erst in den letzten Jahren seines Lebens, wo das Alter seine Thätigkeit bereits geschwächt hatte, lernte er das Land näher kennen, das grade von einem schrecklichen Kriege heimgesucht ward. Agricola stellt 1551 in einem Briefe an seinen Buchdrucker in Stockholm ein sehr trauriges Gemälde von dem Zustande desselben auf; „der Hunger, schreibt er, ist bei den Bauern, ja auch bei der Priesterschaft der allgemeine Gast; in den Städten ist kein Getreide feil; alles ist noch — es war im April — wie im tiefsten Winter mit Schnee und Eis bedeckt; dadurch ist der äußerste Futtermangel entstanden: vor Zeiten war Finland ein Feinland, in Zukunft aber mag Gott wissen, was daraus werden wird." Er bat dringend, die Noth des Landes überall in Schweden vorzustellen und mitleidige Herzen zum Beistand aufzufordern *). Der Krieg vermehrte das Unglück des Landes. Obgleich bei den innern Erschütterungen

*) Juusten S. 738.

Schwedens der sechzigjährige Stillstand, den Swante Sture mit Rußland geschlossen hatte, wankend geworden war: hatte Gustav doch das gute Vernehmen durch eine Gesandtschaft, die er, sobald die Provinz seinen Waffen unterworfen war, an den Zar Iwan Iwanowitsch abschickte, wiederhergestellt und befestigt. Allein noch in seinen letzten Lebensjahren sah sich Gustav in eine höchst verderbliche Fehde mit seinem östlichen Nachbar hineingezogen, die ihm selbst viele Sorge bereitete und einen großen Theil von Finland gänzlich verwüstete. Die nächste Veranlassung lag in Privatstreitigkeiten zwischen den Befehlshabern in diesen entfernten Provinzen; jeder suchte seinen Vortheil auf Kosten des Nachbars. Der König ward durch allerlei ungegründete Vorstellungen zu diesem Kriege beredet, man stellte ihm der Russen Schwäche und Einfalt vor, und daß sie von andern Feinden bedrängt würden: allein der Erfolg zeigte ganz das Gegentheil und er selbst beklagte sich bitterlich über die lügenhaften Angaben, die ihn bewogen, das Schwert zu ziehn. Im August 1555 begab sich der König persönlich nach Finland. Für Schweden war er ganz unbesorgt: der langen und beschwerlichen Wege halber über Seen und Moräste, durch Wälder und Einöden, hielt man es für unmöglich, daß ein Einfall in Westerbottn gelingen könne; höchstens, glaubte er, möchten die umherwohnenden Fischer und andre Herumtreiber einen Versuch machen; aber er hoffte, daß schon die Bauern im Stande seyn würden, sie zurückzutreiben. Das ganze Volk ward aufgeboten; anfangs wurden von zehn Mann zwei ausgehoben, die eine Landwehr bildeten und Acht haben sollten, daß kein loser Haufe einen Einfall machte: kam eine überlegne Zahl, so sollten alle Bauern ohne Unterschied aufbrechen; sie mußten sich mit Lebensmitteln versehn, weil das Getreide, das Heu und alle übrige Vorräthe aus den Grenzprovinzen fortgeschafft werden sollte, um dem Feinde die Mittel der Subsistenz, so viel als möglich, abzuschneiden. Die geschicktesten finländischen Knechte sollten zu Befehlshabern gesetzt werden; dies war höchst zweckmäßig, theils des größern Vertrauens, theils auch der Sprache wegen. Der König befahl, dem Volk vorzustellen, wie grausam und unbarmherzig die Russen mit ihren Gefangnen umzugehn pflegten und daß jeder redliche Biedermann den Tod einer solchen Behandlung vorziehn müsse; diese Ansichten sollten möglichst unter den Finländern verbreitet werden. Auch die Priester und alle andre vermögende Einwohner wurden aufgefordert, entweder in Person zu Roß zu dienen, oder Stellvertreter zu schicken. Die ordentlichen Truppen, die zum Theil aus Schweden herübergeführt waren, erhielten Sold; daher ward ihnen bei Lebensstrafe befohlen, alle Bedürfnisse zu bezahlen: aber gegen den Winter ward der Mangel an Zufuhr so groß, daß Gustav den Einwohnern ohne Unterschied gebot, die Hälfte, oder wenigstens, ein Drittel ihres Viehs zu schlachten, und gegen billige Vergütung zum Besten der Armee zu überlassen; er hoffte dadurch zugleich, das zum Winterfutter bestimmte Heu für die Pferde zu erhalten. In Oesterbottn wurden Schlittschuhläufer aufgeboten und Rennthiere und Ackjen (Rennthierschlitten) angeschafft, deren sich die geübtesten Schützen bedienen sollten; überall wurden Verhaue angelegt. Aus den Maßregeln des Königs, die alle nur auf seine Vertheidigung gerichtet waren, erhellt deutlich, daß er den Krieg nicht wollte; seine Vorsicht grenzte bisweilen an übertriebne Aengstlichkeit: er befahl seinen Befehlshabern sich in keine Scharmützel und in kein Gefecht mit einer überlegnen Anzahl einzulassen; gern hätte er den Ausbruch der Feindseligkeiten vermieden, allein sein Wunsch ward vereitelt. Im Januar 1556 rückte ein zahlreiches russisches Heer unter den Fürsten Peter Michailowitsch Schermätew und Demetrius Fedorowitsch Paletzkoi über die Grenze; es zog vor Wiborg; die Schweden warfen sich in die Stadt: ein andrer Haufe fiel in Sawolax ein, verübte entsetzliche Verwüstungen und machte eine ansehnliche Beute: besonders war den Schweden der Verlust einer beträchtlichen Menge von Pferden, Harnischen und andern Waffen empfindlich. Gustav, der sich auf die Finländer gar nicht verlassen zu können glaubte, ward durch diese Niederlage so erschreckt, daß er bereits die ganze Provinz verloren gab. Während seines ganzen stürmevollen Lebens war er in keiner ähnlichen Gefahr gewesen: er wagte kaum länger in Finland zu bleiben, und traf Vorkehrungen, möglichst schnell nach Schweden übergehn zu können. Die Stärke der russischen Armee ward auf 150000 Mann angegeben: Gustavs Truppen waren zum Widerstande nicht stark genug, auch gab es keine Befestigung im Lande, wohin er sich mit Sicherheit zurückziehn konnte. Der Seereise setzte der Winter unübersteigliche Schwierigkeiten entgegen; er entschloß sich daher auf dem nördlichen Wege längs der bothnischen Bucht zurückzukehren: er befahl auch den Statthaltern in diesen Gegenden alle Anstalten, jedoch in der größten Stille, zu treffen: allein sie fanden die Reise, der schlechten Wege, der vielen Flüße und des Mangels an Lebensmitteln wegen, ganz unthunlich. Zum Glück verstanden die Russen nicht, ihre ersten Fortschritte und die Bestürzung der Schweden zu benutzen; sie blieben noch immer ihrer alten Manier treu: sobald sie einen Einfall in eine Gegend gemacht und sie durchaus verwüstet hatten, kehrten sie wieder zurück, um an einer andern Stelle dieselben Verheerungen zu erneuern. Aus der leichtesten Veranlassung wurden sie gleichsam von einem panischen Schrecken ergriffen. Die Besatzung von Wiborg holte aus einem nahbelegnen Landhofe das Heu in die Stadt: das Geprassel der vielen Wagen auf einer hölzernen Brücke ließ sie glauben, eine Verstärkung ziehe heran: erschrocken hoben sie in größter Eile die Belagerung auf. Gustav veranstaltete in Schweden furchtbare Rüstungen; zugleich bot er alle Kräfte auf, dem Lande eine reichliche Zufuhr zu schaffen: Reuterei war ihm hauptsächlich nöthig; ohne 30000 Mann, und darunter 6 — 8000 Reuter, glaubte er nichts ausrichten zu können. Den finländischen Bauern fehlte es an Waffen. Zum Theil wurden sie des Kriegs am Ende überdrüssig, sie verkauften die mitgebrachten Lebensmittel und begaben sich nach ihrer Heimath; andre zwang der Hunger davon zu gehn, und aus Noth raubten sie eben so arg als der Feind. Gustav konnte sich gar nicht in den Character der Finländer finden; er warnte seinen Sohn Johann sich nicht zu sehr auf sie zu verlassen. „Die finländischen Bauern, schrieb er, haben ein sehr wunderliches und unbeständiges Gemüth, so daß sie, wenn man sie, so wie jetzt, gegen den Feind gebrauchen soll, keinen Gehorsam beweisen; sondern, wenn man sie, wie es nöthig, vorführen will, pflegen sie ein Geschrei (Parlement) gegen ihre eignen Hauptleute und Vorgesetzten anzufangen, zu rauben und sowol Freunde als Feinde todt zu schlagen. Du erinnerst dich wol selbst, fährt er fort, wie sie sich bei Lojo betrugen, sie bezechten sich in Bier, riefen und schrieen in unsrer Gegenwart, daß Niemand ihres Lärms wegen reden oder hören konnte.“ Auch mit seinen Befehlshabern war der König sehr unzufrieden: er brach oft in die bittersten Klagen über ihren Unverstand und ihre Liebe zur Trunkenheit aus. Die Schweden hatten auch das Unglück, daß unter ihren Truppen in Wiborg eine Seuche ausbrach, die bei'm Mangel an zweckmäßiger Diät und Hülfe manchem wackern Kriegsmann das Leben kostete: auch die engen und schmutzigen Wohnungen, (Pörtten) die ohne Fenster waren, erzeugten Krankheiten, unter den in ihnen zusammengedrängten Soldaten *). —

*) Alles was Finlands Lage zur Zeit des russischen Kriegs betrifft, ist aus den Urkunden zusammengestellt, die Hr. C. Adlersparre unter dem Titel: Handlingar rörande Kriegsväsendet under Gustaf's I. Regering, in seinen historiska Samlingar I. D. Stockh. 1793. S. 1—90. bekannt gemacht.

Auf der russischen Seite erstreckte sich Finland im Süden bis an die Newa, obgleich die Grenzen nicht ganz genau bestimmt waren. Die Provinz ward ihres weiten Umfangs wegen von ihm in zwei Bisthümer getheilt, und der um Finland so hoch verdiente Paul Juusten zum ersten Bischof über Wiborg ernannt. Die Zufuhr aus Finland an gesalznen und getrockneten Fischen, Theer und Brettern war für Schweden bereits dringendes Bedürfniß; man verspürte, wenn sie ausblieb, gleich Noth und Theurung: daher erließ Gustav 1539 einen strengen Befehl, daß die Kaufleute und Bauern alle Waaren dieser Art blos nach Stockholm und den übrigen schwedischen Städten, nicht aber nach Danzig, Riga, Reval, Livland und andern Orten fahren sollten *). Auch er löste die Fesseln nicht, die den finländischen Verkehr unterdrückten; Åbo blieb noch immer einzige Handelsstadt; fremde Kaufleute durften blos die hiesigen St. Heinrichsmessen besuchen, alle übrigen kleinern Märkte in den Städten sollten einzig von den Bürgern derselben gehalten werden: im nördlichen Oesterbottn war nur erlaubt, die vier Häfen Torneå, Uleå, Kemi und Ijo zu besuchen; der Verkehr der Bürger von Ulfsby (Björneborg) und Raumo ward auf diese vier Häfen, Åbo und Stockholm beschränkt; auch die Finländer, die hölzerne Geschirre verfertigten **), durften

*) Stjernmann samling utaf förordningar — angaende Sveriges Rikes Commerce etc. Stockh. 1747. 4. S. 58.

**) Wacka Finner, ich leite es von dem finländischen Wort Wacka, ein rundes, hölzernes Gefäß, her.

ten sich keinen auswärtigen Markt für ihre Waaren suchen. *). Der König hatte die Absicht, die verschiedenen Nahrungszweige mehr von einander abzusondern, damit jeder einzelne dadurch auf eine bessere und leichtere Art betrieben werden möchte: er verbot den finländischen Bauern, Predigern und andern Beamten, sich mit der Schiffahrt und dem Handel abzugeben, denn diese Gewerbe sollten den Städten ausschließend vorbehalten bleiben. Auch den Küstenbewohnern im südlichen Oesterbottn ward der Handel nach den nördlichen Gegenden, wo sie auch mit den Russen Verkehr trieben, untersagt: sie sollten sich in Zukunft von Fischfang und Ackerbau ernähren und die Handelsreisen unterlassen **). Seehundsfang war hauptsächlich für Oesterbottn ein bedeutender Nahrungszweig, den Gustav in seinen besondern Schutz nahm. Er gesteht selbst, daß er bei seiner Ankunft in Finland viele Mängel und schlechte Einrichtungen fand, die einer Verbesserung bedurften; besonders wurden die Unterthanen durch die Beamten schrecklich gedrückt, die auch auf ihren Privat- und Lustreisen freien Unterhalt verlangten. Um diesem Uebel ein Ende zu machen, befahl er, daß auf allen Landstraßen Wirthshäuser angelegt werden sollten: waren seine Diener in öffentlichen Angelegenheiten auf der Reise, wurden sie umsonst bewirthet und mit Pferden versehn; reisten sie aber in Privat-Angelegenheiten, mußten sie bezahlen ***). An den Vortheilen des Activhandels, den er in seinem

*) Stjernmann S. 20.

**) Das. S. 31.

***) Das. S. 146.

Reiche begründen wollte, sollte auch Finland Antheil nehmen: besonders hatte er die Idee, diese Provinz zum Stapelplatz des russischen Handels zu machen. Wiborgs Bürger waren zu unvermögend, um die Vortheile zu benutzen, die ihnen der Fall von Novgorod und Pleskow zu versprechen schien. Zum Mittelpunct bestimmte er Sandhamm, eine kleine Insel an der nyländischen Küste, unfern von Helsingfors, einer Stadt, die er auch angelegt hatte und 1557 mit den Einwohnern der Stadt Raumo zu bevölkern suchte. Die Schweden sollten Leder, Eisen, Kupfer, Salz und Felle von Ottern, Bibern, Füchsen und Hasen hieherbringen und gegen Zobel, Grauwerk, Leinwand, verschiedne andre Zeuge, Wachs, Lein, Hanf und große und kleine russische Häute vertauschen; zu Sandhamm, das befestigt werden sollte, sollte eine Factorei angelegt werden, und die Schiffahrt nach Reval aufhören; ein Theil der russischen Waaren in Schweden verkauft, der Ueberrest aber theils (Hanf, Flachs, Wachs) nach England, theils (die Pelzwaaren) nach den Niederlanden und den hochdeutschen Städten verschickt werden. Gustav hegte von dem Flor seiner neuen Anlage die glänzendsten Hoffnungen; er schmeichelte sich, daß mit der Zeit nicht nur die Ostseestädte, sondern auch die Holländer diesen Markt besuchen würden. Um die letztern anzulocken, sollte aus dem ganzen Lande alles überflüssige Getreide hier niedergelegt werden. Die Bürger von Borgo und Ekenäs sollten selbst durch Strafgebote veranlaßt werden, sich hier anzusiedeln; er glaubte auch, daß die in Reval ansässigen Schweden und Finländer diesen Ort, wo sie manchen Bedrückungen ausgesetzt waren, verlassen und sich nach Sandhamm begeben würden. Die russischen Waaren aus Wiborg sollten alle nach dem neuen Handelsplatz, nicht nach Reval oder andern Oertern geschickt werden: doch sollten die Bürger dort dieselben Preise wie hier bekommen. Die reichen Bauern, die sich bis dahin mit der Schiffahrt abgaben, wurden in die Städte verwiesen *).

Die besondre Neigung des Königs zu seinem Sohn zweiter Ehe Johann, veranlaßte ihn, diesen noch bei seinen Lebzeiten zum Herzog von Finland zu machen und einen großen Theil der Einkünfte aus diesem Lande zuzuwenden. Diese Verfügung ward in seinem Testament bestätigt. Johann behielt die Lehne Åbo, Kumogård (das jetzige Björneborgsche) und Raseborg mit den Ålandsinseln. Diese unglückliche Schwäche Gustavs entzündete einen verderblichen Bruderzwist, der das ganze Reich erschütterte. Die jüngern Söhne waren, zu Folge des väterlichen Testaments, in den ihnen zugetheilten Districten gleichsam unabhängige Fürsten; nur ein loses Band des Schutzes und der Kriegsfolge verknüpfte sie mit dem König. Johann wollte daher nicht gestatten, daß die königlichen Beamten irgend etwas in seinem Gebiet befahlen; ja er verweigerte den königlichen Truppen den Durchzug, unter dem Vorwand, daß die Bauern dadurch zu sehr belästigt würden. Durch seine heimliche Vermählung mit der polnischen Prinzessin Anna er

*) S. die Urk. v. 1550 a. a. O. S. 111 ff.

reichte Erichs Mißtrauen gegen ihn den höchsten Gipfel. Kaum war er aus Polen zurückgekehrt, als er vor die Reichsstände nach Stockholm zur Verantwortung gefordert ward: allein er gehorchte nicht. In der Absicht, sich zu widersetzen, versammelte er die Finländer und ersuchte sie um ihren Beistand, den sie ihm zusagten. Die Stände erklärten ihn für einen Hochverräther und Erich schickte 1563 eine Heerschaar nach Finland, die ihn im Schlosse bei Åbo einschloß, und nach einer zweimonatlichen Belagerung zwang, sich zu ergeben. Durch Erichs Erwerbung von Ehstland ward der Saame zu immer größern Kriegen mit Rußland ausgestreut, worunter Finland auf doppelte Art litt; die Producte des Landes wurden theils nach der neuerworbnen Provinz zum Unterhalt der schwedischen Armee hinübergeschickt; theils unternahmen der Heermeister von Livland und auch die Stadt Reval, ehe sie sich an den König ergab, an Finlands Küsten verderbliche Streifzuge *). —

Erich ward im Jahre 1568 von seinem Bruder Johann, den er zu unvorsichtig der Haft entlassen hatte, um die Krone gebracht. Um ihn aus der Nähe seiner Anhänger zu entfernen, ward er erst nach Åbo, später nach Castelholm auf Åland in ein sehr enges Gefängniß geführt. Aber nun ward Johann von einer andern Furcht ergriffen. Erich hatte mit dem Zar Iwan Wasiljewitsch in freundschaftlicher Verbindung gestanden; es war möglich, daß dieser seine Ret-

*) Handlingar til Uplysning af Finlands tilstånd i K. Eric XIV. Tid. Åbo-Tidningar 1799. nr. 12. 16. 32. 51.

tung versuchen möchte, und der unglückliche König ward nach Schweden zurückgebracht. Kaum hatte Johann den Thron bestiegen, als sich seine Gesinnungen gegen die benachbarten Mächte, besonders gegen Polen änderten; auch er wollte die Länder, womit sein Bruder den Umfang des Reichs erweitert hatte, nicht aufgeben. An den Zar schickte er 1569 eine Gesandschaft, um über einen dauerhaften Frieden zu unterhandeln: allein Iwan, dessen Absichten ebenfalls auf Ehst- und Livland gerichtet waren, hielt die schwedischen Gesandten lange hin: er behandelte sie auf eine höchst unwürdige Art; sie wurden nicht nur eingesperrt, sondern selbst die Lebensmittel wurden ihnen äußerst kärglich zugetheilt, und es ward ihnen nicht einmal verstattet, sich auf eigne Kosten damit zu versehn; ja sie wurden sogar persönlich gemißhandelt und ihres Privateigenthums beraubt; auch ihre Schriften und Instructionen wurden fortgenommen. Erst nach einer langen schmachvollen Gefangenschaft durften sie im Jahre 1572 zurückkehren. Nachdem Iwan seine Rüstungen vollendet hatte, forderte er in trotzigen Ausdrücken die gänzliche Abtretung Livlands, im Weigerungsfall drohte er Schweden mit Krieg zu überziehn, und unverzüglich über Finland herzufallen, das fast alles Schutzes beraubt war. Johann erkannte die Wichtigkeit dieser Landschaft; er erklärte öffentlich, daß sie ein Hauptheil des Reichs sei, woraus Schweden in seinen frühern Kriegen eine bedeutende Unterstützung erhalten habe; er erkannte die Treue der Einwohner, die sie in der That mit großen Aufopferungen bewiesen hatten; er hielt es für unchristlich, sie zu verlassen, und war der Meinung, sie mit äußerster Kraft zu vertheidigen *): allein es fehlte an Mitteln zu einem kräftigen Widerstande. Im Anfange des Jahrs 1572 brachen die Russen ein; die schwedischen Befehlshaber zogen ihre Truppen zusammen und eilten dem Feinde entgegen, der ihnen an Zahl weit überlegen war, aber an Muth und Kriegserfahrung es nicht mit ihnen aufnehmen konnte. Allein der Winter und der Mangel an Lebensmitteln setzten ihnen große Hindernisse entgegen; die Vorräthe des Landes waren zum Theil nach Ehstland geschickt, zum Theil waren die Gegenden verheert: daher war Finland nicht im Stande, die kleine daselbst befindliche Kriegsmacht zu unterhalten. Ihre Anführer verlangten dringend Zufuhr, wenn die Soldaten nicht aus Hunger umkommen sollten; sie waren überdies auch über den ausgebliebnen Sold höchst unzufrieden. Die Hauptstärke der Schweden bestand in Fußvolk; die Russen hatten dagegen eine zahlreiche Reuterei, die die Ankunft der Infanterie nicht erwartete und mit der die schwache schwedische Kavallerie sich allein nicht einlassen konnte **). Ehe sich die Schweden versammeln konnten, war bereits ganz Wiborgslän zur Einöde gemacht. Die Russen drangen bis Helsingfors vor; nun wandten sie sich, durch die Plünderung eines beträchtlichen Landstrichs bereichert, nach Livland. Im Jahre 1575 trafen die Russen und Schweden die Uebereinkunft, daß in Hinsicht auf Finland ein zweijähriger

*) Åbo-Tidning 1782. S. 335.

**) Åbo-Tidningar 1791. nr. 21.

Waffenstillstand Statt finden solle: allein die erstern brachen diesen Vertrag, drangen 1576 über die Grenzen und verübten schreckliche Verheerungen; auch 1577 machten sie einen Einfall, wurden aber mit Verlust zurückgetrieben. *). Endlich ward 1583 ein Stillstand geschlossen, der nach Iwans Tode bis 1590 verlängert ward: allein kaum war die Zeit verstrichen, als die gegenseitigen Einfälle wieder anfingen; die Schweden streiften bis an's weisse Meer und die Russen unterließen nicht, das Vergeltungsrecht zu üben. Finland und besonders Oesterbottn wurden in den folgenden Jahren fortdauernd heimgesucht.

Die Bisthümer Åbo und Wiborg wurden, nachdem das letztere drei eigne Bischöfe gehabt hatte, 1583 wieder vereinigt; Johann machte Erich Erichssohn zum Bischof über beide Diöcesen, der seine päpstliche Liturgie aus allen Kräften zu begünstigen versprach. Uebrigens scheinen die Finländer seinen Unionsprojecten und liturgischen Neuerungen nicht sehr geneigt gewesen zu seyn. Das Kloster Nådendal ward von ihm wieder hergestellt; er nahm es sehr übel, daß daselbst nicht mehr als zwei Conventspersonen waren, und erinnerte im Jahre 1576 die Aebtissin, daß sie, wenn sie in Zukunft seines Schutzes genießen wollte, das Kloster aufrecht erhalten müßte. Die Åboer Schule nahm der König in seinen besondern Schutz; die Schüler waren übrigens in einer traurigen Lage und meistens genöthigt, ihren Unterhalt zu erbetteln; ihre Terminationen erstreck-

*) Messenii Scondia illustr. T. X. S. 31.

ten sich oft ziemlich weit bis nach Satakunda und Tawastland. Johann gab ihnen nicht nur die Erlaubniß dazu, sondern, da sie auf ihren Wanderungen öfters beeinträchtigt und gemißhandelt wurden, ertheilte er ihnen einen besondern Sicherheitsbrief. Die königlichen Vögte ließen sich große Betrügereien und Unterdrückungen zu Schulden kommen, sie trieben mit dem Getreide und Gelde des Königs Handel, schrieben Unterthanen, die doch nichts schuldig waren, Reste zu, und gebrauchten falsche Maße und Gewichte. Die Bauern wurden auch von den Reisenden und besonders den Reutern und königlichen Knechten, die beständig freie Fuhren verlangten, unleidlich gedrückt; wiederholt beschwerten sie sich beim Könige, der strenge Verbote erließ: nur allein königliche Beamte in öffentlichen Geschäften sollten freie Beförderung genießen. Johann suchte sonst in Hinsicht auf die Finanzen Finland bestmöglichst zu benutzen. Åbo hatte den schuldigen Jahrskanon von 200 ungarischen Gulden in Golde seit mehrern Jahren nicht erlegt; im Jahre 1575 drang er auf die Bezahlung dieser Summe, und 1576 entrichteten ihm an Schatz: Åbo 500, Björneborg 300, Wiborg 150, Raumo 100, Helsingfors 100 und Nådendal 20 ungarische Gulden; (Borgo und Ekenäs werden nicht mit aufgeführt) das eingenommene Geld sollte von den Einwohnern in Goldmünzen umgewechselt, und nach Schweden geschickt werden. Durch ihn ward auch in Finland die Accise von allen auswärtigen Getränken eingeführt. Er unterließ nicht, den Anbau des Landes und die Oekonomie zu befördern. In den obern Gegenden gab es noch immer

Ländereien, die ehemals blos zur Jagd und Fischerei benutzt wurden, wo sich aber nach und nach Colonisten ansiedelten; die Bauern, die hier vor Zeiten gejagt und gefischt hatten, betrachteten sie als ihr Eigenthum, obgleich sie öfters 15 bis 20 Meilen von ihren Wohnörtern entfernt waren, und wollten die fremden Ansiedler verdrängen. Johann eiferte gegen diesen Mißbrauch durch strenge Befehle. Jährlich begaben sich viele Finländer nach Deutschland und andern Oertern, um Dienste zu suchen; auch dies ward verboten: denen, die zum Auswandern Lust hatten, ward verstattet, nach den neuerworbenen Provinzen (in Livland und Rußland) zu ziehn. Um wohlfeile Preise zu bewirken, wurden die Ausfuhrverbote geschärft; den finländischen Städten war blos Butter auszuführen vergönnt. — Es wurden für königliche Rechnung zwei Salpetersiedereien, die eine bei Nådendal, die andre bei Lappjoki (in Åbolån) angelegt; der Meister, den der König zu diesem Geschäfte bestellte, mußte jährlich sechs Knechte in allen Geheimnissen seiner Kunst unterweisen. Besonders war das Bierbrauen zu einem vorzüglichen Grade der Vollkommenheit gebracht; Johann war ein vorzüglicher Liebhaber des finländischen Biers, und ließ für sich und seine Gemahlin öfters mehrere Lasten brauen. —

* * *

Nach Johanns Tode (1592) fingen die schwedischen Feldherrn mit den Russen Friedensunterhandlungen an, die anfangs nur einen Stillstand zur Folge hatten: drei Jahre nachher schloß endlich sein jüngerer Bruder Carl zu Teusin einen ewigen Frieden, worin eine Grenzbestimmung verabredet ward; dem Statthalter über Finland ward aufgetragen, bei den ältesten Leuten darüber Erkundigungen einzuziehn. Aber auch dadurch ward Finland nicht beruhigt; es ward der Schauplatz der entsetzlichsten innern Unruhen. Die Spaltung zwischen dem rechtmäßigen Kronerben, dem König Siegmund, Johanns Sohn, und seinem Oheim, Herzog Carl, wurde bald so groß, daß keine Versöhnung mehr möglich war. Finland war einem Befehlshaber, Claus Flemming, anvertraut, der seinem Könige von ganzer Seele ergeben war und zugleich dasselbe religiöse Interesse mit ihm hatte: weder die fürchterlichsten Drohungen, noch die lockendsten Versprechungen vermochten, ihn von ihm abwendig zu machen. Er setzte gleich von Anfang Mißtrauen in Carls Absichten und traf die zweckmäßigsten Vorkehrungen zu des Landes Sicherheit; die Truppen mußten dem Könige huldigen; alle Reisende wurden angehalten und examinirt. Siegmund schenkte diesem getreuen Diener auch sein ganzes Vertrauen, und billigte alle Schritte, die er zuerst ohne Befehl und Vollmacht, blos aus reinem Eifer, unternommen hatte. Carl hingegen, über diesen kräftigen Widerstand äußerst erbittert, wollte einem so thätigen, unbiegsamen Mann, der sich vor Drohungen nicht fürchtete und auf den Bestechungen keinen Eindruck machten, den Befehl nehmen; aber seine Versuche mißglückten. Indessen war die Stimmung des Volks im Ganzen nicht günstig für Siegmund;

die liturgischen Neuerungen Johanns hatten bei der hiesigen Geistlichkeit wenig Eingang gefunden, und die Religion seines Sohns hatte viele Herzen von ihm abwendig gemacht. Die Truppen mußten jetzt allein auf Kosten der Einwohner unterhalten werden, die dadurch sehr gedrückt wurden. Die Abgeordneten des Herzogs Carl waren äußerst thätig, diese Umstände zu ihrem Vortheil zu benutzen; es zeigten sich auch unruhige Bewegungen, die aber bald beigelegt wurden: die Bauern suchten nun ihrem Unwillen in allerlei Spottnamen Luft zu schaffen, womit sie den Feldherrn belegten, z. B. Rußnas, Swedjeclas u. s. w.

Dem Herzog war hauptsächlich an der Flotte gelegen, die in Finland war; durch ihren Besitz stand es ganz in seiner Willkühr, den König von seinem väterlichen Reiche auszuschließen: aber alle seine Versuche, sich der Fahrzeuge zu bemeistern und unter den Truppen seines Neffen den Saamen der Meuterei und Unzufriedenheit auszustreuen, scheiterten an Flemmings Treue, Vorsicht und Standhaftigkeit. Carls Zorn kannte keine Grenzen; in Schweden hatten seine Entwürfe den glücklichsten Fortgang; immer näher führten seine Schritte zum Thron und nur eine einzige Felsenseele stellte sich ihm unerschütterlich entgegen. Er traf Vorkehrungen, sich Finlands mit Gewalt zu bemächtigen. Flemming, von seinem König durch große Ehrenbezeugungen ermuntert und zum Generalstatthalter ernannt, verdoppelte seine Aufmerksamkeit, um alle Angriffe abzutreiben. Um sich in einen furchtbaren Vertheidigungszustand zu setzen, mußte er natürlich alle

Hülfsquellen aufbieten, die ihm das Land nur darbot; an Schonung ist unter solchen Umständen nicht zu denken, die Lasten waren groß, das Volk murrte. Die Unzufriedenheit wuchs durch die Erklärung des Herzogs, daß Finland ganz wider seinen Willen so sehr gedrückt werde, und er längst Befehl gegeben habe, die Armee nach Schweden herüberzuführen. Im August kam eine Gesandtschaft aus Oesterbottn, von einem Bauer Bengt Poutu angeführt, zu ihm, die Noth des Landes vorzustellen: er gab ihnen den Bescheid, zu thun, was braver Männer beste Hülfe sei, die Waffen zu ergreifen und Gewalt mit Gewalt zu vertreiben. Schrecklich entflammte der Bürgerkrieg; die Bauern, von ihren zurückgekehrten Brüdern und andern Anhängern des Herzogs aufgefordert, überfielen die königlichen Soldaten, erschlugen sie oft auf eine grausame Weise; gewöhnlich gebrauchten sie die Feinde, die ihnen in die Hände fielen, zu Zielscheiben, die Kraft der Bogen und Röhre zu erproben, und plünderten das Eigenthum derselben. Der Aufruhr verbreitete sich nach Tawastland und Carelen: Flemming sah sich zu strengen Maßregeln genöthigt; es wurden Truppen wider die Empörer ausgeschickt; aber ihre genaue Kenntniß der Gegend — jeder Sumpf, jedes Gehölz mit seinen Wegen und Stegen war ihnen bekannt — ersetzte die Ueberlegenheit, die bessere Rüstung, Uebung und Taktik ihren Gegnern gaben. Die Absicht der Insurgenten war, die Besitzungen Flemmings und der übrigen Obersten auszuplündern und wo möglich selbst Åbo zu überraschen. Die königliche Parthei hatte das Glück, sich der Haupträdelsführer zu bemächtigen, die nach Åbo geführt wurden und eine schreckliche Strafe erlitten. Die Bauern wurden dadurch nicht abgeschreckt; sie stürzten auf's neue zusammen, ihrer Brüder Blut zu rächen: sie kämpften mit steigender Erbitterung, und selbst das zartere Geschlecht theilte die Wuth, die in den rauhen Busen der Männer tobte. Der Herzog hatte ihnen nach dem Fall ihrer bisherigen Häupter neue Anführer geschickt, wodurch ihre Hoffnungen neues Leben erhielten. Flemming suchte sie vergebens zur Niederlegung der Waffen und zur Rückkehr nach ihren Wohnungen zu bereden: ihrer überlegnen Anzahl vertrauend, wagten sie mit thörigter Unbesonnenheit auf seine Reuter zu schießen. Nun endlich entschloß sich der Feldherr zu strengeren Mitteln. Die Bauern wurden überflügelt und umringt; mehr als 5000 Mann sanken entweder unter dem Schwert oder ertranken, viele wurden gefangen mit fortgeführt; andre, die durch die Flucht entrannen, mußten lange sich in den Wäldern verbergen und daselbst mit großem Elend ringen. Gegen die Geistlichen, die einen thätigen Antheil an der Empörung genommen und durch ihre Predigten das Volk aufgereizt hatten, richtete der Sieger jetzt seinen Zorn; ihre Höfe wurden geplündert, sie selbst mit Worten oder gar wol thätlich gestraft. Oesterbottn und Tawastland sollen in dieser Fehde allein über 11000 Menschen eingebüßt haben. Das Andenken an diesen Keulenkrieg, (Klubbekrieg) wegen der Keulen, deren sich die Bauern in Ermangelung andrer Waffen bedienten, dauerte lange Zeit und lebt noch gegenwärtig unter dem Volk in alten Gesängen *).

*) G. H. Porthan de poësi fennica S. 70.

Einigermaßen war die Ruhe wieder hergestellt, aber Siegmunds Angelegenheiten litten einen gewaltigen Stoß durch Flemmings plötzlichen Tod, der der Sage nach bezaubert, wahrscheinlich aber vergiftet ward. An seiner Stelle ward Arvid Erichsohn Stålarm zum Statthalter verordnet. Carl forderte ihn auf, sich mit ihm zu vereinigen; aber auch bei diesem waren seine Vorstellungen fruchtlos. Er beschloß also persönlich nach Finland überzugehn, wo er wußte, daß ein Theil der Garnison in Åbo ihm heimlich ergeben sei. Er fand bei seiner Ankunft zwar zuerst einigen Widerstand, allein der neue Statthalter zog sich in's Innere des Landes. Das Schloß Åbo ergab sich dem Herzog, der, nachdem er sich der hier befindlichen Schiffe und Artillerie bemächtigt hatte, nach Schweden zurückkehrte und zugleich manche Personen beiderlei Geschlechts, unter andern Flemmings Gemalin, mit sich führte. Die Südfinländer, die, vermuthlich wegen ihrer Nachbarschaft mit Livland und Ehstland, beständig mehr auf Siegmunds Seite gewesen waren, griffen nach Carls Abreise zu den Waffen und nahmen unter Stålarms Anführung Åbo wieder ein. Die Finländer erklärten, daß sie an den Klagen der Schweden über Siegmunds Uebertretung der Gesetze keinen Theil nehmen könnten, und wagten sogar den Herzog von seinen eigenmächtigen Schritten abzumahnen. Carl ward hierdurch auf's neue zu größerm Zorn gereizt und beschuldigte sie des Hochverraths und der Verrätherei. Unterdessen suchte Stålarm die möglichst größte Macht zum

Dienst des Königs zusammenzubringen; 3000 Mann wurden eingeschifft und erreichten glücklich den Hafen Gröneborg in Upland: Siegmund stand aber noch im südlichen Schweden, die Zeit in fruchtlosen Unterhandlungen verlierend. Vergebens hofften sie auf Unterstützung; es fehlte ihnen an Leitung. Die upländischen Bauern wurden schleunigst aufgeboten, und eilten, einige theologische Professoren aus Upsala, Todfeinde des katholischen Königs, an der Spitze, den Finländern entgegen, die zugleich auf der Seeseite von der Flotte des Herzogs angefallen wurden: ihnen blieb keine andre Rettung als die Flucht, ein Theil ward unter Åland gefangen, die übrigen erreichten des Vaterlands Küsten.

Siegmund sah endlich ein, daß er in Schweden nichts gegen die ehrgeizigen Entwürfe seines Oheims ausrichten werde; er ging also nach Polen zurück und traf am 30. Oktober 1598 in Danzig ein: von hier erließ er einen Aufruf an die Ehsten und Finländer, ihm treu zu bleiben und Herzog Carls Befehlen keine Folge zu leisten, vielweniger ihm das Land und die Städte zu übergeben: in jeder Noth und Gefahr versprach er Beistand und Hülfe. Durch den Reichstagsbeschluß vom 24. Jun. 1599 ward Siegmund der Regierung entsetzt; die Finländer und Ehsten sollten, wenn sie sich dieser Verfügung nicht unterwerfen wollten, mit Gewalt dazu gezwungen werden, wozu alle Vorkehrungen getroffen wurden. Carl brach mit seiner Kriegsmacht nach Finland auf, wohin der König nur einige schwache Verstärkungen schicken konnte. Zuerst sandte der Herzog verschiedne Geistliche ab, die die Armee zum Abfall von ihrem Gebieter überreden sollten, aber ihre Bemühungen glückten nicht. Unterdessen war das Schloß Castelholm auf Åland von seinem Admiral Jochim Scheel belagert und eingenommen; darauf theilte Carl sein Heer; die eine Abtheilung landete bei Åbo und belagerte das Schloß; mit der andern, unter seinem eignen Befehl, lief er in die finländische Bucht, um zwischen Wiborg und der noch im Felde stehenden feindlichen Kriegsmacht an's Land zu steigen. Die Finländer warfen eine kleine Besatzung in's Schloß Åbo und zogen sich mit ihrer Hauptmacht nach Wiborg, wo sie die versprochne Unterstützung aus Polen erwarteten. Carl folgte ihnen auf dem Fuß und erfocht verschiedene Vortheile über sie. Die Garnison in Åbo ward zur Uebergabe aufgefordert; da sie sich weigerte, wurden verschiedne Gefangne enthauptet und ihre Köpfe auf Pfälen dicht an der Schloßmauer aufgestellt. Dieser Anblick erschreckte sie so sehr, daß sie zu unterhandeln begehrten; sie übergaben die Burg, doch mußten sie sich die harte Bedingung gefallen lassen, dem Herzog wegen ihres bisherigen Betragens Rede stehn zu wollen. Er wandte sich nun gegen Wiborg und schloß die Stadt plötzlich ein. Der Ort war nach der damaligen Kriegskunst mit weitläuftigen Werken befestigt, die 6 bis 7000 Vertheidiger erforderten; die Besatzung war aber nicht stärker als 12 bis 1500 Mann. Zum Unglück entzweiten sich die Bürger mit den Soldaten; die erstern öffneten dem Herzog heimlich die Thore, und seine Truppen drangen, ohne daß die Garnison es

merkte,

merkte, in die Stadt; ein Theil der königlichen Krieger flüchtete auf das Schloß, ein andrer nach Rußland, viele wurden erschlagen. Carl begann die Burg zu beschießen und der Befehlshaber glaubte, sie nach dem Verlust der Stadt nicht länger vertheidigen zu können, und schloß einen Vertrag: die Fremden und Ausländer erhielten freien Abzug, allein die Offiziere und die der Krone Schweden unterwürfigen Finländer sollten die Entscheidung eines Rechtsgangs erwarten. Eine Menge Gefangner, besonders Finländer, ward sogleich verurtheilt und hingerichtet. Gegen alle Anhänger des Königs stellte Carl eine genaue Inquisition an und wüthete gegen sie mit einer abscheulichen, entehrenden Grausamkeit, die durch nichts entschuldigt wird, und die seinen Namen dem der verruchtesten Tyrannen beigesellt. Auf dem Reichstag zu Linköping vom Jahre 1600 ward ferner beschlossen, daß diejenigen finländischen Edelleute, die am Leben geschont waren, den dritten Theil ihrer Erbgüter und alle ihre Lehne verlieren sollten. Die Geistlichen, die auf Siegmunds Seite gewesen waren, wurden ihrer Aemter verlustig erklärt; hatten sie blos Carls Befehle nicht erfüllt, mußten sie für jeden zehnten Bauer, der zu ihrer Gemeinde gehörte, fünf Thaler Buße entrichten. Ueber die finländische Klerisei und ihr Betragen ward von der schwedischen Priesterschaft eine besondre Untersuchung angestellt: man fand sie aber unschuldig. Die Bürger und Unterbeamten sollten den dritten Theil von ihrem gesammten Eigenthum als Strafe hergeben. Der Herzog besetzte alle Aemter mit seinen Dienern und Anhängern; die Strenge, womit er die Freunde seines Gegners verfolgte und ausrottete, verbreitete einen solchen Schrecken, daß Niemand es wagte, sich ihm und seiner Obermacht zu widersetzen.

Während des polnischen Kriegs, der hauptsächlich in Livland geführt ward, hielt sich Carl öfters in Finland auf; bei seinem Aufenthalt in Åbo im Winter 1602 schloß er eine Uebereinkunft mit dem finländischen Adel, dessen Privilegien er bestätigte. Anfangs wollte er die Abgaben und Leistungen desselben beträchtlich erhöhn; aber, vermuthlich um den Haß gegen sich nicht zu vermehren, trat er von seinen ersten Forderungen zurück. Er fuhr darauf, unter allen schwedischen Königen zuerst, rings um die bottnische Bucht, nach Schweden zurück.

Die Revolutionen, die der Tod des Zars Fedor Iwanowitsch 1598 in Rußland erzeugte, veranlaßten den König Carl, sich in die russischen Angelegenheiten zu mischen (1609): der Krieg ward von den Schweden mit ganz ungewöhnlichem Fortgang geführt. Bei allen bisherigen Kriegen zwischen Schweden und Rußland war immer Finland das Opfer gewesen, jetzt aber drangen die schwedischen Waffen siegreich über die feindlichen Grenzen; sie würden einen noch glänzendern Erfolg gehabt haben, wenn die Anzahl der Schweden nicht so gering gewesen wäre, wenn sie zu rechter Zeit Unterstützung erhalten hätten und nicht so schlecht mit allen Bedürfnissen versehn gewesen wären.

Bei seiner Reise durch das nördliche Finland fielen ihm die Vortheile auf, die das Land durch die Anlage von Städten erhalten würde: in ganz Oesterbottn gab es keine Stadt. Besonders günstig schien ihm die Lage des Dorfs Mustasaari (schwarze Insel); es fingen daher bald verschiedne Bürger auf seine Veranlassung an, sich hier niederzulassen; 1605 ertheilte er dem Ort förmliche Privilegien und benannte ihn nach seiner Familie Wasa. Zu gleicher Zeit ward noch nördlicher Uleåborg und, um die nördlichen Grenzen mehr zu sichern, im Jahre 1607 die Festung Cajaneborg angelegt; auch bestätigte er die Privilegien der Städte Helsingfors und Wiborg. Die finländischen Vögte verübten noch immer große Unterschleife, und waren sehr säumig, ihre Rechenschaft abzulegen; durch Geschenke wußten sie die Kammerräthe in Stockholm zu gewinnen; aber Carl sah selbst nach, und äußerte seinen Unwillen über die Unterschleife auf eine höchst derbe und kräftige Art*). Die Felle von Lüchsen, Mardern, schwar-

*) Um den Geist dieses merkwürdigen Mannes und die Manier der Zeiten zu characterisiren, übersetz' ich seinen Brief an seine Kammerräthe vom 26. Sept. 1607 mit möglichster Treue: „Wir haben Euer Schreiben bekommen, Hans Åkessohn und Nils Anderssohn, nebst einer Scharteke über die Bezahlung von einigen wenigen finländischen Vögten, die nun ein, und einige zwei Jahre in Stockholm gewesen sind, aber es war nicht dabei geschickt, wie lange sie Vögte gewesen, wie viel sie uns schuldig geblieben, und für welches Jahr und wie viel für jedes Jahr. Ferner schreibt ihr von den andern Vögten, daß sie auf ihre Schreiber warten: wir meynen, es wäre einmal Zeit, daß die Schreiber kämen: und haben sie

zen und Kreuzfüchsen, die die Bauern erlegten, durften sie nicht an Kaufleute überlassen, sondern der König

nun in einem oder zwei Jahren es wol so einrichten können, ihre Schreiber hier bei sich zu haben; aber wir haben nicht ein, sondern mehrere Male Profoße, Couriere, Trabanten und Knechte nach Finland geschickt, aber sind nicht vermögend, einen hieher zu schaffen; sondern viele, sowol Schreiber als Vögte sind noch in Finland, die unsre Briefe nicht mehr als einen Schuhwisch achten. Wenn sie hieher kommen, so werden ihre Rechnungen so übersehn und geprüft, weil Sehn vor Reden geht: so daß, wenn ihr, die ihr Kammerräthe und Kammerschreiber seid, die Rechnungen aufnehmt, sie uns nichts schuldig sind; aber wenn wir es uns vornehmen und uns die Mühe machen wollen, eine Rechnung zu prüfen, so sind sie uns einige tausend Thaler schuldig. Und doch schreibt ihr noch für den Diebeshaufen, der uns für das, was er von dem Unsrigen gestolen, einige Brocken giebt, daß, nachdem sie so redlich bezahlt, wollen sie sich nun hernach treulich brauchen lassen; ihr müßt aber wissen, daß wir solches ihr Allmosen nichts achten, sondern wir wollen das Unsrige völlig haben: und brauchen wir mehr sie und andre solche Diebe, so mögen alle tausend Teufel sie brauchen. Deswegen sollt ihr darauf bedächt seyn, ihre Rechnungen hieherzuschicken, wie sie bezahlt, was sie uns gestolen und wie viel für jedes Jahr. Wollt ihr nicht besser auffehn und treulich mit dem handeln was euch anvertraut, und mit schärfern Händen anfassen, mögt ihr euch eben so gern davon packen: wir haben eurer alsdann nicht nöthig. Wir befehlen euch also ferner, uns ein Register zu senden, wie viele Vögte und Schreiber außer den Bösewichtern Eskil Mats-

hatte sie sich selbst vorbehalten. Seine Veranstaltung, Finländer nach Schweden überzuführen und daselbst anzusiedeln, war für die Provinz, deren Bevölkerung durch so manche ungünstige Umstände gelitten hatte, keine

son und wie der übrige Diebeshaufen heißt: denn wir wollen solche Rechnung mit ihnen halten, daß sie an den Galgen kommen. Und wenn's geschieht, daß Einer davon kommt, entweder Vogt oder Schreiber, eh' ihre Rechnungen gemacht und hernach von uns übersehn sind (weil wir sehn, daß kein Andrer ist, der ihre Rechnung von Anfang bis zu Ende, so lange sie Vögte gewesen, machen will) so könnt ihr daran denken, uns zu bezahlen, was sie uns schuldig und pflichtig sind und uns gestolen haben: da richtet euch genau nach. Und mögt ihr wissen, daß wir solchen Kammerrath, der Schmeichelei für Butter nimmt, nicht haben wollen. Ihr könnt nicht Gott und dem Mammon dienen, wie im Evangelium steht: ihr könnt uns nicht treulich dienen, wenn ihr Gaben und Geschenke nehmt und mit einem Haufen ungerechter Vögte fuchsschwänzt, wie bei der Kammer nur zu sehr gebräuchlich gewesen: denn sie scheuen sich nicht, silberne Löffel, Pferde, Ochsen und Kühe und Geschenke von zehn, zwanzig oder hundert Thalern zu nehmen, dafür durch die Finger zu sehn, daß die Vögte und Schreiber stehlen und uns und die Krone um viele 1000 Thaler betrügen. Ihr sollt wissen, daß, wenn ein Vogt eine Quittung über 1000 Thaler erhalten hat, wir sehn wollen, was für Ausgaben er dafür gehabt hat. Wir befehlen euch, hiemit ein Ende zu machen; denn wir wollen uns nicht länger zum Besten haben lassen. Darnach richtet euch." Uplysningar i svenska historien. (Stockh. 1768 ff.) III. S. 1 — 7.

sehr vortheilhafte Maßregel; seine Absicht war, die öden, mit Wäldern und Morästen angefüllten Landstriche in Schweden durch Leute anbauen zu lassen, die mit dem Svedjen und der Bearbeitung der Sümpfe bekannt waren *).

V.

Finland unter Gustav Adolph.

Mit so vielem Ruhm sich auch die schwedischen Waffen in Rußland bedeckten, war doch das Reich durch seine bisherigen Anstrengungen äußerst erschöpft; es fehlte der Regierung an allen Mitteln, Geld und Kriegsbedürfnisse zusammenzubringen. Finland, das damals, außer Åland, das ein eignes Gouvernement ausmachte, in fünf Statthalterschaften, Åbo, Wiborg, Tawastehus, Nyslott und Cajaneborg vertheilt war, war dem Kriegsschauplatz am nächsten; von dorther sollte Jacob Delagardie, der die glänzendsten Fortschritte machte, unterstützt werden, aber man konnte nur eine unbedeutende Summe Geldes auftreiben. Auch dem schrecklichen Mangel, der in Livland herrschte, sollte von Finland aus abgeholfen werden; allein der Statthalter in Åbo und seine Gehülfen erklärten, daß das Land durch-

*) Um alles was die Finländer betrifft, zusammenzustellen, ist dieser Schrift ein Anhang über die in Schweden und Norwegen angesiedelten finländischen Colonisten beigefügt.

aus nicht im Stande sei, die geforderten Bedürfnisse zu liefern. Die schwedischen Herrn, die die Huldigung von den finländischen Ständen einnehmen sollten, schickten endlich 800 Tonnen Getreide aus Helsingfors nach Narwa; die Reuterei ward ihres rückständigen Soldes wegen auf die Kroneinkünfte aus Finland vertröstet. Der Befehlshaber über Wiborg verlangte Unterstützung, weil die dazu angewiesene Provinz Sawolax an Offiziere und andre Beamte verliehn war. Die Noth war so groß, daß nicht einmal die Couriere bis an ihren Bestimmungsort mit Zehrgeld versehn werden konnten. — Ueberdies ward Finland von einer neuen Kriegsgefahr bedroht. Nach Carls Tode glaubte König Siegmund seine Ansprüche an Schweden leichter durchzusetzen; allein die Unterhandlungen zerschlugen sich. Er faßte jetzt den Entschluß, während Schweden mit Dänemark beschäftigt war, einen Angriff gegen Finland zu versuchen. Um ihn vorzubereiten, wurden aufrührerische Schriften gegen Gustav Adolph, der den Thron seines Vaters bestiegen hatte und immer mehr alle Herzen gewann, ausgestreut. Von schwedischer Seite wurden indessen alle Vorkehrungen zum Widerstande getroffen; das Kriegsvolk, das sich zum Theil dem Dienst entzogen hatte, ward aufgeboten, und der Reichsrath befahl, alle, die aufrührerische Schriften verbreiteten, gefangen nach Stockholm zu schicken. Der junge König, der, von den ersten Stunden seines öffentlichen Lebens an, gern mit eignen Augen sah, hatte die Absicht, selbst nach Finland zu gehn und die Vertheidigungsanstalten dieser Landschaft zu organisiren;

allein der dänische Krieg hielt ihn ab. Die Reichsräthe Nils Bielke und Nils Liljehök wurden abgesandt, die Huldigung der finländischen Stände einzunehmen.

Der Zustand Finlands war höchst beklagenswerth; eine Hauptursache waren die großen Verlehnungen, wozu die Regierung durch die Noth gezwungen war. Die Reichsräthe erklärten bei ihrer Rückkehr, daß die Krone wenig oder nichts übrig behalten habe, und daß die vielen von ihr entfremdeten Güter die größte Bürde des Landes ausmachten. Unter den Inhabern, die meistens Edelleute waren, bildeten sich nach und nach Begriffe über ihre Rechte, die mit der schwedischen Verfassung gar nicht übereinstimmten; sie wagten Anmaßungen, die die finländischen Bauern mit demselben Schicksal bedrohten, worunter ihre unglücklichen Brüder im Süden der finländischen Bucht seufzten: dem Geist der Freiheit, der in den schwedischen Gesetzen athmet, und dem großen und festen Sinn unsterblicher Könige haben sie es zu danken, daß sie diesem Loose entgingen. Der Adel versuchte seine Gewalt und Gerichtsbarkeit über die Bauern täglich weiter auszudehnen; die Edelleute verübten livländische Züchtigungen an ihren Bauern und Schulzen, die etwa keine Pferde bereit hielten, wenn der gnädige Junker herumfuhr; sie erlaubten sich, wenn ihre wilde Lust sie antrieb, jeden Frevel an den Wehrlosen und Unschuldigen. Besonders zeichneten sich unter diesen Drängern, Graf Sten Leyonhufwad zu Wiborg, aus. Sein wildes, eigenmächtiges Verfahren kannte keine Schranken; nicht einmal die königlichen Vögte und Beamten waren vor seinen Mißhandlungen sicher; noch weniger schonte er seiner eignen Bauern; er drückte sie mit ungebührlichen Forderungen und erpreßte mancherlei Abgaben von ihnen. Unaufhörlich wurden Klagen wider ihn bei'm Könige vorgebracht, der sich aber begnügte — so sehr wünschte der edle Held durch schonende Milde das Andenken an des Vaters Strenge auszulöschen — ihm Vorstellungen zu machen und ihn erinnerte, nach Gesetz und Recht zu leben. Wieß der König einem Edelmann einen Hof an, so sog er die Bauern so aus, bis sie nichts mehr hatten. Der Besitzer eines solchen von ihm selbst verdorbnen Guts verlangte dann ein anderes dafür, mit dem er es eben so wie mit dem frühern machte. Manche zwangen auch auf gut Ehstländisch ihre andern Bauern, Ländereien zu cultiviren, die von ihren Inhabern verlassen waren, und verdoppelten also die Lasten derselben; sie verlangten auch, daß die Bauern ihnen die Producte, die sie ihnen schuldig waren, zur Zeit, wo sie am meisten galten, in baarem Gelde bezahlen sollten. — In manchen Provinzen, z. B. in Oesterbottn, tyrannisirten die Statthalter und zwangen die Bauern zu weit mehrern Abgaben und Leistungen, als ihnen das Gesetz auflegte. Am schrecklichsten ward die Landschaft durch das Kriegsvolk mitgenommen; der Statthalter über Wiborg klagte, daß die Soldaten in seiner Provinz fürchterlich gehaust und wenig übrig gelassen hätten; der Feldherr Jesper Mattssohn mahlte das

Verfahren der Leibfahne in Finland mit häßlichen Farben ab. Die Offiziere schrieben willkührlich Contributionen aus, und waren hauptsächlich an den Gewaltthätigkeiten Schuld, die ihre Untergebnen verübten; unter allerlei Vorwand erpreßten sie nicht nur Victualien und Bier, sondern auch Geld, Kleidung u. d. g. *) Natürlich übten die Bauern, wann sie konnten, Rache und Vergeltung aus; mancher Reuter ward von ihnen erschlagen; oft brach ihre Verzweiflung in innre Unruhen aus **). Selbst viele Priester, durch diese Beispiele verführt und aufgemuntert, drückten ihre Bauern, erhöhten die Zehnten und vermehrten auf alle Art die Abgaben. Ferner war die Verpflichtung, die Reisenden fortzuschaffen, und alle, die im Dienst der Krone reisten, mit freier Zehrung zu versorgen, den Landleuten äußerst lästig; die Wirthshäuser, die man öfters einrichten wollte, waren nicht zu Stande gekommen; viele unbefugte Personen gaben sich für königliche Beamte aus, und die Bauern konnten die Wahrheit ihrer Versicherung nicht prüfen. Zu diesen Uebeln der Zeit und Verfassung gesellten sich physische Unglücksfälle: im Jahre 1613 zerstörte der Hagel fast in ganz Finland den Jahrwuchs und die Landbewohner wurden dadurch außer Stand gesetzt, ihre Abgaben zu entrichten. Viele Bauern irrten als Bettler umher, andre verließen Haus und Hof und ließen sich in Rußland oder Livland nieder,

*) Hallenberg Svea Rikes-Historia under K. Gustaf Adolph. IV. S. 495 ff.

**) Åbo-Tidningar 1784. S. 19.

um dem Ungemach zu entgehn, dem sie in ihrer Heimath ausgesetzt waren. Den Statthaltern und Kronbeamten ward befohlen, dies Auswandern mit Gewalt zu hindern, weil Finland dadurch mit einer gänzlichen Verödung bedroht werde. Die Regierung suchte, so viel in ihren Kräften stand, die eingeschlichnen Mißbräuche abzuschaffen; aber nicht immer konnte sie ihren Verordnungen Nachdruck geben. Eine Menge Verlehnungen ward eingezogen; es sollte nicht verstattet werden, daß die Inhaber derselben ihre Bauern von allen Abgaben freisprachen; die Bewilligungen von Erb- oder Lehngütern sollten nicht nachgelassen werden: wollten die Besitzer nicht mit einer jährlichen Rente und gewissen Leistungen zufrieden seyn, so wurden die Statthalter berechtigt, ihre Güter ganz einzuziehn *). Im Jahre 1613 ward ihnen auf's strengste verboten, den Bauern Gewalt zu thun; den Statthaltern und Vögten ward eine genaue Aufsicht darüber aufgetragen. Entdeckten sie einen verödeten Hof, den sein Inhaber entweder aus Unvermögen oder auf Veranlassung des Herrn, der ihn selbst cultiviren wollte, verlassen hatte, so sollten sie ihn wieder mit Bauern besetzen, und ihnen im Anfang einige Freiheiten bewilligen. Der Bauer sollte auch nicht gezwungen werden, die Producte, die er als Schatz entrichtete, über die Grenzen des Gerichtssprengels, worin er lebte, oder nach dem Wohnort des Gutsherrn zu führen.

Nach dem Frieden mit Dänemark zu Knäryd, den

*) Hallenberg II. S. 545.

Gustav Adolph nicht ohne Aufopferungen erkaufte, konnte der russisch-polnische Krieg mit größerem Nachdruck fortgesetzt werden, und alle Anstalten wurden dazu getroffen. Sein jüngerer Bruder, Herzog Carl Philipp, der zum Zar von Rußland bestimmt war, sollte endlich das Land, das ihn bereits zum Theil gehuldigt hatte, mit seiner Gegenwart erfreun. Der König befahl den Statthaltern in Åbo und Wiborg, aus ihren Provinzen so viele Victualien zusammenzubringen als zum Unterhalt des Prinzen, seines Gefolgs und der in Wiborg versammelten russischen Gesandten erforderlich seyn könnte; auch der finländische Adel ward aufgeboten, sich bei der Ankunft des Herzogs fertig zu halten, um ihn auf eine würdige Art zu empfangen. Carl Philipp traf endlich in Wiborg ein: allein die Gemüther der Russen hatten sich geändert; Michael Fedorowitsch Romanow war zum Zar erwählt. Ein schrecklicher Krieg brach aus. Der König wollte selbst nach Finland übergehn, um in der Nähe der Unterhandlungen zu seyn, und den vielen Klagen, die über den traurigen Zustand der Provinz erschollen, abzuhelfen: allein seine Reise, wozu bereits alle Vorkehrungen gemacht waren, mußte verschiedner Hindernisse wegen unterbleiben. Der Reichstag zu Orebro (1614) ward so plötzlich ausgeschrieben, daß die Bevollmächtigten aus Finland nicht berufen werden konnten: es wurden daher gewisse Personen verordnet, die den Reichstagsbeschluß hier bekannt machen, und die Unterschrift der finländischen Stände auswirken sollten. Nachdem diese Reichsversammlung beendigt war, führte Gustav Adolph endlich seinen lang gehegten Plan aus und reiste auf dem nördlichen Wege nach Finland; da er aber unterwegs erfuhr, daß in Wiborg nichts auszurichten sei, begab er sich nach Åbo, wo er sich drei Wochen aufhielt, und sich zunächst mit der Abschaffung der vielen Mißbräuche und Unordnungen beschäfftigte, die sich in die innern Angelegenheiten der Provinz eingeschlichen hatten. Während er eines Abends bei der Tafel saß, ereignete sich das Unglück, daß eine Feuersbrunst ausbrach, die in großer Schnelligkeit das Schloß in Asche legte. Er sah ein, daß einzig von den Waffen ein guter Ausgang zu hoffen sei, und die Rüstungen begannen. Der König selbst ging nach Narwa, und die Feindseligkeiten nahmen ihren Anfang. Einzelne russische Partheien machten Streifzüge in Oesterbottn und Carelen, wurden aber von den Schweden bald zurückgetrieben. Auf dem Ladogasee hatten beide Theile bereits eine Anzahl von Fahrzeugen, die sie zu ihren kriegerischen Operationen gebrauchten. Der König war zur Rückkehr nach Schweden gezwungen, und unterdessen wurden auf's neue Unterhandlungen angeknüpft: im Junius 1615 ging er zum zweitenmal über Narwa zu seiner Armee in Rußland. Die Unterhandlungen wurden öfters abgebrochen, aber doch immer wieder angefangen: während derselben ging Gustav im Januar 1616 nach Wiborg, und rief die finländischen Stände zu einem besondern Reichstage nach Helsingfors zusammen: es wurden eingeladen alle erwachsne Edelleute, der Bischof und zwei Capitularen, und aus jedem Gerichtssprengel ein Priester, die Rittmeister und Hauptleute mit einem vom Befehl und zwei gemeinen Reutern oder Knechten, aus jeder Stadt der Bürgermeister mit einem vom Rath und der gemeinen Bürgerschaft und endlich zwei Bauern aus jedem Gerichtssprengel. Zur Unterhaltung dieser zahlreichen Versammlung war eine Steuer über das ganze Land ausgeschrieben. Am 22. Januar eröffnete der König die Berathschlagungen, in folgender Rede, das Volk von der Lage der Dinge unterrichtend *). „Edle, wohlgebohrne, geehrte, hochgelahrte, verständige, ehrliche gute Herrn und Biedermänner! Während der vier Jahre, worin ich dieser königlichen Regierung durch die Vorsehung des Allmächtigen vorstehe, hab' ich oft Gelegenheit gesucht, dieser Gegend Lage und eurer Aller Zustand und Verhältnisse zu erfahren, damit ich zu rechter Zeit über das, was zu eurer Wohlfahrt gereicht, so verordnete und verfügte, daß ihr unter meiner Herrschaft, soviel in diesen ungünstigen Zeiten geschehen kann, bei Gesetz und gesetzlichen Ordnungen möchtet erhalten werden, und ich selbst, wie mein von Gott anvertrautes Amt erheischt, eure Klagen und Beschwerden vernehmen und ihnen abhelfen könnte. Aber, gute Herrn und Männer, so gern ich es auch gethan hätte und wie sehr ich es auch zu Herzen

*) Von des Königs eigner Hand geschrieben, wird sie noch im Reichsarchiv zu Stockholm aufbewahrt: sie ist, wie alles, was er sagte und schrieb, voll Kraft, Klarheit und königlicher Würde. Gedruckt steht sie in J. Widekindi K. Gust. Ad. historia. Stockh. 1691. S. 328 — 335.

genommen habe, so bin ich doch durch die vielen Beschwerden, die diese Kriegsläufte mit sich geführt, bis auf diese Zeit und Gelegenheit immer davon abgehalten worden, die ich auch nicht vorbeigehn lassen wollte, sondern ich habe euch insgesammt zu mir gerufen, und zu dieser Zusammenkunft versammelt, um mit euch nicht nur dieses Landes Angelegenheiten zu erwägen, sondern auch noch einige andre Gegenstände abzuhandeln, die das ganze Reich, unsres lieben Vaterlandes Bestes, Lage und Wohlfahrt betreffen; ich danke euch auch günstig, daß ihr euch so bereit und willig, wie guten, gehorsamen Unterthanen geziemt, habt finden lassen."

„Ihr erinnert euch wohl, wie König Sigismund von Polen, der Zeit, da er vermöge seines Erbrechts zur königlichen Würde und Hoheit hier in unserm lieben Vaterlande gelangte, gleich im Anfang und hernach beständig, so lang er dazu im Stande war, uns von der reinen und wahrhaftigen apostolischen Lehre abzuziehn und mit der irrigen päpstlichen Dunkelheit zu verblenden suchte: dahin war all sein Tichten und Trachten mit Glimpf, List und Gewalt gestellt und gerichtet: der selige König Carl, mein geliebter, hochgeehrter theurer Herr Vater hochlöblichen Andenkens, nebst vielen andern rechtgesinnten Christen, rechtgesinnten Schweden, rechtgesinnten, das Vaterland liebenden Männern, bemühte sich eifrigst, dies zu verhindern: darüber nahm er ausländische Völker und führte sie in's Reich, sein Vaterland, reizte und hetzte die Einwohner zum Bürgerkrieg wider einander auf und verfolgte meinen Vater und sie so lange, bis sie aus Noth gezwungen, gerechte Vertheidigungswaffen wider ihn ergriffen, wodurch sein und seiner Anhänger vorgehabter Anschlag 1598 vor Linköping gebrochen und vernichtet, und seine und ihre Meineidigkeit gegen Gott und das Vaterland gerächt- und gestraft ward. Seitdem verließ er gegen sein neues, daselbst gemachtes Versprechen das Reich, lauter Unwillen und Verwirrung hinter sich lassend; dadurch ward nicht nur mancher redliche Mann, sondern auch der Staat des ganzen Reichs mit Schaden und seinem gänzlichen Untergange bedroht. Obgleich mein Vater und die Stände Ursache genug hatten, ihm die königliche Regierung zu entziehn, so haben sie doch auf verschiednen Reichstagen und Zusammenkünften sie ihm zuerst angeboten; allein von ihm ist seitdem nichts als Krieg und schädliche Fehde gegen dies Königreich geschehn und unternommen. Dadurch sind nun sämmtliche Reichsstände veranlaßt worden, den König Siegmund seines Erbrechts auf unser Vaterland und dessen Regierung verlustig zu erklären; sie haben die alte Erbvereinigung verändert und sie auf meinen Vater gerichtet, wie der Norköpinger und andre Beschlüsse, so wie die vom Reich ausgegangnen Renuntiationen weiter enthalten und ausweisen, deren Vernichtung sowohl durch Gewalt als Verlockung König Siegmund sich seitdem hat angelegen seyn lassen. Um seine andern Entwürfe desto besser auszuführen, hat er von der Zeit an nicht nur mit Krieg, sondern auch mit einer Menge unwahrer Schriften die gegenwärtige Lage des Reichs zu stören und zu verwirren gesucht,

gesucht, wie er auch in vergangnen Zeiten mit Krieg in Livland und verschiednen Patenten und Mandaten, die er hieher in's Land schickte und verbreitete, gezeigt hat, worin er nicht nur meinen Vater und mich, sondern auch alle Stände des Reichs mit unwahren Erdichtungen an Ehre und gutem Namen schmäht, und unsre und ihre Thaten und löbliche Handlungen Schwedens Unterthanen und der ganzen Welt verhaßt zu machen sich untersteht. Ich habe mich zu verschiednen Zeiten schriftlich zu freundschaftlichem Vergleich erboten, damit dem langen, blutdürstenden Krieg endlich einmal ein Ziel gesetzt werde, Länder und Königreiche den segensreichen Frieden schmecken möchten, und das Unglück, das der Krieg mit sich zu führen pflegt, einmal aufhöre; aber er hat mir nichts als unnütze Worte zurückgeschrieben, die mehr zur Verwirrung als zur Vergleichung dienten. Ferner hat er gegen den Stillstand, der im verfloßnen Jahre zwischen den schwedischen und polnischen Commissarien geschlossen ward, dennoch Mandate und Schmähschriften hieher in's Reich geschickt, in der Absicht euch dadurch von eurer Friedenspflicht, womit ihr euch in vorerwähntem Beschluß gegen meinen Vater und mich verbunden habt, abzuziehn, Uneinigkeit, Spaltung und, wenn es möglich wäre, innern Krieg zu stiften. Für diese seine gefährlichen Anschläge will ich euch günstig gewarnt haben; er giebt euch süße und betrügliche Worte, beklagt euren Zustand, eure Lage, sucht doch darunter euch in schlimmere Verhältnisse zu führen; in seinen Patenten schreit er darüber, daß ihr und eure Nachbaren und die umliegenden Königreiche in Krieg gerathen seid, aber er sagt nicht dabei, daß er euch gern von eurem Eid und so zu innerer Zwietracht reizen will; er kann auch meisterlich verschweigen, wer die Ursache ist, daß wir mit unsern Nachbaren, den Russen, in diese Fehde zerfallen. Kurz, er sucht, wie es ihm nur möglich ist, meiner Unterthanen Herzen von mir abzuziehn und also noch mehr Unbestand zu Wege zu bringen: weswegen ich euch günstig vermahnt haben will, euch vor solchen Schriften zu hüten, desselbigengleichen auch eure Nachbaren, Lands- und Kirchspielmänner zu warnen, daß Keiner von euch noch sie dadurch bethört werden mögen. Damit ihr desto besser König Siegmunds Künste sehn und deutlich begreifen mögt, womit er beständig umgegangen ist, Länder und Königreiche zerstört, und viel Verwirrung, Krieg und Blutvergießen hervorgebracht hat, hab' ich mir vorgesetzt, kürzlich vor euch zu wiederholen, wie er nicht nur den Plan hatte, durch den Krieg, den er mit Rußland führte, unser Vaterland zu unterjochen, sondern auch nächst der Sündenstrafe die vornehmste Ursache ist, daß wir in diese gegenwärtige Russenfehde gerathen, und durch was für erdichteten Schein er die Russen betrogen hat, woraus ihr seine Absicht mit seinen Patenten abnehmen könnt. Es ist bekannt genug, daß, als der König von Polen mit Krieg in Livland nichts gegen Schwedenreich ausrichten konnte, und er mit seinem und des päpstlichen Legaten Anhang die Art, meines Vaters und des Landes Herr zu werden, fast unmöglich fand, so ersannen sie ein andres Mittel, mit einem Hammer, wie man zu sagen pflegt, zugleich zwei Schläge zu thun:

denn sie hatten Gelegenheit, mit erdichteter Falschheit innere Uneinigkeit in Rußland zu stiften: während derselben hielten sie es nicht für schwer, einem zur Regierung zu helfen, der es mit ihnen halten würde, oder auch das Land sich ganz zu unterwerfen. In Rußland herrschte 1605 Boritz Fedorowitsch Gudenow von geringer Geburt, Geschlecht und Herkommen. Er war Zar Fedor Iwanowitsch's Schwager und in seiner Zeit zuerst als Stallmeister gebraucht worden: seitdem er des gedachten Zars Schwager ward, setzte ihn dieser (weil er selbst ein schwacher Herr war) zum Vorsteher über das ganze Land, wodurch er Gelegenheit erhielt, die Gemeinen an sich zu ziehen, und sehend, daß Fedor keine Kinder mit seiner Gemahlin erhielte, dachte er auf Mittel und Wege, sich das Fürstenthum zu unterwerfen; aber ihm war Iwan Wasiljewitsch's jüngster Sohn, Fedor Iwanowitsch's Bruder, Dmitri im Wege, ließ dieserhalb vorgedachten Dmitri um den Hals bringen. Als nun der Großfürst, Fedor Iwanowitsch, ohne Erben entschlafen war, bestand das gemeine Volk darauf, daß es gedachten Boritz, der es, nach seiner Art die Sachen anzusehn, in verfloßner Zeit ziemlich wohl regiert hatte, zum Großfürsten behalten wollte. Sonst hatte er sich auch in seinem Vorsteheramt ein Ansehn und eine Mündigkeit erworben, so daß die großen Herren, die der Geburt nach zur Regierung die nächsten waren, dem Volk nicht widersprechen durften, sondern, wiewohl gezwungen, den Schein annehmen mußten, als wenn sie selbst den vorerwähnten Boritz zum Großfürsten wünschten, der in den zehn Jahren, worin er Rußland regierte, je mehr und mehr den Neid und Haß der Vornehmsten, die daselbst waren, auf sich ladete. Als nun der König von Polen sah, daß er so in allgemeinen Haß gefallen war, gedachte er, daß es wohl der Mühe werth sei zu versuchen, ob man nicht etwas erdichten könne, wodurch Aufruhr und innrer Zwiespalt unter ihnen selbst entstehn möchte, ungeachtet er fünf Jahre vorher auf zwanzig Jahre mit gedachtem Boritz Friede und Freundschaft geschlossen hatte: er spürte vielmehr einen verlaufnen russischen Mönch von einem geringen Geschlecht, die Otrapior genannt, aus, dessen Taufnahme Griska war; dieser Mönch schien dem König zur Ausrichtung seiner Anschläge geschickt zu seyn, weil er ein ränkevoller Mensch und ein arger Zauberer und Schwarzkünstler war; ließ also ein Gerücht ausgehn, daß dieser Mönch der gedachte Dmitri, Iwan Wasiljewitsch's jüngster Sohn sei, verbreitete in Rußland, nach seinem alten, und im Sommer auch hier im Reich verübten Gebrauch, eine Menge Patente unter dieses Demetri, wie er ihn hieß, Namen, und gab vor, der rechte Demetrius sei nicht erschlagen oder umgebracht, sondern die dazu Befehl gehabt, hätten ihn in einem Kloster verborgen, wo er bis jetzt erzogen wäre; nachdem er zu reifern Jahren gekommen, habe er sich nach Litthauen begeben, um des Boritz Tyrannei zu entweichen; er ermahne sie deswegen, vom Boritz zu diesem abzufallen, der ihr rechtmäßiger Herr sei. Der König bewegte auch den Woiwoden von Sendomir, daß er gleichsam wie von sich selbst ihm mit einigen tausend Mann Hülfe leisten sollte, welches er auch that. Es zog also dieser Mönch unter dem Namen Dmetri mit diesem Kriegsvolk fort, und besetzte einige russische Städte, die sich gleich vom Könige in Polen und seinen Erdichtungen täuschen ließen. Die Russen, wohl wissend, daß es nichts als bloße Betrügerei sei, setzten sich anfangs freilich etwas zur Wehre, so daß sich der König genöthigt sah, seinem Mönch mit mehr Truppen zu helfen; doch waren sie der Regierung des Boritz so überdrüßig, daß sowohl Hohe als Niedrige von ihm abfielen, und sich haufenweise zu diesem Dmetri wandten. Da nun der König seinen Fortgang merkte, schloß er einen Bund mit ihm, und versprach ihn in's Großfürstenthum Moskau einsetzen, und ihm des Woiwoden Tochter zur Gemahlin geben zu wollen: dagegen sollte er sich verpflichten, die papistische Dunkelheit in Rußland einzuführen, dem Könige von Polen zur Einnahme des schwedischen Reichs behülflich zu seyn u. m. d. Der König sandte ihm darauf eine große Kriegsmacht zur Hülfe, womit er einige zwang, andre fielen aus Unverstand ab, da sie ihn für den Sohn des ächten Großfürsten hielten, andre ergaben sich ihm aus Neid, den sie gegen Boritz's Regierung hegten, bis dieser aus Verzweiflung sich selbst umbrachte. Sein Sohn regierte einige Wochen nach ihm, ward aber nebst seiner Mutter vergiftet, und dieser Sigismundische Mönch in Rußland zur großfürstlichen Würde in Moskau gekrönt. An vorgedachtem Boritz mag nun ein Jeder eine Warnung nehmen und sehn, wie Gott diejenigen straft, die sich durch Mord und ungesetzliche Mittel auf ihrer Herrn Sitz erheben: wenn Gott es auch eine Zeitlang leidet, kommt doch die schwere und späte Strafe mit der Rache immer nach. Hier mögt ihr, gute Herrn, nun erst betrachten und sehn, was König Siegmund mit seinen Patenten ausgerichtet und auf welche Art er vorgedachten Boritz von der Regierung und um's Leben gebracht, den Mönch wieder eingesetzt und die Russen verwirrt hat; hieraus ist all dieser Zwiespalt entsprungen. Ihr könnt daraus auch beurtheilen und abnehmen, was für gefährliche Absichten gegen unser Vaterland er mit den Patenten hegt, die er täglich hier herein schickt, wovor uns Gott gnädiglich bewahre. Jeder verständige Mann kann sich auch wohl vorstellen, in welcher Gefahr unser liebes Vaterland war, da dieser Mönch des Königs von Polen die Herrschaft in Rußland hatte; sie waren, wie vorhin gesagt, zusammen verbündet, sie waren von einer papistischen Religion, sie geboten über zwei mächtige, uns nah angrenzende Länder, so daß, wo Gott ihrem Rath nicht zuvor gekommen wäre und ihn gebrochen hätte, es vor menschlichen Augen unmöglich war, sich gegen sie zu vertheidigen. Aber da heißt es: beschließt einen Rath und es wird nichts daraus, rüstet euch und nehmt doch die Flucht; denn mit uns war Gott, ihm sei Ehre dafür. Sobald dieser Demetrius also vom König von Polen zur Regierung in Rußland befördert war, dachte er gleich daran, wie er sein Versprechen halten wollte, machte allerlei Kriegsrüstung, womit er Schweden anzugreifen gedachte; er erhielt auch, wie ihm versprochen war, die Tochter des Woiwoden von Sendomir zur Gemahlin, so daß, dem Anschein nach, jetzt ein starker Bund zwischen Polen und Rußland werden sollte, womit es auf uns abgesehn war: doch Gott ging einen andern Weg. An den Hochzeitstagen selbst erweckte Gott einen russischen Herrn, mit Namen Wasilej Iwanowitsch Schusky, der wohl wußte, daß alles mit diesem Demetrius Erdichtung sei; dieser hatte Widerwillen gegen dies polnische Regiment, hetzte deswegen das gemeine Volk auf, verband die vornehmsten mit sich, und brachte es dahin, daß der große Haufe ihm zufiel. Sie schlugen den Demetrius nebst seinen Polen todt, und warfen diesen Wasilej Iwanowitsch zum Großfürsten auf. So endete dieser Bund; nun war alles umsonst, woran sie so lange gearbeitet hatten; hier war auch die Freundschaft zwischen den Polen und Russen in lauter Haß, Rachgierde und offenbaren Krieg verkehrt. Den König verdroß nicht wenig, daß es so in Rußland zugegangen war, doch glaubte er sich dabei nicht beruhigen zu können, sondern er rüstete ein großes Kriegsheer aus und rückte selbst in Rußland ein. Damit er die Russen, die damals zu wanken anfingen, noch ferner betrügen möchte, sprengte er wieder ein Gerücht aus, daß derselbe Demetrius nicht erschlagen, sondern entkommen, und bei ihm im Lager sei. Die Russen, nach ihrem barbarischen Leichtsinn, fielen meistens von dem Großfürsten ab, und ergaben sich den Polen, wodurch ihr Lager so stark ward, daß sie den Großfürsten mit den wenigen, die bei ihm in der Stadt Moskau waren, belagerten, und so hart ängstigten, daß er bei meinem Vater Hülfe suchten mußte. Und weil ihm nicht unbekannt war, was für Gefahr es mit sich führen würde, wenn der König von Polen Herr über Rußland werden sollte, konnte er ihm um seiner und des Vaterlands Sicherheit willen nicht entstehn, sandte daher seine Kriegsmacht herein, befreite den Großfürsten von der Belagerung und würde ohne einiger Fremden Verrätherei ganz Rußland errettet haben, wie mancher von euch wissen wird, der selbst gegenwärtig war. Dieser Abfall der Fremden bewirkte, daß König Siegmund Moskau einnahm, seinen Sohn zum Großfürsten huldigen ließ und gedachten Wasilei zum Mönch machte. Hiedurch und durch diese Anzettelungen des Königs von Polen, die mein Vater wegen der Sicherheit des Vaterlandes nicht ungehindert lassen konnte, sind wir zuerst in diesen russischen Handel gerathen, der seit 1613 durch des Russen ungerechte Falschheit zur Entscheidung der Waffen gekommen ist. Fremde und Einheimische werden sich wundern, wie es doch zugegangen, daß wir so plötzlich mit den Russen, denen wir vor Kurzem Hülfe und Beistand leisteten, und die unsre Freunde waren, in so blutigen Krieg gekommen. Damit ihr wissen und deutlich sehn mögt, daß er allein durch der Russen Untreue und Unbeständigkeit verursacht ist, will ich es euch mit kurzen Worten erzählen. Als mein Vater durch Siegmunds Anzettelungen, wie vorhin gesagt, veranlaßt ward, den Russen beizustehn, ward ihm zum Lohn für seine Kosten Kexholm und die dazu gehörige Provinz versprochen. Obgleich er den Großfürsten in Moskau entsetzte und von der drittehalbjährigen Belagerung befreite, konnte er doch der Festung nicht mächtig werden, wenn er sie nicht belagern und mit Gewalt zwingen wollte. Nachdem Kexholm eingenommen war, hätte der hochselige König mit gutem Fuge sich umsehn können, wie er sich das umliegende Land versichern möchte, da die Russen kurz vorher den Sohn des Königs von Polen Wladislav, der seligen Majestät Vetter, zum Großfürsten genommen hatten: nichtsdestoweniger befahl er seinem Feldherrn, nur auf die Vertheidigung dieser Grenze bedacht zu seyn. Als aber die Russen anfingen es zu bereuen, daß sie sich die Polen über den Kopf gezogen, die mit Mord, Vergewaltigung und ähnlicher Ueberlast über sie regierten, sammelten sie sich wieder und wurden so stark, daß sie die Stadt Moskau und die darin befindlichen Polen belagerten; weil sie aber dennoch fürchteten, daß sie ihren Plan nicht ausführen würden, so schrieben sie aus dem Lager von Moskau nach Novgorod und befahlen den Feldherrn zum Entsatz zu rufen. Als dieser nun auf ihr Begehren dahin gekommen war, besserte sich die Lage der Russen täglich, sowohl wegen der Meuterei des polnischen Kriegsvolks als auch wegen andern Mißverstandes, der zwischen den Polen entstand, so daß sie ihre Sache allein auszurichten sich getrauten. Die Novgoroder gedachten den Feldobersten zu betrügen und mit schönen Worten so lange hinzuhalten, bis er und alles Volk in die äußerste Hungersnoth gekommen wären; dadurch ward er bewogen, die Stadt Novgorod einzunehmen. Nachdem dies geschehn, schlossen die Novgorodschen Stände, die auf dem Schloß waren, einen Vertrag mit dem Feldherrn, daß sie einen von meines Vaters Söhnen zu ihrem Herrn nehmen wollten. Dies ward auch hernach von den vornehmsten Herrn im Moskauschen Gebiet versprochen, und laut dieser Uebereinkunft wurden seitdem alle die andern Schlösser eingenommen. Nachdem sie nun die Polen in Moskau mit Mangel und Hunger so lange geplagt hatten, daß sie die Stadt und das Schloß übergeben mußten, wurden die Russen hierüber so hochmüthig, daß sie nicht nur des Versprechens, einen der Söhne meines Vaters zum Großfürsten zu nehmen, sondern auch alles Völkerrechts vergaßen; denn sie wählten sich nicht nur einen andern Großfürsten, sondern überfielen auch unsre Leute, die in Tichwin und Gdov auf der Novgorodschen eignes Begehren ihnen zum Schutz und zur Sicherheit in Garnison lagen, ungewarnt und machten sie jämmerlich nieder. Dies würde damals hingegangen seyn, wenn sie sich nur zu freundschaftlicher Unterhandlung hätten bequemen wollen. Ihnen wurden verschiedne Vermahnungsbriefe zugeschrieben, daß sie sich mit uns vertragen möchten; allein sie nahmen solche Briefe für Zeichen der Furcht an, denn sie hatten dermalen ein gewaltiges Kriegsheer bei Bronnitz liegen. Um ihnen ihren Irrthum zu zeigen, ließ ich mein Volk, das bei Novgorod war, ihr Lager bei Bronnitz angreifen und belagerte Gdov; Gott gab Glück auf beiden Orten, daß sie bei Bronnitz geschlagen wurden und Gdov eingenommen ward. Damit die Welt sehn möchte, was für Unlust ich an solchem Blutvergießen hätte und daß ich solcher schädlichen Fehde gern entfliehn wollte, ließ ich hernach von Narwa durch den Feldherrn, Hof- und Feldmarschall, den russischen Rath noch einmal ermahnen, daß er sich zu freundlicher Unterhandlung verstehn möchte. Ich bevollmächtigte also den Feldmarschall Jesper Andersson und Måns Mårtensson mit ihm zu handeln, wenn er dazu Lust habe; aber mir ward eine Menge spöttischer und unnützer Worte zurückgegeben. Ich habe unterdessen den König von Großbritannien und die Staaten von Niederland vermocht, ihre Gesandten zur Beilegung dieser Sache abzuschicken, welche zur Unterhandlung gekommen sind. Wie Gott nun ihr Gemüth zum Frieden und zur Gerechtigkeit lenken wird, muß die Zeit lehren. So ist es gegangen und auf diese Art sind wir in die russische Fehde gerathen, die mir der Halsstarrigkeit wegen nicht möglich gewesen ist, zu beendigen, so sehr ich es mir auch habe angelegen seyn lassen: ich vermuthe jedoch, daß Gott durch die Mittel, die er jetzt gegeben hat, alles zum Besten kehren wird. Da es nun so ist, daß der König in Polen mit Tichten und Trachten, mit Patenten und Lügenschriften, mit Krieg durch Livland und Rußland dahin steht, wie vorgesagt, unser liebes Vaterland in Unglück und unter des Papstes und der Polen Joch und Knechtschaft zu bringen: so ist nöthig, euch in Acht zu nehmen, daß ihr nicht wie die Russen von ihm verführt werdet, sondern ihr Exempel als eine Warnung annehmt, und ferner bedenkt, was für vielerlei Unglück Regimentsveränderungen mit sich führen, hauptsächlich wenn sie durch innern Zwiespalt geschehn. Gedenkt demnach der mannichfaltigen Gelübde, die ihr zu verschiednen Zeiten mir und meinem seligen Herrn Vater mit theuren schriftlichen und körperlichen Eiden gemacht habt. Vergeßt auch nicht der unermeßlichen Gefahr und Beschwerde, die mein Vater und ich auf manche Art um eurer Wohlfahrt willen erlitten und ausgestanden haben. Seht auch auf die Ursache und den eigentlichen Grund dieses russischen Kriegs, daß er nicht durch Seiner seligen Majestät oder durch mein Verschulden begonnen und so lange fortgesetzt ist, sondern seinen wahren Ursprung von der Russen Untreu und Hartnäckigkeit nimmt. Ihr guten Männer möget beharren in der Treue, die ich bis jetzt immer bei euch gefunden habe, so werde ich mich in der Folge, wie bis jetzt, auf's äußerste um eure Wohlfahrt befleißigen, so wie mich auch bemühn, euch zum Frieden, zur Ruhe und zu einem bessern Zustand zu verhelfen, wozu Gott der Allerhöchste seine Gnade geben wolle."

Nachdem durch diese Rede, die der König mit der ihm eigenthümlichen Würde hielt, die Herzen der Finländer für den jungen Helden gewonnen waren, wurden die eigentlichen Gegenstände der Berathschlagung vorgelesen: es ward gefordert, 1) eine treue Verbindung gegen die Aufhetzungen und den Angriff der Polen, dann 2) eine Kriegssteuer, wie 1613 übernommen war, und endlich 3) die Einführung der neuen in Schweden angenommenen Postordnung. Alle Stände antworteten, Wohlfahrt und Leben zur Vertheidigung des Königs und Reichs anzusetzen; sie gelobten Gut und Blut gegen Rußland nicht zu schonen, so bald kein billiger Friede zu Stande komme, den sie von Herzen wünschten; endlich bewilligten sie eine Steuer, die im Winter nach den Seeplätzen geführt werden sollte, um bei'm ersten offnen Wasser nach den Gegenden gebracht zu werden, die der König bestimmen würde. Von 16 Vollhöfen sollten 16 Tonnen Getreide, 2 Tonnen Futterkorn und Hafer, 3 Liespfund 4 Pfund Butter, 16 Liespfund Fleisch und Speck, 1 Ochse, 4 Schafe, 16 Last Heu gegeben werden; die Freihöfe gaben die Hälfte: die Priesterschaft mußte für jeden 64sten Bauer der zu ihrem Sprengel gehörte, ein Viertel entrichten *). Die Finländer unterrichteten die schwedischen Stände schriftlich von ihrem Beschlusse und ermahnten sie, ihrem Beispiel zu folgen: sie hätten durch die lange Fehde mit Rußland am meisten gelitten, und der Jahrswuchs sei schlecht gewesen, aber dennoch hätten sie keinen Anstand genommen, alles zum Wohl des Vaterlandes aufzuopfern.

Endlich ward am 27. Februar 1617 in dem Dorfe Stolbowa Friede zwischen Schweden und Rußland geschlossen: die erstern erkannten den Zar Mi-

*) Zur Beurtheilung des damaligen Waarenwerths bemerken wir, daß 1 Tonne Getreide = war anderthalb Liespfund Butter, oder drei Viertel Liespfund gesalznen Fischen oder 5 Liespfund 8 Pfund getrockneten; 1 Liespfund Speck oder Fleisch = einem Viertel Liespfund gesalznen oder 1 Liespfund 7 Pfund trocknen Fischen.

chael Romanow an, und räumten die eigentlich russischen Landschaften, die sie besetzt hatten; dagegen ward Ingermannland, (Iwanogorod, Jama, Koporie und Nöteborg) mit den dazu gehörigen Landschaften auf immer abgetreten; das Län Kexholm (Russisch Carelen), das Wasilej Iwanowitsch an Carl XI. abgetreten hatte, sollte als eine beständige Pertinenz der schwedischen Krone angesehn, und die Grenze des abgetretnen Landstrichs durch eine Commission näher bestimmt werden. Zwischen den beiden Reichen ward ein freier Handel verabredet; die schwedischen Kaufleute durften Niederlagen in Novgorod, Moskau und Pleskow, und in ihren Häusern freie Religionsübung haben; dasselbe Recht erhielten die Russen in Stockholm, Reval und Wiborg. Für Finland war dieser Friede mit wichtigen Vortheilen begleitet; die Verhältnisse zwischen Rußland und Schweden wurden bestimmt, und die willkührlichen Gewaltthätigkeiten, die so häufig an den Grenzen ausgeübt wurden, hörten auf; die Grenzen wurden weiter hinausgerückt und boten nicht mehr so leichte Angriffspuncte dar; mit größerer Ruhe konnten die Einwohner künftigen Fehden entgegensehn; denn insonderheit waren, wie der König selbst sich ausdrückte, Nöteborg und Kexholm als treffliche Vormauern zu betrachten. Indessen entschlossen sich die Russen nur höchst ungern zu diesen Abtretungen und die Schweden fürchteten, daß sie die erste günstige Gelegenheit ergreifen würden, sie wieder zu erobern: als daher bei dem mit erneuerter Heftigkeit ausgebrochnen polnischen Kriege die Waffen der Polen anfangs mit glücklichem Erfolg begleitet wacen, wurden die Besatzungen in Finland verstärkt, die Truppen in Bereitschaft gehalten und die Auflagen zur Befriedigung der Soldaten mit größerer Strenge eingetrieben. Die Grenzen konnten im Jahre 1618 noch nicht regulirt werden, weil die Russen allerlei Schwierigkeiten machten; sie weigerten sich einige Dörfer, die von Alters her zu Kexholm gehört hatten, abzutreten; Gustav wollte sie nicht verlieren, weil, wenn ihr Ertrag freilich unbedeutend war, sie doch wegen der dabei befindlichen Sümpfe und Berge eine militärisch-vortheilhafte Lage hatten. Alle Versuche zu einer Uebereinkunft waren vergeblich, ungeachtet die Schweden in vielen Kleinigkeiten nachgaben: der Ausbruch des Kriegs schien nah und unvermeidlich. Erst im Jahre 1621, da Michaels Vater, der polnischen Gefangenschaft entledigt, einen thätigern Antheil an den Staatsgeschäften erhielt, kam die Grenzberichtigung zu Stande; er sah ein, wie nothwendig seinem erschütterten Vaterlande der Friede sei, und Gustav trat zwei der streitigen Dörfer ab. Die Freundschaft zwischen den beiden Reichen war jedoch gar nicht aufrichtig, und von beiden Seiten wurden mancherlei Gewaltthätigkeiten an den Grenzen verübt, die zu Klagen und beschwerlichen Unterhandlungen Veranlassung gaben.

Nach dem Staat von 1620 gehörte Oesterbottn, das in die südliche und nördliche Probstei eingetheilt ward, so wie auch Åland, zu den Nordlanden. Die Einkünfte von Åland betrugen: Rente 7163 Daler 7½ Oere, die Königshöfe und Tagsarbeiten (Spann- und Handdienste) 1005 Daler, die große Steuer 5092

Daler 30 Oere 8¾ Pfennig, Nachtlagersteuer, (Realservice) 805 Daler 31½ Oere. Finland enthielt eigentlich nur 2 Haupttheile, Åbolån, das an jährlicher Rente 66130 Daler 27¾ Oere, an Kriegssteuer 37303 Daler 18 Oere 8⅔ Pfennig, an Nachtlagersteuer 5915 Daler 27 Oere 4⅓ Pfennig einbrachte, und Wiborgslån, dessen Rente 34164 Daler 14 Oere, Kriegssteuer 16438 Daler 26¼ Oere, Nachtlagersteuer 2622 Daler 20¼ Oere abwarf. Der Zoll für Åbo, Raumo und Björneborg brachte 6500 Daler, für Helsingfors und Borgo 2000 Daler, und für Wiborg ungefähr 5000 Daler ein. (Die neuerworbnen Landschaften sind in diesen Angaben nicht mit begriffen.) Zur Krönungssteuer im Jahre 1617 zahlten Finland und Åland 18000 schwedische Thaler: der Statthalter auf Åbo mußte überdies zu dieser feierlichen Handlung 200 Tonnen Bier brauen lassen. Ein beträchtlicher Theil der Kroneinkünfte, oft ganze Statthalterschaften waren verpachtet oder verpfändet; so waren z. B. Åland, Nöteborg, Kexholm, Raseborg, Borgo (die vier letztern Statthalterschaften hatte Jakob de la Gardie) Oesterbottn u. s. w. auf diese Art Privatpersonen übergeben, die die Beamten besolden, die Festungen im Stande halten, und alle öffentliche Ausgaben besorgen mußten. Aber die Folgen dieser Einrichtung zum Nachtheil des allgemeinen Wohlstandes waren augenscheinlich; die Rechte der Krone wurden vernachlässigt, überall ward verbotner Handel getrieben, und das Volk von den Pfandinhabern gedrückt und ausgesogen: die Pächter gewannen ansehnlich; der Statthalter über Wiborg,

Nyslott und Kymmenegårdslän, der Nyslott gepachtet hatte, hatte z. B. einen jährlichen Ueberschuß von 5000 Rthlr.

Bei seiner Anwesenheit in Finland dachte der große König bereits daran, dem Uebermuth des Adels und den Ungerechtigkeiten und Vergewaltigungen ein Ende zu machen, worunter die Provinz so sehr gelitten hatte. Zur Untersuchung und Entscheidung der vielen von den Bauern vorgebrachten Klagen, ward eine eigne Commission niedergesetzt. Man fand nicht nur ihre Beschwerden gegründet, sondern daß auch viele Ländereien der Krone ungerechterweise entzogen wären. Allein es war unmöglich, das tiefeingewurzelte Uebel auszurotten; so groß war das Ansehn der Reichen und Mächtigen, daß sie auf den angesetzten Gerichtstagen nicht erschienen und den Befehlen des Königs nicht gehorchten. Die Unordnungen und Gewaltthätigkeiten dauerten fort; allein sie wurden nicht gesetzlich sanctionirt: der lauterklärten Unzufriedenheit Gustav's mit diesem widerrechtlichen Verfahren mächtiger Dränger hatten die Finländer es zu danken, daß solche Anmaßungen nicht durch ungestörten Besitz und Verjährung, wie in den benachbarten Landschaften, zum Recht werden konnten: wenn in ruhigern Zeiten die königliche Macht eine größere Mündigkeit erreicht haben würde, durften sie hoffen, daß dem Unwesen ein stärkerer Damm entgegengesetzt werde. Seine persönliche Gegenwart gab den Einwohnern wenigstens eine tröstliche Veranlassung, ihrem Könige unmittelbar ihr Leid und ihre Sorgen vorzutragen.

Kaum hatte er auch seit 1624 einige Ruhe, als er kräftigere Maßregeln ergriff, die Unterdrückten zu schützen; die Uebertreter der königlichen Befehle wurden jetzt mit größerm Nachdruck bestraft. Im Jahre 1624 ward der Reichsmarschall Gyllenhjelm herübergeschickt, um den Statthaltern und Vögten Rechnung abzunehmen, ihnen ihre Nachlässigkeiten vorzuwerfen und sie zu fragen, ob Seine Majestät sie als Nullen hieher verordnet habe; er sollte zugleich den Adel abhalten, der Krone keine Ländereien unrechtmäßiger Weise vorzuenthalten, und die ungerechten Auflagen, die vom Landvolk erpreßt wurden, abschaffen. Besonders war der Rechtsgang äußerst lahm und nachlässig, die Verordnungen des Hofgerichts blieben ungültig, seine Geleits- und Sicherheitsbriefe wurden nicht respectirt. Diese Uebel und die Schwierigkeiten, die wegen der Entlegenheit mit einem Proceß bei'm schwedischen Tribunal verknüpft waren, veranlaßten den König ein besondres Hofgericht für Finland in Åbo einzurichten, dem dieselbe Mündigkeit als dem schwedischen beigelegt ward. Ein Reichsrath ward zum Präsidenten verordnet, ihm wurden vier Assessoren oder Reichsräthe zugesellt: überdies sollten einige Magistratspersonen aus Åbo und Wiborg und einige Gesetzleser vom Lande herbeigerufen werden. Vom Hofgericht konnte noch an den König appellirt werden: anfangs mußte in solchen Fällen immer ein Assessor nach Stockholm gehn, um der Revisionsinstanz beizuwohnen. Es fanden sich auch bald nach der Stiftung unruhige, processüchtige Menschen, die mit den Aussprüchen des Gerichts nicht zufrieden waren, es der Ungerechtigkeit beschuldigten und es sogar bei'm Könige verklagten. Nun wurden auch die Grenzen der geistlichen und weltlichen Jurisdiction im Jahre 1629 schärfer bestimmt: dem Bischof und seinem Capitel wurden außer den eigentlich geistlichen Angelegenheiten, Untersuchungen über den Wucher, liederliches Leben mit Schwelgerei und Trunkenheit, das in Finland leider! zu sehr eingerissen seyn sollte, untergeordnet: Unzuchtssachen gehörten vor die weltlichen Gerichtshöfe. Auf dem Lande waren die Lagmansgerichte (die zweite Instanz) in Verfall gerathen, sie wurden ohne Feierlichkeit gehegt und 1627 erschien daher eine strenge Verordnung, diese Gerichte feierlicher und regelmäßiger zu halten. Die Strafgesetze wurden öfters gemildert; im Jahre 1625 z. B. wurden 10 zum Tode verurtheilte Diebe begnadigt unter der Bedingung, daß sie bei eigner Kost und eignem Bier einen bestimmten Walddistrict in der Gegend von Björneburg ausroden sollten.

Je länger der König Krieg führte, desto klarer entwickelten sich seine Begriffe über die zweckmäßigste Einrichtung des Militärwesens. Die finländischen Reuter wurden 1626 in 16 Compagnien getheilt: der Reichsrath und Oberst über ein finländisches Regiment Gustav Horn ward zugleich zum General über alle finländische Truppen ernannt. Unter der schwedischen Armee in Deutschland dienten verschiedne finländische Regimenter, die sich bei allen Gelegenheiten auszeichneten; Gustav bediente sich der Finländer hauptsächlich zur Artillerie, wozu sie besonders geschickt waren. *)

Die neue Erweiterung der finländischen Grenzen hatte eine abermalige Trennung der Bisthümer Åbo und Wiborg zur Folge: der Bischof in der letztern Stadt sollte zugleich die geistliche Oberaufsicht über Ingermanland führen und die Einwohner in den abgetretnen Landschaften in den Lehrsätzen der lutherischen Religion durch verständige Priester ohne alle Gewalt unterweisen lassen. Der Bischof Isaac Rothovius, der im Jahre 1627 die bischöfliche Würde in Åbo erhielt, erließ, um den Gottesdienst gehörig zu ordnen, und der Religion und der Kirchenzucht das gehörige Ansehn zu schaffen, strenge Verfügungen: es war noch immer manches Papistische übrig, in den Kirchen wurde noch viel lateinisch gesungen u. d. g. Die Communicanten sollten nicht zugelassen werden, ohne vorher im Catechismus examinirt zu seyn, weil es, wie sich der Bischof ausdrückte, in dieser großen Barbarei hochnöthig sei: den Geistlichen ward daher eifrig eingeschärft, fleißig Catechisationsübungen anzustellen. Manche Verordnung, wodurch freilich Anstand und Schicklichkeit befördert werden sollten, beeinträchtigte durch ihre pedantische Strenge die christliche Freiheit: wer am Kirchtage z. B. eh er den Gottesdienst besüchte, aß oder trank, sollte 1 Daler bezahlen; eben so auch Hochzeitsleute, die vor der

*) Chemnitz schwedischer in Deutschland geführter Krieg. II. S. 48.

Kirche etwas genossen; das Doppelte mußten der Bräutigam, der Brautführer und der Wirth büßen. Im Jahre 1626 ward zu Åbo ein Gymnasium gestiftet, dessen Rechte in einer schriftlichen Urkunde feierlich bestimmt wurden. Es wurden 6 Lehrer, 4 in der Philosophie und 2 in der Theologie angestellt; der erste unter den Philosophen lehrte die Oratorie; er sollte auserlesene Reden Cicero's und die Gedichte Virgils und Buchanans erklären und die Jugend im Stil und Declamiren üben; dem zweiten war die eigentliche Philosophie, besonders die Logik des Ramus aufgetragen; der dritte trug die mathematischen und der vierte die physischen Wissenschaften vor. Die Theologen lehrten Dogmatik, etwas Exegese, vor Allem gewaltige Polemik. Musikübungen wurden täglich im Collegium angestellt. Strenge Gesetze hielten die Lehrer zur Pflichterfüllung an. Die Anstalt ähnelte in manchen Stücken bereits einer Universität, das Rectorat wechselte jährlich ab, den Schülern blieb überlassen, welche Lehrer sie hören wollten u. s. w. *) Ein zweites Gymnasium sollte zu Wiborg angelegt werden; es scheint aber nicht zu Stande gekommen zu seyn. **) Die Schule zu Åbo und alle ihre Zög-

*) J. Tengström diss. acad. vitam et merita M. Isaaci Rothovii sist. (Aboae 1798 — 1801. IX partt.) S. 33. ff.

**) Im Jahre 1638 sagte die Vormundschaftsregierung in ihrer Antwort auf Peter Brahe's Bericht über Finlands Zustand, ein Gymnasium in Wiborg errichten zu wollen. Åbo-Tidning 1782, S. 12.

linge hatte Gustav bereits 1612 förmlich in seinen Schutz genommen. Die Schüler, die aus derselben und hernach aus dem Gymnasium hervorgingen, wurden zu Landpredigern bestellt; ihre Sitten zeichneten sie nicht vor dem großen Haufen aus und auch ihre Kenntnisse waren äußerst gering und eingeschränkt. Jünglinge, die tiefere Einsichten zu erlangen wünschten, besuchten Upsala oder noch lieber eine protestantische Universität in Deutschland: aus Mangel an baarem Gelde nahmen sie allerlei Lebensmittel und andre Waaren, theils zu eignem Unterhalt, theils zum Verkauf mit; die Studenten durften ihre Güter daher auch zollfrei nach Deutschland ausführen, und selbst nach Errichtung der Universität Åbo schickten sie Waaren zu den deutschen Städten an der Ostsee, um Bücher, Kleider u. d. g. dafür einzutauschen. (Schon im Jahre 1620 ward auf königliche Veranstaltung zu Åbo ein Buchladen angelegt, der aber keinen Bestand hatte.) Die Kinder der Landleute wurden von den Schülern aus den Stadtschulen unterwiesen, die in dieser Absicht in den Kirchspielen herumzogen. Gegen die tyrannische Behandlung, der die Knaben in den untern Classen ausgesetzt waren, wurden bereits 1627 Verbote erlassen.

Die Sitten waren noch äußerst roh. Im ganzen Lande, besonders aber an der russischen Grenze, herrschte ein grober Aberglaube und die Priesterschaft im Stifte Wiborg erhielt Befehl, durch vernünftige Vorstellungen an der Ausrottung desselben zu arbeiten. Ein gelehrter Finländer, Sigfried Aron Forsius, der seiner Kenntnisse wegen in großem Ansehn stand, gab den Volksvorurtheilen durch seine Neigung zur Astrologie und andre Prophezeihungen großen Credit; er glaubte an die Behauptungen phantastischer Schwärmer und machte gemeinschaftliche Sache mit ihnen. Hexen und Hexenmeister wurden öfters mit Kirchenbußen belegt. Ein Gewürzhändler gerieth gotteslästerlicher Aeußerungen und eines Bündnisses wegen, das er mit dem Teufel gemacht hatte, in Untersuchung: viele Personen verübten andre abergläubische Handlungen, die, wenn sie bekannt wurden, von der Geistlichkeit bestraft wurden. Das Laster der Trunkenheit war selbst unter den höhern Ständen sehr allgemein. Es war nichts ungewöhnliches, daß die Mitglieder des Consistoriums von Brantwein trunken in die Versammlung kamen. Die Lehrer des Gymnasiums mußten sich in ihrem Eide anheischig machen, die Heimlichkeiten des Collegiums weder trunken noch nüchtern offenbaren zu wollen: wer trunken in die Stunden oder in's Consistorium kam, sollte ein solches Aergerniß durch eine öffentliche Rede von der Schande der Völlerei und Trunkenheit versöhnen. Eine ähnliche Buße wie den Trunkenbolden ward denen auferlegt, die Zänkereien anfingen. Ein Prediger ward angeklagt, weil er eine Frau aus seiner Gemeine mit dem Fleisch, das er als freiwillige Gabe erhalten, blutrünstig geschlagen hatte. Unzuchtsverbrechen wurden in allen Kirchspielen so häufig verübt, daß im Jahre 1622 ein Befehl vom Generalstatthalter erschien, der den Vögten eine strenge Aufsicht auf solche Vergehungen einschärfte. *)

Der Handel und die Gewerbe hoben sich nur langsam. Im Jahre 1617 ward bei dem Dorf Maehälä, im Kirchspiel Nykoike, im nördlichen Theil des eigentlichen Finlands, die Stadt Nystadt, und 1620 Neu- und Alt-Carlby angelegt. Selbst in der letzten Zeit unterließ der König nicht, auf das Wohl dieser entlegnen Provinz zu denken: um Carelen und Ingermanland emporzubringen, sollten daselbst verschiedne Städte errichtet werden: auch an der Neira wollte er eine Stadt gründen und ertheilte allen, die sich hier niederlassen würden, ansehnliche Privilegien. **) In der städtischen Verfassung und Lebensweise zeigt sich noch manche Aehnlichkeit mit Deutschland: so ward z. B. vornehmen Reisenden eine Verehrung besonders an Wein gemacht, zu welchem Behuf dem Stadtkeller auch die Accisefreiheit für eine gewisse Quantität von Getränken bewilligt war. Eine solche Mündigkeit, wie sich die deutschen Städte erworben hatten, errangen sich die Obrigkeiten der Städte in Schweden niemals und noch weniger in Finland; der Magistrat in Åbo stand zunächst unter dem Unterstatthalter über das Schloß und dessen Län und dem königlichen Burggrafen. Das Gehalt eines Rathsherrn betrug an Gelde 3 Daler, anderthalb Kannen Wein, und jedes zweite Jahr 3 Tonnen Getreide,

*) Tengström a. a. O. S. 19.

**) Stjernmann I. S. 1003.

ein halb Liespfund Butter und ein halbes Schaf. Die Städte Helsingfors, Björneborg, Borgo und Ekenäs erhielten die Erlaubniß, mit ihren eignen Schiffen nach auswärtigen Oertern zu segeln: Wasa und Uleåborg erhielten dieselbe Freiheit, mit Ausschluß von Victualien, die allein nach Stockholm abgesetzt werden durften: doch ward sie ihnen in der Folge wieder genommen. In Wiborg sollte wöchentlich ein Markt gehalten werden, wo die Bauern ihre Producte verkaufen konnten. Åbo's Privilegien wurden 1617 vom König bestätigt, den Bürgern ward ausdrücklich die Erlaubniß ertheilt, auf's Land hinauszuziehn und ungehindert Handel zu treiben, eine Vergünstigung, die mit den damaligen strengen Verboten gegen den Landkauf nicht übereinstimmt. Die Bürgerschaft von Uleåborg klagte, daß die finländischen Städte zwischen den Kirchspielen Carlby und Kemi Landhandel trieben, so daß, wenn ihre Vögte die Abgaben aus der Gegend erhoben, sie nicht nur die übrigen Waaren der Bauern aufkauften, sondern ihnen auch verboten, sie an die Kaufleute zu veräußern; der König verordnete daher, daß keine andre Städte als Uleå und Wasa in Oesterbottn handeln sollten, doch durften die Bürger von Stockholm, Åbo, Raumo und Björneborg jährlich zwei vierzehntägige Märkte halten. Gewissen Kirchspielen an der Küste ward ihr auswärtiger Handel mit allerlei hölzernen Geschirren verstattet, und sie durften sich zugleich in der Fremde mit Salz versehn. Åbo ward häufig von deutschen und holländischen Kaufleuten besucht. Die Handwerkereien in dieser Stadt waren in großem Verfall und die Meister ließen sich übermäßig theuer bezahlen. Der König setzte daher 1629 einen Aufseher über alle Gilden an, der gemeinschaftlich mit den Alterleuten eine Taxe nach den Zeitumständen festsetzen sollte, wer sie überschritt, verfiel in eine schwere Strafe und ward bei'm dritten Uebertretungsfall aus dem Amte verwiesen. *) Um die Industrie war es sehr schlecht bestellt: selbst ganz gewöhnliche Arbeiten konnten noch nicht von Einheimischen gemacht werden: so ward z. B. ein Meister mit seinem Gesellen aus Lübeck verschrieben, der die Gassen in Åbo pflastern sollte; der erstere erhielt 18, der letztere 9 Oere, überdies ward ihnen freie Reise und Unterhalt bewilligt. Im Jahre 1627 ward an 11 Oertern in Finland Salpeter bereitet; sämmtliche Fabriken waren verpachtet; der Unternehmer mußte an die Krone jährlich 75 Schiffpfund Salpeter erlegen. Der Zustand des platten Landes war äußerst bedauernswerth: zwar ward den Landleuten, die öde Höfe anbauen wollten und Bürgen stellten, in Zukunft die Abgaben dafür entrichten zu wollen, eine Reihe von Freijahren bewilligt; allein durch die Kriegerschaaren, die in den deutschen Feldzügen Lorbeern ärndeten, wurden dem Ackerbau und den Gewerben so viele Hände entzogen, daß das Land in einen Zustand der Verwilderung gerieth, der wenig besser und vortheilhafter war, als die Lage der Provinz nach den langen und unglücklichen Kriegen

*) Åbo-Tidningar. 1794. nr. 22.

Carls XII.; fast die Hälfte der Bauerhöfe war öde und verlassen, daher mußten die Auflagen der übrigen desto drückender werden. Die Bevölkerung litt durch fortdauernde Auswanderungen; sowohl verheirathete als unverheirathete Bauern, Knechte und Mägde zogen aus und ließen sich in Polnisch-Livland, in Preußen, Curland, den deutschen Ostseeländern u. s. w. nieder: häufige Verordnungen waren nicht im Stande, dem Uebel Einhalt zu thun. Pest und Hungersnoth vermehrten die Leiden, die Finland zu Gustavs des Großen Zeiten heimsuchten: der Mangel an Lebensmitteln entstand theils aus der Unfruchtbarkeit des Bodens, theils aus der erschwerten Schifffarth. *) An der Küste nahm eine ansteckende Seuche, die man Spitalska nannte, außerordentlich überhand; der König hatte daher Mittel zu einem Hospital in dieser Gegend angeschlagen, worin hundert solche Kranke gegen einen mäßigen Beitrag verpflegt und nach ihrer Heilung noch ein Jahr bleiben sollten, um die Krankheit nicht weiter zu verbreiten: die Geistlichen und Beamten sollten genaue Aufsicht haben, daß Jeder, der angesteckt war, unverzüglich in's Hospital gebracht werde: die Seuche riß aber immer mehr ein, das Hospital ward verbrannt, und die Kranken wurden nach dem Kirchspiel Navo geschickt.

Unter Gustav Adolph fielen auch in physischer Hinsicht merkwürdige Revolutionen in Finland vor; große Ströme entstanden an Stellen, wo vormals ein

*) Tengström a. a. O. S. 17 u. 99 ff.

Bach rieselte; an andern Oertern senkte sich das Wasser dergestalt, daß Klippen und Felsen, die ehmals vom Wasser bedeckt waren und die Niemand kannte, hervorstiegen: wo vorhin Wasser war, fand man Auen und Wiesen. Cataracte versiegten und erschienen an andern Stellen: der Sarsankoski z. B. wodurch sich sonst das große Langelmäwesi in Tawastland in den Roine ergoß, trocknete ganz aus; er suchte sich einen andern Auslauf durch den Iharikoski; unter den Anwohnern, die durch diese Veränderungen zum Theil ganz ruinirt wurden, entstanden viele Streitigkeiten und Rechtsgänge. *)

VI.

Finland unter Christina und Carl Gustav von 1632 — 1660.

Unter der vormundschaftlichen Regierung erhielt Finland an dem Grafen Peter Brahe einen Generalstatthalter, der mit großer Einsicht, weit über sein Zeitalter, mit lebhaftem Eifer und rühmlicher Anstrengung die Mängel der Staatsverfassung zu verbessern und dem gesunknen Wohlstande wieder aufzuhelfen suchte. Am 21sten November 1637 kam er

*) Aus Erich Erichsons finländischer Postille, Åbo-Tidningar. 1791. nr. 46. Auch andere Angaben bezeugen diese Veränderungen, s. 1793. nr. 45 u. 1795. nr. 51 u. 52.

auf dem Schloß zu Åbo an: das Großfürstenthum Finland, Åland und die beiden Carelen waren seinen Befehlen unterworfen. Im Winter und noch nach Weihnachten reiste er in Gesellschaft seiner Gemahlin durch ganz Finland bis nach Kexholm, Nyslott und Wiborg, musterte das Kriegsvolk und traf mehrere Anstalten, die ihm nützlich schienen. Ueberall, von allen Einwohnerclassen ward er freudig aufgenommen: er fand aber viele Unordnungen in allen Dingen und drohte, was er konnte. Im Juli und August besah er das Land zwischen Åbo und Björneborg und die Beschaffenheit der Ströme. Auf seiner Reise hatte er Gelegenheit, das Land vollkommen kennen zu lernen. Er bekleidete die Statthalterschaft zu großer Zufriedenheit der Einwohner bis zum Jahr 1640, wo er abgerufen ward. *) Zum zweiten Male ward ihm das Gouvernement 1648 übertragen: auch diesmal eröfnete er seine Amtsverrichtungen mit einer Reise durch alle Provinzen: im Jahre 1650 kehrte er um der Kronung der Königin beizuwohnen über Torneå zurück. Ueberall zeigten sich in guten Anordnungen die Spuren seiner Gegenwart. Der Name Landesvater, den ihm die Einwohner gaben und segnend ihre Kinder lehrten, war ein schönerer Lohn, als wenn sie ihm auf Åbo's stattlichstem Plaz eine Denksäule errichtet hätten.

Bald nach seiner ersten Ankunft stattete er der

*) M. s. sein Tänkjebok - utgifwen af D. Krutmeyer. Stockh. 1806. S. 13. ff.

Regierung einen ausführlichen Bericht von der Lage des Landes ab, und ersuchte sie um Verfügungen, um den Mißbräuchen und Mängeln abzuhelfen, worunter es litt. Ihre Antwort ist ein merkwürdiger Beweis der Sorgfalt, womit sie das Wohl ihrer finländischen Unterthanen zu befördern suchte. Sie fand kein andres Mittel eine feste und dauerhafte Cultur einzuführen, als wenn eine Universität und einige gute Schulen im Lande angelegt würden, und sie hielt es nothwendig, aus der Mitte der Nation selbst Männer zu bilden, die zu weltlichen und geistlichen Aemtern geschickt wären. Brahe hatte den Vorschlag zur Errichtung einer Academie in Åbo gethan, und die Regierung wollte sich mit der Ausführung beschäftigen: Trivialschulen sollten an mehrern Stellen angelegt werden. Auf das Leben der Geistlichen, besonders im Stifte Wiborg, sollte eine bessere Aufsicht geführt, die Zahl der Kirchen vermehrt, und die großen Pastorate getheilt werden. Man beschloß in Tawastehus und Wiborg besondre Landeshauptleute anzusetzen, weil die Districte zu groß waren; der Generalstatthalter ward aufgefordert, zu diesen neuen Stellen Personen vorzuschlagen, die der Sprache kundig wären. Der Klage über die schlechten Vögte und Gesetzleser glaubte man nicht eher abhelfen zu können, als bis die öffentlichen Unterrichtsanstalten organisirt seyn und aus ihrem Schooß tüchtige Subjecte gebildet haben würden. Die Menge der Einnehmer sollte vermindert werden, denn je größer ihre Zahl, desto größer sei die Last, die das Volk empfinde. Der Graf hatte auch vorgeschlagen, die vielen kleinen Abgaben an allerlei Producten auf gewisse Hauptwaaren zurückzuführen: die Ausführung dieser nützlichen Maaßregel blieb dem Gouvernör überlassen: vorläufig sollte er in einigen Kirchspielen einen Versuch damit machen, um zu sehn, in wie weit sie über das ganze Land anwendbar sei. Brahe machte auch den Vorschlag ein eignes Kammergericht in Finland zu errichten, womit jedoch noch einiger Anstand genommen ward. Auf Sandö sollte eine Stadt angelegt werden und der Generalgouvernör sich bemühn, daß sich um Tawastehus Bürger niederließen, die mit der Zeit einen Flecken oder eine kleine Stadt bildeten, wodurch dem vielen Landhandel in dieser Provinz ein Ende gemacht werden könnte. Ferner hatte der Graf eine Verbindung des Päijäine, Lappis und andrer großer Gewässer vorgeschlagen, die der Aufnahme des Landes und der Städte äußerst beförderlich seyn würde: die Regierung ermunterte ihn den Anfang damit zu machen und sich nach Leuten umzusehn, die in solchen Arbeiten geübt wären. Endlich hatte er sich auch über die Liederlichkeit und die Liebe zur Trunkenheit bei dem großen Haufen beschwert: die Regierung wußte kein Mittel dieser Sittenlosigkeit Einhalt zu thun, als wenn die Geistlichkeit ein besseres Beispiel gebe, als an vielen Orten geschehe. *)

*) S. die Antwortsschrift der Regierung. Åbo = Tidningar 1782. S. 10. 19. 28 u. 34.

Die Bedrückungen und der Eigennutz der Beamten dauerten fort. Bei den beständigen Kriegen auf ausländischem Boden konnte die Regierung nicht die erforderliche Aufmerksamkeit auf die großen Unordnungen richten, die sich von Zeit zu Zeit in die Staatsverwaltung einschlichen, oder den Anmaßungen Einhalt thun, womit die Mächtigen im Lande die Heiligkeit der Gesetze und die Rechte ihrer geringern Mitbrüder beeinträchtigten. Das Volk wagte selten, den Schutz der Gerichte anzurufen: und wenn es geschah, fehlte es den Vergewaltigern selten an Mitteln und Auswegen, die schwache und zitternde Stimme des Anklägers zu übertäuben oder durch langwierige Processe der gerechten Strafe und Schande zu entgehn. Um die Rechte der Krone zu bewachen und die Amtsverwaltung der höhern und niedern Beamten einer Art von Aufsicht zu unterwerfen, pflegte die Regierung bisweilen sogenannte Kammerfiskale anzustellen, deren Pflicht war, verbrecherische und ungetreue Beamte in Anspruch zu nehmen und die Rechte der Krone und unterdrückten Privatpersonen zu vertheidigen: es läßt sich leicht voraussetzen, daß sie den Machthabern verhaßt und manchen Mißhandlungen ausgesetzt waren. Samuel Croell machte von dem Zustand in Kexholmslän 1649 eine Schaudererregende Schilderung; die Gerichte ließen sich von beiden Partheien bestechen: ein Richter hatte die Gewohnheit die Rechtsuchenden steif anzusehn; es war allgemein bekannt, daß durch die Zahl der Finger, die Jemand in die Höhe hob, ihm angezeigt ward, wie viel Thaler er zu erwarten

habe,

habe, die er nach der Sitzung sorgfältig einforderte und sich dadurch große Reichthümer erwarb. Jeder Starost, der Gericht hielt, gab dem Landeshauptmann 80 bis 90 Rubel, und diese Gelder erpreßte er hernach dreidoppelt vom gemeinen Mann. Alle wichtige Klagen wurden abgewiesen und viele Einwohner flüchteten deswegen nach Rußland. In Kexholmslän waren über 800 Einlieger, die jeder dem Gouvernör jährlich 1 Rubel geben mußten. Mit den Kroneinkünften fielen die schrecklichsten Unterschleife vor. Die Einkünfte des Gouvernörs von Nyslott waren größer als alle Einnahmen der Krone. Wer in seinem Districte Vogt werden wollte, mußte ihm jährlich eine silberne Kanne von 100 Loth und dem Buchhalter 150 Thaler geben, der überdies gegen besondre Vergütung die Rechnungen der Vögte machte, die er doch controlliren sollte. Der Gouvernör Carl Mörner hatte zu seiner Verzehrung auf eine Nacht mit einem Male 1293 Daler 24 Oere erhoben. Der Generalgouvernör, der Landeshauptmann und die Einnehmer hatten eigne Auflagen erdacht, deren Ertrag sie unter sich theilten. Der Inspector des kleinen Zolls in Finland erlaubte sich die ungeheuersten Betrügereien, weswegen er aber auch alles im Ueberfluß hatte und wie ein Freiherr lebte. Der freimüthige Fiskal, der es wagte diese abscheulichen Mißbräuche an's Licht zu ziehn, mußte vorher manche Mißhandlungen dulden: selbst Brahe, dessen große Eigenschaften allein durch das Laster des Geizes verdunkelt wurden, scheint an diesen Unordnungen Antheil gehabt zu haben: auch er gehörte zu Cröll's Feinden, der auf seine

Veranstaltung eingekerkert und nur durch ein besondres königliches Vorschreiben wieder restituirt ward. Weil die ersten Beamten in den Proceß verwickelt waren, ward er auch vom Hofgericht ohne Nachdruck betrieben und endlich unterdrückt *). Die Abgaben für die Ober- und Unterrichter (Lagmänner und Häradshöfdinge) waren den höhern Reichsbeamten angewiesen, daher die Stellen selbst von schlechtbesoldeten und größtentheils ungeschickten Stellvertretern verwaltet wurden, die das Hofgericht häufig an die ersten Gründe des Rechts erinnern mußte. Es war oft in der größten Verlegenheit, wie die Richterämter besetzt werden sollten, und wagte auch nicht, sie zu vergeben, ohne die Aeußerung der Großen, denen die Einkünfte zugetheilt waren, eingeholt zu haben. Im Jahre 1637 bat das Hofgericht die königliche Regierung, daß sie bei der aufzurichtenden Academie auch Rechtslehrer verordnen möchte, wodurch einige einheimische Junglinge zum Studium der Rechtswissenschaft aufgemuntert werden möchten: den Studenten sollte erlaubt seyn, als Auscultanten den Sitzungen des Hofgerichts beizuwohnen und den streitenden Partheien als Procuratoren zu dienen: die Geschicktesten wollte man hernach zu Richterstellen befördern.

Das Militärwesen ward durch den Grafen Brahe neu geordnet. Er war der Erste, der die widerspenstigen Sawolaxer vermochte, Soldaten zu stellen: sechs Höfe gaben anfangs einen Knecht. Der Bischof ward aufgefordert, die Bemühungen der Werber durch Vor-

*) Abo-Tidningar 1795. nr. 41 ff.

stellungen der Geistlichkeit zu unterstützen: selbst junge Leute in den Schulen, die zu den Wissenschaften kein Geschick oder keine Neigung hatten, sollten von ihren Lehrern ermuntert werden, die Feder mit dem Schwert zu vertauschen und sich einem Stande zu ergeben, der sie eher zum Ruhm und zu ehrenvollen Aemtern führen würde. Um der Ausschreibung zu entgehn, begaben sich viele unverheirathete Mannspersonen aus Finland nach Schweden, wo sie sich überall in den Wäldern aufhielten, theils als Knechte, theils unter dem Vorwand, Kathenstellen urbar zu machen. Dieser Unordnung sollte nicht länger nachgesehn werden: die Ueberläufer wurden erinnert, sich nach ihrer Heimath zurückzubegeben: doch durften im Herbst Arbeitsleute zum Dreschen herüberkommen, um mit dem verdienten Getreide im Frühling wieder zurückzukehren, auch galt diese Verordnung nicht den finländischen Colonisten, die eigentlich in der Absicht angesetzt waren, um wüste Gegenden urbar zu machen *).

Durch Brahe's Eifer ward der neue Lehrsitz in Åbo am 15ten Julius 1640 mit anständigen Feierlichkeiten eingeweiht; für das ganze Land, worüber sich von dieser Sonne aus die erquickenden Strahlen der Aufklärung ergießen sollten, war es ein festlicher Tag, der überall mit gottesdienstlichen Uebungen und in heiterer Fröhlichkeit begangen ward. Die Inauguration selbst geschah mit einem feierlichen Aufzuge vom Schloß nach der Kirche, mit Reden u. s. w., und wurde mit einem

*) Stjernmann II. S. 56.

stattlichen Male beschlossen. Am dritten Tage ward ein Schauspiel, die Studenten genannt, unter der Leitung des Professors der Geschichte und Politik, Wexionius, aufgeführt. Diese Uebungen fanden außerordentlichen Beifall und wurden in der Folge öfters wiederholt; aber schon die Titel zeugen von der Geschmacklosigkeit der Verfasser und des Zeitalters: z. B. Jakob Chronanders Surge oder Schauspiel des Fleißes und Unfleißes; sein Possenspiel enthielt verschiedene lustige Discurse und Urtheile über Ehe und Heirathen, Erich Kolmodins genesis aetherea oder Jesu Christi Geburt in eine einfältige Comödie gefaßt u. s. w. *). Bei diesen Vorstellungen spielten die Narren, die sich die Vornehmen nach Sitte der damaligen Zeit hielten, öfters Hauptrollen **). Die Geistlichkeit fand sie auch bald anstößig, sie suchte sie abzuschaffen und ohne Erlaubniß des Consistoriums durfte keine Comödie gespielt werden.

Zu Professoren bei der neuen Universität wurden theils die Lehrer am Gymnasium ernannt, theils mehrere Gelehrte aus Schweden berufen. Die theologische Facultät ward als die vorzüglichste mit drei Lehrern besetzt: für die Rechte und für die Heilkunde ward nur Einer bestimmt; an Aerzten war noch ein so großer Mangel, daß erst ein Jahr nach Stiftung der Academie ein alter Student der Medicin zu ihrem Lehrer ernannt werden mußte, weil sich kein andrer Mitbewerber fand. Die philosophische Facultät zählte sechs Professoren: 1) der

*) Åbo-Tidningar 1792. nr. 22.

**) Tengström S. 81.

Politik und Geschichte, 2) der hebräischen und griechischen Sprache, 3) der Mathematik, 4) der Physik, 5) der Logik und Poesie, und 6) der Eloquenz: hernach ward noch auf Betrieb des Erich Justander eine besondre Lehrstelle der Dichtkunst errichtet, zu deren Besoldung die Gehalte der übrigen Lehrer verringert wurden; die philosophische Facultät erhielt zugleich zwei Adjunkten. Im Anfange mußte sich die Universität mit den alten, zum Gymnasium bestimmten Gebäuden, begnügen, die etwas umgebaut und gereinigt wurden: die Auditorien konnten nicht erwärmt werden, und waren daher im Winter fast ganz unbrauchbar; nichts destoweniger mußte man sich ihrer, nicht ohne großen Nachtheil für die Studirenden, bis in die neuesten Zeiten bedienen. Soviel die Umstände verstatteten, stimmte die innere Einrichtung mit der Verfassung der Upsalischen Academie überein. Die Vorlesungen wurden alle lateinisch gehalten und waren fast alle öffentlich; denn die Mehrzahl der Studenten war zu arm, um die Lehrer zu besondern Vorträgen aufzumuntern. Hiemit wurden drei nützliche Hülfsmittel verbunden: 1) fleißige Prüfungen, die jeder Lehrer hauptsächlich am Ende seines Cursus anstellte, 2) häufige Disputationen und 3) Reden, die von den Studirenden, theils in Prosa, theils in Versen, besonders an den Sonntagsnachmittagen, öffentlich gehalten wurden. Die Zahl der Lernenden übertraf gleich anfangs die Erwartung und nahm immer zu: selbst aus Schweden eilten wißbegierige Jünglinge nach dem neuen Musensitz an den Ufern der Aura. Für Studirende, die an auswärtigen Oertern den Wissenschaften oblagen, ward an allen Festen und Bettagen eine Collecte in den Kirchen gesammelt. Im Jahre 1643 ward von der philosophischen Facultät bereits eine feierliche Magisterpromotion vorgenommen: die Regierung erinnerte, um die academischen Würden in Ehren zu halten, daß sie nicht jedermann, sondern wenige und gelehrte Männer befördern möchte. Einer der Kandidaten war ziemlich gelehrt, aber in „vita et moribus" (in Leben und Sitten) etwas unhöflich, daher sollte er zwar befördert werden, aber diesmal nicht pro gradu disputiren dürfen: ein andrer war durchaus untüchtig, er sollte sich daher verbindlich machen, entweder noch drei Jahre studiren oder unverzüglich nach einem Ort in Schweden reisen zu wollen, wo seine Schwäche in den Wissenschaften nicht zur Schande der Academie an's Licht kommen würde. — Die Kosten der neuen Anstalt wurden auf die Kroneinkünfte aus Finland angewiesen; allein bei dem erschöpften Zustande des Landes waren die Kassen fast immer leer und die Besoldungen der Lehrer wurden daher selten regelmäßig bezahlt. Der Geldmangel und die Finanzverwirrung war so groß, daß selbst die Mitglieder des Hofgerichts häufig die jämmerlichsten Klagen über ausgebliebnes Gehalt führten: sie erhielten es nur nach und nach, entweder in Naturalien oder in ganz kleinen Summen. Der Muth der Regierung verdient daher Bewunderung, die selbst unter solchen Umständen kein Bedenken trug, eine so kostbare, aber für das Wohl des Landes so heilsame Anstalt anzulegen: bei veränderten Ansichten würde man selbst in glücklichern Zeiten schwerlich Mittel dazu gefunden und dafür lieber einige hundert Müssiggänger, Soldaten genannt, unterhalten haben. — Ein grosses Hinderniß der wissenschaftlichen Cultur war der Mangel an Büchern: die Universität gab sich viele Mühe, einen auswärtigen Buchhändler zu bewegen, daß er sich in ihrer Stadt niederlassen möchte: und obgleich ein Paar Lübecker den Versuch machten, wollte es doch mit diesem Handel nicht fort und der studirenden Jugend war es schwer, sich mit den nöthigen Hülfsmitteln zu versehn. Seitdem seit 1642 zu Åbo eine Buchdruckerei angelegt war, gaben die Professoren über ihre Wissenschaften in der Gestalt von Disputationen Handbücher heraus, die die Studenten sorgfältig sammelten und aufbewahrten, und worüber hernach Vorlesungen gehalten wurden. Die finländische Literatur ward nur sparsam bereichert. Einige Gebetbücher, eine ausführliche und kürzere Erklärung des Catechismus, die Postille des Bischofs Erich Erichssohns, die 1625 zu Stockholm in zwei Quartbänden erschien, verschiedne Gesangbücher, die seit 1618 an's Licht traten, waren die einzigen Quellen des Trostes und der Erbauung, die andächtigen Gemüthern in der Landessprache geöffnet waren. Exemplare von Agricola's neuem Testament waren bereits selten geworden, und eine vollständige finländische Bibel war ein dringendes Bedürfniß. Die Geistlichkeit wandte sich an die Regierung, und ersuchte sie um die Beförderung eines so wichtigen Werks. Es ward eine Commission von Finlands gelehrtesten Männern niedergesetzt, die die Arbeit so eifrig betrieb, daß die ganze Bibel im Jahre 1642 auf königliche Kosten zu Stockholm erscheinen konnte. Diese Ausgabe ist in Großfolio und zeichnet sich durch ihr Aeußeres aus; die Uebersetzung ist theils nach dem Grundtext, theils nach Luthers deutscher und der schwedischen Bibel verfertigt; der letztern sind die Vorreden, Erläuterungen, Summarien u. s. w. abgeborgt. Agricola's Arbeit ist mit Vorsicht benutzt: die Sprache und Rechtschreibung sind in manchen Hinsichten verbessert. Jede Kirche erhielt einen Abdruck: und ungeachtet des ziemlich hohen Preises, war die Begierde des Volks nach diesem Grundquell der heiligsten Wahrheiten so groß, daß in kurzer Zeit alle Abdrücke verkauft waren *). — Im Jahre 1651 gab der Propst zu Birkala, M. Jac. Pauli Raumann, eine finländische Uebersetzung der augsburgschen Confession zu Stockholm heraus, die für schön gehalten wird. Es gab in Finland auch verschiedne russische Gemeinden, die von Rußland aus mit Predigern versehn wurden, die das Consistorium in Åbo examinirte. Zu ihrem Behuf ward auf Brahe's Veranstaltung ein finländischer Catechismus mit russischen Buchstaben gedruckt. Durch seine Sorgfalt ward auch das Schulwesen überall verbessert; nicht nur die Dom- und Cathedralschulen erfreuten sich seiner Aufmerksamkeit, sondern es wurden auch an verschiednen Orten niedre Schulen von ihm angelegt. Die großen Kirchspiele wurden getheilt und überhaupt mehrere Kirchen erbaut.

Nur langsam schlug eine höhere Cultur Wurzeln; selbst die Lehrer auf der neuerrichteten hohen Schule

*) Lüdeke a. a. O. S. 271.

waren von finstern Vorurtheilen umnebelt. Die Gewißheit der Astrologie ward im Jahre 1647 von dem Professor der Mathematik, Simon Kexler, in vollem Ernst vertheidigt. Ein andrer Lehrer, Martin Stodius, ward allgemein für einen Zauberer gehalten und gerieth deswegen sogar in Untersuchung: mit aller Gewalt sollte er an der Verrücktheit eines Studenten Schuld seyn, den er verschiedne geheime Künste (z. B. eine unsichtbare Schrift, die über dem Feuer lesbar ward, die Wirkungen des Brennglases u. d. g.) gelehrt hatte. Dies Mal (1644) ward er freigesprochen, da ihm alle seine Collegen das Zeugniß gaben, daß seine Gespräche weder trunken noch nüchtern niemals zu solchem Verdacht Anlaß gegeben hätten: obgleich er sonst leichtgläubig sei, auch gern über Dinge rede, die eben nicht hochnöthig wären, sondern zum Zeitvertreibe gereichten. Bei dem großen Haufen blieb der Verdacht fortdauernd und alle die frühern Beschuldigungen wurden auf's neue aufgeregt, als ein Lector am Gymnasium zu Wiborg beim Hofgericht verklagt ward, der über die Cabbala des Michael Palez gelesen hatte, die ihm von Stodius geliehn war: dieser ward abermals vom Consistorium zur Rechenschaft gezogen und gleichsam aus der Gemeinschaft der Universität ausgestoßen: aber der aufgeklärte Canzler der Academie, Peter Brahe, hob ein so hartes, der menschlichen Vernunft zur Schande gereichendes Urtheil auf und verräth in dem Rescript, das er deswegen erließ, Einsichten, die die Lehrer der Weisheit beschämen mußten *). Nichts war häufiger

*) Tengström S. 73 ff.

als Processe gegen Hexen und Hexenmeister. Im Jahre 1641 stellte das Hofgericht eine weitläuftige Untersuchung wider einen herumstreifenden Bettler mit dem Beinamen Puujumala (Holzgott) an, der allerlei Krankheiten heilte, die Gebräude gerathen machte, gestohlne Sachen zur Stelle schaffte und ähnliche Künste trieb, und verdammte ihn zum Scheiterhaufen. Ein andrer ward beschuldigt, daß ihm ein Geist zu seinen Künsten behülflich sei: nach langer Inquisition gestand er, daß der Böse in einer schweren Krankheit zu ihm gekommen sei und ihm seitdem im Schlaf und im Traum erscheine. Auch die Hexenprobe ward angestellt: eine berühmte Zauberin ward vom Buttel in den Fluß geworfen, sank aber nicht unter, weil sie, wie sie dies Phänomen erklärte, den Mund zuhielt. Bereits ihre Eltern waren des Zauberns wegen verbrannt; auch sie ward zum Tode verdammt und als ihr das Urtheil angekündigt ward, sagte sie bei'm Ausgehn aus dem Gericht. „Schon haben sieben andre, die besser waren als ich, das Leben zugesetzt.“ Im Jahre 1643 ward auch ein russischer Priester beschuldigt, daß er sich mit verbotnen Künsten abgebe, und vor Gericht gestellt: er sollte böse Geister aus einem Hause vertrieben haben, (die aber der Eigenthümer allein, besonders wenn er trunken war, sahe und hörte.) Der Angeklagte ward entsetzlich gemißhandelt und von den Unterbedienten mit zwei andern Missethätern zusammen in Fesseln geschlagen. Er sagte, daß er sich den Haß des Volks zugezogen hätte, weil er es den wahren Glauben und den finländischen mit russischen Buchstaben gedruckten Catechismus lehren wollte. Seine Unschuld war so klar und die Vergehungen, deren man ihn bezüchtigte, so ungereimt, daß ihn das Hofgericht freisprach und mit der Erinnerung wieder in sein Amt einsetzte, daß er sich still und sittsam verhalten und mit keinem Hexenwesen abgeben sollte, was einem Priester nicht wohl anstehe. Ein Schreiber gerieth in Untersuchung — weil er mit seinem Blut an den Teufel geschrieben und ihm für 400 Thaler Leib und Seele angeboten habe. Der höllische Geist erschien ihm nach einigen Tagen mit einem Beutel voll Geld und bot ihm die Hand, die er aber nicht annahm. Die leiseste Veranlassung war hinreichend, einen Unschuldigen in einen beschwerlichen Rechtsgang zu verwickeln: auch beim Consistorium wurden häufig Personen wegen Zauberei und Beschwören verklagt, doch verfuhr es im Ganzen glimpflicher als das weltliche Gericht. Der Wahn von Hexen und Hexerei war bei dem Volk so tief eingewurzelt, daß ihn die blutigsten Executionen nicht ausrotten konnten; vergebens warnten die Prediger bei jeder Hinrichtung die zuschauende Menge. Graf B r a h e traf die Veranstaltung, daß dreimal jährlich gegen das Hexenwesen besonders gepredigt werde. Aber die vollkommensten Zauberer hegte der äußerste Nord: daher reisten die Südfinländer öfters nach Oesterbottn, um die Lappen über gestohlne Sachen u. d. g. um Rath zu fragen, obgleich sie, wenn sie verrathen wurden, wenigstens der Kirchenbuße nicht entgehn konnten. — Von der Rohheit der Sitten kommen überall die auffallendsten Beweise vor: die Geistlichen bezechten und rauften sich und verklagten einander häufig bei'm Consistorium über Thätlichkeiten. An Gelagen Theil zu nehmen war ihnen erlaubt, doch nicht zum Aergerniß, sondern zur Besserung und zu gutem Beispiel: sie sollten sich vor aller Leichtfertigkeit hüten, keine Gesundheiten trinken u. d. g. *) Besonders wurden sie bei den Besuchen und häuslichen Catechisationen, die sie um Fastnacht anstellten, gut bewirthet, und es fielen öfters Ausschweifungen vor. Den Geistlichen wurden diese Reisen daher streng untersagt: sie sollten die Gemeinde in der Kirche versammeln, sie hier unterrichten und ihre Gefälle entgegennehmen. Die Gewohnheit, daß die Priester ihre Stollgebühren zum Theil selbst von den Bauern erbetteln mußten, verursachte nicht nur manche Collisionen, sondern hinderte sie auch in ihren Studien: der Bischof Rothovius verlangte daher von der Regierung, daß sie die Besoldungen des Clerus auf eine andre Art einrichten möchte. Die Pastoren behandelten ihre Capellane wie ihre Knechte, und sie mußten öffentlich aufgefordert werden, ihnen besser zu begegnen und ihnen nicht alle Muße zu gelehrten Beschäftigungen zu rauben. Die Bierkrüge bei den Kirchen wurden abgeschafft. Das Laster der Trunkenheit war noch immer so allgemein, daß die Geistlichen auf den Kanzeln den Richtern und obrigkeitlichen Personen den Vorwurf der Völlerei machten. Die Lustseuche war noch selten und ungewöhnlich: ein Bauer war im Jahre 1642 ange-

*) Ecclesiastique Sammlingar. Wexio 1789. S. 266.

steckt; er ward mit seiner ganzen Familie von der gottesdienstlichen Versammlung ausgeschlossen: der Prediger sollte ihn übrigens unterrichten, der Kranke an einen Arzt verwiesen und in der Kirche einige Hülfe für ihn gesammelt werden. Das gesellige Leben war äußerst beschränkt und ohne Verfeinerung. Beim Rectoratswechsel auf der Academie zu Åbo mußte der neue Rector einen Schmaus geben, wozu alle angesehne Einwohner geladen wurden: doch war das schöne Geschlecht ganz davon ausgeschlossen: es durften nicht mehr als sechs Schüsseln und zum Nachtisch kein Confect, sondern nur Käse aufgesetzt werden. Gutes finländisches Bier, etwas Franzwein oder statt des letztern Rostocker Bier waren die Getränke: zu vornehmen Gesundheiten konnte spanischer Wein herumgereicht werden. Das Gelag durfte bei schwerer Strafe nicht bis zum andern Tage ausgedehnt werden. — Im Jahre 1649 findet man die erste Spur vom Gebrauch des Tabacks in Finland, der, nach dem damaligen Sprachgebrauch, getrunken ward *).

Brahe bemühte sich auch die Städte in Finland in Aufnahme zu bringen: er machte verschiedene Anlagen zur größern Sicherheit und zur Verschönerung von

*) Diese einzelnen Züge zur Geschichte der Sitten und des Culturzustandes sind meistens aus den Auszügen aus den ältern Protocollen des Consistoriums in Åbo gesammelt, die sich in Åbo-Tidning 1792 und 1793 finden. In Schweden war der Taback bereits länger sehr allgemein: s. Anmärkningar i svenska historien S. 169 ff.

Åbo. Die Zahl der Deutschen in dieser Stadt war noch sehr beträchtlich, denn im Jahre 1638 ward für ihre Kinder ein eigner deutscher Lehrer angestellt, um sie in der deutschen Sprache, der Religion und im Singen zu unterrichten. Wiborg ward jetzt ein wichtiger Stapelplatz für die russischen Waaren: selbst russische Kaufleute verschifften von hier aus ihre Producte. Durch Brahe's Veranstaltung ward 1649 das nach ihm benannte Städtchen Brahestad in Oesterbottn angelegt und mit Privilegien versehn. Auf der Insel Sandö (Sandholm) zwischen Helsingfors und Borgo sollte ein neuer Handelsplatz unter dem Namen Neuhelsingfors angelegt werden: am 13. Nov. 1638 wurden alle Personen, die Lust und Vermögen dazu hatten, eingeladen, sich auf dieser Stelle gegen ansehnliche Privilegien niederzulassen: allein der Plan blieb unausgeführt. Brahe war auch Willens, bei der Kirche Kuopio in Sawolax, wo er eine Freiherrschaft besaß, eine Stadt anzulegen: es wurden deswegen auch die hier befindlichen Bauerhütten abgebrannt, aber auch dieser Versuch scheiterte. — Die Industrie war immer noch in einer traurigen Lage: selbst die Dachziegel wurden aus Holland einverschrieben.

Durch Christina's Resignation (1654) ward Carl X. (vorher Herzog von Zweibrücken,) König von Schweden: seine sechsjährige Regierung war ein beständiger Krieg und daher für die innere Organisation nicht sehr heilsam. Zu seinen Heeren wurden die tapfersten Söhne des Landes geschickt. Im Jahre 1657 wurden in den verschiednen Provinzen die finländischen Stände besonders versammelt, um dem Könige den erforderlichen Beistand zu bewilligen; sie beschlossen auch ihre äußersten Kräfte zur Unterstützung seiner Absichten aufzubieten. Der Adel in Åbolän hatte 1656 seinen Roßdienst verdoppelt und den achten Bauer, und in den Schären sogar von fünf Bauern zwei Bootsleute gestellt: er hoffte daher, daß sich der König für 1658 mit dem 15ten Bauer begnügen werde und zugleich erbot er sich auch noch für 1659 und 1660 zur Entrichtung der außerordentlichen Steuer: die Prediger versprachen eine Anzahl gerüsteter Reuter und von ihren Einkünften eine ansehnliche Abgabe: die Städte übernahmen auf's neue Steuern und verdoppelten die aufzubringenden Bootsleute: auch die Bauern blieben nicht zurück, sie waren zur Kriegshülfe und Ausschreibung erbötig *). Vergebens bemühte sich Carl mit Rußland ein friedliches Verhältniß beizubehalten: Zar Alexej Michailowitsch wollte Krieg, um die durch den Stollbower Frieden verlornen Provinzen zu erobern: und diese Absicht hoffte er desto leichter zu erreichen, da Schweden überdies in einen Krieg mit Polen verwickelt war. Zuerst wandten sich die Russen gegen Carelen: die ganze Provinz ward verwüstet, denn nirgends fanden sie Widerstand: die hier angeseßnen griechischen Christen fielen gleich zu ihren ehemaligen Landsleuten ab und tobten zum Theil wüthender als der Feind; überall waren Mord und Verheerung ihre schrecklichen Begleiter. Die Russen hatten allen

*) S. die Urkunden in Stjernmans Bihang utaf åtskilliga allmänna Handlingar S. 343 ff.

Finländern und Schweden, die den griechischen Glauben und die Herrschaft des Zars verwerfen würden, den Tod geschworen: die neue Stadt an der Newa Ny ward ein Raub der Flammen und zugleich wurden dabei über 70000 Tonnen Getreide und eine Menge Salz vernichtet. Auch in Oesterbottn erstreckten sie ihre Verwüstungen bis nach Cajana, die Höfe wurden niedergebrannt, die Bewohner flüchteten in die Wälder. Unterdessen hatte Gustav Lewenhaupt den Oberbefehl in Finland übernommen und traf treffliche Anstalten, den Feind von weiterm Vordringen abzuhalten: gegen das Ende des Jahrs 1656 zwang er ihn sich in seine Grenzen zurückzuziehn. Die Russen kehrten nun ihre Hauptstärke gegen Liv- und Ehstland und verheerten diese Provinzen auf's entsetzlichste; Finland scheint von nun an aber verschont geblieben zu seyn *), bis endlich am 20. Nov. 1658 ein dreijähriger Waffenstillstand geschlossen ward, während dessen die Russen einige von ihnen besetzte Oerter in Livland behielten.

Carl verordnete im Jahre 1658 einen Mann zum Bischof in Åbo, der sich in der aufgeklärten Schule eines Calixtus gebildet hatte und der in den Jahrbüchern der schwedischen Gelehrtengeschichte sehr merkwürdig ist, Johann Elofssohn Terserus; er hatte sich von jeher als einen eifrigen Freund des Königs und seines Hauses gezeigt und daher von dem Monarchen die Versicherung erhalten, daß nicht nur die Rechte des Bischofs

*) Puffendorff de rebus gestis Caroli Gustavi S. 180 ff.

Bischofs kräftiger als bisher geschützt werden sollten, sondern daß er ihm auch beistehn werde, den vielen im Stift eingerißnen Unordnungen abzuhelfen. Vom ersten Antritt seines Amtes zeichnete er sich durch eine außerordentliche Arbeitsamkeit und sein Bemühn aus, auch seine Untergeordneten zur Erfüllung ihrer Pflichten anzuhalten. Er ermahnte die Geistlichkeit zu eifrigen Studien: an verschiednen Orten, selbst in Oesterbottn, veranstaltete er Synoden oder Zusammenkünfte der Geistlichkeit, wo sie ihre Geschicklichkeit in Disputationen beurkunden und allerlei Verfügungen zum Besten ihrer Gemeinen treffen sollten. Daß troz der angedrohten Strafe so viele Priester ausblieben, ist vielleicht ein Beweis, daß Mancher die Feuerprobe scheute. Ueberall suchte er gute Ordnung zu erhalten und die eingerißnen Mißbräuche abzuschaffen. Den Priestern ward befohlen, sich anständig zu halten, das lange Haar abzuschneiden, nicht ohne Kragen die Kanzel zu besteigen, keinen Kranken ohne Mantel und Wams zu besuchen und mäßig zu leben. Von den Lüsten und der Gierigkeit der Geistlichen, die selbst anständigen adlichen Frauen nachstellten und sich dabei auf eine ungebührliche Art gegen ihre Feinde und Gegner auf der Kanzel äußerten, finden sich noch öfters Beispiele. Ein Prediger ward wegen übler Behandlung seiner Frau angeklagt und er ward mit rechtlicher Procedur bedroht, wenn er sie mehr schlage, als billig sei. Zu Geistlichen wurden öfters höchst untaugliche Personen befördert: z. B. klagte der Statthalter in Åbo, daß der Magistrat einen Menschen zum Bootsmann bestimmt hatte, der am Tage vor der Enrollirung — Priester ward. Zum Dienst und zur Ehre der Geistlichkeit im Stift Åbo gab Terserus im Jahr 1663 eine Erklärung über den Catechismus heraus, die in schwedischer Sprache verfaßt war, weil unter den Lehrern seines Sprengels viele des Lateins nicht recht mächtig waren; (ein ordinirter Priester mußte sich 1659 verpflichten, noch ein Jahr in Åbo zu studiren und besonders die lateinische Sprache zu treiben, und die Zeit zu verlängern, wenn die erstgesetzte Frist nicht hinreichend seyn sollte.) Der Eifer, womit er die ihm untergeordneten Geistlichen zur Erfullung ihrer Pflichten anhielt und die Mündigkeit, womit er sein Amt verwaltete, machten ihm viele Feinde und selbst unter den Åboer Professoren: einige der letztern witterten zuerst in seiner catechetischen Arbeit ketzerische Meinungen: die politischen Verhältnisse waren ihm nach dem Tode seines Gönners und Beschützers so ungünstig, daß er sein Amt darüber verlassen mußte. *) Er hatte die reine Absicht, zu einer höhern Aufklärung des Volks beizutragen. In Oesterbottn, besonders dem nördlichen Theile, so wie auf Åland war es, wie er selbst sagt, durch der Priesterschaft Fleiß sowohl in den finländischen als schwedischen Gemeinen so

*) M. s. ausführlicher des Herrn Bischofs Tengström Minne öfwer J. E. Terserus, Åbo 1795. gr. 8., eine schöne Schrift, die wohl verdiente, in einem deutschen theologischen Journal wenigstens auszugsweise unsern Gelehrten bekannt gemacht zu werden.

weit gekommen, daß doch fast alle Personen unter 20 oder 30 Jahren ihre Muttersprache lesen konnten. In Finland hatte man es lange für unmöglich gehalten, einem Kinde, das nicht beständig zur Schule gehalten werde, diese Kunst beizubringen: doch waren kürzlich hier und dort Versuche gemacht, die hoffen ließen, daß mit der Zeit das Lesen allen Gemeindegliedern geläufig seyn werde: er ermahnte auch die Prediger sich nach und nach um des Lesens kundige Küster zu bemühn. Aber in einem merkwürdigen Falle zeigte sich, daß auch Terserus sich noch nicht über alle Vorurtheile der Zeit erheben konnte. Im Jahr 1661 ward ein Student verschiedner magischer Künste wegen angeklagt und am 16ten September zum Tode verurtheilt, weil er sich mit dem Teufel in ein Bündniß eingelassen habe: einige Mitglieder des Consistoriums wollten ihm nur die Verbannung zuerkennen, allein die meisten waren für den strengern Ausspruch und unter ihnen auch der Bischof, der doch bei verschiednen Gelegenheiten Proben von einer freiern und edlern Denkungsart gegeben hatte. Er selbst bewies mit mehrern Gründen die Gewißheit der Thatsache: unter andern auch dadurch, weil der Student in kurzer Zeit außerordentliche Fortschritte gemacht und nicht nur seine Mitschüler, sondern selbst seine Lehrer übertroffen habe und sogar einen andern Studenten, der vorhin wenig konnte, zwei fehlerfreie lateinische Briefe schreiben lehrte. Das Urtheil ward wirklich gefällt, vor der Vollziehung aber dem Canzler der Academie und Reichsdrost, Peter Brahe, zur Bestätigung eingesandt, der es natürlich für nichtig und den ganzen Vorfall für eine Schande der Academie erklärte: er fand, daß sich der Student aus Einfalt Dinge gerühmt habe, die über seine Kräfte waren, und durch das bisherige Gefängniß hinreichend gestraft sei; und befahl daher, ihn wieder in seine Rechte einzusetzen. Zum Schluß sagte er: „Es sind hinlängliche Beispiele vorhanden, wie man sich in Finland mit solchen Fällen hat bemühn müssen, das doch bei'm Tagslicht nichts anders als Eitelkeit gewesen und manchem Unschuldigen ist aus solchen Präsumtionen übel mitgespielt: und weil man etwas Leichtes so hoch anschlägt, wird das Gerücht immer größer und aus Kleinigkeiten werden große Eindrücke gemacht." So wurde der arme Student, der in Gefahr war, ein Opfer seines Fleißes zu werden, gerettet. *) Gegen alle abergläubische Gebräuche ward streng geeifert, das Volk hatte aber noch immer eine große Vorliebe dafür. Ein Bauer warf sich 1660 zum Abgott auf: die Kranken wandten sich an ihm, er gab sie für besessen aus und versicherte den Teufel austreiben zu können. Ein andrer, der einen ersparten Weihnachtskuchen in den Fluß geworfen hatte, um sich einen reichlichen Fischfang zu verschaffen, mußte eine ansehnliche Strafe bezahlen. Auch für das, was man damals für anständig hielt, ward gesorgt: ein Bursche ward z. B. zur Kirchenbuße

*) Åbo-Tidningar 1791. nr. 23. 24. Tengström S. 70 ff.

verurtheilt, weil er, eh' er zum Abendmal ging, einige Pfeifen Tabak getrunken hatte: die männlichen Communicanten mußten während der heiligen Handlung die kleine schwarze Mütze, die man damals allgemein trug, abnehmen, bei 40 Mark Buße. — Ueber die Titulaturen ward eine Verordnung gemacht: die Tochter eines Edelmanns ward adliche Jungfrau, die eines andern vornehmen Mannes tugendreiche Jungfrau und die eines Handwerkers tugendsames Mädchen genannt: ein Bürger hieß ehrlicher und bescheidner, oder ehrlicher und vorsichtiger, oder ehrlicher und verständiger, oder ehrengebohrner, geachteter und wohlverständiger u. s. w. — Die Stadt Åbo ward 1656 von einer fürchterlichen Feuersbrunst heimgesucht, die ihren Wohlstand sehr zurücksetzte, und unter andern auch eine Menge Urkunden und Verhandlungen des Consistoriums zerstörte.

VII.

Finland unter Carl XI. bis 1697.

Nach einer so langen Zeit schrecklicher Kriege, die der Nation des Ruhmes glänzendste Kronen erwarben, das Land aber verödeten und entvölkerten, schenkte die Vorsehung dem erschöpften Schweden endlich einen König, der durch den Schimmer unverblendet, mit Kraft, mit Weisheit und edler Mäßigung den gesunknen Wohlstand wieder herstellte, und seinen Unterthanen den glücklichsten Zustand verschaffte, worauf ein Volk Anspruch machen kann, den sich seiner Thätigkeit ungestört zu überlassen und sich der Folgen zu erfreuen, die nothwendig aus ihr entspringen. Die vormundschaftliche Regierung schloß mit allen Mächten Friede, von denen Carl Gustav sich erst die Alleinherrschaft im Norden erkämpfen wollte, um dann, ein zweiter Alarich, seine Waffen über Italien zu erstrecken. *) Der Zar hatte wegen der Unruhen der Tartaren und seiner Eroberungen in Polen Ruhe nöthig, doch weigerte er sich lange, die von ihm besetzten Oerter abzutreten, so daß die Unterhandlungen vom 31. März bis 21. Jun. 1661 dauerten, eh' der Friede zu Kardis zu Stande kam, der die zu Stolbowa gemachten Bestimmungen bestätigte. Die Bauern an den Gränzörtern konnten wählen, in wessen Herrn Schutz sie sich begeben wollten. Finland ward freilich nicht der Schauplatz des Kriegs; es litt aber durch die dänisch = brandenburgische Fehde, die in Carls Minderjährigkeit ausbrach. Im August 1676 ward zu Åbo ein allgemeiner Landtag gehalten; der Adel bewilligte nach der Größe seiner Güter eine ansehnliche Vermehrung der zu stellenden Reuter: selbst Wittwen und Waisen, die sonst verschont blieben, wurden zugezogen: wenn ein russischer Einfall zu be=

*) Seine eigne Aeußerung, selbst wenn sie zum Scherz gesagt seyn sollte, ist höchst merkwürdig. Memoires du chevalier de Terlon I. S. 155.

sorgen sei, wünschte man die Truppen im Lande zu behalten: sonst wurden sie dem König zu freier Disposition überlassen: auch diesmal erbot sich der Adel seine Bauern der Ausschreibung zu unterwerfen. Die Geistlichkeit im Stift Åbo stellte 165 Reuter; (die Priesterschaft auf Åland wollte lieber 2 Bootsleute für einen Reuter stellen); im Stift Wiborg 30. Die Städte klagten freilich über große Noth, hauptsächlich weil ihr Handel gänzlich gehemmt sei: sie versprachen indessen die Bootsleute zu completiren. Die Bauern bewilligten noch 2 Ausschreibungen, wollten aber alsdann verschont seyn, weil Finland nicht nur durch die vielen Werbungen, sondern auch unlängst durch eine Seuche an Mannschaft sehr entblößt wäre. *) Um sowohl bei den Abgaben als der harten Conscription die Krone zu hintergehn, waren viele Bauern auf den listigen Einfall gerathen, alle ihre Söhne auf einen und denselben Namen taufen zu lassen: der König erließ gegen diesen Mißbrauch einen ernstlichen Befehl. Schonen und Schwedens übrige südliche Provinzen, die das meiste Getreide hervorbringen, wurden durch den dänischen Einfall entblößt: daher ward alles Korn aus Finland requirirt und zur Unterhaltung der Armee nach Schweden geschickt: selbst die Zehnten der Priesterschaft wurden zurückbehalten: doch sollte sie dafür nach einer gewissen Taxe eine Vergütung bekommen. — An den Reichs- und Landtagen hatten vermöge der Regierungsform vom 3ten Nov. 1660

*) Stjermann Bihang. S. 448.

die Einwohner in den neuerworbnen Provinzen keinen Antheil; und der Bischof in Wiborg, der 1687 die Zusammenberufung des Reichstags auch in der Landschaft Kexholm bekannt machte, erhielt darüber einen ernsthaften Verweis.

Die Reduction, wodurch der König in den Stand gesetzt ward, seine Finanzen zu verbessern und die Vertheidigungsanstalten zweckmäßiger zu organisiren, erstreckte sich auch auf Finland; man folgte bei der Einziehung der Krongüter denselben Grundsätzen als in Schweden, und die ansehnlichen Ländereien, die sich die Brahe's, die Lewenhaupts und andre große Familien als Grafschaften und Baronieen erworben hatten, wurden wieder mit der Krone verbunden. Vieles geschah für die Aufnahme der innern Oeconomie, wenn gleich manche Maßregeln ergriffen wurden, deren Zwecklosigkeit oder Schädlichkeit erst die Erfahrung zeigte: dahin gehörte das Unwesen mit den Compagnien. Auch der Handel mit Theer, Finlands vornehmster Exportwaare, ward ausschließend einer Gesellschaft überlassen; die Ostbothnier beklagten sich bitterlich über den Nachtheil, den sie dadurch erlitten; eben so sehr hatte Wiborg dadurch verloren: im Jahr 1683 stellten die Einwohner ihre traurige Lage vor: ehmals zählte die Stadt 350 Familien, jetzt nur noch 150, Wittwen miteingerechnet, von denen kaum 30 im Stande waren ihre Abgaben ordentlich zu erlegen. Uebrigens wurden gute Anstalten getroffen, daß theils das Theerbrennen eingeschränkt werden sollte, theils daß die Verfertiger Waare von guter Beschaffenheit lieferten. Die beiden neuen östbottnischen Städte Jacobstadt und Brahestadt waren den ältern Städten in der Nähe zum Schaden und konnten sich auch selbst nicht zum Wohlstand empor arbeiten: Carl befahl daher 1680, daß sich die Bürger in den ältern Städten, besonders in Neu- und Altcarleby und in Uleåborg niederlassen sollten. Um den Auswanderern gehörige Zeit zu lassen, ward ihnen das Stadtrecht noch auf 2 Jahre vergönnt, und an ihrem künftigen Aufenthaltsort ward ihnen eine dreijährige Abgabefreiheit zugesichert: der Bürgermeister, ein Rathmann und der Stadtschreiber sollten in den Magistrat der ältern Städte aufgenommen werden, obgleich, bis ordentliche Stellen erledigt würden, ohne Lohn. Die Ausführung fand jedoch Hindernisse und die gedachten Städte dauerten fort. Der Handel nahm zu. Wenigstens die nothwendigsten Manufacturen wurden im Reiche angelegt: vorher hatten die Schweden alles, selbst die groben Hüte, die der Bauer trug, dem Auslande abgekauft. Flachsbau und Leinwebereien wurden insonderheit in Finland ermuntert. In Oesterbottn wurden viele Schiffe gebaut; auch in Wiborg, wo man dies Gewerbe ehmals nicht getrieben hatte. Das Commerzcollegium hatte Sorge getragen, die Bewohner der ersten Provinz durch geschickte Schiffsbaumeister mit einer bessern Constructionsart bekannt zu machen: sie wurden überdies, durch den Statthalter aufgefordert, jährlich einige von den Zimmerleuten des Landes nach Stockholm zu schicken, um den Schiffsbau zu lernen. — Die Meilen wurden in Finland nach schwedischem Maße bestimmt und das Postgeld ward erhöht.

Auf der hohen Schule zu Åbo brach 1665 — wie gewöhnlich über eine große Kleinigkeit — zwischen dem Professor der Theologie P. Bång und dem Professor der Philosophie Martin Miltopäus eine gewaltige Fehde aus: selbst die Studenten nahmen daran Theil: sie erklärten sich, was vielleicht bemerkt zu werden verdient, für die philosophischen Ansichten und verbanden sich, sie und ihren Urheber zu vertheidigen. *) Das Andenken der im Jahre 1693 zu Upsala festgesetzten Religionsverbindung ward nach hundert Jahren, wie in allen schwedischen Staaten so auch in Finland, mit großer Feierlichkeit und namentlich von der Academie mit Reden und Disputationen begangen. Ein Professor wollte auch eine Comödie zusammensetzen, wenn zu ihrer Aufführung die gehörigen Vorkehrungen getroffen würden: sie scheint aber nicht zu Stande gekommen zu seyn. Wenn wir von dem Schauspiel, das im Jahre 1674 auf dem Schloß zu Wiborg von den dortigen Gymnasiasten aufgeführt ward, einen Schluß auf die dramatischen Versuche dieser Zeit überhaupt machen dürfen, so konnte das damalige Publicum Åbos sich über diesen Verlust trösten. Es führt die Aufschrift: „das himmlische Consistorium, wegen unsrer ersten Eltern traurigen Abfall zusam-

*) Handlingar til Carl XI Hist. III. S. 169.

mengerufen. *) Dem Verfasser, Peter Carsten, fehlt es an allem Geschmack und ganz an Beurtheilungskraft: er scheint auch bereits von den Witzlingen seiner Zeit aufgezogen zu seyn: wenigstens gab ihm König Carl XI., da er von ihm zum Doctor der Theologie ernannt zu werden wünschte, die sonderbare Antwort, daß, wenn er nicht auf irgend einer Academie die erforderlichen Proben ablegen wolle, er sich bis zum künftigen Jubelfest gedulden möge, ein Beschluß, den auch Carl XII. bestätigte, doch den Rath hinzufügte, lieber den academischen Weg zu versuchen, weil die andre Aussicht doch noch ungewiß sei und wenigstens langes Leben und lange Geduld erfordere. Im ersten Act seiner Comödie beklagen sich Adam und Eva über ihren Fall; im zweiten tritt Gott der Vater auf und beschließt nach einer langen Rede, daß er gehn und seine himmlischen Mädchen (d. h. alle mögliche Tugenden und gute Eigenschaften) zusammenrufen will, um zu vernehmen, was er zu thun habe. Lucifer und seine Bedienten spielen den Henker und die Henkersknechte, die den verbrecherischen ersten Menschen Fesseln anlegen. — Vielleicht ist diese Mißgeburt nicht auf Finlands Boden erzeugt, sondern aus Deutschland dahin verpflanzt: auch auf unsern väterländischen Schulen wurden um diese Zeit ähnliche Barbareien getrieben.

Für den Unterricht und die Aufklärung des Volks

*) Gedruckt zu Stockholm 1674 auf 4 Octavbogen. S. Åbo-Tidningar 1792. nr. 22. 27—29.

trug der König eine rühmliche Sorgfalt: das Schul- und Erziehungswesen hielt er für eine wichtige Angelegenheit: die Wiederbesetzung erledigter Lehrstellen überließ er ganz dem Consistorium, weil es am besten im Stande war, der Candidaten Talente und Einsichten zu prüfen: ihn selbst sollte Niemand um solche Dienste ersuchen. Die Trivialschule von Neu-Carlby ward 1683 nach Wasa verlegt. Die erste Auflage der finländischen Bibel war kostbar und des großen Formats wegen unbequem, überdies vergriffen: daher veranstaltete der Bischof von Åbo, Johann Gezelius, mit königlicher Unterstützung einen neuen Abdruck der heiligen Schriften, die 1685 in 4. an's Licht traten. Die Uebersetzung selbst ward bei dieser Gelegenheit auf's neue übersehn und berichtigt. Je mehr die Aufklärung zunahm, desto allgemeiner und dringender ward das Bedürfniß aus den Quellen des Glaubens selbst Trost und Belehrung zu schöpfen; bereits nach 20 Jahren klagte man über den Mangel an finländischen Bibeln, aber das Unglück, mit dem das Land zu ringen hatte, machte es unmöglich, ihm abzuhelfen *). — Seit Christina's Zeiten hatte sich eine schwedische Colonie am Delaware niedergelassen; sie bestand theils aus freiwilligen Auswandrern, theils war sie mit Verbrechern bevölkert: denn anfangs sahn die Europäer die neue Welt gleichsam als ein großes Zuchthaus an, bestimmt alle die Verworfnen aufzunehmen, die sie des Aufenthals unter sich nicht würdig hielten. Diese Niederlassungen wurden der schwedischen

*) Lüdeke a. a. O. S. 273.

Herrschaft bald entrissen. Auch manche Finländer befanden sich auf der jenseitigen Hemisphäre, die sich 1692 an König Carl wandten und ihn um einen finländischen Prediger und einige geistliche Bücher in ihrer Muttersprache ersuchten: er wollte ihr frommes Ansuchen erfüllen, doch unterblieb es, weil sich bei näherer Untersuchung ergab, daß die finländischen Familien in Amerika alle schwedisch gelernt und also keinen eignen Lehrer nöthig hatten *).

Brahe's kräftige Erinnerungen hatten auf die Gemüther der Geistlichen und Theologen nur einen schwachen Eindruck gemacht; noch immer fröhnten sie auf eine kindische Art dem Glauben an Hexen und Gespenster. Am 12. April 1671 ward im Consistorium über die Bestrafung eines Mannes unterhandelt, der necromantische Bücher haben sollte. Es ward auch von einigen Professoren und andern Personen gesprochen, die im Ruf der Zauberei standen oder necromantische Bücher besaßen. Man erzählte, die Studenten wären des Nachts und Donnerstags Abend zum Stodius in's Collegium gegangen; ein Student habe sich vermittelst der Magie vom Kirchendach herabgeworfen, ohne Schaden zu leiden; und ein andrer, der in der Bibel gelesen, gleich ganze Capitel und jeden Vers auswendig gewußt; ein dritter Student in Oesterbottn hatte gewettet, in einem Zuge eine Kanne Bier auszutrinken und wie er ansetzte, war der Krug leer. Ein vierter ward beschuldigt, Schlan-

*) Åbo-Tidningar 1799. S. 43.

gen bezaubern und festmachen zu können; nicht anders, erwiederte er, als mit gespaltnen Stöcken. Auch die schwedischen Gerichtshöfe wurden zu Carls Zeit (seit 1675) mit Verbrechen ganz eigner Art beschäfftigt: zuerst in Norrland, hernach auch in andern Provinzen, klagten viele Kinder, daß sie von Hexen in die Gesellschaft des Teufels nach dem schwedischen Blocksberg (Blåkulle) geführt würden: diese Sache erregte ein außerordentliches Aufsehn: eigne Commissionen wurden verordnet und von Seiten der Obrigkeit manche Vorkehrungen getroffen. Dieser neue Zweig des Zauberwesens verbreitete sich schnell nach Finland, wo er einen recht fruchtbaren Boden fand und schon am 19ten März 1675 ward von einem Knaben gesprochen, der nach Blåkulle geführt seyn sollte. Ueberhaupt finden sich immer noch Spuren außerordentlicher Rohheit; der Rector der Schule in Åbo nannte seinen Collegen Asinus, und vertheidigte sich, da er verklagt ward, durch einen förmlichen Syllogismus: jeder Idiot ist ein Esel, N. N. ist ein Idiot, mithin ist N. N. ein Esel. Das Consistorium, auf eine so bündige Art überzeugt, forderte den Kläger auf, Proben abzulegen, damit man sehen möge, num sit asinus? (Ob er ein Esel sei?) Besonders groß war die Unwissenheit und die Barbarei in den nördlichen Gegenden: die Bemühungen der Geistlichkeit, die Sitten durch die Religion zu mildern und ihre heiligen Wahrheiten den Herzen einzuprägen, hatten nur einen langsamen Fortgang. Das Volk blieb seinen alten Festen und Gewohnheiten treu, und es gab Priester, die sich nicht scheuten, Theilnehmer ihrer

Gelage zu seyn. Vergebens wurden die Leute ermahnt, zur Kirche zu gehn; sie kamen trunken und verübten Unfug. In manchen Stücken mochte der Eifer der Geistlichen übertrieben seyn; sie wollten z. B. nicht leiden, daß die Weiber während der Predigt Schnupftaback gebrauchten; Bier und Brantewein sollte während des Gottesdienstes und vor demselben nicht verkauft werden *). — Die Lustseuche ward immer häufiger. Im Jahre 1671 ward in Åbo zuerst an die Einrichtung einer Apotheke gedacht.

In Schweden herrschten über Finland und die Finländer, besonders bei dem großen Haufen, die wunderlichsten Vorstellungen. Man hatte das Sprichwort: wenn's toll zugeht, geht's wie in Finland. Als die zum dänischen Krieg herbeigerufnen finländischen Truppen in Südschweden anlangten, flohn die Landleute mit ihren Kindern eiligst in die Wälder, weil sie glaubten, die Finländer wären Heiden und fräßen alle kleine Kinder. —

Während Carls letzten Regierungsjahren ward Finland von einer unerhörten Hungersnoth heimgesucht, die auf die Bevölkerung einen merkbaren Einfluß hatte. Die Aerndten waren öfters (z. B. 1664 und 1669) fehlgeschlagen: und man hatte den Mangel aus der Fremde ersetzen müssen. Einige Jahre vor der traurigen Periode war das Getreide aber vortrefflich gerathen und in solchem Ueberfluß vorhanden, daß die aus dem In-

*) S. Visitationsprotoceller 1670. Åbo-Tidningar 1791. nr. 16.

nern nach den Städten kommenden Kornfuhren oft mehrere Tage auf dem Markt halten mußten, eh' sie zu einem unbedeutenden Preise verkauft werden konnten. Die Einwohner wurden dadurch zu einer verschwendrischen Oekonomie veranlaßt: von Seiten der Obrigkeit dachte man nicht daran, künftiger Noth durch Magazine vorzubeugen. Nachdem das Land durch unvorsichtige Haushaltung entblößt war, fiel 1695 ein sehr kalter Sommer ein: das Reifen der Saat ward dadurch so sehr verzögert, daß die starken Septemberfröste sie größtentheils verdarben. Eben so kalt war der Sommer von 1696: in den Nächten des 7. und 23. Augusts fror es so heftig, daß die Rocken- und Gerstenähren mit dickem Eise überzogen waren. Im Jahre 1697 war die Aerndte in Gegenden, wo die Felder zeitig bestellt waren, freilich einträglicher: allein den Meisten hatte die Saat gefehlt und der allgemeinen Noth war wenig abgeholfen: auf's neue vernichtete eine ungewöhnliche Kälte das Sommerkorn und das Elend nahm immer zu. Sobald der traurige Zustand des Landes der Regierung bekannt ward, wurden zwar einige Anstalten getroffen, dem Uebel Schranken zu setzen; allein zum Unglück trafen die Mißwachsjahre auch andre Provinzen, Livland, Ehstland, Upland, Westerbottn u. s. w.; es scheiterten verschiedne Schiffe, die den Finländern Getreide zuführen sollten; die Zahl der Bedürftigen war so groß, daß der Vorrath nicht hinreichte, um Allen zu helfen, und endlich war die Vertheilung des Krongetreides nicht so gerecht und uneigennützig als sie hätte seyn sollen. Einwohner von allen Ständen traf das allgemeine Unglück:

die Familien, die im Stande waren, sich einen mäßigen Unterhalt zu verschaffen, konnten leicht gezählt werden. Im ersten Mangeljahre unterstützten die Nachbaren einander so lange, als ihre Vorräthe reichten: aber jetzt, da die Noth immer größer ward, erstickte die Pflicht der Selbsterhaltung jede Regung des Mitleids. Es wurden Boten ausgeschickt, um an weit entlegnen Oertern, nicht blos innerhalb des Vaterlandes, sondern selbst in Rußland, Getreide zu kaufen, aber oft kamen sie mit leeren Händen zurück. Die Menschen waren gezwungen, schädliche oder unangemeßne Dinge zur Nahrung zu gebrauchen: Fichtenrinde ohne Zusatz von Korn, Brot aus Spreu, Stroh und den Wurzeln der Sumpfcalle (Calla palustris) nebst verschiednen Gräsern, Ampfer, Nesseln u. d. g. waren die gewöhnlichen Nahrungsmittel: glücklich wer ein wenig sogenanntes Stampfmehl aus leeren und ausgedroschnen Rockenähren hinzusetzen konnte! Es kostete Mühe, dem aus diesen Bestandtheilen bereiteten Brote einige Festigkeit zu geben oder es im Ofen vor dem Verbrennen zu schützen. Viele suchten ihren Hunger mit dem Fleisch geschlachteter Pferde und Hunde, mit gebratnen Thierhäuten, mit den Cadavern gestürzter Thiere zu stillen: ja an einigen Orten aßen die Eltern die Leichen ihrer Kinder, die dem Mangel früher als sie erlagen, und Kinder nagten in Verzweiflung an den todten Körpern ihrer Eltern. Der Schmachtende hatte keinen andern Labetrunk als Wasser. Vielen gelang es freilich durch diese Mittel ein schwaches und ungesundes Daseyn zu fristen, aber ihre Kräfte nahmen so ab, daß sie kaum gehn, vielweniger ihre

Geschäfte verrichten konnten. Gleich Schattenbildern schwankten die Menschen einher und mancher ward unerwartet in seinem Hause, in der Kirche, auf der Landstraße eine schnelle Beute des Todes. Der Körper schwoll mehrentheils auf und ward so steif, daß man ihn nur mit großer Mühe bewegen konnte; dabei verschwand das Fleisch, nur Haut und Knochen blieben übrig, eine dunkle, beinah schwarze Farbe bedeckte das Angesicht. Es war unmöglich einen alten Freund wieder zu erkennen, den man in einiger Zeit nicht gesehn hatte. Wenn der Geschwulst und die Gliedersteifheit nachließ, durfte der Leidende die Erhaltung des Lebens hoffen. Dazu gesellten sich natürlich noch andre Seuchen, die die Verheerung vollendeten. Man rechnet, daß allein von Michaelis 1696 bis Johannis 1697 mehr als 60371 Personen im Stifte Åbo umkamen; dabei standen die Geburten in einem äußerst ungünstigen Verhältniß; im Kirchspiel Ruowesi starben z. B. 1017 Menschen und 21 wurden gebohren; in Kangasala starben 1304 und 49 wurden gebohren und so überall. Blos in Nyland und Tawastehus waren 857 Höfe öde geworden, von denen 130 neulich aufgenommen waren *). Im Jahre 1698 schickte Carl XI. so viel Getreide nach Finland, daß die Aecker wieder bestellt werden konnten.

*) Genauer s. Åbo=Tidning 1795. Bihang S. 52 und Åbo-Tidningar 1793. nr. 38. 39. 40 und 42.

VIII.

Finlands Leidensgeschichte unter Carl XII.

Carl XII. ward mit Gewalt in die Kriege hineingezogen, die seine ganze Regierung hindurch dauerten, die ihn von allen Sorgen für den innern Wohlstand abzogen und fast alle Theile des Reichs verödeten; keine Provinz war aber den Schrecken des Kriegs in einem so gräßlichen Maße ausgesetzt als Finland, das kaum anfing sich von dem Elend zu erholen, worein es durch die Strenge seines Clima's und Bodens gestürzt war. — Gegen die ostbottnische Priesterschaft bewies sich der König gleich im Anfang seiner Regierung sehr gnädig, indem er ihr ein gewisses jährliches Getreidequantum, das ihr von Gustav Adolph bewilligt, von der Reductionscommission aber abgesprochen war, zuerkannte *). Um die alten Verträge mit Rußland zu erneuern und die gute Freundschaft zu unterhalten, schickte Carl 1699 eine Gesandtschaft mit kostbaren Geschenken an den Zar ab, aber die Art, wie sie aufgenommen ward, war eben nicht geeignet, den Schweden gute Hoffnungen zu geben: die Unterhandlungen wurden absichtlich in die Länge gezogen und die Abge-

*) Das sogenannte Wederlag (Ersatz) für gewisse Einkünfte, worauf die Priester Verzicht geleistet hatten. Åbo-Tidningar 1795 nr. 47.

ordneten selbst mancherlei Unannehmlichkeiten ausgesetzt. Indessen erneuerte der Zar den Friedensschluß von Cardis und die übrigen Verträge zwischen beiden Reichen; kurz vor ihrer Abreise ward den Gesandten noch eine Reihe von Beschwerden übergeben, die hinlänglich bewiesen, daß die freundschaftlichen Gesinnungen Rußlands nicht die wärmsten wären. Unerwartet ward am 30. August 1700 die Kriegserklärung gegen Schweden in Moskwa bekannt gemacht, während der russische Gesandte Carln noch immer mit Freundschaftsversicherungen einzuschläfern suchte. Allein der Ehrgeiz und die Eroberungssucht veranlaßten Peter, das Schwert gegen einen Fürsten zu entblößen, der nichts als den Frieden wünschte, der die Genüsse desselben liebte und in dem nur Haß und Erbitterung den kriegrischen Sinn entwickelten, der ihn in der Folge nicht wieder verließ. In den ersten Jahren des großen Kampfs, da das Glück den schwedischen Heeren voraufflog, herrschte noch in Finlands Grenzen die Ruhe; die schwedischen Obersten, Maidel, Armfeld, Delwig u. A., wußten die Russen mit einer nur kleinen Macht von allen bedeutenden Unternehmungen abzuhalten, obgleich sie bisweilen an den Küsten der finländischen Bucht Landungen machten, Borgo 1708 plünderten und abbrannten, und sich mit der schwedischen Galeerenflotte öfters in Gefechte einließen, die nichts entschieden: dagegen wagten auch die Schweden, bald mit größerm, bald mit geringerm Erfolg Streifereien in Feindes Gebiet. Die geringe Truppenzahl, die Finlands Grenzen deckte, hatte zwar in dem Zar den Gedanken erregt, einen Versuch auf diese Provinz zu machen, und er begab sich im Oktober 1706 mit einer Armee von 20000 Mann und einer großen Schaar leichter Truppen vor Wiborg, das, seitdem es nicht mehr die einzige Grenzfestung war, ziemlich verfallen und schlecht besetzt war: allein die Befehlshaber, vom Gefühl der Pflicht und Ehre belebt, zeigten, daß durch Muth und Entschlossenheit auch ein an sich unhaltbarer Ort mit wenigen Hülfsmitteln vertheidigt werden könne; und da dem Zar, der Wiborg durch Ueberraschung zu nehmen gedachte, diese Absicht fehl schlug, nöthigte ihn der Mangel zum Abzug. Zur Sicherheit der Grenzen wurden die Einwohner auch aus dem nördlichen Theil aufgeboten. — So glücklich Carl auch kriegte, so waren doch die Folgen für sein Reich äußerst fühlbar; die unaufhörlichen Ausschreibungen erschöpften die Bevölkerung, der Handel und die Gewerbe verfielen, das Vermögen verminderte sich durch die schweren Contributionen, die größtentheils den Truppen nachgeschickt und außerhalb Landes verthan wurden. Alle Stände, die Höchsten wie die Niedrigsten, mußten ihre äußersten Kräfte anstrengen, um die Summen aufzubringen, die der Krieg und seine Bedürfnisse verschlangen.

Nachdem in den Ebnen der Ukräne Schwedens Macht gebrochen war und der König bei Bender verweilte, um die Osmanen zu einer kräftigen Theilnahme am russischen Kriege zu bewegen, wandte Peter seine ganze Stärke gegen Schweden, zunächst gegen Finland. Da ward der Landsturm aufgeboten: die Bewohner, vom Netz und vom Pfluge abgerufen, strömten den Sammelplätzen zu. Aus Oesterbottn kamen etwa 4200 Mann zusammen; ein Hauptmann erhielt den Befehl über sie, die Schulzen und Schreiber, so wie die wackersten Bauerbursche, wurden zu Anführern gemacht. Allein es fehlte an Anstalten zur Fortschaffung des Trosses, es war nicht für Verpflegung und Unterhalt gesorgt. Der Soldat fing an zu murren; die Befehlshaber, die den Klagen ihrer Untergebnen nicht abhelfen konnten, gingen zuerst, bald folgten ihnen ganze Haufen von der Mannschaft und gegen den Herbst waren alle wieder in der Heimath.

Im März 1710 brach die russische Armee 18000 Mann stark auf's neue über die Grenze und fing an, Wiborg zum zweiten Mal zu belagern. Die Besatzung betrug 4000 Mann, die Bürger waren einig und voll Eifer, sich zu vertheidigen, die Magazine waren gefüllt. Die Gegend rings umher lag mit tiefem Schnee und Eis bedeckt; die Russen litten daher unerhörte Beschwerlichkeiten, woraus verderbliche Seuchen entsprangen. Nachdem das Wasser offen war, ward die Festung zugleich auf der Seeseite von einer Flotte eingeschlossen, die die Küsten beunruhigen und alle Verbindung zwischen ihr und Riga abschneiden sollte. Endlich traf der Zar selbst mit dem schweren Geschütz und neuer Verstärkung ein: mit furchtbarer Heftigkeit ward der Ort beschossen. Vierzehn Wochen hielt sich die Besatzung: halb lag die Stadt in Trümmern, die Vertheidiger waren sehr geschmolzen; sichtlich nahmen die Vorräthe ab. Eine Capitulation mußte angenommen werden und der Feind gestand leidliche Bedingungen zu, allein unter nichtigen

Beschönigungen brach er sein Wort; die Besatzung, der freier Abzug versprochen war, ward kriegsgefangen gemacht und selbst die Bürger mußten ihr in die Gefangenschaft folgen. Die Russen verfuhren mit einer Grausamkeit, die nothwendig die Einwohner erbittern und den Gedanken in ihnen erregen mußte, lieber alles zu wagen, als so barbarischen Feinden in die Hände zu fallen. Ueberall wurden die Dörfer angezündet und die Einwohner ermordet; in einem Hause wurden vierzig Menschen erschlagen, und allein ein Kind von sechs Wochen bei'm Leben gelassen: an den Unglücklichen, die ihnen aufstießen, übten sie die schrecklichsten Martern; hier hatten sie Männer und Weiber 10 bis 12 Male hinter einander an einer Stange in's Feuer gehalten und mit einem Spahn oder Zweige die Brandnarben abgeschabt; dort zogen sie die Gefangnen mit einem Strick an's Dach und steckten durch die zusammengebundnen Füße eine Stange, woran sich an jedem Ende einige Dragoner so lange schaukelten, bis die Glieder aus den Gelenken wichen. Vor ihrer sinnlichen Lust war kein Weib, kein Mädchen sicher: die Kinder führten sie fort, und von den Kalmucken versicherte man, daß sie sie verzehrten. Die Offiziere sahn diesen Greueln mit der größten Gelassenheit zu *).

Die schwedischen Feldherrn boten alles auf, das Land so gut als möglich zu vertheidigen: ungeachtet der Anstrengungen, die man bereits gemacht und der Leiden,

*) Armfelds Brief 7. Nov. 1711. Åbo-Tidning 1782. S. 73.

die immer furchtbarer herannahten, zeigte sich ein außerordentlicher Enthusiasmus, der den Eindruck beweist, den Carls hoher Sinn und Heldenmuth in jeder Brust zurückgelassen hatte. Mit leichter Mühe wurden die zum Theil ganz vernichteten Regimenter ergänzt: selbst Kinder gesellten sich den Jünglingen zu, die der Fahne und dem Feldruf folgten. Nur die Pest, die durch das feuchte Nebelwetter befördert, mit großer Wuth um sich griff und hauptsächlich in den Städten und den zunächst belegnen Dorfschaften große Verheerungen anrichtete, setzte den Bemühungen der Patrioten viele Hindernisse in den Weg. Auch der Geldmangel war groß; die Ausfuhrwaaren sanken zu den niedrigsten Preisen, und durch den dänischen Krieg und die Sperrung des Sundes wurden die Einfuhrartikel, besonders Salz und Tabak, außerordentlich gesteigert: die Schiffe waren zum Transport nach Pommern in Requisition gesetzt, ein großer Theil ward verbrannt oder von den Dänen genommen und dadurch hörte der Handel ganz auf. Dem König entging die Wichtigkeit Finlands nicht: er befahl dem Senat, alle Maßregeln zu ergreifen, um diese Provinz zu behaupten: aus Schweden sollten Truppen und Lebensmittel herübergeschafft werden, unter die Bauern wurden Gewehre vertheilt, und sie wurden aufgefordert, ihre alte Treue mit vereinten Kräften zu beweisen, und dem Feinde tapfer zu widerstehen; es ward ihnen eine Erleichterung in den Abgaben versprochen, und die Versicherung ertheilt, daß nach dem Frieden für das Beste ihres Landes vorzüglich gesorgt werden sollte. Durch diese Unterstützungen wurden die

Finländer ermuntert; das Glück, womit ihre Versuche gegen einzelne russische Partheien begleitet waren, erhöhte ihren Muth: ihre Erbitterung war so groß, daß auch sie keine Schonung gegen einen unmenschlichen Widersacher bewiesen. Bei dem großen Haufen war die Ueberzeugung allgemein, daß auch die Widereroberung von Wiborg leicht seyn würde. General Nieroth, dem der König den Oberbefehl in Finland anvertraut hatte, rückte auch wirklich vor die Stadt und schloß sie ein; allein der Mangel an Geschütz und Lebensmitteln und die Ungeduld der Bauern, die von selbst in ihre Heimath eilten, nöthigte ihn, sich in seine Winterquartiere zurückzuziehn; dagegen streifte der thätige Armfeld nach Carelen und versah die Festung Nyslott mit den Bedürfnissen, die ihr fehlten. Das Jahr 1712 verfloß ziemlich ruhig. Nieroth, durch Alter und Beschwerden erschöpft, starb und General Lybecker ward an seiner Stelle zum Oberfeldherrn ernannt. Die Russen hatten lange einen Einfall gedroht; um sie abzuhalten, zog Lybecker seine Armee am Kymmene bei Högfors zusammen; ein Major vom ostbottnischen Regiment ging zum Feinde über und verrieth die Stellung und die Maßregeln der Schweden: der General ward dadurch zum Rückzuge bewogen, und setzte sich, um seine Macht besser zu concentriren, bei Hirwäkoski; die Russen rückten mit ihrer ganzen Macht gegen ihn an, die Schweden wichen, um auf einer Ebne eine allgemeine Schlacht anzubieten, allein die erstern verfolgten sie nicht, sondern gingen wieder nach Wiborg, vermuthlich weil es ihnen an Futter und Lebensmitteln fehlte:

dagegen machten die Schweden einen glücklichen Streifzug bis in Carelen und Ingermannland. — In den nördlichsten Kirchspielen an der russischen Grenze sollten nach alter Uebereinkunft selbst während eines Kriegs keine Feindseligkeiten ausgeübt werden: die Einwohner hatten dafür auch beständig ein kleines Schutzgeld an Rußland bezahlt. Russische Kaufleute besuchten noch im Jahre 1711 den Markt in Cajana, verschiedne Waaren setzten sie ab; für das Tuch, das sie bei sich führten, fanden sie keine Käufer, sie ließen es daher bis zur künftigen Messe zurück: die schwedischen Zollbedienten confiscirten im nächsten Jahre die Waare, weil sie nicht zum zweiten Male verzollt war. Hierüber aufgebracht, rotteten sich die Kaufleute mit mehrern andern Landsleuten zusammen und plünderten das Städtchen Cajana, was um so leichter war, da sich alle Einwohner vollkommen sicher glaubten und gar keine Vertheidigungsanstalten getroffen hatten. Die Cosaken stellten scheusliche Feste an, sie zechten und sangen ihren Heiligen zu Ehren und bei jeder Gesundheit ward ein Gefangner niedergemetzelt *). Mit den Zähnen rissen sie die Ringe von den Händen der Matronen, und mit Messern schnitten sie den Mädchen ihren Halsschmuck ab.

Endlich, nachdem die schwedischen Angelegenheiten überall die traurigste Wendung genommen hatten, beschloß der Zar 1713 ernstlich, sich mit der Eroberung Finlands zu beschäftigen und seinen Unternehmungen dadurch die Krone aufzusetzen. Der General Ly-

*) Åbo-Tidningar 1798. nr. 20.

becker hatte Befehl eine Hauptschlacht zu vermeiden, dagegen aber dem Feinde die Subsistenz so viel als möglich zu erschweren und seinen Streifzügen Einhalt zu thun; es fehlte ihm aber an Energie und Talenten, um dem Vertrauen der Regierung zu entsprechen. Das Volk hegte gute Hoffnungen: die österbottnischen Bauern versahn sich mit Gewehr, übten sich in den Handgriffen, und waren auf den ersten Wink zum Aufbruch bereit. Generalmajor Armfeld war nach Nyland geschickt und besetzte Helsingfors; den ersten Landungsversuch der Russen schlug er glücklich ab, als der Zar ihn aber bald hernach mit größerer Stärke wiederholte, konnte er nicht länger widerstehn: ihm blieb nichts übrig als die Stadt, in der sich ansehnliche Vorräthe befanden, anzuzünden und sich zurückzuziehn. Bei Borgo vereinigte er sich mit dem General Lybecker, der, sobald er von der Ankunft der Russen benachrichtigt war, nach Tawastland marschirte, und nicht nur ganz Nyland des Feindes Verheerungen Preis gab, sondern ihm auch den Strandweg nach Åbo offen ließ. Er hatte eine nicht unbeträchtliche Macht, die vor Begierde brannte, sich mit dem Feinde einzulassen: höchst wahrscheinlich würde er ihn zum Rückzuge gezwungen haben, allein aus Unentschlossenheit und Mangel an Geistesgegenwart ließ er jede Gelegenheit entfliehn, die einen günstigen Erfolg versprach: er wartete immer auf Verstärkungen und gab dadurch den Russen Zeit sich festzusetzen und ihre Kräfte zu vereinigen. Im Julius rückte er wieder an die See herunter, aber durch seine halben

Maßregeln ward nichts ausgerichtet; gleich nachher nahm er seine alte Stellung wieder ein; die vergeblichen Märsche ermüdeten die Soldaten, der Muth ward geschwächt. Laut äußerte das Volk seinen Unmuth: warum stehn wir nicht und schlagen? rief der Soldat: was rücken wir hier und dorthin, ohne den Feind zu treffen? Man schrie über Feigheit und Verrätherei; haufenweise verließen die aufgebotnen Bauern die Armee; die Soldaten folgten ihrem Beispiel: denn ihre Anwesenheit schien ihnen unnöthig. Weder diese Stimmung noch die Bitten und Vorstellungen seiner Offiziere bewegten den Feldherrn zu einer größern Thätigkeit, zu rascherern Operationen, zu entscheidendern Schlägen. Die Russen drangen unterdessen bis nach Åbo. Fast alle Bürger, die Mitglieder des Hofgerichts und der hohen Schule hatten den Ort verlassen und den besten Theil ihrer Habe mit sich genommen; das Archiv, die academische Bibliothek *), der Kirchenschmuck bis auf die Glocken (diese letztern Gegenstände machten einen Hauptheil der Beute aus, waren aber aus den meisten Oertern in Sicherheit gebracht) hatte man nach Schweden geschafft. Bei ihrer Ankunft fanden die Feinde die Stadt ohne alle Befestigung und die meisten Häuser von Einwohnern entblößt; an den leeren Wohnungen verübten sie die größten Verwüstungen; sie mißhandelten die Personen, die zurückgeblieben waren, schlachteten das Vieh, das sie vorfanden und das wenige Getreide, das hier und dort noch vorhanden war, warfen sie in's

*) Porthan hist. bibl. Acad. Åboensis S. 72.

Wasser oder auf die Gassen. Da sie einige Schüsse vorbeisegelnder schwedischer Kriegsfahrzeuge hörten, fürchteten sie eine Landung und kehrten zurück.

Das Geschrei über das unverantwortliche Betragen des General Lybecker war endlich so groß geworden, daß der Senat ihn nach Stockholm berief und den Oberbefehl dem Generalmajor Armfeld übertrug: allein die nach Finland bestimmten schwedischen Truppen wurden zurückbehalten, da die Dänen mit einem Einfall in Schonen drohten. Die finländische Armee war bedeutend vermindert, der Eifer erkaltete und es ward immer schwieriger, aus dem so erschöpften Lande Geld und Lebensmittel zusammenzubringen. Armfeld nahm eine vortheilhafte Stellung am Pelkäneweſi (zwischen Satacunda, Wasa und Tawastland) wo er den Feind erwarten und am leichtesten von weitern Fortschritten abhalten zu können glaubte. Am 6. October ward er von den Russen in seinen Verschanzungen angegriffen; er vertheidigte sich mit großer Tapferkeit: der Feind konnte keinen Fuß breit Landes gewinnen: er sah aber ein, daß seine geschwächte Macht beständig erneuerten Angriffen nicht gewachsen sei, und brach daher im Angesicht der Russen nach Tammerfors auf; allein verfolgt und eingeholt, eh' er sich hier setzen konnte, blieb ihm nichts übrig, als den südlichen und westlichen Theil des Landes aufzugeben und sich mit dem Ueberrest seines Heers nach Oesterbottn zu ziehn. Der Generalmajor Bauer drang freilich bis Christinastadt vor; da ihm aber Armfeld, der sich in Oesterbottn ansehnlich verstärkt hatte, trotz der fürchterlichen Winterkälte entgegenrückte, ging er wieder nach Björneborg; auch die schwedischen Truppen wurden in ihre Winterquartiere verlegt. Die Bauern in Oesterbottn erboten sich männiglich aufzubrechen und bei der Armee zu dienen: anfangs machten die Generale Schwierigkeiten, ihren Antrag anzunehmen, weil sich auf sie nicht zu verlassen sei; sie entgegneten: „vor Zeiten hätten sie keine Edelleute zu Soldaten gehabt, sondern solche Leute, wie das Land habe abgeben können; getrost könnten sie sagen, sie wären nicht der Abschaum, sondern der Kern und das Mark des Landes; sie hätten alle Lust, vermöge ihrer pflichtmäßigen Treue, nicht nur das Land, sondern ihre Heimath, ihre Weiber und Kinder bis zum letzten Blutstropfen zu vertheidigen:" ja sie erklärten sich bereit, gleich auf ihre eigne Kost unter die Regimenter gesteckt und in den Handgriffen geübt zu werden. Es wurden Offiziere in die verschiednen Kirchspiele geschickt und mit den Uebungen ward der Anfang gemacht. Im Februar 1714 fingen die Operationen der Russen wieder an: die Schweden standen voller Streitbegierde bei dem Dorfe Großkyro. Armfeld bestand im Kriegsrath auf einen Angriff, weil man in Schweden mit der langen Unthätigkeit der finländischen Armee äußerst unzufrieden sei: die andern Feldherrn wollten aber noch mehr Verstärkung erwarten und noch eine günstigere Stellung wählen. Armfeld blieb bei seiner Meinung, und daraus entstand eine Spannung zwischen den Heerführern, die auf den Erfolg den traurigsten Einfluß hatte. Der Wahlplatz lag 4 Meilen von Wasa entfernt; die schwedische Armee etwa 6000 Mann stark, war in 2 Linien aufgestellt und harrte 3 Tage auf die Ankunft der Russen; mit Geduld ertrugen die Soldaten die fürchterlichste Kälte, in der Erwartung eines glücklichen Ausgangs verachteten sie jede Noth. Am 19. Februar rückten die Russen unter dem Fürsten Gallizin an; Armfeld ermunterte seine Truppen zu freudiger Tapferkeit; der Angriff begann; zweimal wurden die Russen geworfen, die Schweden eroberten 6 Kanonen, die unverzüglich auf den Feind gerichtet wurden. In diesem Augenblick hing die Entscheidung von der schwedischen Cavallerie ab, die der Generalmajor de la Barre befehligte. Gallizin, bereits zum Rückzuge entschlossen, sandte einige Dragonerregimenter ab, um seine Bewegungen zu bedecken und die schwedische Reuterei zu beobachten: kaum ward de la Barre sie gewahr, als er davon eilte und das Fußvolk ohne Unterstützung ließ. Die russischen Dragoner wandten sich unverzüglich gegen Armfeld, der sich ihnen zwar tapfer widersetzte, aber die russische Infanterie erhielt Zeit, sich zu sammeln und den Kampf zu erneuern. Die Schweden mußten der Uebermacht weichen; fast alle Offiziere lagen todt oder verwundet auf dem Wahlplatz, über 2000 Soldaten fanden in dem verzweiflungsvollen Kampf ihren Tod: auch die Russen erkauften ihren Sieg mit einem großen Verlust. Armfeld zog sich durch Wasa bis nach Altcarlby, wo er die Reste seiner Armee sammelte und verschiedne Partheien, die zu spät eintrafen, um an dem Tage bei Großkyro Theil zu nehmen, mit sich vereinigte: in Brahestadt wurden alle Fahrzeuge und Magazine angezündet, deren Vorräthe füglicher den Soldaten hätten ausgetheilt werden können. Die Russen rückten bis nach dem Städtchen Jacobstadt vor und brannten es nieder: darauf gingen sie, ohne ihre Vortheile zu verfolgen, nach Nystadt und Tawastehus zurück; vermuthlich weil sie eine schwedische Landung an den Südküsten befürchteten und daher in den wichtigsten Plätzen ihre Macht vereinigen wollten. Die Einwohner in den Gegenden, die von den Schweden verlassen waren, beschlossen den Feind um Gnade zu flehn und ihm eine Brandschatzung zu versprechen: sie zwangen den Bürgermeister aus Wasa, der durch die Flucht der über seine Heimath verhängten Verheerung entgangen war, ihnen eine Schrift aufzusetzen, die sie mit einer Deputation dem russischen Befehlshaber übersenden wollten; die Abgeordneten stießen zu ihrem Unglück auf einen schwedischen Offizier, sie hielten ihn für einen Russen und überreichten ihm ihre Bittschrift, er nahm sie an und aufgebracht über ihren Inhalt, beschuldigte er die Bauern der Feigheit und Verrätherei und drohte ihnen die härteste Strafe: erschrocken suchten die Ueberbringer durch die Flucht zu entkommen: sie wagten es nicht mehr durch Unterwürfigkeit ihr Leben und Eigenthum zu sichern, sie ließen lieber alles über sich ergehn und verbargen sich in den tiefsten Wäldern und auf den entlegensten Klippen oder flüchteten hoch in den Norden, eh' sie um Gnade baten oder nur die ihnen gemachten Anerbietungen annahmen. Mit ihren gewöhnlichen Grausamkeiten waren die Spuren der Russen bezeichnet: einen 60jährigen Priester zwangen sie halbnackend im Schnee neben her zu laufen, um ihnen den Weg zu

zeigen:

zeigen: ihre Gefangnen behandelten sie mit unmenschlicher Härte: sie wurden in Ställe getrieben und zur Nahrung ward ihnen ein Stück rohes Fleisch vorgeworfen. — Im April bemächtigten sie sich der Inseln Äland: die schwedische Flotte war nicht im Stande ihre Landung zu hindern; sie hausten schrecklich; die Saat vom Felde, das Vieh, die Lebensmittel nahmen sie mit sich fort und bei ihrem Abzuge zündeten sie die Dörfer an. Gleich nach diesem Einfall verließen alle übrige Menschen das Eiland, das bis zum Jahr 1722 ganz verlassen war; noch gegenwärtig lebt auf diesen Inseln das Andenken an diese schreckliche Flucht.

Bis auf einzelne kleine Streifzüge verfloß der Frühling und Sommer ziemlich ruhig für Oesterbottn: und die schwedischen Truppen lagen in ihren Quartieren: in Sawolax hingegen nahmen die Russen im Junius die Festung Nyslott ein. Armfeld suchte, soviel es seine geringen Hülfsmittel verstatteten, seinen geschwächten Heerhaufen zu verstärken: seine Partheigänger führten ihm selbst aus Finlands südlichen Provinzen Truppen zu, so daß er bald den bei Kyro erlittnen Verlust ersetzte. Aber im September befahl ihm der Senat Finland aufzugeben und mit seiner Armee nach Schweden zu gehn: man glaubte nicht, daß er mit seiner kleinen Macht den Feind werde abhalten können, und wenn es auch einmal gelinge, so sei dadurch nichts für die Zukunft gewonnen. Zwei Regimenter wurden eingeschifft und nach Umeå herübergebracht: die Cavallerie nahm den nördlichen Weg über Torneå.

Die größte Bestürzung ergriff die Bewohner; alle eilten, um irgendwo eine Freistätte zu suchen; wer einen Karren hatte, setzte seine Kinder darauf und wanderte aus. Die Landstraßen wurden mit langen Zügen jammernder Flüchtlinge bedeckt, die mit Angst und Mangel kämpften und die auch für die Zukunft nur die traurigsten Aussichten hatten. Ein Geschrei der Hintern veranlaßte die Voranziehenden, alles im Stich zu lassen und möglichst schnell die Flucht zu ergreifen, weil sie das Daseyn des Feindes befürchteten. Die Familien wurden getrennt, Niemand dachte an das Beste eines Andern. Viele Flüchtlinge erlagen dem Hunger und den Beschwerden der Wanderung; andere flüchteten sich auf Booten und einige erreichten auch glücklich den Hafen von Umeå: allein die Russen machten an diesem Ort ein Landung, zündeten ihn an und die Unglücklichen, die sich bereits über ihre glückliche Rettung freuten, verloren die letzten Reste ihres Eigenthums. Eine Menge ward auf dem Wasser von russischen Fahrzeugen aufgefangen; viele hofften die Insel Carlö, einige Meilen westlich von Uleåborg, zu erreichen und hier einen vorläufigen Sicherheitsort zu finden; aber in der Nacht war sie von einigen Cosaken besetzt, die alle männliche Bewohner und die Flüchtlinge niedermachten und ihnen ihre Habe entrissen. Die Cosaken sengten, mordeten und plünderten überall wohin sie kamen. Alle erwachsne Personen beiderlei Geschlechts, die ihnen in die Hände fielen, wurden entweder gleich erschlagen oder mit den sinnreichsten Qualen zu Tode gemartert, um sie zur Angabe der Güter zu zwingen, die sie oder andre verheimlicht hatten. Die russischen Generale erließen freilich Proclamationen, worin sie die Einwohner zur Rückkehr aufforderten und ihnen gegen Bezahlung der schuldigen Abgaben *) Schutz und Sicherheit versprachen, aber dessen ungeachtet übersahn sie die Zügellosigkeit der Truppen und die Personen, die ihren Versprechungen trauten, wurden nichts destoweniger gemißhandelt und ausgeplündert. Die Bauern waren überdies sehr abgeneigt, sich dem Zar zu unterwerfen; ein Kirchspielsschreiber verfertigte ohne ihre Einwilligung eine Bittschrift, drückte das Siegel der Dorfschaft darunter und ritt den Feinden entgegen, in der Hoffnung die russische Generalität zu treffen: er stieß aber auf Cosaken, die, damit ihre Räuberunternehmungen nicht verboten werden möchten, sein Papier zerrissen und ihn für einen Partheigänger ausgaben: daher ward er gemißhandelt und nach dem innern Rußland in die Gefangenschaft geschleppt. Die Einwohner rotteten sich zusammen, lauerten in den Wäldern und wenn sie einer Cosakenparthei irgend gewachsen waren, entging auch kein Einziger ihrer Rache: der Haß und die Erbit-

*) Ein ganzer Hof in Oesterbottn sollte 5 Tonnen Rocken, 1 Tonne Gerste oder Hafer, 60 Daler Kupfermünze, 4 Liespfund trocknes oder gesalznes Fleisch, 10 Liespfund Butter und 6 Kappar (½ Scheffel) Erbsen oder Bohnen liefern.

terung gab selbst Kindern eine unerwartete Kraft und Besonnenheit; einmal schleppten die Cosaken einen eilfjährigen Knaben mit sich fort; sie hielten sich nicht ganz sicher, ließen daher ihre Pferde zurück und ruderten mit einem Nachen nach einer Klippe, wo sie die Nacht zubringen wollten: sie legten sich nieder und ihren kleinen Gefangnen mitten unter sich: bald schliefen sie ein, aber in des Knaben Augen kam kein Schlaf, ihn beschäftigte nur der Gedanke an seine Rettung: heimlich schlich er sich an's Ufer, sprang in den Kahn und der Wind trieb ihn glücklich an die jenseitige Küste, die zurückgebliebnen Cosaken wurden auf dem nackten Felsen vom Hunger aufgerieben. — Der Winter erschwerte es den Bauern sehr zu widerstehn und besonders sich zu verbergen: das Eis machte die Moräste zugänglich und der Schnee verrieth die Spuren der Fliehenden. Die Russen drangen bis in die äußersten, an die Lappmarken gränzenden Districte, und in einzelnen Partheien bis nach Tornrå und Kemi: hier vereinigten sich die Einwohner, legten überall Verhaue an und stellten Posten aus: auf ihren leichten Schneeschuhen waren sie behender und flüchtiger als die russische Cavallerie, der sie vielen Abbruch thaten. — Der einzige Ort, der noch in schwedischen Händen war, die Festung Cajanaborg, ward 1715 belagert; das Schloß war äußerst glücklich belegen in einem brausenden Strom und mit bombenfesten Gewölben versehn. Die Besatzung bestand nur aus 50 Invaliden, aber viele der umherwohnenden Einwohner hatten daselbst eine Zuflucht gesucht und gefunden. Einen ganzen Monat hindurch ward die Belagerung ausgehalten; der Commandant, der zweimal aus der russischen Gefangenschaft entwichen war, hatte die Absicht, das Schloß in die Luft zu sprengen, um nicht wieder in ihre Hände zu fallen: allein die Bitten der vielen Flüchtlinge brachten ihn von diesem verzweifelten Entschluß zurück. Endlich zwang ihn der Hunger, sich zu ergeben. Der Garnison ward freier Abzug, den Flüchtlingen ungehinderter Besitz ihres Eigenthums und Rückkehr nach ihren Wohnungen zugesichert; allein der General Tschekin, erbittert über den Widerstand, den er vor Cajanaborgs Mauern gefunden, wollte alle Personen niederhauen lassen. Nur die Vorstellungen des Obersten Maunstein, der seinen Degen abschnallte und den russischen Dienst zu verlassen drohte, wenn er so treulos und ehrvergessen handeln würde, bewegten ihn, seinen Vorsatz aufzugeben. Dennoch wurden die Ausziehenden geplündert und in der strengsten Kälte halbnackt weggeführt: die Alten wurden niedergemacht, Kinder von ihren Verwandten gerissen, Freunde und Verwandte sahen einander zum leztenmal. Das ganze Län ward verwüstet, nicht mehr als 5 Feuerstellen blieben übrig.

Die Russen, im Besitz von ganz Finland bis auf die nördlichsten Gegenden, hatten nur noch mit den vielen Partheigängern zu kämpfen, die durch die Beschaffenheit des Landes begünstigt, oft eben so glückliche als kühne Unternehmungen ausführten, die aber das Loos der Einwohner nur noch trauriger machten, weil die Hofbesitzer, die sie entweder gezwungen oder freiwillig aufgenommen hatten, dafür schrecklich gestraft wurden. Nach der Rückkehr der schwedischen Armee aus Norwegen streifte ein kleines Corps bis in's nördliche Oesterbottn und schickte seine Posten bis nach Uleåborg. Ein Cosakenhauptmann ward ihm entgegengeschickt; er selbst fiel vom Pferde, seine Leute hielten ihn für todt und eilten davon. Er verbarg sich unterdessen in einem Gebüsche und durch Hülfe der Bauern ward er glücklich zu seinem Commando gebracht. Peter glaubte entweder, daß die Einwohner ein Verständniß mit den Schweden unterhielten oder er wollte die Einfälle in's südliche Finland möglichst erschweren, befahl Uleåborg wieder zu erobern und das Land ohne alle Schonung zu verheeren: der brave Cosak der Hülfe gedenkend, die ihm die Bauern erzeigt hatten, eilte selbst zum Zar und bewegte ihn fußfällig zur Zurucknahme eines Befehls, wovon die erste Nachricht bereits die Bewohner tief in's Land und in die Wälder gescheucht hatte.

Der Fürst Gallizin, der den Oberbefehl über die russischen Truppen führte, stiftete sich durch seine Milde und seinen Edelmuth ein unvergängliches Denkmal in den Herzen der unglücklichen Einwohner, die der schrecklichste Krieg in's tiefste Verderben stürzte. Jeder Klagende ward vor ihm gelassen; er schaffte ihm mit strenger Unpartheilichkeit Recht: die Armen wurden von ihm getröstet und erquickt. Leider ruhte sein Geist nicht auf den übrigen Befehlshabern und seine Wirksamkeit war daher zu eingeschränkt, um auch nur den gröbsten Ausschweifungen, besonders in den entlegnern Landschaften, vorzubeugen. Die Staatsverwaltung war während der russischen Occupation gänzlich verfallen; da die gebildeten und vermögenden Einwohner fast alle nach Schweden geflüchtet waren, fehlte es an tauglichen Subjecten, um die erledigten Aemter zu besetzen; in Wasa ward daher ein ehmaliger sächsischer Dragoner, der nicht seinen Namen schreiben konnte, zum Bürgermeister gemacht. Anfangs wurden die Geschäfte der Vogte den Priestern aufgebürdet, bis endlich Bauern aus der Gegend von Wasa, die des Schreibens kundig waren, dazu ernannt wurden: ihre Instruction bestand in der Aussicht auf die Knute und den Galgen, wenn sie die Auflagen nicht pünctlich eintrieben und ablieferten. An Gehalt ward nicht gedacht, sondern den Bauern ward befohlen, sie zu unterhalten und sie mußten ihre kärglichen Lebensmittel mit ihnen theilen. Diese Beamten waren unter sich sehr einig und berathschlagten bei allen vorkommenden Fällen gemeinschaftlich, um auch bei einer künftigen Regierungsveränderung Vorwürfen und einer gerechten Strafe zu entgehn. Dagegen verübten verschiedne Oberbeamte, die von den Russen angesetzt waren, große Bedrückungen: unter ihnen zeichnete sich Joachim Schmittfeld durch den schmutzigsten Geiz aus, der ihn zu den abscheulichsten Erpressungen veranlaßte: die Klagen über seine Bedrückungen wurden so groß, daß er abgerufen und zur Untersuchung gezogen ward. Sein

Nachfolger **Wolmar Adolph Stakelberg** suchte die von ihm eingeführten und geduldeten Mißbräuche abzuschaffen, entsetzte seine Creaturen ihrer Dienste und erwarb sich die Gunst des Volks in einem solchen Grade, daß beim Friedenscongreß durch eine Deputation um seine Beibehaltuug in schwedischen Diensten angehalten ward.

Ueberall zeigten sich die Folgen des Kriegs und der Plünderungen, besonders in Oesterbottn; alle Fischergeräthschaften waren zerstört oder verdorben: an vielen Orten herrschte Hungersnoth. Die rohen Häute, die die Russen zurückgelassen hatten, wurden als Zukost zum Rinden- und Mooßbrot gekocht. Glücklich war, wer einige Körner aus dem von den Pferden übriggelaßnen Futter zusammenlesen konnte. Die Noth erzeugte die schauderhaftesten Vorfälle. Eine Mutter war mit 7 Kindern den Verfolgern entronnen: aber es fehlte in der Einöde, wo sie sich verbarg, an allen Mitteln sie und sich zu erhalten. Verzweiflungsvoll irrte sie umher, irgend etwas aufzufinden, womit sie das Leben ihrer Lieben fristen möchte. An einer Bucht traf sie ein todtes Roß und 7 todte menschliche Körper; mit Freude wurden erst das Pferd, dann die Leichen verzehrt: aber auch dieser Vorrath nahm ab, der Hunger raffte zwei ihrer Kinder hin, sie entschloß sich, auch diese zur Speise für sich und die Uebriggebliebenen anzuwenden. Aber bei dieser unnatürlichen Nahrung waren ihre Kräfte erschöpft, der Tod machte ihren Jammertagen ein Ende. Der Landmann hatte kein Vieh, keinen Verdienst und kein

Geld; wie vermochte er sich die dringendsten Bedürfnisse an Vieh, Getreide, Kleidern u. s. w. wiederzuschaffen? Dann und wann wagten sie es freilich, einige Tonnen Theer heimlich in ein Boot zu legen und nach Schweden zu führen, aber hier wurden sie häufig als Spione behandelt; sobald die Ausfuhr des Theers den Russen bekannt ward, ward sie auch von ihnen auf's strengste verboten: dagegen ward den Bauern auferlegt, von jedem Hofe 2 Tonnen Theer zum Behuf der russischen Escader nach Åbo zu liefern, was wegen des langen Transports mit großer Beschwerlichkeit verbunden war. Personen, die in den Verdacht geriethen, mit Schweden Verkehr zu treiben, wurden geknutet oder gehenkt und selbst mehrere Geistliche mußten diese Strafen erdulden. Der Schleichhandel ward dessen ungeachtet, obgleich mit größerer Vorsicht, immer fort getrieben: es fanden sich bisweilen Kaufleute ein, die den Finländern Geld und Salz zuführten: der Mangel der letztern Waare war äußerst drückend; Meilenweit holte man Seewasser, um den Speisen dadurch einigen Geschmack zu geben. Die russischen Marketender verkauften das Salz Löffelweise zu unerschwinglichen Preisen. Endlich lernten die Finländer von den Russen die Kunst, auf flachen Strandgegenden Brunnen zu graben und aus dem daraus geschöpften Wasser Salz zu bereiten, das doch, ungeachtet eines bittern Beigeschmacks, der Noth einigermaßen abhalf. Um eine Kuh oder eine Stute zu bekommen, scheuten sie nicht die beschwerlichsten Reisen bis nach Carelen und noch weiter. Zuletzt wurden noch im Jahre 1721 bei der Mobilmachung der Truppen im Lande Troßpferde ausgehoben, wodurch der Bauer seines Zugviehs völlig beraubt ward: mancher war gezwungen, sein Contributionsgetreide, Heu, Stroh u. s. w. nach den bestimmten Oertern 12 — 15 Meilen weit mit eignen Händen zu schleppen. Aller Handel lag danieder: ein holländisches Schiff, das 1721 mit allerlei Waaren nach Oesterbottn kam, konnte nur wenig absetzen, so groß auch das Bedürfniß war, weil es an Geld fehlte, und war nicht im Stande mehr als 30 Tonnen Theer einzuhandeln. Die Verwilderung des Landes zeigte sich auch in der außerordentlichen Vermehrung der Wölfe; ihre Kühnheit wuchs und sie scheuten sich nicht, Menschen anzufallen, die in großer Anzahl von den umherstreifenden Raubthieren zerrissen wurden; am Tage zeigten sie sich eben so furchtlos als bei der Nacht; sie lauerten vor den Fenstern und Thüren auf Raub: und nur der Sommer gewährte einige Ruhe vor ihren gefährlichen Besuchen.

Der beste Theil der Bevölkerung, der noch übrig war, ward aus dem Lande geführt. Im Jahre 1716 und 1717 wurden ganze Familien, Männer und Weiber, mit Gewalt nach Rußland und Livland transportirt, um auf den Gütern des Adels als Leibeigne zu dienen: nur sehr wenige von diesen Unglücklichen kehrten nach dem Frieden zurück. Der Generalgouverneur Douglas, ehmals ein schwedischer Unterthan, der aber zu den Russen übergegangen war, gerieth am Osterfeste 1719 bei einem von ihm veranstalteten Gelag mit einem vornehmen Offizier in Streit, und erstach ihn: er ward zum Tode verurtheilt, der Zar verwandelte die Strafe aber in Festungsarbeit. Gegen das Ende des Jahrs traf ihn Peter bei der Karre und fragte ihn, wie ihm seine Lage gefalle? Er erbot sich einige hundert Mann an seine Stelle zu geben. Der Zar erwiederte. Es giebt Buben genug, die dazu tauglich sind: eher hab' ich gesunde Soldaten nöthig. Douglas versprach, wenn er seinen Posten wiedererhalte, unverzüglich einige 100 gesunde Leute aus Finland zu stellen und zu bekleiden. Gegen diese Versicherung ward er wieder eingesetzt. Sogleich wurden strenge Anstalten zur Aushebung der erforderlichen Mannschaft getroffen; die Commission, der das Geschäft übertragen war, ließ sich von den Bauern mit dem letzten Rest ihres Vermögens bestechen, und selbst die Kirchspiele mußten zusammenschießen, um sie durch ein Geschenk zu gewinnen. Die ausgehobnen Recruten wurden unter Bewachung abgeführt; aber ihr Widerwille gegen den Kriegsdienst war so groß, daß sie sich empörten und die Flucht ergriffen, auf der jedoch sehr Viele umkamen. Daher fehlte es, als die Uebriggebliebnen wieder anfingen, sich einigermaßen einzurichten, überall an Männern: Wittwen und Töchter suchten sich aus andern Kirchspielen Gatten, die oft Bedenken trugen, Höfe anzunehmen, aus deren Besitz sie künftig von Kindern oder Verwandten verdrängt werden konnten; es fehlte an Richtern, die Contracte darüber gesetzlich bestätigen konnten. Auch die Sitten hatten sich verschlimmert; eine Frau, die der Lust der Feinde gedient und etwa eine Kuh zum Dank erhalten hatte, konnte auf den besten Bauern als ihren Ehmann rechnen *).

Durch Görzens Vermittelung wurden im Jahre 1718 auf der zu Aland gehörigen Insel Lofö Friedensunterhandlungen angeknüpft: hier war nirgends ein Haus zu sehn, die Einwohner waren alle davon geeilt, ihre geringsten Bedürfnisse mußten den Ministern zugeführt und hölzerne Wohnungen für sie errichtet werden. Durch das außerordentliche Genie des Freiherrn Görz und Peters Achtung gegen Carls ungebeugten Heroismus hatten die Negociationen den glücklichsten Ausgang gewonnen: für die Provinzen, die Schweden an Rußland abtrat, sollte es mit Norwegen und vielleicht mit Mecklenburg und andern deutschen Ländern entschädigt werden, Stanislaus sollte König von Polen bleiben und Preußen und Hannover ihre Eroberungen herausgeben. Görz war abgereist, um König Carl'n zur Annahme dieses vortheilhaften Vertrags zu bewegen,

*) M. s. Nordberg Leben Carls XII. Ueber den Zustand Oesterbottns während dieser Zeit die Berichte einiger Augenzeugen in Åbo-Tidningar 1789 u. 1791. Züge von der Grausamkeit der Cosaken und Russen, die oft allen Glauben überschreiten und bisweilen vielleicht vom Haß übertrieben sind, in L. Tammelin berättelse om ryska Tropparnes härjande i Finland 1713 och följande åren, in Lönboms hist. uplysningar III. S. 19 — 42.

aber durch eine Mörderhand war der Held gefallen: Schwedens größter und einsichtsvollster Staatsmann ward verhaftet und mußte als das Opfer des schändlichsten Neides auf dem Blutgerüst sterben. Unstreitig hätten auch die neuen Machthaber zum großen Vortheil des Reichs zuerst und schnell mit Rußland Frieden schließen können, aber die Männer, die am meisten bedeuteten, waren entweder bestochen oder durch thörichten Haß verblendet: sie ließen die günstige Gelegenheit, die ihnen Peters friedliche Stimmung anbot, unbenutzt: die Unterhandlungen wurden abgebrochen. Durch luftige Versprechungen verleitet schloß die Regierung zuerst mit Dänemark, England und Preußen Friede: für die großen Aufopferungen ward Entschädigung auf russischer Seite versprochen. England schickte eine Flotte zum Beistande, verrieth aber seinen neuen Bundsgenossen. Endlich sahn die Schweden ein, daß sie hintergangen wären, und ihnen blieb nichts übrig als Unterhandlungen mit Rußland anzuknüpfen, die zu Nystadt in Finland gepflogen wurden. Am 30sten August 1721 kam der Friede zu Stande: Livland, Ehstland, Ingermanland und Carelen mit Wiburgslän wurden abgetreten, dagegen wurde der übrige Theil des eroberten Finlands zurückgegeben und eine Entschädigung von 2 Millionen bezahlt. Die Grenzen wurden bestimmt. Vom Tage der Unterzeichnung hörten alle Geldcontributionen auf, doch mußten den russischen Truppen die nöthigen Lebensmittel und die Fourage bis zur Räumung geliefert werden: bei harter Strafe ward ihnen verboten, daß sie bei ihrem Abzuge keine finländische Bediente wider ihren Willen und besonders keine Bauern mitnehmen sollten. Die Schweden hätten vielleicht bessere Bedingungen erhalten, wenn die Unterhändler sich nicht durch Ostermann hätten bestechen lassen; Peter versicherte wenigstens selbst: hätten sie es mir ganz überlassen, den Frieden zu machen, würd' ich ihnen mehr zugestanden haben; da sie es aber auf's Negoziren ankommen ließen, mußt' ich sie den Kniffen meiner Minister Preis geben *).

IX.

Finlands neueste Geschichte.

Schweden erhielt Finland freilich zurück, aber in einem höchst traurigen Zustand. Das Land hatte zur Zeit des Nystädter Friedens, die an Rußland abgetretnen Districte mit eingerechnet, nach der wahrscheinlichsten Bevölkerung nur eine Bevölkerung von 200000 Seelen. Die Flüchtlinge kehrten allmählig zurück: die Herbststürme und der frühe Winter erschwerten die Reise und viele, bei denen die Liebe zur Heimath alle Bedenklichkeiten besiegte, fanden in den Wellen ihren Untergang; wer die geliebte Küste des Vaterlands erreichte, traf nichts als Ruinen und Wüsteneien; fast alle Städte

*) (Münnich) ébauche pour donner une idée de la forme du gouvernement de Russie, Copenh. 1774. S. 29.

waren zerstört: Åbo war zum Theil abgebrannt, die Steinhäuser hatte man niedergerissen und die Steine und Ziegeln nach Petersburg gebracht, um sie zum Bau der prächtigen Kaiserstadt zu gebrauchen; die übrigen Häuser waren zu Ställen oder Backöfen eingerichtet und die zurückkehrenden Einwohner hatten große Mühe ein Unterkommen zu finden. Noch trauriger war die Lage des Landmanns: nur durch die patriotische Unterstützung der Stadtbewohner, die ihm trotz ihrer eignen Noth Vorschüsse machten, gelang es ihm nach und nach einen Theil seiner Aecker zu bebauen: aber nur die wenigsten Felder wurden bestellt. Im Jahre 1722 und 1723 fiel, um das Unglück zu vollenden, Miswachs ein, wodurch der Bauer in neue Schulden gestürzt ward. Getreide ward zu hohen Preisen aus Stockholm herbeigeführt: das Brot des großen Haufens bestand aus Stroh und Rinde und selbst die Wohlhabenden musten sich mit Milch und gedörrtem Fleisch ohne Brot behelfen. In Carelen und an der russischen Grenze, von wo das Land bis jetzt sich mit Pferden versehn hatte, stieg der Werth derselben so hoch, daß die Kaufleute anfingen, Pferde aus Schweden herüberzubringen, die dem Landmann wenigstens creditirt werden konnten. Das Land erzeugte nur wenig Producte: es gab keine Gasthöfe, keine Postpferde, keine Kronbeamten. Åland ward erst im Frühling 1721 wieder bezogen: die Inseln, die in 8 Jahren nicht bebaut waren, glichen völlig einer Einöde. In einer Kirche, worin zum erstenmal Gottesdienst gehalten ward, flog während desselben ein Birkhuhn mit seinen Jungen auf. Gras und Wildpret war im Ueberfluß vorhanden, aber es herrschte ein solcher Mangel an Zugvieh, daß die Einwohner ihre Aecker zum Theil mit dem Spaten bearbeiten mußten.

Für die Verwaltung erschien am 2ten October 1721 eine Interimsverordnung. Gleich nach der Räumung sollten die finländischen Regimenter herübergeschafft und mit einiger schwedischen Mannschaft verstärkt werden, weil es dem Lande unmöglich falle, die Nationalregimenter selbst zu recrutiren. Die Truppen sollten bis zu ihren Standquartieren mit Proviant versehn werden: für's erste wurden die Rüstungshalter nur verpflichtet den Reutern und Knechten Kost und Herberge zu geben, wogegen sie dem Wirth in seinen Arbeiten hülfreiche Hand leisten sollten. Zur Unterstützung des Landes ward Getreide nach Finland geschickt und in Wasa, Björneburg, Åbo und Helsingfors wurden Magazine angelegt. Niemand konnte die derzeitigen Inhaber aus ihren Höfen verdrängen, sondern man mußte ihnen Rechtsfrist lassen. Die Montirungen wurden den Rüstungshaltern geschenkt; die strengste Mannszucht ward befohlen. Weil alle Höfe in Finland gänzlich ruinirt waren, sollte unverzüglich eine Untersuchung über den Zustand des Landes angestellt werden, und für die Zukunft wurden ihm gewisse Freijahre zugesichert: es sollten Anstalten gemacht werden, Finland und Åland mit Saatkorn zu unterstützen. Bis zum 1sten Jan. 1724 sollten auch bei den Kronintraden russische Silbermünzen, doch keine Kopeiken angenommen,

nommen werden. Um die Kirchen wiederherzustellen und sie wieder mit Glocken und Kirchenschmuck zu versehn, ward eine Collecte über ganz Schweden erlaubt. Die Landleute in Oesterbottn behielten fortdauernd das Recht der freien Schiffahrt. Das ehemalige Bisthum von Wiborg ward nach Borgo verlegt: und am 5. und 6. Mai 1726 ward das Gymnasium in der letztern Stadt eingeweiht. Die Recrutirung der Regimenter ging äußerst langsam und erst nach vier Jahren waren sie vollzählig.

Dem eisernsten Fleiße, der ämsigsten Sorgfalt gelang es endlich, den Aeckern wieder einigen Ertrag abzugewinnen, die Viehzucht zu vermehren und die vielen verödeten Höfe wiederaufzunehmen. Einige gute Jahre begünstigten die Anstrengungen der Einwohner. Bereits 1727 ward eine Tonne Rocken zu 12 — 15 Groschen verkauft; auch an Vieh war kein Mangel mehr; eine Kuh kostete 15 — 18 Groschen. Doch setzten manche zufällige Umstände den aufkeimenden Wohlstand sehr zurück. Im Jahre 1729 fielen Finlands Hauptexportwaaren zu unerträglich niedrigen Preisen, wodurch der Handel außerordentlich litt, dem auch die vielen Schiffbrüche großen Schaden zufügten. 1731 hatte das Land wieder Mißwachs: in den Oertern, wo der Kriegsschauplatz gewesen war, richtete eine eigne Art der Viehseuche, die auch in andern Jahren wüthete, schreckliche Verwüstungen an; bisweilen, doch nicht häufig, befiel sie sogar Menschen: wegen dieser öffentlichen Unglücksfälle wurden den Einwohnern die Reste ihrer Kronabgaben, die sie bis 1726 schuldig waren, erlassen.

Im Jahre 1739 befahl der König das neue schwedische Gesetzbuch und andre Verordnungen in's Finländische zu übersetzen: er versprach auch, soviel die Umstände und die Geschicklichkeit und die Dienstjahre der Candidaten es verstatten würden, die Richterstellen und andre Aemter nur mit Personen zu besetzen, die der finländischen Sprache machtig wären. Gegen das Auswandern der Dienstleute wurden 1739 strenge Verordnungen gemacht.

Noch waren die Wunden nicht geheilt, die Finland durch den Krieg erlitten hatte, als eine neue Fehde die Jammerszenen zu wiederholen drohte, wovon sich noch überall die traurigsten Spuren zeigten. Die Gyllenborgsche Parthei, die sich das Uebergewicht errungen hatte, fing in der Hoffnung, den alten Verlust zu ersetzen und von Frankreichs Vorspiegelungen verleitet, höchst unüberlegt den Krieg mit Rußland an: bei dem Haß, den das Volk noch immer gegen die Russen hegte und der durch allerlei Beschuldigungen erhöht ward, war es leicht, ihn beliebt zu machen. Am 24. Jul. 1741 ward der Krieg angekündigt, die Landeshauptleute wurden davon unterrichtet und aufgefordert, die darüber ausgesprengten falschen Gerüchte zu widerlegen und die Einwohner zur Treue und zur Unterstützung der Truppen zu ermuntern. Schweden war nie zu einem Kriege weniger im Stande als damals. Alle Gemüther wurden durch Uneinigkeit getrennt. Die Armee war unvollzählig und ungeübt; es gebrach an allen Nothwendigkeiten. In Finland waren die Aerndten seit einigen Jahren überhaupt schlecht gewesen und 1747 fiel gänzlicher Mißwachs ein; das Heu und Getreide stiegen zu ungewöhnlich hohen Preisen, obgleich aus dem südlichen Finland weder Korn noch Victualien ausgeführt werden durften, sondern alle Producte zum Behuf der Armee zurückbehalten wurden. Es fehlte an erfahrnen und erprobten Heerführern: der Mann, der sich auf den Reichstagen Ansehn errang und sich den Partheien furchtbar zu machen wußte, der, glaubte man, werde auch den Feind in Schrecken setzen. Mit der Absendung der Kriegserklärung eilte man so sehr, daß sie in Rußland ankam, noch eh' die finländische Armee von etwa 25000 Mann zusammengezogen war. Der Krieg hatte daher einen schnellen und ganz andern Ausgang, als der große Haufe, durch schmeichelhafte Hoffnungen eingewiegt, erwartete. General Wrangel, der mit 3000 Mann bei Willmanstrand aufgestellt war, ward am 3. Sept. vom Feldmarschall Lascy angegriffen und nach verzweifelter Gegenwehr gänzlich geschlagen, weil ihn die schwedische Armee unter Buddenbrock nicht unterstützte. Wrangel selbst ward schwer verwundet gefangen. Die Russen machten seitdem öftere Einfälle, fouragirten, trieben Vieh zusammen und zerstörten eine Menge Dörfer: die Versuche der Bauern, diesen Verheerungen Einhalt zu thun, richteten wenig aus. Ein andres russisches Corps war bereit, in Cajanaborg einzufallen, ward aber durch die Versicherung eines russischen Grenzbewohners, daß die Moräste und Sümpfe im April und Mai durchaus unwegsam wären, zurückgehalten. Die Schweden hielten sich unterdessen ruhig in ihren Lägern; aber unter den schlecht verpflegten, nicht gegen die Kälte geschützten Truppen rissen Krankheiten ein, die bald ein Drittel der Armee hinrafften.

Während ganz Schweden über den traurigen Anfang des Kriegs in Bestürzung versunken war, fiel die merkwürdige Revolution in Petersburg vor, die Peters jüngere Tochter Elisabeth, auf den Thron hob. Man eilte dies Ereigniß der schwedischen Armee und dem Stockholmer Hofe bekannt zu machen. Die neue Kaiserin gab die bestimmtesten Versicherungen von ihren friedlichen Gesinnungen. Der General Lewenhaupt, der den Oberbefehl in Finland führte, erließ ein Manifest, worin er erklärte, er habe die Absicht, mit seinen Truppen Rußland von fremdem Joch zu befreien und die Wahl des rechtmäßigen Regenten zu befördern. Es ward auch ein Waffenstillstand zwischen beiden Mächten nach den Vorschlägen des französischen Ministers, Chetardie, geschlossen. Man unterhandelte, die Kaiserin erbot sich zur Bezahlung der Kriegskosten, die Schweden verlangten wenigstens Wiborg. Die Russen gewannen Zeit, sich gehörig zu rüsten; sobald sie fertig waren, brachen sie auf und verbreiteten in Finland ein Manifest, worin dem Volke Freiheit und Selbstständigkeit angeboten ward. Finland sollte zur Scheidewand zwischen Schweden und Rußland dienen, um künftigen Kriegen der beiden Mächte dadurch vorzubeugen. Das Manifest ward von schwedischer Seite freilich widerlegt, aber die Widerlegung ward nicht von den Waffen unterstützt. Die unerwartete Aufkündigung des Waffenstillstands verursachte in der schwedischen Armee eine außerordentliche Bestürzung, und diese eine unglaubliche Verwirrung. Graf Lewenhaupt verlor alle Besonnenheit. Finlands örtliche Beschaffenheit verstattet einem kleinen Heerhaufen, nicht nur sich Schritt vor Schritt, selbst gegen eine große Armee, zu vertheidigen, sondern auch ihrem Vordringen große Hinderhisse entgegenzusetzen. Trotz allen Einbußen waren die Schweden wieder 20000 Mann stark; ihre Artillerie war zahlreich und sie wurden von einer Galeerenflotte unterstützt, die der russischen weit überlegen war. Allein unüberwindliche Posten wurden ohne Schuß verlassen, weil die Befehlshaber keinen Befehl zur Vertheidigung hatten: ein Oberstlieutnant, der ein Cosakengefecht so glücklich bestand, daß er keinen Mann einbüßte, ward als ein Held erster Größe bewundert. Bei den Fortschritten der Russen flüchteten so viele Personen nach Schweden, daß eine eigne Commission zu ihrer Unterstützung niedergesetzt und über das ganze Reich Collecten zu ihrem Besten gesammelt werden mußten. Lewenhaupt zog sich von einem Ort zum andern zurück: und gerieth endlich bei Helsingfors in eine so ungünstige Lage, daß er von zwei Seiten eingeschlossen und ihm jeder weitere Rückzug abgeschnitten ward. Endlich sah der Reichsrath in Stockholm seine verfehlte Wahl ein: es ward ein Oberster abgeschickt, die Generale zu verhaften, deren Mangel an Kopf und Entschlossenheit die Ehre des Vaterlands beschimpft und eine gute Armee aufgeopfert hatte. Allein nichts war mehr gut zu machen: vergebens schlug der General du Bousquet vor, sich einen Durchgang mit den Waffen in der Hand zu bahnen: die Offiziere behaupteten die Unmöglichkeit eines Rückzugs und bestanden auf eine Capitulation, die am 4. Sept. 1742 zu Stande kam. Die schwedischen Truppen sollten nach Schweden gehn, die finländischen Regimenter (sie enthielten 12000 Mann zu Fuß und 2000 Mann zu Pferde) mußten die Waffen niederlegen, nach ihrer Heimath zurückgehn und versprechen, sich unter dem Zepter der Kaiserin ruhig zu verhalten: die vortreffliche Artillerie ward dem Feinde übergeben. „Zum ersten Mal, sagt der Graf Hård, war ich Zeuge dieses traurigen Schauspiels; — aber ich begreife nicht, warum Leute von Ehre, deren Seele noch einige Kraft hat, in solchen Fällen nicht blos die Verzweiflung fragen, statt sich einer so erniedrigenden Capitulation zu unterwerfen“ *).

Finland hatte diesmal ein weit milderes Loos als in den verflossnen Kriegsläuften; die russischen Generale waren menschlicher und hielten eine strenge Mannszucht. Der Einfall geschah mit solcher Ordnung, daß der Ackerbau nicht darunter litt: die Requisitionen des Fuhrwerks wurden möglichst eingeschränkt: das Andenken des Generals Keith, der allen Streifpartheien und jeder Unordnung zuvorkam, wird noch von späten Geschlechtern gesegnet. In Oesterbottn führte der Generalmajor

*) Memoires d'un gentil'homme Svedois, (des Grafen Hård) Berlin 1788. S. 12—42. Lagerbring Svea Rikes historia i Sammandrag V. S. 31. Verschiedne kleine damals herausgekommene Gelegenheitsschriften und Urkunden, verzeichnet in Warmholz bibl. histor. XI. S. 31 ff.

von Kindermann den Befehl, der die Stände der Provinz versammelte und ihnen die Regierung übertrug. Wegen seiner strengen Disziplin nannten ihn die Husaren den Gott der Oestbottnier. Die Unterhaltung der Truppen war äußerst drückend für das Land: sie würde bei der schlechten Aerndte unmöglich gewesen seyn, wenn nicht die Kaiserin Mehl hingeschickt, und die Landleute aus ihren Magazinen mit Saatkorn versehn hätte: zum Glück war auch die Heuwerbung 1743 durch den frühen Lenz begünstigt, so gut, daß die russische Cavallerie ihre Pferde auf den Wiesen ernähren konnte. Während dieser Zeit ließen die Russen ganz Finland und alle einzelnen Distrikte militärisch-topographisch aufnehmen *).

Durch die Ernennung des Herzogs Adolph Friedrich von Hollstein Gottorp zum Thronfolger ward der russische Hof günstiger für Schweden gestimmt, und die zu Åbo angeknüpften Friedensunterhandlungen gediehen bald zum Schluß; am 7. Aug. 1743 ward der Friede unterzeichnet. Die russische Grenze ward bis an den Kymmene ausgedehnt, und ein Strich von 226 Quadratmeilen mit einer Bevölkerung von ungefähr 70000 Seelen an Rußland überlassen. Obgleich grade der abgetretne District die Verheerungen des Kriegs am meisten empfunden hatte, verlor doch Schweden alle noch übrige Grenzfestungen auf der russischen Grenze, Friedrichshamm, Nyslott, Willmanstrand, und erhielt überhaupt eine Grenze, die leicht anzugreifen, aber schwer zu vertheidigen ist. Die Bauern in Sawolax und Carelen

*) Åbo-Tidningar 1791. nr. 37 und 38.

verloren durch die Abtretung dieser Städte und Schlösser alle Gelegenheit, ihre Producte in der Nähe abzusetzen, denn die Ausfuhr ward nicht länger verstattet. Zwar sollten in diesen Landschaften neue Städte angelegt werden: aber nur nach einer Reihe von Jahren würden sie den Einwohnern ihren Verlust haben ersetzen können, und sie waren gezwungen, sich mit dem Schleichhandel abzugeben. Für die verlornen festen Plätze ward im Jahre 1749 unter der Leitung des Grafen Ehrensvärd auf sieben Inseln Sveaborg angelegt, ein durch die Natur unüberwindlicher Waffenplatz; die kleine oder die sogenannte Schärenflotte erhielt zugleich eine so zweckmäßige Einrichtung, daß man für die Küsten in Zukunft unbesorgt seyn konnte.

Im Jahre 1752 machte der künftige Thronfolger, Adolph Friedrich, eine Reise durch Finland, worüber er dem Reichsrath einen ausführlichen Bericht vorlegte, der seinem Eifer und seinen Einsichten große Ehre macht, und noch mehr die Fesseln bedauern läßt, die ihn als König verhinderten, selbstthätig für das Wohl seiner Länder zu wirken. Er reiste zur See nach Sveaborg und kehrte durch Nyland, Finland, Oesterbottn über Torneå nach der Hauptstadt zurück. Im Süden fand er das Land ziemlich angebaut, doch war es an vielen Stellen einer erhöhten Cultur fähig: dem unmäßigen Verderben der Waldungen mußte vorgebeugt und der Landmann zur Wiesencultur ermuntert werden. Die Oeconomie schien ihm überall sehr fehlerhaft zu seyn: besonders waren eine bessere physische Erziehung, eine reinlichere Einrichtung der Wohnungen zu Finlands höherm Wohlstand wichtige Bedingungen. Die Rechtlichkeit der Oestbottnier und der Fleiß, den sie auf ihre Aecker wandten, gefiel dem Prinzen; nur war das übermäßige Swedjen und Theerbrennen dem Ackerbau nachtheilig; auch gab es viele Moräste, die zu Wiesen gemacht werden konnten. Er bedauerte den Mangel an Einwohnern: überdies waren sie zu arm, um alle die Verbesserungen zu unternehmen, deren das Land fähig war. Die Blattern richteten schreckliche Verheerungen an, wozu der Mangel an Aerzten und Heilmitteln viel beitrug. Auch den Zustand der Städte fand er schlecht *).

Die strengen Winter, die besonders seit 1759 einfielen, (in diesem Jahre wurden die Obstbäume im ganzen Lande beschädigt,) bewirkten minder ergiebige Aerndten, dazu kam der neue Krieg in Pommern gegen Preußen, die Finanzoperationen seit 1756, wodurch Schweden mit schlechtem Papiergeld überschwemmt ward und die Baarschaften aus dem Umlauf verschwanden: durch diese Umstände stieg der Waarenwerth zu einer ungewöhnlichen und unverhältnißmäßigen Höhe.

Die Regierung erstreckte ihre Sorgfalt auch auf Finland: wenigstens suchte man es durch dieselben Mittel in Aufnahme zu bringen, wodurch man Schweden den höchsten Wohlstand zu verschaffen hoffte. Es sollten Fabriken angelegt werden und den Personen, die ihre Anlagen dahin versetzen wollten, wurden Unterstützungen bewilligt; hauptsächlich begünstigte man den Flachs-

*) S. f. Bericht Åbo-Tidning 1804. nr. 32 ff.

bau und die Spinnereien: es sollten einige finländische Familien auf öffentliche Kosten zu Wadstema, wo fremde Fabrikanten angesetzt waren, in der bessern Bereitung des Flachses unterwiesen werden. Im Jahre 1762 ward ein Plantagendirector angestellt, unter dessen Aufsicht allerlei Färbe- und Medicinalkräuter angepflanzt werden sollten; er sollte zu diesem Erwerbszweig besonders die Stadtbewohner aufmuntern, sie unterrichten, Saamen unter ihnen austheilen und Reisen anstellen; auch der Hanf- Lein- und Waidbau ward seiner Aufsicht untergeordnet. Eine genaue Vermessung des Landes zum Behuf der Aufhebung der Gemeinheiten war bereits 1756 beschlossen; 1762 ward eine nähere Verordnung darüber erlassen. Einer Deputation aus den Ständen ward die Oberaufsicht darüber anvertraut. Die Städte Björneborg, Nystadt, Raumo, Nådendal, Ekenäs und Borgo erhielten 1765 die Freiheit, nach allen an der Ostsee belegnen Städten zu schiffen, und den Städten Wasa, Altcarlby und Uleåborg ward völlige Stapelfreiheit bewilligt. Der Hafen von Wasa sollte nach Kaskö verlegt werden, und es ward beschlossen, diese Stadt selbst mit der Zeit dahin zu versetzen. — Durch die eifrige Bemühung der Geistlichkeit ward endlich auch an eine neue Auflage der Bibel gedacht; sie ward auf Kosten der finländischen Kirchen gedruckt; auch die russischen Gemeinden unterstützten die Unternehmung durch zahlreiche Pränumeration. Die Uebersetzung selbst ward abermals genau durchgesehn und verbessert. Die Åboer Universitätsdruckerei war nicht im Stande, ein Werk von solchem Umfang zu liefern: ein Stockholmer Buchdrucker schickte daher die nöthigen Typen, Geräthschaften und Arbeiter nach Åbo; im Jahre 1758 war der Druck vollendet: die Form (Großquart) und das Aeußere sind anständig. Es wurden 4500 Exemplare abgezogen, die in kurzer Zeit verkauft waren; und schon nach sechszehn Jahren (1776) ward durch den schnellen Absatz dieser Auflage der neue Eigenthümer der academischen Buchdruckerei in Åbo veranlaßt, eine neue zu veranstalten, von der über 9000 Exemplare gedruckt wurden. — Im Jahre 1759 erschien auch zum ersten Mal eine finländische Uebersetzung des schwedischen Gesetzbuchs unter dem Titel: Ruotzin Waldacunnan Laki (Schwedenreichs Gesetz), Åbo in Oktav: verfertigt von dem nachmaligen Lagmann E. J. Paleen, der sich um das Volk, besonders in den innern Gegenden, das des Schwedischen nicht kundig war, ein großes Verdienst erwarb: zugleich zeigt diese Unternehmung, daß auch die Sprache ausgebildeter geworden war.

Die ersten Jahre der Regierung Gustav's III. waren, wie für ganz Schweden, so auch für Finland eine Zeit des Glücks und Gedeihens; 1775 besuchte er zum ersten Mal diesen Theil seines Reichs und bereiste die meisten Gegenden von Finland. Mehrere Anstalten, die er zur Aufnahme dieser Provinz traf, zeigten bald die vortheilhaftesten Folgen; die Beschatzungen wurden geändert, die Aufhebung der Gemeinheiten ward mit größerm Nachdruck betrieben und 1775 erschien eine neue bestimmte Verordnung darüber, die zugleich das Ansiedeln neuer Colonisten sehr begünstigte: gegen das sogenannte Kyttjen, was dem Acker so sehr schädlich ist, wurden strenge Maßregeln in Ausführung gebracht und auch das Svedjen sollte eingeschränkt werden. Ganz Finland ward auf's neue in 6 Gouvernements eingetheilt; die Sitze der Statthalter wurden an Oerter in der Mitte verlegt, damit sie die ihrer Verwaltung anvertrauten Districte leichter und besser übersehn möchten. Für ein so großes und ausgedehntes Land war ein Obergericht nicht hinreichend, das ohnehin zu wenige Mitglieder hatte; es mußte eine Menge Sachen unabgemacht lassen, und der König beschloß ein neues Hofgericht zu Wasa einzurichten, das mit einem Präsidenten, 2 Hofgerichtsräthen und 5 Beisitzern besetzt ward und dem Uleaborg mit Kusamolapmark, Wasalän, Sawolax und Carelen unterworfen wurden. Es ward am 28. Jun. 1776 auf dem Schloß zu Stockholm feierlich eingesetzt, und Gustav drückte seine wohlwollende Neigung für das brave Volk der Finländer, und seinen Wunsch, ihm wohlzuthun, in einer trefflichen Rede würdig und lebhaft aus *). „Nehmt Rücksicht, sagte er unter andern zu den Mitgliedern, die das neue Gericht bildeten, auf die Vorrechte des Adels, leidet aber nicht, daß der Bauer dadurch unterdrückt werde.“ Die Grenzen zwischen den Gerichtssprengeln wurden neu bestimmt und die Zahl der Unterrichter ward vermehrt. Auch für die Gesundheit des Volks ward gesorgt; an mehrern Oertern, die vorher von ärztlicher Hülfe ganz entfernt gewesen waren,

*) Man findet sie in seinen Werken, im ersten Bande meiner Verdeutschung. Berlin 1805. S. 200.

wurden Provinzialärzte angestellt. Neue Städte und Flecken wurden angelegt und mit Privilegien versehn: (Kaskö, Kuopio, Tammerfors;) Tawastehus ward 1780 nach einer gesundern und bequemern Stelle verlegt und den Handwerkern, die sich daselbst niederließen, wurden gewisse Freijahre bewilligt. Zur Erleichterung der Communication wurden mehrere neue und große Landstraßen durch die entlegensten Provinzen geführt, die ehemals fast unzugänglich waren. Es ward auch der Anfang gemacht, die Ströme aufzuräumen und eine Verbindung der Gewässer untereinander zu bewirken, allein zum Unglück war Gustav zu wenig Staatswirth, um Unternehmungen der Art mit dem gehörigen Nachdruck zu unterstützen und auszuführen. Der Ackerbau ward durch die Anlage neuer Höfe, den freien Kornhandel und die allgemeine Magazineinrichtung, die besonders für die obern Gegenden sehr nützlich war, weil sie ihnen einen leichten Absatz ihres Getreides verschaffte, ungemein befördert. Von Jahr zu Jahr konnten größere Kornvorräthe ausgeführt werden, da man vordem genöthigt war, alljährlich fremdes Getreide einzuverschreiben. Von den Anstalten, die der König zur Belebung und Sicherheit des schwedischen Handels traf, ärndteten auch die finländischen Städte und Schiffsrheder ansehnliche Vortheile: besonders seit der Zeit des nordamericanischen Seekriegs, der auch für Finlands Handel der Anfang einer größern Lebhaftigkeit, einer hohern Blüte ward.

Es wirkten so viele innere und äußere Veranlassungen zusammen, daß Gustav der verführerischen Aussicht, sich die Heldenkrone zu erwerben, die so viele seiner Vorgänger verherrlichte, nicht widerstehn konnte und sich rasch zu einem Kriege mit Rußland entschloß. Was auch die Absichten dieser Macht für die Zukunft seyn mochten, so war doch jetzt nicht der Augenblick an ihre Ausführung zu denken: unstreitig war der König der angreifende Theil, und Rußlands Lage im Jahre 1788 schien seinen Entwurf ungemein zu begünstigen. Vor dem Richterstuhle der Politik ist sein Andenken gerechtfertigt; er konnte voraussehn, daß früher oder später seines Reiches Selbstständigkeit von Rußlands unermeßlicher Macht vernichtet werden würde: der Augenblick war da, in dem er mit überwiegender Wahrscheinlichkeit auf einen glücklichen Erfolg seiner Unternehmung rechnen durfte: nur darin verdient er vielleicht getadelt zu werden, daß er seine Kräfte nicht besser sammelte, und zweckmäßiger und entscheidender gebrauchte. An der russischen Grenze ward eine bedeutende Kriegsmacht zusammengezogen, eh' sich Rußland in Vertheidigungsstand setzen konnte; große Unternehmungen würden gelungen seyn, wenn man auf schwedischer Seite für die unentbehrlichsten Bedürfnisse gesorgt hätte; aber ohne Geschütz, ohne Kriegsnothwendigkeiten, ohne Lebensmittel war es unmöglich, in ein ödes, unfruchtbares Land vorzudringen, das den Soldaten keinen Unterhalt gewähren konnte. —

Unter dem finländischen Adel herrschte über die uneingeschränkte Gewalt, die sich Gustav errungen hatte, dieselbe Unzufriedenheit, wie unter ihren schwedischen Standesbrüdern: gern hätte er die königliche Mündigkeit und die alte Verfassung wiederhergestellt gesehn: durch russische Unterstützung schmeichelte man sich diesen Wunsch am leichtesten erreichen zu können, und die gegenwärtige Gelegenheit schien ihn vorzüglich zu begünstigen. Der finländische Adel durfte überhaupt unter der russischen Regierung auf Rechte und Freiheiten rechnen, die einen großen Reiz hatten, und mit dem Vorwande des Patriotismus konnten die eigennützigsten Absichten bekleidet werden. Ein großer Theil der Offiziere bei der finländischen Armee war im Lande angesessen: nahm der Krieg eine üble Wendung, so waren ihre Güter und Höfe zuerst der Raubsucht und der Wuth wilder Feinde ausgesetzt: sie hatten daher ein persönliches Interesse, mit einem Kriege unzufrieden zu seyn, den der König ohnehin gegen die Reichsverfassung nicht mit Einwilligung der Stände, unternommen hatte, obgleich nach seiner Versicherung die Feindseligkeiten von russischer Seite anfingen. Unter diesen Umständen wird man die sonderbare Verbindung von Anjala erklärlich finden, der zu Folge die Offiziere sich weigerten, über die Grenze zu gehn und Unterhandlungen mit Rußland eröffneten. Der König war in der Nähe und von der ganzen Anlage unterrichtet; auf das Heer blieben der Anführer Gesinnungen ohne Einfluß; der Soldat brannte vor Begierde sich mit den Russen zu messen. Die Verschwörung konnte durch schnelle und kräftige Maßregeln in ihrem ersten Entstehn unterdrückt werden. Gustav's hochfliegende Hoffnungen, womit er den Kampf begonnen hatte, waren herabgestimmt: aber er war zu weit gegangen, um zurückzukehren. Dieser sogenannten

Verschwörung konnte die Schuld der verunglückten Unternehmung aufgebürdet werden, und der König verstand es meisterhaft, sie zu seinen andern Zwecken zu gebrauchen. Unter den Theilnehmern waren einige überspannte Köpfe, die ganz besondre Pläne hatten: einige wollten eine neue oder vielmehr die alte aristocratische Regierungsform wieder einführen, andre Finland von Schweden trennen: unter russischer Garantie sollte eine finländische Republik mit ausgedehntern Grenzen gestiftet werden. Die Vertheidiger des Entwurfs betrachteten Finlands Verbindung mit Schweden als eine Quelle unaufhörlichen Unglücks; seine Lage mache das Land zu einem ewigen Kriegsschauplatz: kaum habe es angefangen, sich von dem Elend vergangner Zeiten zu erholen, so stürze eine neue Fehde es auf Jahrhunderte zurück; nur wenn Finland eine Reihe von Jahren hindurch vor der Furie des Kriegs gesichert sei, würden seine Gefilde mit ergiebigen Saaten prangen, die Gewerbe gedeihn und der Handel Leben und Thätigkeit in seinen Häfen hervorrufen: leichter erhole sich der Süd; wenige Jahre vertilgen des Kriegs verwüstende Spuren: aber so sei es nicht unter dem Pol, in einem Lande, das einem fast achtmonatlichen Winter ausgesetzt ist. Durch solche und ähnliche Gründe suchten sie ihr Luftgebild auch bei dem Volke beliebt zu machen, das unverblendet durch den patriotischen Schimmer, worin sich der Eigennutz verhüllte, den Schweden und ihrem Könige in dankbarer Treue ergeben blieb *).

*) Ausführlicher s. die Abhandlung über Gustav's Leben, Character und Einfluß auf seine Zeit, hinter dem dritten Bande seiner Werke. S. 552 ff.

Der unerwartete Einfall, womit die Dänen Bohus bedrohten, war für den König ein glückliches Ereigniß; er verließ Finland: die Vertheidigung der westlichen Grenzen erforderte nothwendig seine Gegenwart. Unterdessen war der Zeitpunkt verschwunden, wo schnelle und überraschende Schläge vielleicht ein glorreiches Resultat hätten herbeiführen können: aus allen Theilen des unermeßlichen Reichs eilten Truppen nach den bedrohten Gegenden: bald waren die Kräfte sich nicht nur gleich, sondern die Russen wurden den Schweden überlegen. Ruhmvoll war der Kampf für die schwedische Tapferkeit *). Kein schwedisch-russischer Krieg ward so wenig in Finland gefühlt: nur die nächsten Grenzörter wurden von seinen Verheerungen getroffen. Ueberhaupt blieb der Wohlstand des Landes; der Landmann und der Handelsmann gewannen; alle Produkte wurden für die Armee aufgekauft und theuer bezahlt; große Summen kamen in Umlauf; zwar litt die Bevölkerung, nicht sowohl durch den Verlust in Schlachten und Gefechten, sondern durch verschiedne gefährliche Seuchen und die Ungeschicklichkeit der Aerzte: doch war der Schade in wenig Jahren gut gemacht. Der Friede zu Wärälä am 14. Aug. 1790 änderte nichts, weder in den Grenzen noch in den übrigen Verhältnissen, und war ganz auf dem Åboer gegründet.

Unter der Regierung seines Sohns, Gustavs IV. Adolphs, nahm sich das Land in ökonomischer Hin-

*) M. s. die Briefe des Königs an Stedingk, Armfeld, Klingsporr, Pollett, Ruut u. s. w.

sicht außerordentlich auf; die Indůstrie erwachte, ein patriotischer Enthusiasmus bemächtigte sich aller Gemüther, man bestrebte sich, Einöden urbar zu machen, Sümpfe auszutrocknen, die Erzeugnisse des Landes zu vervielfältigen und zu veredeln, und neue Quellen des Erwerbs zu erfinden. Die edelsten und patriotischsten Männer verbanden sich unter dem Namen der finländischen öconomischen Gesellschaft, um gemeinschaftlich das allgemeine Wohl und die Cultur des Vaterlands zu befördern; ihre erste Zusammenkunft hielt sie am 1. Nov. 1797. Am 4. Februar nahm der König sie in seinen besondern Schutz; bald ward sie das Mittel, dessen sich die Regierung zur Ausführung edler und nützlicher Unternehmungen zu Finlands Besten bediente: sie konnte auch keinen geschicktern Händen anvertraut werden, als Männern, die das Land und seine Bewohner genau kannten, die mit allen Bedürfnissen desselben vertraut waren, die sich durch ihre Einsichten das Vertrauen und die Liebe ihrer Mitbürger erworben, und auf ihren eignen Besitzungen Beweise von Verbesserungen und nützlichen Anlagen gegeben hatten, die allgemeine Nachfolge verdienten. Die Gesellschaft wandte ihre Bemühungen auf die zweckmäßige Aufklärung des Volks, es wurden Preise auf faßliche Anweisungen zum bessern Betriebe der Landwirthschaft gesetzt, und die besten Beantwortungen gedruckt und unter den Einwohnern verbreitet. Personen, die sich durch Fleiß und Nachdenken im Betrieb ihrer Gewerbe auszeichneten, Sümpfe und Wüsteneien anbauten, verachtete Produkte benutzten oder neue Nahrungszweige in Aufnahme zu bringen suchten, wurden durch Belohnungen aufgemuntert. Durch die Mitwirkung der Haushaltungsgesellschaft ward die wohlthätige Erfindung der Schutzblattern, zu deren allgemeiner Einführung der König ihrer Verwaltung jährlich 2000 Rthlr. anvertraute, bis zu den entferntesten Gegenden der Provinz verbreitet: edle Patrioten setzten sie durch ansehnliche Geschenke und Vermächtnisse in den Stand, ihren Wirkungskreis zu erweitern: sie bemühte sich bessere Schulanstalten, besonders auf dem Lande, einzurichten. Der König vertraute ihrer Verwaltung seit 1801 auf zehn Jahre jährlich eine Summe von 1000 Rthlr., um dadurch die Anpflanzung der Kartoffeln zu befördern. Zur Beförderung der Stromaufräumungen in Finland setzte der König 1799 eine Commission aus Männern nieder, die im Lande lebten und die vollständigste Kenntniß von demselben besaßen; er bewilligte zum Betriebe der erforderlichen Arbeiten jährlich eine Summe von 6000 Rthlr. und ein Commando von 500 Mann.

Gustav IV. Adolph besuchte Finland zu wiederholten Malen: zuletzt 1802 in Begleitung seiner Gemahlin. Er legte bei dieser Gelegenheit den Grundstein zu einem neuen, prächtigen Gebäude, das er der Universität Åbo widmete, und das sie seit ihrer Stiftung fühlbar entbehrt hatte. Ueberall empfing ihn der lauteste und unverstellteste Jubel des Volks, das in ihm seinen Beschützer und Wohlthäter verehrte: er bereiste selbst die entlegnern Provinzen, um sie anschaulich kennen zu lernen. Zwar schienen die um eben diese Zeit aufgeregten Grenzstreitigkeiten das Land mit einem Kriege zu bedrohn; aber die furchtbaren Wolken zogen glücklich vorüber. Mit welchen Gefühlen mußte der König überall die Spuren einer erhöhten Betriebsamkeit, der Zufriedenheit und des Wohlstandes erblicken! — Mit jedem Jahre nahm die Volksmenge zu, und mit ihr vermehrten sich alle Erzeugnisse des Landes. In einigen Gegenden schlug bei ungünstiger Witterung der Getreidebau freilich bisweilen fehl, aber andre Districte waren im Stande, die bedürftigen Provinzen zu unterstützen: die schrecklichen Jahre, womit das siebzehnte Jahrhundert für Finland endigte, konnten sich nicht wieder erneuern.

Auch die geistige Cultur machte bedeutende Fortschritte; die hohe Schule zu Åbo konnte es kühn mit ihren Schwestern in Schweden aufnehmen: in der Stille und Entlegenheit bildete sich hier eine Reihe von Männern, die dem Jahrhunderte Ehre machten: hier lehrten und wirkten ein Kalm, Linné's Schüler, den die Wißbegierde nach Nordamerika führte, ein Gadd, der große Verdienste um die Aufnahme der Oeconomie in seinem Vaterlande hat, ein Porthan, ein Calonius, ein Menander, ein Tengström, ein Planmann, ein Schultén, ein Hällström u. s. w., Männer deren Andenken in den Jahrbüchern der gelehrten Geschichte nicht untergehn wird, und deren Ruhm um so viel größer ist, da sie den Mangel mancher Hülfsmittel, die ihnen ihre Lage versagt, durch innre Kraft und durch Eifer ersetzten. Selbst die Künste fanden eine freundliche Aufnahme: viele der schönsten Geister aus Gustav's III. glänzenden Tagen bildeten sich in Åbo: die Wellen der Aura lauschten Kellgrens ersten Lautenschlägen; Clewberg (geadelt Edelcranz) ward aus Åbo nach Schweden gerufen, und noch zählt die finländische Hauptstadt einen der lieblichsten Dichter, Franzén, zu den Ihrigen, dessen Gesänge sich durch ihren nationalen Character und ihre Entfernung von dem französirenden Geschmack der neuesten schwedischen Dichter auszeichnen.

In den Stürmen, die den Süden erschütterten, die Europa's schönste Gegenden in eine Einöde zu verwandeln drohten, bei den trüben Aussichten, die kein Hoffnungsstrahl durchdringt, blickte manches Auge freudig nach deiner Heimath hinüber, du edles und treues Volk. Endlich waren deine Todten begraben: fröhlich grünten auf ihren Gebeinen die Saaten glücklicher Söhne. In gesegnetern Zonen erwachte die Sehnsucht nach deinen Küsten und Wäldern, die der Friede umschwebte, wo der Altar der Häuslichkeit noch unentheiligt stand, nach deinen Hütten, in denen es im Schirm der Freiheit dem Bewohner vergönnt war, sich und den Seinen zu leben! Doch unbeständig ist des Menschen Glück, noch unbeständiger die Menschenbrust; das heitre Gestirn, das dir lächelte, ward plötzlich verdunkelt; deine freundlichen Hoffnungen zerstörte auf's neue ein Krieg, der unerwartet auf deinen Fluren entbrannte. Mögen, wenn das Band, das lange Treue und gerechte Dankbarkeit knüpften, gewaltsam zerrissen werden sollte, deine neuen Beherrscher werden, was der Schweden hochherzige Könige dir waren, möge der Same der Cultur und der Freiheit, den sie ausstreuten, sich zu immer schönern Früchten entwickeln!

Zweiter Theil.

Allgemeine Schilderung Finlands, seiner Erzeugnisse und Bewohner.

Erklärung der finländischen Wörter, die hauptsächlich in Ortsnamen häufig vorkommen.

Ala, unten, nieder.
Haapa, Espe.
Harju, Anhöhe.
Hauki, Hecht.
Heinä, Heu.
Hiisi, Riese.
Hirwi, Elenthier.
Järwi, Landsee.
Joki, Fluß.
Iso, Groß.
Kala, Fisch.
Kallio, Felsen.
Kangas, Heide, Sandheide.
Kiwi, Stein.
Kojwu, Birke.
Konna, Frosch.
Korpi, Wald, Wüste.
Koski, Wasserfall.
Kuusi, Tanne.
Kylä, Dorf.
Lambi, (Lammi) Ein kleiner See.
Leppä, Erle.
Linna, Burg.
Luoto, Insel, Schäre.
Maa, Land, Erde.
Mäki, Hügel.
Niemi, Spitze, Landzunge.
Niittu, Wiese.
Niska, Nacken, (der Anfang des Falls bei einer Cataracte.)
Oja, Bach.
Peldo, Acker, Feld.
Pitkä, lang.
Pyhä, heilig.
Rauma, Sund.
Rauta, Eisen.
Saari, Insel.
Salmi, Sund.
Salo, Insel.
Selkä, Rücken, Bucht.
Siika, Schnäpel (schwed.)
Suo, Sumpf, Morast.
Suu, Mündung.
Taipale, Landzunge, eine Stelle, wo die Böte zwischen 2 Seen über Land gezogen werden müssen.
Uusi, Neu.
Waara, Berg, (Lappisch.)
Wähä, Klein.
Wäärä, Krumm.
Wanha, Alt.
Wesi, Wasser, Gewässer.
Wirta, Strom.
Wuori, Berg.
Yli, Ueber.
Yö, Nacht.

I. Finlands Name, Lage, Grenzen und Größe.

Finland ist der germanische Name, der dem Lande vielleicht seiner morastigen Beschaffenheit wegen beigelegt ist; (Fennen, Moräste, Vehncolonie) bei den Eingebohrnen heißt es Suomemaa; man hat diese Benennung von dem Worte Suo, Sumpf, herleiten und den germanischen Namen für eine Uebersetzung ausgeben wollen, allein in diesem Fall müßte es Suomaa heißen. Die Bedeutung des Wortes hat sich im Lauf der Zeiten verloren *). Finland liegt Schweden gegenüber zwischen dem 60 — 66° der Breite, und dem 37° 20′ und 49° 50′ der Länge. Im Süden wird es von der finländischen und im Osten von der bottnischen Bucht umgeben. Im Norden grenzt es an Oesterbottn und Lappland; im Osten an das russische Reich; nördlich an das Gouvernement Archangel, wo eine Kette der nördlichen Alpen eine natürliche Grenze bildet; die südliche Grenze war durch den Åboer Frieden festgesetzt, aber nicht deutlich bestimmt; sie bestand aus 3 Theilen: Erstens,

*) Eben so wenig sind die Herleitungen von Suomus, eine Fischschuppe oder Suoma Gunst, mit der Natur der Sprache übereinstimmend.

es wurden zwei Linien, westlich von Nyslott ausgemessen: dann zog man eine Linie zwei Meilen nördlich von Nyslott, von der die Grenze in grader Linie bis zu der Scheide ging, die Carelen, Nyslott und das russische Gebiet vor Zeiten trennte, beim Tetriensuo (Birkhuhnssumpf), wo eine alte große Fichte zum Grenzmal diente; auf der Südseite ward die Linie so weit gezogen, bis sie die alte Längrenze zwischen Kymmenegård und Nyslott traf, die den zweiten Theil ausmachte; und drittens erstreckte sie sich längs dem Kymmenefluß. Zwischen Schweden und Rußland waren Zwistigkeiten: 1. über die Ausmessung der beiden Meilen westlich von Nyslott; 2. über die wahre alte Grenze, die zu schwedischen Zeiten zwischen den Provinzen Kymmenegård und Nyslott gewesen sei, und endlich 3. über die Inseln im Kymmene. Der Friede von Wärälä bestimmte nichts darüber: im Vereinigungs- und Sicherheitsvertrag, Drottningholm von 19ten October 1791, ward jedoch festgesetzt, daß eine bessere und bestimmtere Regulierung der Grenzen getroffen werden sollte, die aber nicht zu Stande kam: die Russen behaupteten, wegen des Eigensinns der schwedischen Commissarien, die Schweden aber gaben ihnen denselben Vorwurf zurück. Auf dem streitigen Landstriche von ungefähr anderthalb Quadratmeilen lagen 20 Höfe, deren Bewohner seit 1743 gar keine Abgaben bezahlten, nur entrichteten sie der Geistlichkeit in den schwedischen Kirchspielen Randasalmi und Kärimäki ihre Stolgebühren: dessen ungeachtet sind sie so arm, daß sie kaum das tägliche

Brot haben; ehmals waren sie auch ohne Richter, und die Verbrecher hielten sich, um der Strafe zu entgehn, bald auf schwedischem, bald auf russischem Gebiet auf: hernach wurden sie einem vermischten Gericht, das halb aus russischen, halb aus schwedischen Beisitzern bestand, unterworfen. — Finland ist von Norden nach Süden etwa 80 deutsche Meilen lang aber von sehr ungleicher Ausdehnung nach Osten: es ist 30 Meilen (an einigen Stellen noch schmaler) bis 65 Meilen breit; und der Flächeninhalt beträgt nach einigen (Wetterstedt) 5431, nach andern (Djurberg) 4568 geographische Quadratmeilen.

II. Gebirge und Wasserzüge.

Das Hochgebirge, das auf der Westseite der Ostsee zwischen Schweden und Norwegen fortstreicht, sendet auch nach Osten Arme ab; zuerst streicht es längs den Lappmarken, die es von Rußland trennt, es läuft durch Oesterbottn fort und bildet die Grenze zwischen den Kirchspielen Sottkamo und Paldamo und Rußland. Bei Kojwataipal (Birkenisthmus) geht ein ansehnlicher Seitenrücken ab, der durch verschiedne Zweige die vielen und großen Wasserzüge trennt, die das Land durchschneiden, um sie durch besondre Ausflüsse in's Meer zu führen. Der Hauptarm (Maanselkä) erstreckt sich von Kojwataipal zuerst nach Westen und trennt Cajaneborg von Sawolax und Carelen, wendet sich dann nach Süden und macht die Grenze zwischen Oesterbottn und Sawolax, so daß Oesterbottn gleichsam ein besondres, von dem übrigen Finland abgesondertes Thal bildet. Von dem Hofe Rönkö im Kirchspiel Pyhäjoki in Oesterbottn geht er erst westlich, dann südwestlich und zuletzt südlich, bis zum Wesijakosee im Kirchspiel Padsjoki in Tawastland, das mitten auf diesem Bergrücken liegt. Von hier streicht er weiter durch das Kirchspiel Hollola, wendet sich anfänglich südwestlich, dann westlich und endlich nordwestlich, bis zu der Capelle Luwia südlich von Björneborg, wo er allmälig gegen die Seeseite verschwindet. Alle Seen und Wasserzüge auf der West- und Nordseite dieses Hauptzweigs des Landrückens haben ihren Auslauf in die bottnische, aber die auf der Ost- und Südseite in die finländische Bucht. Von diesem Hauptzweige theilen sich mehrere Seitenäste; 1. Einer bei Rönkö, der südöstlich und südlich durch die Kirchspiele Idensalmi, Kuopio, Piexemäki, St. Michel und Christina läuft und die Carelschen Gewässer und den Saimen einschließt; 2. einer südlich von der Kirche Hollola, der südöstlich zum Dorfe Keltis läuft und alle Wasserzüge einschließt, die in den Päijäinesee fallen; 3. einer bei dem Hofe Ruokanen, der zwischen den Kirchspielen Lappfjord und Sastmala bis an die See bei Björkskär streicht; er schließt auf der einen Seite alle ostbottnische Wasserzüge ein, die durch verschiedne Ausflüsse in die bottnische Bucht fallen und nach der andern Seite zugleich mit der Krümmung, die der Hauptzweig nach Luwia macht, alle Tawastländische und Björneborgsche Seen, die durch den Kumofluß denselben Ausfluß haben. Alle Wasserzüge auf der südlichen Seite der Krümmung, die der gedachte Hauptzweig des Landrückens bildet, rinnen durch verschiedne Ausläufe in die finländische Bucht hinab. An mehrern Stellen streichen Sandhügel in langen Ketten fort, die sich hin und wieder zu Heiden ausdehnen, an andern Stellen aber hoch, steil und so schmal werden, daß kaum ein Reuter darauf fortkommen kann. Merkwürdig ist der Sandrücken, der von dem Konnensuo (Froschsumpf) 5 Meilen nördlich von der Kirche Idensalmi in Sawolax anfängt, sich erst südöstlich in's russische Finland zieht, hernach westlich wendet und durch Tawastland bis nach Nyland streicht, wo er sich in großen Sandheiden am Meer verliert. Einzelne Gebirge und Gebirgketten finden sich überall im Lande.

Ganz Finland wird von unzähligen meist sehr großen Seen durchschnitten, die bald durch einen schmalen Sund, bald durch einen Wasserfall und bald durch einen größern Fluß miteinander in Verbindung stehn; zum Theil sind sie mit Inseln übersäet und oft glaubt man sich mitten im Lande in eine Küstengegend versetzt. Ueberall bilden die Seen, die mannichfaltigen Krümmungen der Ufer, die bald eben, bald mit Wäldern besetzt sind, die schönsten und malerischsten Aussichten. Die kleineren isolirten Wasserzüge abgerechnet hat Finland außer Oesterbottn drei große Wässersysteme; 1. die Gewässer von Björneborg und Tawastland. Von der Grenze des Kirchspiels Pedersore, neben dem ostbottnischen Landrücken, zieht sich ein großer Wasserzug durch das Kirchspiel

Ruowesi zum großen Näsijärwi; er wird verstärkt durch den Keurunselkä in Oesterbottn und das Kuorewesi, und stürzt sich bei Tammerfors in den Pyhäjärwi. Ein andrer Wasserzug führt das große Langelmäwesi mit den vielen einfallenden kleinen Gewässern durch den Wasserfall bei Ihare in das Pelkärewesi, das durch den Kostiastrom in den Roine oder das Mallaswesi fällt, worin sich auch ein dritter großer Wasserzug aus den Kirchspielen Padasjoki, Lampis und Hauho ergießt. Alle diese Wasser rinnen alsdann durch die Cataracten bei Apia, den Walkiakoski und den See im Kirchspiel Säxmäki in den großen See im Kirchspiel Akkas, wo von Osten her der vierte Wasserzug zustößt, der aus dem Kirchspiel Lampis kommend in das Wanjawäsi fällt, das durch neue Zuströmungen verstärkt durch die Cataracte Kuokkala in den großen See im Kirchspiel Wesilax strömt, der sich mit dem Pyhäjärwi verbindet. Die auf diese Art vereinigten Gewässer stürzen alsdann durch den Strom Nokia (der Schornsteinfeger) in das Kulowesi, wo der fünfte große Wasserzug, der die Kirchspiele Ikalis und Kyro durchschneidet, von Norden her nebst den Wassern aus dem Kirchspiel Mouhijarwi zufließt; sie laufen alsdann durch das Kirchspiel Tyrwis bis zum Anfang des Flusses Kumo, der nicht nur viele kleine Wasserleitungen aufnimmt, sondern dem der beträchtliche L o i m i j o k i noch einen sechsten Wasserzug (die Gewässer von Tammola in Tawastland, deren größtes ebenfalls der Pyhäjärwi heißt,) zuführt: der Kumojoki fällt bei Björneborg in's Meer. II. Das Waſſersystem des Päjjäine in Tawastland, das theils aus den vielen ansehnlichen Seen der Kirchspiele Wiitasaari, Saarijärwi und Rautalambi, durch das Kirchspiel Laukas (im südlichen Oesterbottn), theils aus Jämsä, Kuhmois und Padasjoki, theils aus dem großen Puulawesi, in den Kirchspielen Kangasniemi und St. Michel durch die Gemeinen Gustav Adolph und Sysmä, und theils aus dem Wesijärwi im Kirchspiel Hollola im Päjjäine versammelt wird. Es fließt durch den Wasserfall Kalkis vor Heinola vorbei in den Kymmene, der durch verschiedne Gewässer auf beiden Seiten der Reichsgrenze verstärkt wird und in die finländische Bucht fällt. III. Das Wassersystem des Saimen, das theils aus dem nördlichsten Theil der Kirchspiele Idensalmi und Kuopio zu mehrern ansehnlichen Seen versammelt wird, und durch den Wasserfall bei Warkaus herabfällt, theils aus den Carelschen Seen durch den Oriwirta im Haukiwesi: von hier fließt diese vereinte Wassermasse Nyslott vorbei in den Saimen herab und stürzt sich durch den Wuoxen weiter in den Ladoga. Die ganze Verkettung von Gewässern beträgt über 40 Meilen. Der obere Theil ist 278, der mittlere 267 und der niedrigste gleich unterhalb Warkaus über 250 Fuß über die Meeresfläche. In dem obern Theil trifft die Schiffarth an verschiednen Stellen Hindernisse. Von Warkaus, wo sie durch einen starken Fall, der zwischen mehrern Inseln zusammengedrängt und 15 Fuß 5 Zoll hoch ist, unterbrochen wird, können Fahrzeuge, die 5 — 6 Fuß gehen und mit 250 — 300 Zwölftern Bretter beladen sind, ungehindert bis nach Willmanstrand (ungefähr 20 Meilen) segeln. Ungeachtet die Verbindung der Carelschen Seen durch verschiedne Cataracte sehr beschwerlich wird, nutzen die Einwohner sie doch, um in den Saimen zu kommen, und die Geschicklichkeit und die muthige Geistesgegenwart des Volks ist so groß, daß sich selten ein andres Unglück ereignet, als daß die Boote mit Wasser angefüllt oder gegen Steine zerschmettert werden. — Oesterbottn hat außer verschiedenen kleinen Strömen, die vom Landrücken herabfallen, zwei bedeutende Wasserzüge: I. den Uleåwasserzug; im Uleåsee sammeln sich alle Gewässer, die im Lån Cajaneborg entspringen, von verschiednen Seiten: durch den Uleåfluß werden sie alsdann in die bottnische Bucht geführt. II. Den Kyrostrom, der einen beträchtlichen Landstrich von den Grenzen des eigentlichen Finlands an durchfließt, ohne doch großen Binnenseen zum Abfluß zu dienen. Von ähnlicher Beschaffenheit sind die kleinen Wasserzüge im eigentlichen Finland und Nyland *).

Die Seen und die Sümpfe und die Moore, die zum Theil aus ihnen entstehn, nehmen wenigstens ein Dritttheil von dem Flächeninhalt des Landes ein: sie sind in mancher Hinsicht für den Ackerbau nachtheilig: sie verderben und verschlimmern das Clima durch ihre kalten und ungesunden Ausdünstungen und verwandeln oft die tragbarsten Felder in gefährliche Frostbehälter. Diese letzte Ungelegenheit ist besonders bedeu-

*) Åbo-Tidning 1803. nr. 95.

bedeutend und wirkt mehr zum Nachtheil des Ackerbaues, als man bei'm ersten Anblick glaubt. Während des ununterbrochnen Winters, der in einigen Gegenden 2 Dritttheile des Jahrs dauert, bleibt aller Niederschlag im Lande. Die Ströme hören auf zu fließen und frieren nicht selten bis auf den Grund. Der plötzlich einfallende Sommer schmelzt das Eis und den Schnee in großer Schnelligkeit; eine ungeheure Wassermasse entsteht und dringt mit Gewalt hervor. Die gewöhnlichen Ableitungscanäle, die großen und kleinen Ströme, Flüsse und Bäche, reichen nicht hin, sie fortzuführen. Das Wasser überschwillt die Ufer, macht Durchschnitte, nimmt Bäume, Erde und Steine mit fort, die entweder gleich niederfallen oder sich an den engsten Stellen setzen, wo sie ein neues Hinderniß für den Abfluß des Wassers werden und die Ueberschwemmung vermehren, die sich oft weiter als eine Viertelmeile zu beiden Seiten des Wasserzugs erstreckt. An vielen Orten tragen schlecht oder unvorsichtig angelegte Dämme für Korn- Sägemühlen oder zum Behuf der Fischerei zu diesen Ueberschwemmungen bei. Das Land ist glücklich und hat sogar Vortheil, wenn eine solche Inundation zeitig eintritt und bald vorüber geht; kommt aber der Frühling spät, oder bleibt das hohe Wasser mehrere Wochen, vielleicht den ganzen Sommer, so ist nicht nur die Aerndte und der Jahrwuchs auf den überschwemmten Feldern verloren, sondern der Boden wird auch so ausgesogen, daß er in vielen Jahren nicht wieder zu einem ergiebigen Ertrag gebracht werden kann.

Durch eine Aufräumung der Flüsse und durch eine Verbindung dieser großen Wasserzüge würde das Land außerordentlich gewinnen; man hat auch zu allen Zeiten darüber die schönsten Projecte gemacht; nur leider! oft ohne die nothwendigen Kenntnisse, ohne Rücksicht auf die örtliche Beschaffenheit und die ungeheuren Kosten, die ihre Ausführung erfordern würde. Kostbare Schleusen und Kanaleinrichtungen sind nicht für Finland geeignet: die Beschaffenheit der Wasserzüge, der kurze Sommer, der lange Winter und die starke Kälte sind für solche Anlagen gar zu ungünstig. Die Vortheile, die das Land davon erwarten darf, würden auch den Kosten nicht entsprechen *).

Die Küsten der bottnischen sowohl als der finländischen Bucht sind mit Klippen, Inseln und Schären besetzt; daher ist die Schiffarth in beiden Gewässern sehr gefährlich. Die finländischen Schiffer, die zum Theil aus Bauern bestehn, besitzen oft nur sehr geringe nautische Kenntnisse, fahren häufig ohne Seecharten und richten sich blos nach den Landzeichen: die vielen Unglücksfälle, die sich hier so häufig ereignen, werden theils durch Unkunde und Unvorsichtigkeit, (bei ihrer Rückkehr nehmen die norrbottnischen Fahrzeuge immer zu wenig Ballast ein) theils durch die heftigen Stürme und im Frühling durch das Treibeis verursacht.

*) S. N. G. Schultén om finska Insjöarnes och vattudragens beskaffenhet, Stockh. 1802. 8.

III. Clima und Folgen desselben.

Auch das Clima muß in einem so weitläuftigen Lande sehr verschieden seyn. Beim Sommersolstitium hat Finland kaum eine vierstündige Nacht. Die Sonne geht zwischen 2 und 3 Uhr auf und zwischen 9 und 10 Uhr unter. Selten geht ein Winter vorbei, worin die Kälte nicht bis 26° steigt, doch sind viele Tage weit gelinder und oft thaut es mitten im Winter mehrere Tage hinter einander. Er fängt in der Mitte Octobers an und endigt in der Mitte des Mai's: er dauert also 7 Monate und in den nördlichen Gegenden noch länger: der Landmann hat also kaum 5 Monate, um auf eine so lange Zeit Vorräthe für sich und seine Familie und Futter für sein Vieh einzusammeln. Der Frühling fällt nicht viel später ein als in Upland: Upsala erfreut sich ungefähr nur 4 Tage früher des Anblicks des Lenzes als Åbo, in Stockholm aber ist die Vegetation um 8 Tage zeitiger. Die Waldgegenden erblicken den Frühling eher als die Schären und Küsten; der äußerste Schärenbewohner macht seine erste Reise nach Stockholm bisweilen wohl am Ende des Februar, aber über die Meersbuchten zwischen den innern Schären gleitet der Schlitten bis zum Anfang Aprils und oft noch länger. Die späte Erscheinung des Lenzes wird hauptsächlich dem Treibeise zugeschrieben. Die Nachtfröste dauern oft bis in den Sommer fort: sie sollen in neuern Zeiten häufiger geworden seyn: man hat bemerkt, daß die kalten Nächte hauptsächlich durch Nordwestwinde bewirkt werden: ganzer Nord ist immer etwas gelinder, mit einer Wendung von wenigen Strichen nach Osten bringt er Wärme und am wärmsten ist ganzer Ostwind: diese Winde sind vermuthlich deswegen so kalt, weil sie über das Eis, besonders an der Westkuste der bottnischen Bucht streichen: vom Meer entfernte Oerter selbst unter einer größern Polhöhe werden nicht selten von den Frostnächten verschont, die an den Küsten Schaden verursachen. Nur einen Monat bleibt der Frühling. Der Sommer ist besonders im Julius oft so warm, daß das Thermometer 30° über den Gefrierpunct steigt, selten 2 oder 3° höher. Die Sommerwärme in Häusern hält sich bis gegen das Ende Augusts gemeiniglich auf 20 — 27°. Der Sommer ist in den Schären nicht wärmer als im Lande: doch reifen des häufigern Regens und Thaus wegen hier alle Gewächse zeitiger als dort. Die Schären haben einen Monat länger Herbst als die innern Gegenden. Der Mai und Junius sind sehr trocken: und wenn die Pflanzen nicht durch die Feuchtigkeit getränkt würden, die der Frost in der Erde zurückläßt, würde Finland sehr unfruchtbar seyn. Im August und September regnet es am meisten. Der September und October sind sehr stürmisch: am allgemeinsten ist der Nordwest. Süd- und Südwestwind bringen Thau und milde Witterung. Am kältesten sind der Nord und im Lande der Nordost.

Das Clima ist sehr gesund; die Pest hat sich nie weiter als in die Seestädte und die benachbarten Kirchspiele verbreitet: vermuthlich lag die Ursache indessen nicht sowohl in der Beschaffenheit der Luft als in dem Mangel an Communication, und an dem Umstande, daß der Ansteckungsstoff in der Zeit, wenn die Bewohner entfernter Gegenden die Städte besuchten, seine Wirksamkeit verliert. Die entlegensten Waldgegenden und die Schären zunächst am Meer sind am gesundesten; hier soll von 60 Menschen jährlich nur Einer sterben und man rechnet auf jede Ehe etwas mehr als 5 Kinder; auf dem platten Lande und in volkreichern Kirchspielen stirbt jährlich jeder 40ste und 45ste Mensch; auf die Ehe kommen etwas mehr als 4 Kinder. In den kleinern Seestädten stirbt etwa der 40ste und 45ste, und in Åbo, einer Mittelstadt, jeder 30 und 35ste: in diesen letztern Orten können etwa 3 — 4 Kinder auf die Ehe gerechnet werden. Die größte Sterblichkeit in Finland herrscht in den Kirchspielen Rimito und Tössala im eigentlichen Finland, in denen jährlich der 23ste bis 25ste Mensch stirbt und kaum 3 Kinder auf die Ehe kommen; sowohl die Lage und natürliche Beschaffenheit dieser Gegenden, als die Nahrung und Lebensart der Einwohner bewirken ein so ungünstiges Verhaltniß *)

IV. Producte und Gewerbe.

Finlands hauptsächlichste Erwerbs- und Nahrungsquellen sind der Ackerbau, der Gewinn aus den Wal-

*) S. P. A. Gadd om finska Climatet och dess Följder, Stockh. 1761. S. 12 ff. S. unten V.

dungen, die Viehzucht, die Jagd und der Fischfang. An den meisten Stellen ist der Boden gut und ergiebig; eine Menge Sümpfe und Moräste können angebaut und zum Ertrag gebracht werden. Am fruchtbarsten sind das eigentliche Finland, Nyland und das südliche Oesterbottn; dann folgt Tawastland mit Ausnahme des nördlichen Strichs; Sawolax und Carelen hat schlechtern Boden und noch schlechter ist er im größten Theil des nördlichen Oesterbottns und in Cajanalän, wo Sandheiden mit niedrigen Morästen und Sümpfen abwechseln. Der Ackerbau würde noch weit größere Fortschritte machen, wenn der Landmann nicht durch folgende Hindernisse sehr gefesselt würde: 1) das ungünstige Clima, das ihm nur eine kurze Zeit auf die Bestellung seines Ackers zu wenden verstattet, und das ihn zugleich zwingt, noch manche andre Arbeiten, z. B. den Bau und die Ausbesserung seiner Häuser, in eben diesem beschränkten Zeitraum vorzunehmen. Besonders nachtheilig sind die langen Winter, weil es dem Bauer ganz an Geschäften für denselben fehlt. Die im Innern und weit nach Osten wohnenden Landleute können wegen des ungeheuren Wegs die Producte nicht nach den Seestädten schiffen: höchstens einmal in 4 oder 5 Jahren macht der Hauswirth eine Reise zur Stadt. Die männlichen Personen haben den Winter über nichts anders zu thun, als soviel Holz und Kien zu spalten, als täglich in der schwarzen Hütte gebraucht wird. 2) Die geringe Bevölkerung, besonders in den innern und obern Gegenden, die den Geldumlauf und die Vertheilung der Arbeiten sehr erschwert. Das Land ist zu schlecht bebaut; an vielen

Stellen findet man nicht einmal einen Fahrweg zwischen den Höfen. Jeder Hofbesitzer hat daher eine eigne kleine Wind- oder Wassermühle, worauf ihn jede Tonne Getreide dreidoppelt soviel kostet, als wenn er sie zu einer ordentlichen Mühle schickte; die Einrichtung, die Ausbesserung und die Aufsicht, die diese schlechten finländischen Mühlen erfordern, rauben andern Arbeiten Zeit und Hände; und doch muß der Bauer oft zur Handmühle seine Zuflucht nehmen, wenn das Werk entweder beschädigt ist oder es an Wind und Wasser gebricht. So geht es ihm in allen andern Dingen: alle seine Bedürfnisse soll er selbst erzeugen, veredeln und in brauchbaren Stand setzen. Selbst den Schneider, Schuster und Schmidt sieht er selten und blos um allenfalls einige Sonntagskleider und die allernöthigsten Geräthschaften zu verfertigen. So unbedeutend seine Abgaben auch sind, so sind sie doch sehr drückend, weil es ihm an aller Gelegenheit zum Geldverdienst fehlt: seine nächsten Nachbaren ohne Unterschied treiben dieselbe Nahrung, bringen dieselben Waaren hervor und haben dieselben Bedürfnisse: es fehlt daher im Lande aller Waarentausch. 3) Die Beschwerlichkeit des Absatzes, die alle Lust erstickt, mehr hervorzubringen als zur eignen Consumtion erforderlich ist. Die Winterreisen sind äußerst beschwerlich. Eine Reise zur Stadt kostet 2 — 5 Wochen und bei schlimmen Wegen noch mehr Zeit, je nachdem die Entfernung größer oder geringer ist: eine Fuhre besteht höchstens aus 3 Tonnen (12 Scheffeln). In den entlegnern Gegenden hat das Getreide daher immer einen geringen Werth: man giebt lieber ein Viertheil Rocken als einige wenige Schillinge in baarem Gelde: für ein hölzernes Geschirr ist der gewöhnliche Preis soviel Korn als es faßt. 4) Die geographische Lage, die für den auswärtigen Handel sehr ungünstig ist; an seine nächsten Nachbaren kann Finland seine überflüssigen Producte nicht absetzen, weil sie grade dieselben Erzeugnisse hervorbringen und die Entlegenheit und die schwierige Schiffahrt in den engen und gefährlichen Gewässern, die das Land umgeben, machen es dem finländischen Kaufmann schwer, sich fremde Märkte zu suchen.

Die vornehmsten Getreidearten sind Gerste und Rocken; die Erbsen sollen erst seit etwa 150 Jahren in Finland bekannt seyn *), allein die Sprache hat ein eignes Wort, Papu, dafür; (die Bohne heißt Härkänpapu, Ochsenerbse); man baut meistens die kleine graue Erbse. Buchweizen wird in Carelen, Sawolax und auch in Tawastland in Menge gesäet. Weizen und Hafer werden wenig gebaut. In Uleåborg wird der Winterrocken um die Mitte des Augusts gesäet, schießt in der spätern Hälfte des Jun. in Aehren, blüht gegen den 13. Aug. und wird am Ende Augusts geärndtet. Der jährliche Ertrag ist zwischen dem 5ten und 6ten Korn. Die Gerste wird in den letzten Tagen des Mai's bis zum Junius gesäet. Sie bleibt sehr klein und giebt zwischen dem 4ten und 5ten Korn. Im südlichen Finland ist die sicherste Saatzeit zwischen dem 9ten und 15ten Mai und das Getreide reift gemeiniglich binnen

*) Gadd a. a. O. S. 21.

12 bis 16 Wochen. Der Ertrag ist hier weit größer: in Nyland ärndtet man selten unter dem 6ten Korn, häufig das 10te bis 12te, bisweilen das 13te und darüber. Im Durchschnitt rechnet man in guten Jahren auf das 8te Korn vom Rocken und auf das 7te von der Gerste. Das meiste Unkraut in den Aeckern läßt sich leicht ausrotten: am verderblichsten sind das Quäckgraß und die Ackerdistel. Die Ackerschnecke (Limax agrestis) frißt im Herbst die aufgeschoßne Wintersaat ab, schadet aber den Wurzeln nicht: einen desto gefährlichern Feind haben die Saaten aber an einer Schnakenart (Tipula agrestis atra) *). Die Ackergeräthe sind in einigen Gegenden noch sehr unvollkommen und verdienen verbessert zu werden, wozu die Haushaltungsgesellschaft durch die Anlegung einer Sammlung von Modellen die Hände geboten hat. Ueberhaupt hat die Oeconomie in neuern Zeiten sehr gewonnen, theils durch die Aufhebung der Gemeinheiten, die an der Seeküste ziemlich allgemein durchgesetzt ist, und deren großer Nutzen sich auch den verständigen Bauern aufgedrängt hat, theils durch das Beispiel eifriger und einsichtsvoller Patrioten: das südliche Finland schickt daher in guten Jahren im Durchschnitt etwa 45000 Tonnen Getreide aus; (1795 über 100000). Indessen leiden die Saaten durch die unbeständige Witterung und besonders die Nachtfröste außerordentlich: so ward z. B. 1797 das Getreide in Wasalän durch Nachtfröste, die vom

*) Diesen Namen hat das Insect bei Gadd: die Schweden nennen es Rötmask.

18. Jun. bis zum 1. August währten, dergestalt verdorben, daß es gleich zum Futter abgeschlagen werden mußte. In vielen Gegenden fällt daher Mißwachs ein. Da das finländische Getreide auf Darren getrocknet wird, so ist es einer langen Aufbewahrung fähig. An den meisten Oertern hat man Magazine angelegt, woraus die Einwohner zur Zeit der Noth mit Korn unterstützt werden sollten: allein sie sind zum Theil schlecht organisirt und der Vorrath reicht selten hin, um wirklicher Verlegenheit abzuhelfen. Die Finländer, besonders in den nördlichen Gegenden, bisweilen selbst im eigentlichen Finland und Nyland, müssen daher zu allerlei Surrogaten ihre Zuflucht nehmen. Man bereitet Brot aus Föhrenrinde, die im Frühling zu diesem Behuf gesammelt und so viel als möglich von allen harzigen Theilen gereinigt wird; wer irgend kann, vermischt es mit etwas Mehl. Andre benutzen die Weißwurzel (Convallaria polygonatum) zum Brot. Das Stampfbrot wird aus leeren Aehren, Spreu, Stroh und etwas Mehl gemischt. Dieses Nahrungsmittels bedienen sich die Bauern in Oesterbottn, selbst wenn sie einen ziemlichen Vorrath von Getreide haben. Bier und reines Brot kommt selbst nicht auf den Tisch der Vermögendern, außer bei großen Festen oder wenn der Pastor catechisirt. In neuern Zeiten hat man die wichtige Entdekkung gemacht, daß auch das Renthier- und isländische Moos zu Mehl zerrieben werden kann und ein gesundes und ziemlich wohlschmeckendes Brot gebe. Die erstere Art ist in Finland häufiger als die leztere. Das Moos braucht drei Jahre, um zu seiner völligen Reife zu gelan-

gen. Johannis und Michaelis sind die bequemsten Zeiten, es einzusammeln. Besonders ist dem isländischen Moose eine gewisse Bitterkeit eigen, die sie jedoch durch wiederholtes Kochen verliert. Alsdann wird das Moos getrocknet und entweder in Säcken oder auch auf einer Mühle zerrieben; das Renthiermoos läßt sich leichter in Mehl verwandeln. Es wird entweder allein oder mit einem Zusatz von Gersten- Rocken- oder Habermehl verbacken. Die Haushaltungsgesellschaft hat sich viele Mühe gegeben, die Einwohner zur Benutzung dieses Nahrungsmittels aufzumuntern; sie hat Anweisungen zur Bereitung desselben drucken lassen und unter das Volk vertheilt *), Proben der rechten Moosarten nach allen Gegenden hingeschickt und Reisende ausgesandt, um das Volk mit der besten Bereitungsart bekannt zu machen. Anfangs fanden ihre Bemühungen große Schwierigkeiten. Die Leute verwechselten andre zum Theil schädliche Flechtenarten damit und verabscheuten es seitdem als ein giftiges Kraut. In manchen Gegenden wurden die Belehrungen mit Kälte und Gelächter aufgenommen, besonders in Nyland, wo die Bauern an ein üppigeres Leben gewohnt sind. Selbst der Fanatismus widersetzte sich; man hielt es für sündlich, dem Vieh seine Nahrung zu verkümmern, und sah Mißwachsjahre für eine Strafe der Gottheit an, der sich der Mensch unterwerfen müsse.

Die Finländer haben eine ganz eigenthümliche Art

*) Om Brödbakning af Renmossa, in Hushållsunderrättelser för menige Man, I. Åbo 1801. S. 53.

des Ackerbaus, die anfangs überall gebraucht ward, jetzt aber nur noch in einzelnen Gegenden, besonders in Oesterbottn, in Sawolax und Carelen vorkommt: die Schweden nennen sie Svedjen, Absengen, die Finländer haben verschiedene Namen, da die Operation verschieden ist. Es giebt 5 Arten, Wälder und Brüche in Aecker zu verwandeln. 1) Pykälekomaa, (ausgeschnittnes Land.) Sie wird meistens auf trocknen, mit etwas Erde vermischten Sandheiden angewandt, die mit größern und kleinern Fichten und etwas Laubholz bewachsen sind. Erst wird den größern Bäumen die Rinde abgestreift, damit sie desto eher vertrocknen: nach 14 bis 15 Jahren wird alles kleine Laub- und Nadelholz gefällt und vermittelst der großen verdorrten Stämme angezündet. Die Aerndte mißglückt in so bereiteten Feldern häufig und diese Art ist für die Waldungen am allerschädlichsten. 2) Huctu. Die schönsten, herrlichsten Bäume, die zu Bauholz und Masten tauglich sind, wie die elendeste Weide, werden ohne Schonung abgehauen und verbrannt: an solchen Stellen wächst in Jahrhunderten kein Wald wieder. Wenn die Witterung günstig ist, d. h. gleich nach der Aussaat Regen einfällt, so schießt das Getreide gut empor; allein wenn die Saat, die wegen der vielen übrigbleibenden unverbrannten Stöcke, die in allen Richtungen das Feld bedecken, nicht leicht untergepflügt werden kann, lange ohne Regen bleibt, so verfault sie entweder oder wird von den Vögeln verzehrt. 3) Yli Palo (Ueber Brand), um die rauhesten Wüsten zuerst zu tragbaren Feldern umzuschaffen. Bei'm Ende des Winters im April und Mai wird das Holz ordentlich reihenweise gefällt, und bleibt alsdann das ganze Jahr hindurch unberührt liegen, um zu trocknen, und alle niedrige Gewächse, Moose u. s. w. zu tödten. Der ganze Holzschlag wird im folgenden Frühjahr angezündet und abgebrannt: im Sommer werden die unverbrannten Zweige und Stöcke abgehauen, in langen Strecken zusammengelegt und im dritten Sommer angezündet. Das Anbrennen der Erde wird sorgfältig vermieden. Die gröbern Stämme bleiben in ihrer parallelen Lage unangerührt. Das Feld wird darauf besäet und mit einem eignen dazu eingerichteten Pfluge umgepflügt. Alsdann überwächst es nach 20 bis 30 Jahren mit Laubholz, das 4) zu Kaski (Laubholz) geschlagen wird. Es wird im Juli und August gefällt, und das Nutzholz vorher herausgehauen und zu andern Zwecken angewandt: die kleinern Zweige werden abgeschnitten und auf den Boden gestreut: um den Brand zu befördern, werden im Winter 6 Ellen lange Haufen trockner Fichten und Föhren herbeigeführt, angezündet und das Feuer mit eisernen Haken überall hinverbreitet. Hierauf wird Rocken gesäet: einige säen im folgenden Sommer Hafer und im dritten Jahre wieder sibirischen Buchweizen: allein da durch das viele Pflügen der Aufflug des jungen Holzes verhindert wird, so ist die Frage, ob diese öftere Bestellung vortheilhaft ist. 5) Wiertomaa (gewalztes Land.) Es wird auf Aeckern angewandt, die meistens mit zartem und sparsamen Laubholz, mit etwas Fichten und Wachholder vermischt, bewachsen sind: dadurch kann der Boden nicht gehörig gesvedjet oder abgesengt werden, es werden also große Baumstämme herbeigebracht und brennend über den Boden herumgezogen *).

Die neuern Oeconomen haben gegen diese Arten des Ackerbaus sich stark erklärt und die Regierung hat es durch mehrere Verbote eingeschränkt: man sagt 1) es wird dadurch die schrecklichste Holzverwüstung angerichtet; 2) der Ertrag kann nie die Arbeit gut machen, die es erfordert, da man nur einen, höchstens zwei Einschnitte hat; 3) es wird in den Wäldern die gute Gartenerde, die seit vielen Jahren durch Laubfall, verfaulte Tangeln, Zweige und Bäume entstanden ist, verdorben; 4) es entstehen daraus große Waldbrände, die oft meilenweit beträchtliche Verheerungen anrichten. 5) Die Arbeitslust des Bauern wird dadurch von ordentlichem Ackerbau und verständiger Wiesencultur abgeleitet. Allein diese Vorwürfe treffen hauptsächlich nur die beiden ersten, allenfalls die fünfte Art. Yli Palo und Kaski scheinen aber für Carelen und Sawolax, wo sie am meisten getrieben werden, ganz geeignet zu seyn: der Bauer verfährt auch ganz systematisch nach einer ordentlichen Wechselwirthschaft. Er läßt den Kaskiacker 20 höchstens 30 Jahre (in einigen Stellen nur 12 bis 15 Jahre) ruhn und sich wieder beholzen; unterdessen geht er zu einem andern Holzschlag, den er svedjet, bis er zu dem ersten zurückkehrt. Der Boden ist in diesen Land-

*) Gadds afh: om medel at underhålla och öka skogsväxten i Finland, 1 und 2. Åbo 1792 und 95. 57 S. 4.

schaften schlecht und ohnehin werden nur solche Striche abgesvedjet, die kein brauchbares Holz, sondern nur schlechte und verkrüppelte Bäume hervorbringen. Die Bäume, die der Bauer in seiner Wirthschaft brauchen kann, fährt er zuerst fort, und zum auswärtigen Handel mit Holzwaaren hat er gar keine Gelegenheit *).

Ein großer Theil Finlands, besonders Oesterbottns, besteht in Sümpfen: in neuern Zeiten hat man vielen Fleiß auf ihre Urbarmachung verwandt; das Volk ist von der Einträglichkeit dieses Geschäfts so überzeugt, daß man gegenwärtig selbst Moräste von der schlechtesten Art aufnimmt. Sie erfordern weniger Arbeit, weniger Aussaat und gar keinen Dünger: die Arbeiter, die dazu angestellt werden, erhalten aber eine größere Bezahlung, als andre, die zu den gewöhnlichen Geschäften gebraucht werden. Die Finländer haben dafür den eignen Ausdruck Kyttå (Torf oder Rasen abbrennen.) Es giebt eine doppelte Art von Morästen, nämlich Brüche, die durch natürlichen Abfall so vom Wasser befreit werden, daß Bäume in ihnen fortkommen, und die auf einen ergiebigen Ertrag die sicherste Aussicht gewähren, und eigentliche Sümpfe, worin nur Zwergbirken, einige Weidenarten, Wassergewächse u. d. g. erzeugt werden. Wenn sie mit Gräben durchzogen sind, wird das Holz gefällt und im dritten Jahr angezündet; darauf wird Rocken gesäet, der im folgenden oder vierten Jahr geärndtet wird. Das abgeschnittne Getreide wird in

*) M. s. Ny Journal uti Hushålningen 1792. S. 35 und 1794. S. 110.

Haufen gesetzt, und im Winter eingefahren, weil man in den andern Jahrszeiten nicht hinzu kommen kann. Da sich in einem Jahre nicht alle Wurzeln herausbringen lassen, so werden sie nach dem ersten Einschnitt ausgerodet und verbrannt, worauf der Acker wieder bestellt wird: auf diese Art fährt man so lange fort als noch unverbrannte Wurzeln übrig sind. Hernach überläßt man das Sumpffeld der Natur; sobald das Laugensalz verwittert ist, schlägt Holz auf, das abgeschwedjet wird, worauf das Land Gras erzeugt. Bei den eigentlichen Sümpfen kommt es hauptsächlich darauf an, sie zum Holzwuchs zu bringen. Uebrigens kommt, wenn das Kytten gelingen soll, vieles auf die Beschaffenheit der Moräste an, und, um diesen Zweig des Landbau's mit Erfolg zu treiben, werden Uebung und Beobachtungsgabe erfordert *).

Der Kartoffelbau ist erst seit 1762 durch die aus Pommern zurückkehrenden finländischen Soldaten eingeführt: das Gewächs ward jedoch nicht so allgemein angepflanzt als es verdiente, hauptsächlich weil es den Bauern an brauchbaren Kellern fehlt, die Knollen aufzubewahren. Der ostbottnische Bauer hat zu dieser Frucht kein Vertrauen, doch hat die finländische Haushaltungsgesellschaft sehr kräftige Maßregeln ergriffen, um ihren Anbau zu befördern. Die Mannagrütze wächst überall im Lande an Gräben und auf flachen Wiesen wild.

*) Auch hierüber eine gründliche und kunstmäßige Abhandlung a. a. O. 1794. S. 149.

wild. Flachs wird mehr weiter im Lande als an der Seeseite gebaut; er könnte unstreitig verbessert werden, wenn er verständiger gewartet und behandelt würde. Der finländische Flachs ist eben so fein und stark als der russische, aber etwas kurz und wergicht. Den, der in den Kirchspielen Långelmäki und Oriwesi gewonnen wird, hält man für den besten: er wird von Aufkäufern aufgekauft und im ganzen Lande abgesetzt. In Tawastland wird auch fleißig gesponnen, und ein einziges Kirchspiel, Pelkåne, liefert jährlich an 4000 Pfund Garn ohne Werg und Leinwand; doch wollen die Männer sich noch nicht zum Spinnen bequemen. In Oesterbottn kommt der Flachs nicht fort und die Einwohner versehn sich damit aus Carelen und Tawastland: auch führen die Russen viel Flachs und Garn ein. Rappsaat wird cultivirt, aber wenig in Oel verwandelt, sondern die Bauern essen die Rüben; die Haushaltungsgesellschaft hat die Benutzung fetter Saamen zu Oelen zu befördern gesucht. Der gewöhnliche finländische Hanf ist noch schlechter als der Flachs. Hopfen wird soviel gepflanzt als das Land bedarf: im Allgemeinen ist der finländische Hopfen von keiner guten Beschaffenheit, sondern klebricht und widerlich. Das Kirchspiel Ingo in Nyland treibt den ansehnlichsten Hopfenbau im ganzen Lande. Tabak wird überall, selbst in Oesterbottn, von den Bauern zu eignem Behuf gepflanzt; das Gewächs ist klein und treibt selten Blumen. Von Färbekräutern kommt der Waid wild vor, und könnte mit Vortheil cultivirt werden: Krapp, Saflor u. s. w. eignen sich nicht für das Clima. Die gewöhnlichen Küchengewächse, Spinat,

Petersilie, Kerbel u. d. g. werden spät im Herbst gesäet und alsdann im nächsten Frühling reif. Rüben werden von den Bauern zum Hausbehuf gepflanzt. Weisser Kohl kommt wenigstens in den nördlichen Gegenden nicht fort; Blaukohl wächst recht gut; in warmen Sommern glückt sogar der Blumenkohl. Grüne Erbsen gedeihen in den Gärten ziemlich. Der Obstbaumzucht legt das Clima große Hindernisse in den Weg, besonders schädlich ist der schnelle Wechsel der Hitze und Kälte im Frühling. Am besten gerathen die Bäume, die aus Kernen gezogen werden. Die langen Winter vereiteln überdies sehr häufig die Hoffnung und den Aufwand unermüdeter Gartenfreunde: selbst auf Åland verfrieren die Aepfel- Kirschen- Birnen- und Pflaumenbäume häufig. Die meisten Obstbäume findet man um Abo, (besonders in den nächsten Schärenkirchspielen, wo selbst die Bauern, Einlieger u. s. w., Baumgärten besitzen und Obst, besonders Aepfel zum Verkauf bringen) in Nyland und Tawastland. Am beträchtlichsten ist der Obstbau in Nyland. Aepfel- und Kirschenbäume haben sogar in Jacobsstadt und in Wasa Früchte gehabt: bei Uleåborg aber gehn sie aus. Wilde Aepfel finden sich an mehrern Stellen, sogar ziemlich hoch in Tawastland: der Apfel hat auch einen einheimischen Namen, (Omena) der eine alte Bekanntschaft mit dieser Frucht zu verrathen scheint. Birnbäume sind in Nyland, besonders um Borgo, ziemlich häufig, im übrigen Finland seltner. In gewissen Jahren hat man auch reife Pflaumen, und die kleinen Hundepflaumen (Kriechen) ziemlich häufig. In Åbo sollen sogar Weintrauben reif geworden seyn:

Melonen hat man unter Papierfenstern selbst in Uleåborg zur Reife gebracht. In Treibhäusern erzieht man Orangen und andre ähnliche feine Obstarten. Der Maulbeerbaum erträgt die Winterkälte nicht, obgleich man vor etwa 50 Jahren, von einer Art patriotischer Wuth ergriffen, auch in Finland Maulbeerbäume pflanzen und Seidenwürmer erziehn wollte. Die Natur hat das Land für den Mangel des Obstes durch die vielen erquikkenden Wald- und Sumpfbeeren entschädigt, die zum Theil nur unter dieser Breite wachsen und von den Einwohnern in Menge gesammelt werden.

Man kennt in Finland bereits über 1300 verschiedne Pflanzenarten, Varietäten ungerechnet, wovon die meisten dem Vieh ein nahrhaftes Futter geben. Am Ufer sprossen aus dem magersten Sande Sandhafer, Meerkohl und Meerstranderbsen hervor. Alle Buchten sind mit Schilf, Flußkannenkraut und Binsen angefüllt: die Moräste mit Torfbinsen, der Sumpfcalle, Wiesenflachs und allerlei Riedgräsern. Die Wiesen tragen Veilchen, Klee und die herrlichsten Schmielenarten (aira); am häufigsten ist die Rasenschmiele (a. cespitosa) und auf feuchten Wiesen die blaue Schmiele sehr allgemein. Der rohrartige Glanz (phalaris arundinacea) und der Fuchsschwanz (besonders alopecurus pratensis) wachsen immer unbeschädigt und vor allem Ungeziefer gesichert. Am spätesten im Herbst grünt die Drathschmiele (a. flexuosa). Wegen seines kalten Clima's hat Finland in Hinsicht auf seine Wiesen den Vorzug vor andern Ländern, daß die Sonnenhitze den Graswuchs nicht zu sehr abmattet. Die meisten Grasarten sind perennirend und wachsen mehrere Jahre aus einer und derselben Wurzel. Die Wiesen werden übrigens fast ganz der Natur überlassen: man befreit sie zu wenig vom Wasser, um den Graswuchs zu befördern, allein man lockt durch die zu große Nässe blos das Bärenmoos hervor. Mit dem künstlichen Futterbau hat man hin und wieder angefangen, aber im Großen ist er noch nirgends versucht.

Einen Haupterwerb gewähren den Finländern die Waldungen. Im südlichen Theile der finländischen Schären und in Südfinland wachsen der wilde Apfelbaum (nicht über 60°), die Masurbirke, der Mehlbaum, Hagedorn, die Eiche (selten über 61° und nicht über Björneborg, es ist ungewiß, ob sie ein einheimisches Gewächs ist, doch hat sie einen eignen Namen, Tammi; die Insel Runsala, unfern von Åbo, ist ihrer Eichenwaldungen wegen berühmt); Eschen (selten über 62°), Schlehen, und an einigen wenigen Stellen der Eibenbaum. Ulmen, Ahorn, Linden, Haseln, Sperberbäume und Vogelkirschen wachsen überall und Tannen, Fichten, Espen, Weiden, Palmweiden, Sprockweiden, Birken, Ellern und Wachholder auch in den nördlichsten Gegenden. Zu lebenden Hecken bedient man sich des Ligusters, des Geißblatts und Geißbarts (Spiraea.) Ueber die Abnahme der Wälder hat man in neuern Zeiten sehr geklagt, und in den südlichen Provinzen und an den Küsten sind sie auch so mitgenommen, daß die Besorgnisse über Holzmangel nicht ungegründet sind. Allmählig fängt man jetzt an, mehr Aufmerksamkeit auf eine bessere Forstwirthschaft zu richten, die besonders durch die Aufhebung der Gemeinheiten begünstigt ist:

mit den abgetheilten Waldungen wird besser umgegangen und die Waldbrände, die ehemals die schrecklichsten Verwüstungen anrichteten, sind seltner geworden. Ein großer Nachtheil für die Forsten ist der gänzliche Mangel an Befriedigungen. Zur Oeconomie der Finländer wird viel Holz erfordert, zu ihren Häusern werden eine Menge Balken und Bretter gebraucht und selbst die Bearbeitung des Holzes war bis jetzt äußerst verschwenderisch: so werden z. B. Bretter mit der Axt gespaltet, es können also aus einem Stamm nur zwei Bretter verfertigt werden: es werden eine Menge Latten gehauen und dadurch die Waldungen, hauptsächlich in gewissen Gegenden, ruinirt; in neuern Zeiten sind aber Verordnungen gemacht, um diesem Mißbrauch zu steuern. Auch zum Kohlenbrennen werden allgemein ausgewachsne Bäume angewandt. Im innern Lande findet sich noch in ziemlichen Ueberfluß Schiffsbauholz, Masten u. s. w. allein die Entlegenheit macht es den Einwohnern unmöglich, diese Produkte zu benutzen: der Holzhandel ist durch die Gesetze manchen Einschränkungen unterworfen, die billig aufgehoben werden sollten. Selbst die Schneidemühlen sind mit zu großen Abgaben belastet, als daß bei dem kostbaren Tansport von ihrer Anlage im Innern Vortheil zu erwarten wäre. Brennholz ist die bedeutendste Exportwaare der Bauern nach Stockholm, wohin jährlich über 100000 Faden abgesetzt werden. Das Birkenholz, das gewöhnlich ein Drittel theurer bezahlt wird, als Fichten- und Föhrenholz, ist bereits ziemlich selten. Das Theerbrennen gehört zu dem Haupterwerb der Bauern. Man kann rechnen, daß im Durchschnitt jährlich 100000 Tonnen Theer ausgeschifft werden, wozu wenigstens 7 Millionen 30jähriger Fichten und Föhren erforderlich sind. Junge gesunde Bäume, die ungefähr 3 bis 4 Zoll im Durchmesser haben, werden allmählig abgeschält; auf der Nordseite wird immer ein drei Zoll breiter Rindenstreif übrig gelassen, um das Vertrocknen zu verhindern: drei Jahre hintereinander schält man immer höher; alsdann läßt man den Baum eine Zeitlang wachsen und Fettigkeit ansetzen. Im Herbst wird er gefällt: nur das abgeschälte Stück und etwa noch eine Elle darüber ist brauchbar: das Uebrige bleibt im Walde um zu verfaulen. Die Stämme werden in schmale Scheite gespaltet und zum Trocknen hingelegt. Darauf gräbt man eine trichterförmige Grube 6 bis 7 Ellen tief und oben im Durchschnitt 25 bis 30 Ellen lang. Der Boden wird mit dichtzusammengefügten Brettern belegt, durch dieselbe geht eine Röhre, um den ausgeschweelten Theer in eine untergesetzte Tonne zu leiten. Wenn die Grube fertig und der Boden gereinigt ist, wird das Theerholz Stange bei Stange hineingethan: die Zwischenräume werden mit trocknen Zweigen, Spähnen u. d. g. angefüllt. Das Ganze wird darauf mit einer Lage Birkenrinde, Lehm, Torf und Erde eine Viertelelle hoch bedeckt. Das Anzünden geschieht von unten auf. Bei dem Abbrennen kommt es auf die Witterung und andre Umstände an. Eine große Grube kann ihrem Besitzer 100 Tonnen Theer und 15 bis 20 Tonnen Kohlen geben: sie brennt etwa in anderthalb Wochen aus: man kann annehmen, daß zu jeder Tonne im

Durchschnitt 72 Bäume erforderlich sind. Das Land würde bedeutend gewinnen, wenn diese Gruben mit ordentlichen Theeröfen vertauscht, und statt ganzer Bäume Wurzeln und Stubben benutzt würden. Der Gewinn des Landmanns ist nicht sehr groß; allein er muß das Theerbrennen fortsetzen, um sich Geld zur Bezahlung seiner Abgaben zu verschaffen. Ungefähr 3 Meilen von der Küste fängt das Theerbrennen an und erstreckt sich gewöhnlich 8 bis 12 Meilen weit in's Land hinein, bis der schwere Waarentransport dem Gewerbe Hindernisse entgegensetzt; diese Gegenden sind aber grade am besten für den Holzhandel geeignet, durch das Theerbrennen werden die Wälder aber außerordentlich mitgenommen *). Pech wird nur in den Städten gekocht. In spätern Zeiten hat man auch angefangen, Pottasche zu brennen: im Kirchspiel Pedersöre liefern einige wenige Dörfer wenigstens 3 bis 4000 Liespfund jährlich; kleine Partheien von dieser Waare werden ausgeschifft: dieser Nahrungszweig verdient besondre Aufmunterung: auch Harz und Confonium wird gewonnen, wiewohl nur in kleinen Quantitäten. Man hat auch angefangen, Terpentinöl von ziemlich guter Beschaffenheit zu distilliren. Aus den Tannen verfertigen die Bauern auch ihre Schlittschuhe, womit sie unglaublich schnell über den harten Schnee hinfliegen und selbst flüchtige Thiere ereilen. Es ist viele Geschicklichkeit erforderlich,

*) S. die vortreffliche Abh.: hvilka äro de hinder, som fjettra finska Landmans idoghet? u. s. w. In Finska Hushållssällskapets Handlingar. Åbo 1803. B. I. 8.

um sie gut zu verfertigen: ein Paar guter Schlittschuhe werden bei den Erbtheilungen einer Milchkuh gleichgeschätzt.

Ungeachtet Finland eine beträchtliche Menge von Fettwaaren und Victualien veräußert, wird die Viehzucht doch nur schlecht betrieben; die Menge von Raubthieren setzt ihrem Aufkommen unübersteigliche Hindernisse entgegen: folgende Beispiele können einen Begriff von dem unglaublichen Schaden geben, der dadurch verursacht wird: im Jahre 1797 büßte das einzige Kirchspiel Hwittis (mit Ausschluß der Pfarre Pungalaitio) 80 Pferde, 63 Ochsen, 99 Kühe, 359 Schaafe, 170 Ziegen und 110 Schweine ein, deren Werth zu den niedrigsten Preisen berechnet, 3653 Rthl. 16 ßl. betrug. Im Jahre 1798, 55 Pferde, 36 Ochsen, 55 Kühe, 12 Kälber, 350 Schaafe, 269 Ziegen und 77 Schweine; das Kirchspiel Urdiala in Tawastland in Allem 226 Stück Vieh aller Art, das Kirchspiel Pelkäne 311 und das Kirchspiel Pargas 367 Stück Vieh. Vielleicht erst bei einer größern Bevölkerung und einem dichtern Anbau läßt sich eine Verminderung dieses Uebels erwarten. — Das Vieh wird überhaupt zu schlecht gefüttert; im südlichen Oesterbottn wird es schon am 18. Mai herausgejagt, aber erst gegen den 15. Jun. sind die Weiden im Stande, dem Vieh eine leidliche Nahrung zu geben. In den nördlichen Gegenden erhält es im Winter Heide, Tangeln und Renthiermoos; auch giebt man ihm allerlei Laubarten, und in den Schären Meergewächse und die Eingeweide der Fische. In Carelen läßt man die Kühe gleich im Herbst abstehn und melkt sie den ganzen Winter über nicht; sie erhalten nichts weiter als etwas mit Urin benetztes Langstroh: übrigens müssen sie sich mit den Resten von Pferdedünger, Stroh u. s. w., die sie um den Hof finden, begnügen: dagegen erhält der Carelische Bauer auch den ganzen Sommer nicht mehr als 2 Liespfund Butter von der Kuh, obgleich die vortrefflichste Weide vorhanden ist. Im Durchschnitt kann man den Ertrag einer Kuh in Finland auf eine halbe Kanne Milch täglich rechnen. Die Kälber werden der Mutter zu früh entnommen und zu schlecht gepflegt. Der Bauer genießt die Erzeugnisse seiner Viehzucht selbst wenig; seine Hütten erhellt er mit Kienspähnen, daher kann eine so beträchtliche Quantität Fettwaaren ausgeführt werden. Aus Wasa und den 5 oberhalb dieser Stadt belegnen Seestädten wurden jährlich über 100000 Liespfund Butter nach Stockholm geschickt, die wegen ihrer schlechten Beschaffenheit wenigstens 8 Schillinge geringer bezahlt wird, als eben diese Producte aus Oertern, die südlich von dieser Stadt belegen sind: die finländische Butter ist überhaupt weit schlechter als die norländische: auch kommt der Talg dem russischen an Güte nicht gleich. An der Schlechtigkeit dieser Waaren ist der Umstand Schuld, daß sie der Landmann nicht gleich im Sommer, wenn sie am besten sind, absetzen kann, sondern die Schlittenbahn erwarten muß, um sie nach den Häfen zu bringen. — Der Pferdezucht sind das Clima, die Lage, die Weide und die vielen Reisen, die die Einwohner nothwendig machen müssen, nicht günstig; die ächtfinländischen

Pferde sind weit vorzüglicher als die schwedischen, sie sind nur klein, selten über 2¼ Ellen hoch, aber gut gewachsen und zur Arbeit geschickt; man hat sie durch fremde Racen zu veredeln gesucht, und sie sind beinahe ganz vermischt und ausgegangen: die neuen Arten sind freilich etwas größer, aber auch weit mehrern Krankheiten ausgesetzt. An guten Schäfereien hat das Land zugenommen; man hat spanische und englische Schaafe eingeführt, die doch jetzt meistens ausgerottet sind. Die Schaafheerden können der langen Winter wegen nicht so zahlreich als in andern Ländern seyn. Ziegen werden häufig gehalten: der Schade, den sie den Waldungen zufügen sollen, wird sehr übertrieben. Die Hausthiere sind manchen Krankheiten, zum Theil wegen der schlechten Behandlung unterworfen; die Viehseuche zeigt sich in gewissen Gegenden häufig (z. B. im Kirchspiel Kemi und hier wieder in dem Bezirk der Kapelle Tervola am öftersten, ohne daß sich eine nähere Ursache darüber angeben läßt. In den nördlichen Gegenden halten die Bauern viele Renthiere: sie laufen ungehütet in den Wäldern umher und werden im Winter zusammengetrieben; ein Theil wird geschlachtet und die Kälber werden gezeichnet: hernach aber gehn sie wieder wild herum. Wilde Renthiere und Elenthiere sind aus dem südlichen Finland ganz vertrieben: vor Zeiten wurden sie in Gruben gefangen, die mit Gesträuch, Espenlaub und Flußkannenkraut, das besonders die Renthiere sehr lieben, bedeckt wurden: man stellte auch in ihren gewöhnlichen Gängen Schlingen auf, und bediente sich des erwähnten Flußkannenkrauts zur Lockspeise. An den Raubthieren haben sie sehr gefährliche Feinde, die schreckliche Verwüstungen unter ihnen anrichten und sie in gewissen Districten bisweilen ganz vertilgen. Der Vielfraß stellt ihnen mit vieler List nach, und tödtet alle, die er trifft; im Winter wird der flüchtige Lauf des Renthiers durch den tiefen und losen Schnee aufgehalten, und alsdann ist er im Stande, es einzuholen: er schleicht sich auch, wenn es sich sonnt und von der Hitze erschöpft ist, heran. Bisweilen verbirgt er sich auf einem Baum und wirft sich auf den Nacken des Renthiers: vergebens sucht es sich von ihm zu befreien, allmählig nagt er ihm den Hals ab. Am besten schmecken ihm die Ohren, die er beständig verzehrt, wenn er auch alles übrige liegen läßt: bewundernswürdig ist die Sorgfalt, womit er den abgenagten Kopf verwahrt, den er, wenn er nur irgend Gelegenheit hat, in einen Baum schleppt *). Der Vielfraß, so wie der Luchs, wird entweder mit Spießen getödtet oder im Fuchseisen ertappt. Der Fuchs ist sein beständiger Begleiter, und nährt sich von dem, was er aus bloßer Mordlust tödtet, ohne es zu verzehren. Auch der Wolf erhascht das Renthier im Winter, wenn die Schneekruste fest genug ist, um ihn zu tragen, indeß das schwerere Renthier einsinkt. Die Wölfe sind so häufig und dreist, daß sie in den innern Gegenden sich selbst in die Städte schleichen. Sie werden entweder mit dem Spieß oder der Büchse getödtet.

*) Frosterus om odjuren i Pudasjärvi Finska H. S. Handlingar I. S. 258.

Zu ihrer Verfolgung wählt man die Zeit, wo der Schnee tief und los ist: oft muß der Jäger jedoch Tagelang auf seinen Schneeschuhen umherirren, eh' er seine Beute ertappt. Spät im Herbst nach dem ersten Schneefall sucht man die Spuren des Bären auf, der um diese Zeit in seine Winterhöle geht; trifft der Jäger die Spur, so weicht er ab und geht rund um die Gegend, wohin die Fußtapfen leiten: findet er alsdann keine weitere Spur, so muß das Lager innerhalb des beschriebenen Zirkels seyn; kommt er aber wieder darauf zurück, so muß er noch einen zweiten Kreis umrennen. Sobald man im Winter auf Schlittschuhen laufen kann, wird das Lager aufgesucht und das Thier mit Spießen getödtet. Fehlt es den Jägern an Herz, so werden ein Paar Stangen kreuzweis in den Eingang der Höle gestoßen und der Bär, wenn er sich bemüht, herauszudringen, niedergemacht. Man sucht ihn auch im Winter und Frühling auf und verfolgt ihn so lange, bis er ermüdet wird und sich in Verzweiflung seinem Gegner widersetzt. Der Jäger muß nicht eher zustoßen, als bis er auf ihn einspringt, weil er sonst den Spieß zurückschlägt und seinen Verfolger zu Boden wirft; er muß auch seine Schlittschuhe seitwärts stellen, denn sonst greift der Bär hinein und stößt den Jäger um, der überhaupt so los stehn muß, daß er im Augenblick herabspringen kann, wenn es nöthig seyn sollte. Man hört selten von Unglücksfällen auf dieser gefährlichen Jagd. Da der Bär die Gewohnheit hat, so lange zu seinem Raub zurückzukehren, als noch etwas davon vorhanden ist, wird er auch in Fallen gefangen, die man bei demselben aufstellt. Ueberdieß finden sich Ottern, Eichhörner, Hermeline, und äußerst selten Biber; zur Jagd der Eichhörner bedient sich der ostbottnische Bauer eines Hundes, der darauf abgerichtet ist, und bei der Erbtheilung einer Milchkuh gleichgeschätzt wird. An den finländischen Küsten lebt der graue und der Buchtenseehund, die mit einander in stetem Krieg begriffen sind: die Schärenbauern treiben den Seehundsfang vom Anfang des Märzes bis zum Weggang des Eises und vom Anfang Octobers bis alles zugefroren ist: ehemals stellte man den Seehunden mit der größten Lebensgefahr, selbst auf dem Meer nach, jetzt begnügt man sich, ihm in den Schären aufzulauern. Uebrigens klagt man, daß die Finländer die Bereitung der Peltereien nicht so gut verstehn als die Russen; mit Pelzwerk wird daher troz aller Verbote ein großer Schleichhandel zwischen Sawolax und Carelen und Rußland getrieben. Die Jagd wird durch das Clima begünstigt, der langdauernde Schnee erleichtert das Aufspüren und sezt den Jäger in den Stand, selbst das flüchtigste Thier auf seinen Schneeschuhen einzuholen. Die mittlere und niedre Jagd könnte sehr ergiebig seyn; es giebt Hasen, Auerhähne, Hasel- Schnee- und Birkhühner, Repphüner (die von der russischen Seite, wo sie Kaiserin Elisabeth nach Petersburg verpflanzen ließ, etwa seit 1770 zuerst nach Sawolax gekommen sind, und sich seitdem weiter ausgebreitet haben,) Schnepfen, Krammetsvögel, Lerchen und Sperlinge im Ueberfluß: aber man verfolgt sie ohne alle Schonung, man stellt ihnen zu allen Zeiten nach, sucht ihre Eier und tödtet die sitzenden Mütter; auch thun die vielen fleischfressenden Thiere und Vögel, die sich in Finlands Einöden aufhalten, so wie die Hunde und Katzen, die den ganzen Frühling und Sommer in den Wäldern zubringen, dem wilden Geflügel großen Schaden. Man fängt die Vögel, selbst Auer- und Birkhühner in Sprenkeln, doch nur in den ersten Morgen nach der Aufstellung, weil das Zappeln ihrer gefangnen Brüder sie bald aus der Gegend verscheucht. Die Küsten und Buchten wimmeln von Seevögeln: in den Schären nistet der Eidervogel, allein unbefriedet, die Bauern schießen ihn und es werden daher wenig Dunen gesammelt. Der Pfeilschwanz (anas acuta) stellt den Fischen sehr nach: diese Enten fliegen oft lange Strecken sehr dicht über dem Wasser, wenn man sie aufjagt; daher fangen die Bauern in den Netzen, die sie an engen Stellen zwischen den Schären aufstellen, oft mit einem Mal über 50 — 70 Paare.

Die Gewässer sind mit Fischen allerlei Art angefüllt; in Norrbottn ist der Lachsfang das Hauptgewerbe, man salzt ihn gut ein, das Räuchern versteht man weniger. Der finländische Lachs ist schlechter als der schwedische, so wie dieser es nicht mit dem Rhein- und Oderlachs aufnehmen kann. Der Lachs und der Häring werden desto schlechter und seltner, je weiter man nach Norden kommt und je mehr das Salzwasser abnimmt. Nach der Behauptung der finländischen Fischer ist bei'm Strömling der Unterschied bereits auf einige Meilen sehr merklich. Der Lachs wird in großer Menge frisch verspeist: allein am Uleå werden überdies jährlich an 4 bis 500 Tonnen eingesalzen. Auch im Kumo und Kymmene ist er häufig. Der Lachsfang in den großen Flüssen ist ein Regale und wird verpachtet: in den kleinern Strömen aber unbedeutend und frei. Der Schnäpelfang lohnt bisweilen nicht weniger gut. Die meisten Fischarten werden eingesalzen. Auch der Aal ist nicht selten, wird aber von den ostbottnischen Bauern nicht gegessen. Neunaugen werden fast bei allen Cataracten gefangen und in Essig eingemacht nach Schweden, wiewohl nur in kleinen Quantitäten, veräußert. Die Bewohner der südlichen Schären haben von dem Strömling, einer kleinern Häringsart, beträchtliche Einkünfte, er wird theils im Lande selbst, theils nach Schweden veräußert. Sprotten werden in geringer Menge gefangen: berühmt sind die Kimitosprotten. Oberhalb Björneborg wird nur wenig Häring gefangen.

In Oesterbottn und Sawolax hat man an 700 Insectenarten gefunden. Das Clima ist der Bienenzucht gar nicht entgegen: die finländische Haushaltungsgesellschaft hat auf's Neue versucht, ihre Pflege in Aufnahme zu bringen und die Bienenzucht hat sich durch ihre Veranstaltung in der Gegend von Åbo ansehnlich ausgebreitet. — Krebse sind hin und wieder in Südfinland, der Sage nach in Johanns III. Zeiten dahin verpflanzt. In einigen ostbottnischen Strömen fischt man Perlen; die besten sind mit 20 — 30 Rl. bezahlt worden.

Das Mineralreich liefert nur wenig nutzbare Producte. Granit ist überall die herrschende Bergart.

An einigen Stellen hat man angefangen, auf Eisen zu arbeiten, aber mit großem Verlust der Interessenten damit aufhören müssen. Das Sumpfeisen wußten die Finländer schon seit den ältesten Zeiten zu bereiten, und es finden sich besonders in Ortsnahmen noch manche unverkennbare Spuren: auch noch jetzt machen sich die Bauern zum Theil ihre Geräthschaften daraus. Das Bergcollegium schickte im Jahre 1792 den berühmten Sven Rinmann nach Finland, um die Einwohner besonders in Sawolax und Carelen zur Benutzung des Sumpfeisens zu ermuntern und sie mit bessern Methoden, es zu bereiten, bekannt zu machen. Kupfer findet sich in geringer Quantität; Bleierz an mehrern Stellen: in Oesterbottn findet sich Lehm, der zu Ziegeln tauglich ist; Kalk ist häufig in Tawastland, an andern Stellen (in Oesterbottn, dem eigentlichen Finland und auf Åland) seltner. Im Björneborgschen ist ein weitläuftiger Schiefergang, der ein vortreffliches Material zu Gebäuden liefert: auch in Oesterbottn unfern von der Kirche Kemi ist ein beträchtlicher Schieferbruch *). — Der Mangel an Salz ist oft sehr drückend für die Einwohner; Salz ist mit hohen Imposten belegt: die an der russischen Gränze wohnenden Bauern verschaffen sich diese Waare meistens aus Rußland. Die Haushaltungsgesellschaft hat die Versuche erneuert, Salz aus Meerwasser zu gewinnen, scheint sich aber

keinen

*) Ueber Finlands mineralogische Beschaffenheit werden unten noch verschiedne weitere Aufschlüsse vorkommen.

keinen sonderlichen Erfolg davon zu versprechen, und hat den Einwohnern vorgeschlagen, lieber Salz zu ersparen, z. B. durch Räuchern und Trocknen des Fleisches und der Fische u. d. g. *)

Alle andre Gewerbe sind unbedeutend: und die Circulation und der innere Verkehr in einem schmachtenden Zustande: vergebens hat man sich bemüht, es durch die Anlage von Städten zu beleben, aber dem Emporkommen der Landstädte stehn zu viele natürliche Hindernisse entgegen: es ist daher gar nicht rathsam ihre Zahl zu vermehren, und freier Landhandel würde bei dem gegenwärtigen Grade des Anbaus eine große Wohlthat für Finland seyn. Die Küstenbauern treiben zum Theil Schiffarth und sind dazu berechtigt, allein, wo der Boden nur einigermaßen ergiebig ist, sind die Ackerbauer weit wohlhabender, als die Seefahrer, denen es meistens sehr kümmerlich geht, hier und dort einen großen Landkaufmann ausgenommen. An den finländischen Küsten besonders der finnischen Bucht sind 14 Eisenfabriken angelegt, die ihr Erz aus schwedischen Gruben erhalten und jährlich 11,112½ Schiffpfund Stangeneisen und verschiedne Eisenwaaren verfertigen. Sie haben die Bevölkerung, den Anbau des Landes und überhaupt mehrere Zweige der Industrie augenscheinlich befördert. In einigen Gegenden, besonders in Oesterbottn, bereiten die Bauern eine beträchtliche Menge

*) S. Redogörelse för Kgl. Finska Hushålningssällskapets göromål 1800 — 1801. S. 14.

Salpeter, und sie könnten ansehnlichen Gewinn darauf haben, wenn sie nicht gezwungen wären, alles, was sie verfertigen, an die Krone zu veräußern. In einigen Gegenden, besonders im eigentlichen Finland, verfertigen die Bauern allerlei hölzerne Geschirre, Zuber, Eimer, Schaufeln, Spucknäpfe, Schüsseln u. d. g. und treiben damit einen auswartigen Handel, selbst in Deutschland und Dänemark. Schiffe werden in den Städten und an einigen Stellen auch von den Bauern gebaut; sie sind aber schlecht construirt und stehen in schlechtem Ruf. Der Schiffarth legt das Clima zu große Hindernisse in den Weg: 6 — 7 Monate müssen die Schiffe in den Häfen liegen und während dieser Zeit fehlt es den Schiffsleuten an Erwerb; und wegen der Gefahr, denen die Fahrt in den engen, klippen- und inselvollen finländischen Gewässern ausgesetzt ist, sind auch die Assecuranzen theurer. —

V. Die Einwohner.

Character, Sitten, Lebensart, Sprache.

Die Bevölkerung macht in Finland außerordentliche Fortschritte, troz der vielen Hindernisse womit sie zu kämpfen hat und die erst bei einer bessern, physischen Erziehung und einer dem Clima angemeßnern Lebensart aufhören werden. Bei'm Anfang des Jahrs 1720 hatte das spätere Schwedisch Finland nach Abzug der 1721 und 1743 abgetretnen Landstriche, kaum 150,000 Einwohner, folglich ungefähr 33 Menschen auf der Quadratmeile. Aber schon 1749, da das Tabellwerk eingerichtet ward, war diese Zahl auf 408,839 Köpfe gestiegen; (im Stift Åbo 258,811 und in Borgo 150,028.) Nach der neuesten Berechnung im Jahre 1800 zählte das Land bereits 837,152 Personen (502,654 in Åbo und 334,489 in Borgostift,) also 183⅓ auf der Quadratmeile. Vertheilt nach Statthalterschaften, verhält sich die Dichtigkeit der Bevölkerung:

Statthalterschaft	Åbo	von	485	Q.M.	399½	Pers.
— —	Tawastehus	—	469	—	380	—
— —	Heinola	—	338	—	335	—
— —	Wasa	—	765	—	176½	—
— —	Kuopio	—	939	—	140	—
— —	Uleåborg	—	1570	—	55	—

Gebohren und gestorben sind jährlich:

1793.	32937	gebohren	18824	gestorben.
1794.	31703	—	22868	—
1795.	31671	—	18897	—
1796.	30987	—	18176	—
1797.	32632	—	16027	—
1798.	31172	—	17787	—
1799.	31596	—	22560	—
1800.	31144	—	21086	—
1801.	33297	—	18319	—
1802.	33594	—	19091	—
1803.	30852	—	28630	—
1804.	34217	—	22071	—

Von 1795 — 1801 haben sich die Todten zu den Lebenden verhalten wie 100 : 164 oder

in der Statthalterschaft	Kuopio	wie	100 : 198
	Uleåborg	ʃ	100 : 172
	Wasa	ʃ	100 : 166
	Heinola	ʃ	100 : 162
	Åbo	ʃ	100 : 155
	Tawastehus	ʃ	100 : 152

Die Bevölkerung leidet hauptsächlich durch die schlechte physische Erziehung, die insonderheit in Oesterbottn herrscht, wo die Kinder gewöhnlich mit Kuhmilch aufgezogen werden. Man rechnet, daß in manchen Kirchspielen jedes 3te ja bisweilen jedes 2te Kind stirbt. Folgendes, aus den Probsteitabellen ausgezogne Verzeichniß der im ersten Jahr verstorbnen Kinder giebt einen schauderhaften Beleg zu dieser Wahrheit:

Im Stift Åbo starben	1793.	4271	Kinder im ersten Jahr.
— — —	1794.	5188	— — —
— — —	1795.	3799	— — —
In beiden Stiften	1796.	6086	— — —
— — —	1797.	5673	— — —
— — —	1798.	5107	— — —
— — —	1799.	6694	— — —
— — —	1800.	6361	— — —
— — —	1801.	6294	— — —
In Borgostift	1802.	jedes 5te und 6te Kind.	
In beiden Stiften	1803.	5975	— — —
— — —	1804.	6577	— — —

Von den Blattern werden unerhörte Verheerungen angerichtet: bei der Art, wie die Einwohner mit einander leben, ihrer Sorglosigkeit und ihrem Leichtsinn ist die Ansteckung sehr leicht; die Mortalität ist um so größer, da die Kranken eine ganz unrichtige Diät beobachten und von ärztlicher Hülfe so weit entfernt sind. Die Regierung suchte die Blatterimpfung aus allen Kräften zu befördern. Schon seit 1770 war sie in Oesterbottn ziemlich allgemein: die Krone bezahlte für jedes Kind, das geimpft ward, ⅔ Rl., allein der Nutzen schien den bedeutenden Kosten nicht zu entsprechen, die Remuneration ward verringert und die Einimpfung war seitdem eine geringe Schutzwehr gegen die Blattern. Die finländische Haushaltungsgesellschaft bemühte sich durch den König unterstützt, die Vaccination zu verbreiten; und sie sandte Reisende nach den verschiednen Gegenden, um zu impfen und tüchtige Subjecte, die Operation zu lehren. Dessen ungeachtet starben noch in den neuesten Zeiten viele Erwachsne und Kinder an den Blattern, nämlich in den Statthalterschaften:

	1796	1797	1798	1799	1800	1801	1802	1803
Uleåborg	310	118	158	349	50	9	32	1545
Wasa	121	303	219	849	193	61	3	2274
Åbo	176	43	372	1261	512	21	26	116
Tawastehus	94	177	616	1653	152	41	31	424
Heinola	41	13	270	900	366	29	343	691
Kuopio	700	242	168	585	142	240	711	2096
Summa	1442	896	1803	5597	1415	401	1146	7149 *)

* * *

*) S. Nicander in Vetensk. Acad. Nya Handlingar. Bd. 26. Tab. H.

In Hinsicht der Bildung und des Characters finden sich in den verschiednen Provinzen große Abweichungen. An den Seeküsten, wo sich viele Schweden niedergelassen haben, ist der ursprüngliche Stamm bereits sehr ausgeartet. Die Finländer haben eine dunkle Farbe, ein ernstes düstres Ansehn, eine grobe Stimme, eine langsame Rede, starke Glieder und einen festen Gang. Das Haar ist gelblich, bisweilen röthlich oder weiß, auch dunkelgelb. Bei'm Wort den Mann, am Horn den Ochsen (Sanasta miestä, Sarwesta herkäa) ist ein altes finländisches Sprichwort, das den Nationalcharacter schön bezeichnet, besonders in den innern Gegenden, wo er sich in seiner Reinheit erhalten hat. Finländischer Eigensinn ist in Schweden zum Sprichwort geworden. Dem Fremden nähert sich der Finländer nicht leicht, obgleich er ihn mit großer Gastfreiheit aufnimmt: aber es ist der Mühe werth ihm entgegenzukommen. Wenn er gereizt wird, ist er heftig, auffahrend und rachsüchtig; von Neuerungen ist er kein Freund und es ist schwer, den finländischen Bauer zu Aenderungen in seiner Lebensart, seinem Ackerbau u. s. w. zu bewegen. Im Ganzen sind die Finländer sehr mäßig: in den nördlichen Gegenden wird im Sommer nur an den Sonntagen gekocht; bei ihren wenigen Bedürfnissen herrscht unter ihnen ein gewisser Wohlstand und es ist gar nichts seltnes, selbst in einer Rauchstube in Silbergeschirren von ziemlicher Größe bedient zu werden, worauf der Wirth seinen Ueberschuß verwendet. Der Bauer arbeitet mit außerordentlicher Anstrengung: von Sonnenaufgang bis zu ihrem Niedergang ist er auf dem Felde und in den Wiesen, begnügt sich mit schlechter Kost und genießt kaum 4 oder 5 Stunden der Ruhe. Es fehlt den Finländern nicht an mechanischen Geschicklichkeiten, wie schon daraus erhellt, daß sie sich die verschiedenartigsten Bedürfnisse zum Theil selbst verfertigen müssen; die finländischen Holzgeschirre, die auch auswärts abgesetzt werden, sind alle von Bauern gemacht. In den innern Gegenden hört man selten von Zank, Schlägerei oder groben Verbrechen. Die Sitten sind noch ziemlich rein: von 1795 — 1802 hat sich die Zahl der unehlichen Kinder zu den ehlichen verhalten wie 1 : 22; in den Städten, besonders Åbo, öfters wie 1 : 8 — 9; die Zunahme derselben zeigt folgende Tafel; unehliche Kinder in Finland unter den Gebohrnen:

1793.	1480	1797.	1379	1801.	1606
1794.	1386	1798.	1480	1802.	1671
1795.	1329	1799.	1393	1803.	1615
1796.	1450	1800.	1452	1804.	1851

Die Nordfinländer werden einer gewissen Arglist beschuldigt, die sie besonders auf ihren Reisen in Tawastland ausüben sollen, wo sie Landhandel hauptsächlich mit Lachs und Fellen treiben, die sie gegen Leinwand, Hopfen u. d. g. vertauschen. Ihre Schlauheit wird noch furchtbarer durch die Kraft und Kühnheit, womit sie gepaart ist. In Südfinland fürchtet man sich überhaupt sehr vor den Nordfinländern, besonders als großen Hexenmeistern; und diese unterlassen nicht sich dieses Aberglaubens zu ihrem Nutzen und Vortheil zu bedienen: sie übernehmen z. B. die Unfruchtbarkeit der Weiber zu heilen; sie verrichten in der Badstube eine magische Operation, die selten fehlschlägt. Diese abergläubische Einfalt ist ohne Zweifel Ursache an der Verachtung, womit die Nordbewohner die südlichen Finländer, besonders die Tawastländer betrachten. Das Wort Hämälainen (der finländische Name der letztern) ist in ganz Oesterbottn gleichbedeutend mit aberwitzig und das finländische Sprichwort menna Hämäläan nach Hämälä fahren, d. i. ein Narr werden, scheint seinen Ursprung aus derselben Quelle zu haben.

Im Mittelalter war der Name Fenne eben so viel als Hexenmeister: man glaubte allgemein, daß das Volk in einem besondern Verkehr mit dem Teufel stehe; den Schiffern verkauften die Finländer guten Wind, der in einen Strick mit 3 Knoten geknüpft war; ward der erste gelöst, so entstand ein günstiger Wind, der bei der Lösung des zweiten heftiger und bei der Oeffnung des dritten zum furchtbaren Orkan ward. Selbst in Stockholm wandte man sich an die erste, die beste finländische Magd, wenn man einige Hülfe aus der Hölle nöthig zu haben glaubte *). Noch jetzt giebt es in Finland Hexenmeister; doch auch die erprobtesten unter ihnen glauben, daß ihnen die Lappen weit über-

*) Beitrag zur Pommerischen Historie, Leipzig 1732. S. 232.

legen sind: von einem wohlerfahrnen Schwarzkünstler pflegen sie zu sagen: das ist ein ganzer Lappe: (Se on koko Lappi) ja sie unternehmen auch wohl heimliche Reisen in die Lappmarken, um sich recht kräftigen Rath zu holen. Die finländischen Zauberer wissen gestohlne Sachen zu entdecken, verlaufnes Vieh nachzuweisen, und können den glücklichen oder unglücklichen Ausgang eines Geschäfts voraussagen, sobald sie nur in ein Brantweinglas kucken. Sie sind Aerzte und heilen selbst Abwesende, sobald nur etwas von den Kleidern oder dem Hausgeräth des Kranken zu ihnen gebracht wird. Ihre Mittel sind meistens sehr albern: z. B. der Patient muß eine Kirche umwandeln, oder Nachts auf den Kirchhof gehn u. s. w. wird er nicht gesund, so beschuldigen sie ihn, er habe alle ihre lächerlichen Einfälle und Vorschriften nicht genau befolgt, oder sie sagen, ein böser Geist oder Mensch sei ihnen hinderlich. Solche weise Alte werden meilenweit aufgesucht; sie sind immer mit abergläubischen Amuleten z. B. Menschenschädeln, Knochen, Kirchhofserde, Schlangenköpfen u. d. g. versehn, womit sie alles ausrichten zu können glauben. Die Kirchen, Kirchhöfe und die Begräbnißplätze, die man noch als Ueberbleibsel der ehmaligen Bewohner des Landes, der Lappen, hier und dort in Wäldern und auf Inseln findet, Kalmisto genannt, und wovor die Abergläubischen große Ehrfurcht haben, sind wahre Vorrathshäuser, woraus der Wahn seine Waffen holt. Leichen werden verwundet und zerschnitten, Knochen ausgegraben und andre Ingredienzien daher geholt, um zur heilsamen Panacee zu dienen oder auch um Vieh und Menschen zu schaden: die Zauberer gehn des Nachts in die Kirchen und rufen die Kirchengeister an, ihnen zu ihren Zwecken behülflich zu seyn. Niemand darf diese allwissenden Hexenmeister erzürnen: sie gerathen alsdann in Wuth, knirschen mit den Zähnen, ihr Haar starrt empor, sie hüpfen aus Enthusiasmus in die Höhe, stampfen mit den Füßen und gebährden sich vollkommen wie rasend. Ein vorzüglich kräftiges Mittel, dessen sich die Schwarzkünstler bedienen, sind die sogenannten Zauberrunot (Zaubergesänge). Die heidnischen Finländer sangen zur Ehre ihrer Götter Lieder, die für heilig und wirksam gehalten wurden: diese Meinung konnte bei der Bekehrung des Volks zum Christenthum, die mit Gewalt geschah, nicht ausgerottet werden. Die Zauberlieder stammen daher aus dem Heidenthum, sind aber in päpstlichen Zeiten mit allerlei Zusätzen versehn worden: unstreitig sind sie älter als alle übrige finländische Gesänge. Sie werden auch nicht Runot, sondern Lugut, Lesungen, genannt, und entweder heimlich ohne alle Zeugen mit lauter Stimme, und einem gewissen Enthusiasmus, Haldiosa, wozu mit den Füßen gestampft und die Glieder auf eine lächerliche und widerliche Art verdreht werden, gesprochen oder auch leise gemurmelt, wobei ausgespuckt, mit dem Munde geblasen wird u. s. w.; überdies werden noch einige andre abergläubische und lächerliche Gebräuche hinzugefügt. Auf gewisse Dinge angewandt, deren Kraft sie entweder verringern oder vermehren sollen, heißen sie auch Sanat, kräftige Worte, z. B. Madon Sanat, Worte gegen den Schlangenbiß, Talen Sanat, gegen das Feuer und Brandwunden, u. s. w. Die Anhänger dieses Aberglaubens wähnen im Stande zu seyn, alle Elemente, Körper und Thiere zu beherrschen und sie zu bezwingen, wenn sie nur den verborgnen und mythischen Ursprung derselben erforschen und die sich auf denselben beziehenden Lieder absingen können. Daher reden die alten Zauberlieder auch mit einer gewissen Zuversicht und gleichsam im Triumph das Eisen, das Feuer, die Schlange u. s. w. an: „mir ist nicht unbekannt, woher du entstanden bist:" ferner: „warum wagst du, Elender, Böses zu thun, warum verderbliche Thaten zu unternehmen? Dein Ursprung ist mir gar nicht unbekannt, mir ist dein erster Anfang erforscht." Es giebt eine große Menge von Liedern der Art. Obgleich in den Küstenprovinzen nur noch Wenige übrig sind, die sich damit abgeben, so ist der Eifer der Geistlichen doch noch nicht hinreichend gewesen, sie auszurotten. Doch werden sie immer mehr vergessen und unter dem neuen Geschlecht hat der Glaube an ihre Wirksamkeit bereits sehr abgenommen. Berühmte und erprobte Kenner der Zaubersprüche lassen sich bezahlen und vererben ihre Kunst auf ihre Kinder, die daher gewissen Familien eigenthümlich zu seyn pflegt. Besonders sind die Schwein- und Pferdeschneider wegen ihrer Bekanntschaft mit diesen alten Liedern berühmt. Eh' ein Lehrling von ihnen angenommen wird, taufen sie ihn mitten auf einem Stein in einem Wasserfall um. Die Thaumaturgen führen ihre Geräthschaften gemeiniglich in einem Sacke bei sich und heißen daher auch Kuckaromies, Sackmänner; die größern Werkzeuge, die sie gebrauchen, vergraben sie in der Erde, oder verbergen sie im Walde oder auf dem Boden. Sie geben dem Rathsuchenden gemeiniglich auch eine Arznei, die meistens in Salz, Brantwein, Milch, Fett u. d. g. besteht. Ihre Krankheitstheorie ist immer dieselbe; jedes Uebel entsteht nach ihnen aus Behexung, und ihre mythischen Lieder enthalten Mittel dagegen: sie sagen sie bisweilen stehend, öftrer knieend, mit entblößtem Kopf her und halten den Huth dabei in der Hand. Der große Haufe weiß eine Menge Wundergeschichten von den Wirkungen, die diese Zauberlieder hervorgebracht haben. Es ist schwer, sie zu sammeln, weil die Zauberer den Gelehrten nicht trauen und fürchten bei der Obrigkeit angegeben zu werden, auch sind sie bange, daß diese heiligen Gesänge, wenn sie Profanen in die Hände fallen, von diesen unehrerbietig behandelt werden und ihre Kraft verlieren möchten: nur im halben Rausch sind sie zu ihrer Mittheilung zu bewegen und auch, wenn sie betrunken sind, lassen sie die Stellen, die sie für gefährlich halten, entweder aus oder verändern sie *). Daß die Hexenmeister übrigens selbst von der Gewißheit ihrer Kunst überzeugt sind, und daß es daher eine ganz falsche Ansicht ist, wenn man sie für muthwillige Betrüger erklärt, beweist folgender Vorfall, der im März 1804 in

*) Porthan de poësi Fennica S. 86 ff.

Kemi Statt fand. Der Bauer Mats Kallanwaara galt für den vornehmsten Zauberer des Orts und seine Hülfe ward sehr gesucht. Die Aufklärung, die mit ihren Siebenmeilenstiefeln bis in den äußersten Norden gedrungen ist, veranlaßte einige junge Leute, das Trügliche der Kunst aufzudecken und den Greis in seiner Blöße darzustellen. Ein Offizier stellte sich krank und wußte das Vertrauen des Hexenmeisters durch Geld und Brantewein zu gewinnen, und entlockte ihm das Versprechen, daß er ihm Geister zeigen wollte. Erst erforschte er die Natur der Krankheit im Branteweinglase; nach seiner Meinung rührte sie von Kirchengeistern (Kyrkonwäki) her; durch einen Besuch auf dem Kirchhof sollte der Patient geheilt, und auf den Gräbern vorher ein Reichsschuldzettel geopfert werden. Da die Handlung vor sich gehn sollte, um 9 Uhr Abends, begaben sich 8 junge Männer, in weisse Tücher gekleidet, mit Masken vor den Gesichtern und Hörnern auf der Stirne, in den Glockenthurm: die Haare und das Gesicht hatten sie mit Phosphor bestrichen. Der Beschwörer mit seinem Patienten erschien und, nach einigen Ceremonien und Segnungen auf den Gräbern, trat er in den Thurm: plötzlich ward die Thüre hinter ihm zugeschlagen und ein Geist nach dem andern schwebte hervor. Der Kranke stellte sich höchst erschrocken, umklammerte seinen Begleiter und zog ihn unter sich nieder. Zischend nahten die Gespenster und begannen einen furchtbaren Reihentanz um die Fremden. Ueber diesen Anblick gerieth der Zauberer außer sich, riß sich los und flüchtete zu der Treppe, wo er die furchtbarsten Beschwörungen anfing, um seinen Begleiter zu befreien, der ihn auf die kläglichste Art um Hülfe anrief und den er nicht im Stich ließ. Da alle seine Künste ohne Erfolg waren, fing er an, mit einem eisernen Nagel, womit er sich zu diesem Behuf versehn hatte, schrecklich an die Thüre zu pochen: sein Eifer war so groß, daß er sich die Hand verwundete, ohne es zu merken. Endlich befürchteten die lustigen Brüder einen tragischen Schluß und ließen den Gefangnen frei, der sich ohnmächtig stellte; und dadurch den ermüdeten Hexenmeister zwang, ihn nach dem Predigerhofe zu tragen: hier suchte der Alte mit geheimnißvoller Miene, und indem er seine blutige Hand zeigte, die Anwesenden von der Wirklichkeit der Erscheinungen im Thurm zu überzeugen. Der Lieutnant ** stellte sich darauf, als wenn er den Verstand verloren habe: der Schwarzkünstler wandte 1000 abergläubische Mittel zu seiner Wiederherstellung an, aber leider! vergebens. Die Urheber dieses Scherzes entdeckten endlich den ganzen Zusammenhang und schmeichelten sich dadurch etwas zur Ausrottung des Aberglaubens beigetragen zu haben: aber es ist sehr zu fürchten, daß er durch Vorfälle der Art nur noch tiefer einwurzeln werde. Die Beschwörungen, deren sich der Hexenmeister oft bediente, lauteten: „Flieht, ihr Einwohner der Gräber, flieht zurück zu euren Wohnungen; — laßt das unglückliche Opfer frei, er kennt sein Christenthum, hat nie gestohlen, nie gemordet. Sollt ihr einen Fremden anfallen, da ich euch so oft besucht habe? Und du Gehörnter, schrie er einem von der Gesellschaft zu, hast du nicht genug in der Hölle zu thun, die Verdammten zu plagen?" *) Merkwürdig ist es, daß die finländischen Hexenmeister in einen Zustand der Betäubung und des Enthusiasmus gerathen, oder sich durch gewisse Mittel darin versetzen, woraus sie nicht einmal durch das Feuer erweckt werden können; während dieser Zeit soll ihre Seele umherschweifen und die verborgnen Dinge erforschen, die sie bei ihrer Zurückkunft entdeckt. Es verdient eine Untersuchung, warum die abergläubischen Ansichten und Vorstellungen bei den Völkern des höchsten Nordens so gleich sind; die Zauberer der finländischen Nationen, die Schamanen der Tataren, die Angekoks der Grönländer u. s. w. verfahren ganz auf dieselbe Weise. —

Die Kunst, sich gegen Schüsse, Gift, Schlangenbisse, Zauberei u. s. w. fest zu machen, und das Vieh zu bewahren, heißt Lumous. Ihre Häuser glauben die Finländer durch einen Donnerkeil, und ihre Reiseschlitten durch Menschenknochen zu sichern: in Processen halten sie sich für große und unüberwindliche Advocaten, wenn sie Serpentinsteine, kleine Porcellänschnecken, die Schenkelknochen eines Frosches u. d. g., bei sich führen. Es giebt unter ihnen auch Tagewähler, die gewisse Tage als unglücklich bezeichnen, an denen man sich hüten muß, dies oder jenes Geschäft zu unternehmen. Viele abergläubische Meinungen, Gebräuche und Vorstellungen haben die Finländer von Schweden, auch wohl von den Russen angenommen. Sie glauben, daß sich in den Wäldern zwei furchtbare Waldgeister aufhalten, wovon

*) S. Abo-Tidningar 1804. nr. 61.

der eine Lekkio genannt wird: er nimmt eine verschiedne Gestalt an, bald erscheint er wie eine Krähe, bald wie ein Hund, ein ander Mal wie ein Mensch oder ein unbekannter Vogel und erschreckt die Menschen: der andre ist weiblichen Geschlechts, heißt Ajattaa, ist schnell und furchtbar, und führt die Wanderer irre. Bei Leichenprocessen, auf Kirchhöfen und Landstraßen fliegen kleine Geister, Keijuset, umher, die Schneeflocken, Feuerstreifen und kleinen Puppen gleichen: sie sind schwarz und weiß, gut und böse; sie finden sich in den Zimmern ein, wo Jemand stirbt oder eine Leiche ist, und erfüllen es mit einem übeln Geruch; wer seinem Feind Leides thun will, trägt Knochen und Erde vom Kirchhof in sein Zimmer, und alsdann kommen die Keijuset, um ihn zu quälen. Auch der Alp ist in Finland unter dem Namen Painajainen, (der Drücker) bekannt; er gleicht einer weissen Nymphe, erhellt mit seinem Schein das ganze Zimmer und drückt den Schlafenden auf der Brust, der darüber schreit und jammert: er beschädigt auch die Kinder und macht sie schielend: er wird von den Abergläubischen durch einen Besemer oder einen Stahl unter dem Kopfkissen, vertrieben. Eine Art Kobold, Para, ist von den Schweden entlehnt, die ihn Bjära nennen: er stiehlt die Milch von fremden Kühen, labt sie in seinem Magen und trägt sie in's Butterfaß. Der Aberglaube wähnt, daß, wenn ein gewisser Schwamm (mucor unctuosus flavus Linn.) in Theer, Salz und Schwefel gekocht und mit einer Ruthe gepeitscht wird, die Besitzerin des Kobolds erscheint und für ihren dienstbaren Geist bittet. In Carelen, im Kirchspiel Kalis,

ist

ist ein Berg Tyrian Wuori, wo der Gott Turri oder Turrisus seinen Sitz haben soll, der in alten Gedichten vorkommt, und vermuthlich von den Schweden (Thor) entlehnt ist. Die Einwohner haben die Sage, daß er oft bei einem bevorstehenden Kriege hervorgeht und durch die Luft trommetet, eine Fabel, die mit der unsrigen vom wilden Jäger und wüthenden Heer eine große Aehnlichkeit, und vermuthlich denselben Ursprung hat. Der Hauskobold, Tonttu, nach dem schwedischen Tomtgubbe, ist auch in Finland allgemein. — In der Osternacht wird die Leitkuh mit der Schelle versehn, und Sicheln werden vor die Stallthüren gestellt, um die fliegenden Hexen abzuhalten: die Leute sitzen die ganze Nacht auf, sie glauben die Hexen in der Luft zu sehn, und schmieden, klopfen und dreschen zu hören, und verkündigen daraus künftige Dinge, den Jahrswuchs, Todesfälle u. s. w. Die Hexen führen um diese Zeit alle Wolle, Kuhhaare, Schwänze u. s. w., die sie gesammelt haben, nach Blåkulle, dem schwedischen Blocksberg, einer kleinen Insel im Calmarschen Sunde *). Die Sonntags- Montags- und Donnerstags-Abende werden für heilig gehalten. In der Dämmerung des Sonntagsmorgens geht die Wirthin dreimal gegen die Sonne um ihre Kühe in einer besondern Körperstellung, zwischen den Zähnen trägt sie ein Messer, in der einen Hand die Schlüssel zum Hofe, eine Sichel, Axt u. d. g. und in der andern brennende Holzspähne.

*) S. Büschings Erdbeschreibung, nach meiner Umarbeitung, Schweden. S. 312.

Am Donnerstagsabend darf Niemand spinnen, sonst spuckt es. Besonders werden an den Festtagen allerlei abergläubische Gebräuche vorgenommen, die zum Theil aus catholischen Zeiten stammen. Am 23. April oder dem St. Georgstage, der ehemals gefeiert ward, darf Niemand arbeiten, Holz fällen, klopfen oder stark durch ungeschmierte Thüren gehn: höchstens ist den Weibern verstattet, Strümpfe zu stricken. Auch wird unter gewisse heilige Bäume im Walde Milch gestellt. Am Catharinentag (Kaisan Peiwä) sammelt die Wirthin von jeder Nachbarin einige Hände voll Mehl, woraus ein Brei, Memmä, bereitet wird: zugleich wird ein dazu aufgehobner Kuhkopf gekocht, dessen Zunge nebst obigem Brei im Stall verzehrt wird; die Schaafe werden um diese Zeit zum dritten Male geschoren. Am Fastnachtsabend darf weder gesponnen noch Holz gehauen werden, wenn die Kühe nicht lahm werden sollen; damit sie im Sommer früh zu Hause kommen mögen, legt man sich auch noch bei Tage zu Bette. Am Olofstage darf Niemand sich mit der Heuärndte beschäftigen, denn der Bär beschädigt das Vieh desjenigen, der an diesem Tage das Futter anrührt. Es wird auch ein seit dem Frühling ungeschornes Lamm geschlachtet, und bei'm Hereintragen wird mit Ellern- und Tannenzweigen Wasser über die Schwelle gesprengt. Eh' man die Speisen genießt, wird etwas davon in einen Winkel bei der Bank am Ende des Tisches, auf den Boden und auf die Birken im Walde gegossen, die um Johannis auf den Hof gesetzt werden. In Oesterbottn wird an diesem Tage der Aerndtekäse bereitet und gegessen. Am

15. Sept. oder an Kreuzerhöhung werden die Stallwände und die Kühe bekreuzt und ein heiliger Stein wird unter vielen lächerlichen Ceremonien in den Wald getragen. Im Julius wird dem Donner zu Ehren ein großes Brot gebacken, bis zur künftigen Frühlingssaat aufbewahrt und alsdann mit gewissen Gebräuchen unter die Hofleute ausgetheilt. Die Schwalbe wird allgemein für einen glückbringenden Vogel gehalten: wenn der ostbottnische Bauer merkt, daß sie an seinem Hause ihr Nest bauen will, sucht er es ihr auf alle mögliche Art zu erleichtern. Wie wunderbar ist es, daß grundlose und thörichte Meinungen sich so schnell und gleichsam von selbst verbreiten, dahingegen es oft große Mühe kostet, die Menschen von den nützlichsten Wahrheiten zu überzeugen, die mit dem augenscheinlichsten Vortheil für sie verbunden sind!

Für den religiösen Unterricht des Volks wird gut gesorgt, und es fehlt gegenwärtig nicht an den nothwendigen Hülfsmitteln; nur sind in einigen Gegenden die Kirchspiele noch zu groß, und die Geistlichen sind daher nicht im Stande, überall die Aufsicht zu führen, die erforderlich ist; der Gottesdienst wird in finländischer Sprache gehalten, und in den Gegenden, wo die Schweden zahlreich sind, auch zugleich schwedisch. Die Geistlichen, selbst wenn sie im Lande gebohren sind, reden nicht immer ganz rein, weil sie ihren Unterricht in schwedischer Sprache erhalten und sich nach schwedischen Mustern bilden: wenn sie sich auch im gemeinen Leben mit ihren Gemeindegliedern unterhalten können, fehlt es ihnen doch öfters an Wörtern und Redensarten, um geistige und übersinnliche Dinge würdig auszudrücken. Um eine tiefere Kenntniß ihrer Muttersprache bemühn sie sich selten; es kostet daher Zeit und Mühe, eh' die jungen Geistlichen dahin gelangen, leichte und gute Predigten zu entwerfen. Wenn sie extemporiren oder ihre schwedisch entworfenen Vorträge auf der Kanzel übersetzen, so sind Svethizismen unvermeidlich; es geschieht indessen sehr häufig, und die Prediger werden daher öfters unverständlich *). Ein Predigerseminar, das ausschließend auf die Bildung finländischer Geistlichen Rücksicht nimmt, fehlt bis jetzt der Universität Åbo, die übrigens auch um die religiöse Aufklärung des Landes außerordentliche Verdienste hat. Im Ganzen sind die Finländer religiös und andächtig; ihre Entlegenheit, die Unbekanntschaft mit fremden Sprachen und der löbliche Eifer der Geistlichen hat sie vor dem Eindringen neuer, verführerischer Ansichten und Meinungen gesichert, wodurch der Glaube und die Hoffnung zerstört werden, die so lange das Glück der bedrängten Menschheit ausgemacht, und in einem mühseligen Leben freundlichen Trost gewährt haben. Schwärmer und Mystiker sind öfters unter dem Volk aufgetreten und haben sich auch unter den bessern Ständen Anhänger erworben. Noch in neuern Zeiten galt ein herumziehender Schneider, auch bei gebildetern Personen, für einen besonders heiligen Mann. Merkwürdig ist die Geschichte eines Glasfabricanten, Jacob Wallenberg, der im Jahre 1798

*) S. G. H. Porthan historiola concionum sacrarum fennicarum. p. 1 und 2. Aboae 1781. S. 41 ff.

auftrat. Er war aus dem Kirchspiel Lappo in Oesterbottn gebürtig, das immer theils wegen einer gewissen Rohheit in den Sitten, theils einer Art von Genialität unter seinen Bewohnern berüchtigt gewesen ist, die aber leider! in Betrügerei ausartete; auch die Münzverfälscher (Papiergeldsfabricanten), weswegen Oesterbottn bekannt ist, sind meistens aus dieser Gegend. Hier spielte Wallenberg seine wunderbare Rolle, wozu ihn die Natur mit manchen Eigenschaften ausgestattet hatte, obgleich es ihm an allen Kenntnissen fehlte und er keine andre Sprache als die finländische verstand. Mit seiner Fabrik wollte es nicht fort; er begab sich daher nach einem andern Dorf in das Haus eines Einliegers, dessen Besitzer grade abwesend war; Wallenberg bekehrte die Frau und ihre Tochter, die ihn zuerst als einen alten Freund und Bekannten aufnahmen: sie wurden von der neuen Religions- und Sittenlehre so begeistert, daß der Hauswirth bei seiner Zurückkunft die Herzen seiner Frau und Tochter, und zugleich seine ganze Hütte im Besitz des Propheten fand: auf die Tochter scheint er insonderheit gleich bei'm ersten Gefühl seines Berufs seine erste Aufmerksamkeit gerichtet zu haben und wählte vielleicht nur um ihretwillen diesen Ort zu seiner heiligen Wohnung: sie ward zu seiner himmlischen Braut erkohren, obgleich ein ziemlich irrdischer Umgang zwischen ihnen Statt fand. Das Gerücht von den neuen Lehren verbreitete sich bald zu den nächsten Nachbaren, und in kurzer Zeit hatte er über 100 Zuhörer zugleich. Viele gaben die Theilnahme an dem ordentlichen Gottesdienst ganz auf, um dem neuen Propheten zu folgen. Er theilte indessen nicht Allen mit gleicher Dreistigkeit seine gottlosen und unmoralischen Sätze mit, sondern zuerst wurden nur seine vertrautesten Jünger eingeweiht; der Schüler ward unter dem Arm gefaßt und in das Zimmer geleitet: der Prophet klappte so lange mit der Hand dicht unter seinen Augen, bis er nicht mehr blinzelte; dann gingen sie auf dem Boden auf und ab und stampften mit den Füßen, zuletzt auf einer gewissen Stelle sehr heftig, um das Haupt der Schlange zu zertreten. Gegen die Menge äußerte er blos, daß Luther die Lehre der Apostel verfälscht habe, und daß das Christenthum, wie es gegenwärtig dargestellt werde, nicht zur Seligkeit führe; daß aller Gottesdienst und der Gebrauch des Abendmals zu nichts diene; daß er allein den wahren Glauben lehren könne, denn Gott habe sein Gebet erhört, ihm seine Offenbahrung gegeben und ihm befohlen, zu predigen u. s. w. Seinen vertrautesten Schülern sagte er noch, daß der Erlöser von Gott freilich geschickt sei, die Welt aufzuklären, aber seinen Beruf nicht treu erfüllt, sondern ein unordentliches Leben geführt und sich mit eiteln Wunderwerken beschäftigt habe, die blos durch Zauberei und Aberglauben ausgerichtet wären: daher habe Gott alle Macht und Würde von ihm genommen, ihn in sein voriges Nichts gestürzt und einen neuen Propheten abgeschickt, das menschliche Geschlecht zu unterrichten und zu befreien: er sei der wahre Sohn Gottes, alle, die ihn hören, und sich aller weltlichen Sorgen und Geschäfte entschlagen würden, sollten durch ein neues Licht größere Kenntnisse und Einsichten von geistlichen sowohl als zeitlichen Dingen erlangen, als je ein Mensch zuvor gehabt habe: die ganze Welt werde einst vergehn, die Seelen der Gläubigen sollten aber wieder mit ihren Körpern vereinigt werden, die Ungläubigen hingegen beständig körperlos bleiben und einen besondern Ort erhalten, um für ihren Unglauben gestraft zu werden; er selbst werde, wenn alle Elemente in eine Tinctur zusammengeflossen seyn würden, in erneutem Glanz und Heiligkeit aus derselben hervorsteigen, und durch seine Gemeinschaft mit Gott und kraft der von ihm ertheilten Vollmacht oben an sitzen, um über das gesammte Menschengeschlecht zu richten; der Theilnahme an diesem großen Geschäft sollten auch seine nächsten Anhänger und vertrautesten Schüler gewürdigt werden. Gegen alle christliche Bücher, Luthers Catechismus, das Gesangbuch und selbst die Bibel äußerte er die höchste Verachtung; er warf sie gegen die Wand und trat sie mit Füssen. Dagegen las er aus einem handschriftlichen Buch vor, das er das Böhmische Buch nannte und seinem Vorgeben nach aus Stockholm geholt hatte; seine Zuhörer verstanden von dem Inhalt freilich nichts, aber er tröstete sie damit, sie hätten nicht nöthig zu verstehn, sondern blos zu glauben: durch den Glauben würden sie auf's neue gebohren werden und dann eine innre Erleuchtung erhalten, die alles erkläret, und eine innre Rührung in ihrem Herzen empfinden, wie wenn Wasser und Feuer abwechselnd daselbst flammten und strömten. Das berühmte Buch war eine ins Finländische übersetzte Schrift Jacob Böhme's, und hatte einem frühern Religionsschwärmer in Oesterbottn zugehört, der verhaftet war. Bei ihren heimlichen

Zusammenkünften mußte Jeder mit Brantwein versehn seyn, woran man sich gemeinschaftlich labte und der besonders den Geist des Propheten zu erfrischen und zu erwärmen schien. Bald ward ein Glas getrunken, bald spuckte man unter Wallenbergs Commando auf den Boden und zertrat das Haupt der Schlange. Der Wirth, der ihn und seine vertrautesten Schüler unterhalten mußte, ward mit jedem Tage ärmer, allein er verließ sich auf das Wort des Propheten, der ihn versicherte aus den Knochen des geschlachteten Viehes neue Kühe hervorzubringen, und Feldsteine in gediegnes Gold verwandeln zu können. Obgleich er die Erfüllung dieser glänzenden Verheissungen beständig aufschob, so behielt er doch durch seine Beredsamkeit seine Gewalt über seine Anhänger und ihr Vertrauen ward nicht vermindert. Hauptsächlich bemühte er sich, bei ihnen alle Schaam, die er mit einem seltnen finländischen Wort, Häpyrenseli, nannte, auszurotten: denn so lange sie noch übrig wäre, sei keine Seligkeit zu erwarten. Er bediente sich in dieser Hinsicht bisweilen einer höchst unanständigen Ceremonie, die nicht öffentlich beschrieben werden kann. Unter seinen männlichen und weiblichen Anhängern stiftete er geistliche Ehen und ewige Bündnisse: er selbst gab ihnen ein lockendes Beispiel, indem er öffentlich bei seiner in Ewigkeit erkohrnen Braut im Bette lag: ihre Eltern nahmen nicht das geringste Aergerniß daran, ungeachtet Wallenberg eine Frau und 6 Kinder hatte; seine Braut erklärte vor Gericht, daß seine Liebesbezeugungen sich nie weiter als auf himmlische Küsse erstreckt hätten. Seine Frau, die mit ihren

Kindern im tiefsten Elend schmachtete, begab sich einmal zu ihm und forderte ihn auf, zurückzukehren und für sie zu sorgen, allein er schickte sie mit der Drohung fort, daß er sie, wenn sie sich nicht unverzüglich davon begebe, wie Loths Weib in eine Salzsäule verwandeln wolle. Indem er auf diese Art die Sinnlichkeit seiner Zuhörer beschäftigte, nährte er zugleich ihre Phantasie durch allerlei lächerliche religiöse Ceremonien; er legte z. B. ein Stück Käse unter die Asche auf dem Herde, um den Adamsbissen, der den sündigen Menschen im Halse sitze, zu verbrennen. Endlich ward die Unruhe seiner Anhänger über ihre Verarmung, worin sie durch ihr üppiges und unthätiges Leben geriethen, immer größer: um sie zu befriedigen, versprach er ihnen Gold zu machen. Er zeigte ihnen einige glänzende Steine, die vermuthlich Schwefelkies enthielten, und versuchte auf eine mysteriöse Art bei verschloßnen Thüren, sie in einem Topfe zu schmelzen: aber leider ohne Erfolg. Er warf die Schuld auf den Unglauben seiner Anhänger und verblendete sie mit neuen Versprechungen.

Unterdessen war die Geistlichkeit aufmerksam geworden; der Prophet ward vorgefordert, um sich über seine Lehre zu verantworten; allein er weigerte sich zu erscheinen und fügte hinzu, daß er weltlichen Priestern und weltlichen Obrigkeiten nicht gehorche. Er fand es jedoch gerathener, seinen Aufenthaltsort zu ändern und begab sich mit zehn Schülern, die Haus und Hof verließen, nach der Kapelle Härmä, wo er selbst einen Hof besaß. Durch die Versicherung, daß er die Goldmacherei verstehe, lockte er manche leichtgläubige Seele, ihm zu folgen. Gleich nach seiner Ankunft fand man daselbst auf Veranstaltung des heiligen Geistes eine Kiste mit Feldsteinen angefüllt, die nach Wasa gebracht und dort sich in Gold verwandeln sollten. Drei seiner vertrautesten und vielleicht geldgierigsten Schüler übernahmen es, sie dahin zu bringen: die Verwandlung sollte während der Reise geschehn, das Gold bei einem Goldschmidt veräußert, und das Geld zu schönen Kleidungsstücken fur die Gesellschaft angewandt werden. Einige Meilen von Wasa ward die Neugierde der Ueberbringer so heftig, daß sie die Kiste eröffneten, aber wie groß war ihr Erstaunen, als sie immer noch nichts als Steine entdeckten. Indessen wollten sie ihren Augen nicht trauen, beschlossen die Reise fortzusetzen und einen Goldschmidt zu fragen; Einer schöpfte jedoch Verdacht und überredete seine Begleiter, nicht die ganze Kiste, sondern nur einige Steine zur Probe mitzunehmen: während er den Ueberrest in einem Dorf bewachen, und ihre Ankunft erwarten wolle. Still und niedergeschlagen kamen sie mit der Nachricht zurück, daß ihre Hoffnung getäuscht sei; sie versenkten die Kiste in einen Strom. Nicht ohne Verdruß erzählten sie dem Meister den schlechten Erfolg ihres Wunderwerks: er empfing sie aber ohne alle Verwirrung: „wozu brauchen wir Gold im Himmelreich? oder welcher Wohlstand, welcher Reichthum kann uns dort fehlen?“ Der heilige Geist hatte ihm verkündigt, daß die Welt am 23. Jun. vergehn werde: nur er und seine Anhänger sollten gerettet, und alles Köstliche für sie verschont werden. Während man auf diesen Zeitpunct hoffte, ging dem Propheten und seinen Schülern der Vorrath aus und bei dem allgemeinen Mißwachs, der grade um diese Zeit das Land heimsuchte, waren sie gezwungen, von bloßer Milch zu leben: Wallenberg erklärte, daß wer selig werden wolle, kein Brot essen müsse: doch merkten seine Anhänger, daß er selbst sich heimlich Brot zu verschaffen wußte und es verspeiste. Diese Entdeckung, die Erfahrung, daß der Untergang der Welt an dem bestimmten Tage nicht erfolgte, (worüber er sich durch das Vorgeben rechtfertigte, daß der heilige Geist die Strafe der Ungläubigen noch auf einige Zeit verschoben habe,) der Mangel an Lebensmitteln und die trüben Aussichten in die Zukunft hatten allmählig sein Ansehn und das Vertrauen seiner Schüler vermindert, so daß ein Theil ihn bereits vor dem außerordentlichen Gericht, das am 1. August über diese Thorheiten gehalten ward, verlassen hatten. Wallenberg versicherte seine Gemeinde feierlich, daß sie sich vor einer weltlichen Obrigkeit durchaus nicht zu fürchten brauche, und daß der himmlische Geist alle mit Schwefel und Feuer vernichten werde, die eins seiner Mitglieder anzugreifen wagten: sie fanden indessen, daß der Erfolg dieser Verheissung eben so wenig entsprach als seinen übrigen Gelübden. Er suchte seine Anhänger abzuhalten, vor Gericht zu erscheinen und gehorchte auch selbst der ersten Ladung nicht: allein er ward mit Gewalt geholt und gezwungen, die Aussagen seiner eignen Schüler gegen den gefallenen Propheten zu hören. Anfangs suchte er die Competenz des Gerichts zu bestreiten und läugnete alles, was seine Zeugen gegen ihn aussagten und irgend einen Schatten auf seinen moralischen Character werfen konnte. Von dem Landgericht gelangte die Sache an's Hofgericht in Wasa; Wallenberg ward verhaftet. Nun erklärte er, daß er sich vor seinen Schülern freilich als ein Prophet betragen habe, in so fern er einen prophetischen Geist in sich verspürt, und daß er auch auf Eingeben desselben Geistes der Welt Ende vorhergesagt; seine übrigen Aeußerungen über das Christenthum, Luther u. s. w. läugnete er gänzlich. Er erkannte seine Irrthümer und bat um Gnade und Verschonung. Uebrigens gab er nie eine bestimmte, deutliche Antwort auf die ihm vorgelegten Fragen, sondern verbreitete sich in mystischen Redensarten über fremdartige Gegenstände: auch vor den Priestern hüllte er sein Glaubensbekenntniß in Umschweife, obgleich er Reue über seine Irrthümer bezeugte und eine ernstliche Besserung versprach. Nie verlor er die Besonnenheit und die Gabe, sich fertig auszudrücken. Er war 42 Jahr alt, hatte ein vortheilhaftes Aeußere, einen langen und schmalen Wuchs und eine einnehmende Art des Betragens. Das Hofgericht sprach ihm das Leben ab, das höchste Gericht verwandelte die Strafe aber in lebenslängliches Gefängniß auf der Festung Tawastehus, wo der Gram über sein Schicksal und die Leidenschaftlichkeit seines Gemüths seinem Leben bald ein Ende machten. In Oesterbottn giebt es noch jetzt eine Secte, die sich bei ihren Zusammenkünften eines höchst unanständigen Tanzes bedienen soll, den sie für Gottesdienst ansieht und der doch zur Beförderung der größten Ausschweifungen dient. Die Geistlichen können mit allem Eifer diese Ausbrüche nicht abhalten. Aehnliche andächtige Versammlungen, obgleich minder unanständig, sind an mehrern andern Stellen in Finland gebräuchlich und stiften mehr Schaden als Nutzen. Ein Geistlicher hat ein vielleicht wirksames Mittel zu ihrer Ausrottung vorgeschlagen; man sollte die Zusammenkünfte zwischen beiden Geschlechtern verbieten und es übrigens den Männern und den Weibern freilassen, sich allein zu versammeln *).

Der Unterricht der Jugend ward bis jetzt sehr vernachlässigt; in den größern Städten giebt es freilich wohleingerichtete Trivialschulen und auch die meisten kleinern Oerter (bis auf Tammerfors und Kaskö) haben öffentliche Lehranstalten, wobei an einigen Stellen ein, an andern zwei Lehrer angestellt sind. Dorfschulen aber sind entweder gar nicht vorhanden oder äußerst schlecht eingerichtet. Der gewöhnliche Unterricht des Landvolks erstreckte sich blos auf Lesen, und selbst dies lernten die Wenigsten geläufig; Schreiben und Rechnen waren seltne Kenntnisse. Der im Jahre 1798 verstorbne Assessor Gabriel Ahlmann vermachte beinahe sein ganzes Vermögen der finländischen Haushaltungsgesellschaft und trug ihr auf, die Hälfte (etwa 17500 Reichsthaler) zur Errichtung von Kirchspielsschulen anzuwenden. Sie fing damit

*) S. Åbo-Tidningar 1803. nr. 8. 9 13. 18.

an, eine Preisfrage über die zweckmäßigste Organisation finländischer Dorfschulen aufzugeben und erhielt von mehrern Patrioten gute Beantwortungen. Bei dem Umfang der Kirchspiele und der Entlegenheit der Dörfer von einander, würde eine feste Schulanstalt an einem Ort ihrem Zweck wenig oder gar nicht entsprechen: es ist daher der Vorschlag gemacht und angenommen, wandernde Lehrer anzustellen, die sich von Dorf zu Dorf begeben und die Kinder der nächsten Ortschaften bei sich versammeln; es ist auch nothwendig zweckmäßigere und anpassendere Lehrbücher einzuführen. Im Jahre 1806 hoffte man mit der Einrichtung selbst den Anfang machen zu können. Man hat auch die Errichtung einer besondern Ackerbauschule für die finländischen Bauern vorgeschlagen, wozu die andre Hälfte des Ahlmannschen Fonds verwandt werden sollte *).

Die Wohnungen der Finländer sind national; sie heißen Pörtten (Pirtti) und bieten dem Fremden einen abscheulichen Anblick dar: besonders zur Nachtzeit im Winter. Müde, schläfrig und erfroren öffnet der Reisende die Thüre; ein warmer Dunst schlägt ihm aus dem dunkeln Gemach entgegen: langsam und schwitzend erhebt sich der Wirth und zündet einen Kienspan an: der ganze Boden ist mit schmutzigen Menschen bedeckt und das Zimmer kohlschwarz von Rauch; es hat keine Fenster, sondern blos einige

*) S. Om Ahlmanska Sockne-Skolarnes tjenligaste Inrättning, af J. Tengström samt J. Bonsdorf. Åbo 1804. 8.

Löcher und der Herd keinen Schornstein: der Rauch muß sich theils durch eine Lücke im Dach, theils durch die Löcher einen Ausweg suchen. Die Wärme und der Rauch in diesen dumpfen Gemächern wirken auch auf die menschliche Seele: in den Gegenden, wo die Pörtten abgeschafft sind, bemerkt man eine weit größere Indüstrie. Indessen herrscht in den verschiednen Provinzen, auch unter den Rauchhütten eine große Verschiedenheit: in Carelen und Sawolax sind sie nett und reinlich, oft mit Glasfenstern versehn und die Tische, Bänke so wie der untere Theil der Wand werden sauber gewaschen: dagegen lebt der Tawastländer, der überhaupt auffallend feiger, ärmer und schmutziger ist, wie das Vieh. Man hat übrigens angefangen bessere Wohnungen aufzuführen und selbst den Bauern Gefallen daran einzuflößen: an der Seeseite wohnen sie überall zierlicher und bequemer und der Reisende findet meistens eine Stube und ein Bette. Im Sommer liegen die Leute gewöhnlich in kleinen Nebengebäuden, die zu wirthschaftlichen Zwecken bestimmt sind. Das Baden gehört zu den characteristischen Nationalsitten, das vielleicht von den Finnen zu den russischen Slaven übergegangen ist und bereits in den ältesten Zeiten gebräuchlich war *). Fast jeder Bauer hat neben seinem Hause eine besondre Badstube, die inwendig mit Steinen ausgesetzt ist, die Steine werden bis zum Glühen erhitzt und alsdann wird heißes Wasser darauf gegossen, bis eine Dampfwolke die

*) S. Nestor I. S. 96.

badenden Personen einhüllt. Das Zimmer ist durch eine Erhöhung gleichsam in zwei Regionen getheilt: es kann also nicht nur eine größere Menge an dem Bade Theil nehmen, sondern man kann sich auch beliebig in eine wärmere Temperatur begeben. Männer und Weiber baden sich gemeinschaftlich, die erstern nackt, die letztern im Hemde: es fällt aber nie etwas vor, das die strengste Zucht beleidigen könnte. Die gewöhnliche Wärme in einer finländischen Badstube ist 56 — 64° Reaumur: wer nicht daran gewohnt ist, kann diese Hitze unmöglich ertragen. Die Badenden reiben und schlagen sich, so lange sie im Bade sind, mit belaubten Birkenruthen: die Männer bedienen sich bei dieser Operation auch wohl weiblicher Hülfe. Ehe die Männer sich wieder ankleiden, wälzen sie sich im Winter im Schnee und im Sommer auf dem Grase herum, ohne daß dieser plötzliche Uebergang von Hitze und Kälte einen merkbaren Eindruck auf sie macht.

Die Tracht der Finländer unterscheidet sich in den entlegnern Gegenden durch manche Eigenthümlichkeiten. In Nordfinland tragen die Männer eine schwarze Mütze von Sammet oder Tuch (Pitnilka) die aus 6 dreieckigten Stücken besteht und über jedem Saum mit einer schwarzen Seidenschnur verziert ist, darüber wird im Sommer der Hut und im Winter eine Pelzmütze getragen. Der Oberrock besteht aus grauem Wallmar und ist wie ein Kaftan gemacht; unter demselben tragen sie einen kurzen weißen Rock und dann ein Leibwamms, beides von demselben Stoff, und über dem Hemde noch ein wollenes, buntes Kamisol:

ferner

ferner gebrauchen sie blaue Pantalons und blaue Strümpfe, im Sommer und Herbst Halbstiefeln und im Winter meist lappische Pelzstiefeln. In einem Gürtel von Tuch haben sie 2 Messer und eine Pfrieme. Männer und Weiber bedienen sich der Schafpelze, die mit dünnem blauen Wollenzeuge überzogen sind. Im Sommer trägt man fast überall Pluderhosen. Der Hauptschmuck der Frauen ist eine seidne Mütze mit einer Haube und ein seidnes Halstuch; das knappanschließende Mieder ist von Wallmar und mit einem Bande oder etwas Zeug besetzt. Die Röcke sind aus feingesponnener Wolle gemacht und meistens mit Coccinellfarbe gerändelt: in neuern Zeiten sind Kattun, Baumwolle u. d. g. bekannt geworden. Die Mädchen verfertigen sich während ihres unverheiratheten Zustandes gemeiniglich so viele Kleider als sie während ihres ganzen Lebens gebrauchen: auch nähen sie all ihr Zeuch selbst. — Die Finländer kleiden sich warm; im südlichen Finland tragen die Weiber über ihre übrigen Kleider ein Hemde; im Hause gehn die Männer selbst im Winter im bloßen Hemde und Brusttuch, ohne Wamms, sie gehn auch häufig heraus, ohne sich vor der schnellen Abwechslung der Kälte zu fürchten. Ueber ihre Stiefeln ziehn sie wollene Strümpfe, die sie vor Kälte und vor dem Ausgleiten auf dem glatten Eise bewahren.

Auch in den geselligen Sitten findet sich noch manches Eigenthümliche, das aus ältern Zeiten stammt: dahin gehören z. B. die Gebräuche bei der Bewerbung und den Hochzeiten. In Sawolax schickt der junge Mann, der Liebe zu einem Mädchen fühlt, eine alte

Frau als seine Bewerberin mit einigen kleinen Geschenken ab: zur Ausführung ihres Auftrags wählt die Botin den Augenblick, wo die Schöne zu Bette geht: sie beginnt mit vielen Lobsprüchen auf den Liebhaber und schließt mit der Ueberreichung der Geschenke. Verwirft sie den Antrag, so schickt sie die Gaben zurück: die Vermittlerin kehrt mit der niederschlagenden Nachricht zu dem verschmähten Liebhaber zurück: doch ist die erste Abweisung der Geschenke nicht immer ein Beweis des Mißfallens, sondern oft nur der Ziererei. In einigen Gegenden sind auch noch Gebräuche übrig, die sich auf die Untersuchung der Jungfräulichkeit beziehn u. d. g. m. *) Selbst von der ehemaligen Geringschätzung der Weiber findet man noch im innern Lande Ueberreste; sie setzen sich z. B. nicht mit den Männern zu Tisch, sondern essen allein, gewöhnlich hernach, jede in ihrem besondern Winkel. — Die christlichen Feste begehn die Finländer zum Theil mit großem Jubel und allerlei lustigen Spielen und Aufzügen. Weihnachten (Joulu) wird für das höchste gehalten und mit besonderm Wohlleben gefeiert. Schon im Voraus werden Speisen und Getränke dazu aufgehoben, und man hat daher auch das Sprichwort: zur Weihnachtszeit muß man trinken. Am Georgentage (23sten April) wird laut geschrieen, besonders

*) Acerbi travels through Sweden, Finland and Lapland I. S. 293 ff. Ich wage indessen nicht, diesem berüchtigten Reisefabricanten irgend eine Thatsache nachzuschreiben, da er fast auf jedem Blatt eine Unwahrheit, entweder absichtlich oder aus Mißverstand, sagt.

wenn das Eis bricht; auch an diesem Tage gilt ein Rausch für keine Sünde. Allerheiligen (Kekri) ist ein großes und altes Fest, zur Freude über den Jahrswuchs und die Aerndte. Es werden dabei nicht nur allerlei abergläubische Ceremonien vorgenommen, sondern auch eigne lustige Lieder gesungen. Die Badstuben werden gereinigt und Badewasser und Quäste für die heiligen Männer zurecht gemacht, die, wie man glaubt, zum Bade kommen. Es wird tapfer getrunken, man geht von einem Hofe zum andern, und droht die Oefen niederzureißen und den Herd einzuschlagen, wenn kein Brantewein gegeben wird. Fastnacht ist auch in Finland ein Jubeltag; überall schmaust man fette Speisen, gekochten oder gebratnen Speck, Erbsensuppe, Pfannkuchen u. d. g.: hernach fährt man auf Schlittschuhen oder Schlitten von einer Anhöhe herunter, und schreit dabei: langen Hanf, langen Flachs! Man zieht mit Schellengeklingel herum und treibt andre lustige Spiele. An verschiednen Stellen haben die Finländer in den Wäldern Plätze, wo sie zu gewissen Jahrszeiten zum Spielen, Tanzen und Singen zusammenkommen. Um Pfingsten werden besonders in Åbo und Tawastland Spiele angestellt, Hiippa genannt, wobei zwei den dritten schlagen. Um Johannis werden an mehrern Orten auf Hügeln und Anhöhen Feuer angezündet. Die Nationalspiele kommen immer mehr außer Gebrauch. Am Weihnachtsfest, wenn sich die Gesellschaft versammelt hat, sitzen die Alten bei der Bierflasche hinter dem Tische und sehn den Spielen der Jugend zu. Zuerst werden allerhand Ringeltänze aufgeführt, entweder von den Weibern allein, oder auch in Vereinigung mit den Junggesellen, alles wie es der Gesang oder die vorzustellende Sache erfordern. Eine alte Frau war von jeher als Hauptperson nöthig, ward aber in neuern Zeiten durchaus unentbehrlich, weil die alten, dazu nöthigen Gesänge immer mehr außer Kunde kommen: sie waren theils finländisch, theils aus dem Schwedischen so entstellt, daß man den Sinn kaum errathen kann: folgendes Stück kann zum Beispiel dienen:

I Prämen haver jag wantra
Perfuttan keinun Tallarne
Å hawer låti hämti, sänti,
Ortor å Rusor,
Linnun, Launan, Brasica u. s. w.

Deutsch heißt es:

In Bremen hab' ich gewandert
Baarfuß durch die Thäler,
Und habe lassen holen und gesandt
Kräuter und Rosen
Lindenlaub und Brassica, u. s. w.

Pfänderspiele (Panti Leikit) sind sehr beliebt, und fast alle von den Schweden und Deutschen entlehnt, z. B. Ringverstecken, noch lebt der Fuchs, u. d. g. Der Nationalcharacter zeigt sich besonders in der Art, wie die Pfänder eingelöst werden: ihre Erfindungen sind unerschöpflich, zum Theil derb und ungesittet, aber sie erfordern fast immer körperliche Kräfte, Uebung und Gewandtheit; so binden sie z. B. ein leinenes Band von einigen Ellen zusammen, zwei Bursche nehmen es um den Hals und bemühn sich Einer den Andern mit dieser Schnur nach sich zu ziehn, u. d. g. Im Sommer werden im Freien allerlei Uebungen, im Ringen, Laufen, Springen u. s. w. vorgenommen: es werden z. B. auf einer Ebne 4 schmale Birken im Viereck eingeschlagen und in der Mitte eine etwas größere, wobei sich die Gesellschaft versammelt, um auf ein gegebenes Zeichen von da auf die übrigen Bäume zu springen; wer zuletzt übrig bleibt, muß Bär seyn und einen von den übrigen zu haschen suchen, während sie von Baum zu Baum springen; so geht es fort *). Manches ist aber bei diesen Spielen von den Schweden, vielleicht auch von den Russen entlehnt, von denen z. B. auch die an einigen Oertern herrschende Gewohnheit, sich am Ostertage Eier zu schenken, herstammt.

Die Neigung zur Dichtkunst war ehemals über das ganze Volk verbreitet; die Bauern verfertigten Lieder und Gesänge und auch das weibliche Geschlecht übte eine Kunst, die überall das Leben verschönert, und über eine trübe Wirksamkeit gleichsam einen magischen Reiz wirft. In den Küstengegenden ist die Dichtkunst fast ganz verschwunden; zum Theil ist der mißverstandne Eifer der Geistlichen daran Schuld, die die ganze Poesie für ein Ueberbleibsel der heidnischen

*) Om Finnarnes Lekar, Åbo-Tidningar nr. 17. 18. 26. 28. Schade, daß der Schluß dieser Abhandlung fehlt.

Greuel halten und sie auszurotten suchen. In den innern Gegenden (besonders in Sawolax und Carelen) findet man noch häufig solche Naturdichter und man wird nicht leicht einen erwachsnen Bauer treffen, der nicht im Fall der Noth ein Gedicht machen könnte; indessen hört auch hier die Liebe zur Poesie in dem Maße auf, als der Kreis ihrer öconomischen Bestrebungen erweitert wird, und es ist zu befürchten, daß sie am Ende ganz untergehn werde. Vorzügliche Dichter führen den Ehrennamen Runo-niekat, Liederkünstler, und genießen ein vorzügliches Ansehn. Ohne die Regeln zu kennen, beobachten sie dieselben doch immer, durch ihr Gehör und einen verwirrten Begriff vom Schönen geleitet: sie können gute und schlechte Verse sehr wohl unterscheiden: ja sie verbessern auch fehlerhafte Stellen, ohne die Haupterfordernisse eines guten Gedichts angeben zu können. Die längsten Gedichte behalten sie sehr genau und pflanzen sie blos durch das Gedächtniß unter sich fort. Diejenigen, die sich vorzüglich auf die Dichtkunst legen, bedauern oft, daß sie nicht schreiben können; ja einige bedienen sich eigner Schriftzeichen, nach den Druckbuchstaben, wodurch sie dem Gedächtniß zu Hülfe kommen. Die Finländer begnügen sich nicht mit blos augenblicklichen Ergüssen ihres poetischen Gefühls, sondern wählen sich bisweilen ein größeres Werk und feilen so lange daran, bis ihnen die Verse gefallen. Sie benutzen auch das Urtheil Anderer und bisweilen arbeiten mehrere an dem Entwurf und der Ausbesserung eines Gedichts. Zum Theil haben sie eine ungeheure Anzahl von Poesieen im Kopf, wodurch es ihnen leicht wird, sich der poetischen Sprache zu erinnern. Sie besingen merkwürdige Ereignisse, rühmen ihre oder ihrer Mitbürger Thaten, schildern das öffentliche Wohl oder Wehe, beweinen den Tod ihrer Freunde, erhöhen die Freude bei den Gelagen und schelten und satyrisiren auf ihre Feinde: auch ein großer Theil ihrer Sprichwörter ist in Versen abgefaßt. Sie haben ein Sprichwort: den Tag verlängert die hinzugefügte Nacht und Gesänge vermehren einen kärglichen Biervorrath. Jährlich entsteht eine große Menge von Liedern, wovon jedoch wenige über die Gränzen des Kirchspiels, worin der Verfasser lebt, verbreitet und aufbewahrt werden. Diese Liebe zur Poesie haben die Finländer mit ihren nahen Brüdern, den Ehsten, gemein, deren Dichtkunst auch in Hinsicht des Mechanismus der ihrigen völlig gleich ist. Die finländischen Landleute sind überdies gewohnt, ihre Gesänge auf eine ganz eigenthümliche Weise abzusingen, die aus ihrer Vorzeit stammt. Es singen immer nur zwei, die von aufmerksamen Zuhörern umringt sind; der Vorsänger, (Laulaja, Sänger, Päämjes, Hauptmann) der entweder allein oder vorzüglich des Gesanges kundig ist, oder der einen Vorzug an Alter und Ansehn hat und dessen Rolle der Dichter, wenn er ein Lied aus dem Stegreif macht, immer selbst übernimmt, wählt sich einen Genossen oder Helfer (Puoltaja, Saistaja.) Wenn der erste ungefähr bis zur dritten Silbe vom Ende des Verses gekommen ist, fällt dieser ein, weil er aus dem Zusammenhang und dem Metrum das kommende Wort leicht errathen kann, beide singen alsdann zu Ende: der Helfer wiederholt darauf mit etwas verändertem Ton den Vers allein, gleichsam als wenn er seine Beistimmung gebe; er hängt deswegen auch gemeiniglich der ersten Silbe des Verses ein Beifallswörtchen: Muka, nämlich, oder sånan, ich sage, oder pa, på, traun, gewiß an. Unterdessen schweigt der Vorsänger bis jener wieder zum letzten Fuß kommt, den sie zusammen absingen: dann setzt er den folgenden Vers allein hinzu, bis der Helfer wieder wie vorhin einfällt. Die Zeit, die dieser ihn ablöst, wendet der Dichter an, auf die Fortsetzung zu denken; die Melodie ist immer dieselbe. Die Sänger sitzen entweder neben einander oder einander gegenüber, so nahe, daß sie sich die Hände geben können und Knie an Knie, worauf sie die zusammengefaßten Hände stützen; während des Singens bewegen sie langsam den Kopf, gleichsam als wenn sie einander mit den Köpfen berühren wollen, und haben ein ernstes, nachdenkendes Gesicht. Sie singen selten stehend und wenn es bisweilen geschieht, setzen sie sich doch bald und vollenden ihren Gesang auf die angegebne Art. Gewöhnlich wird ein solches feierliches Lied auf den Gelagen angestellt, wo der Freude gebende Bacchus herrscht und die Gemüther aufregt. Gemeiniglich steht neben den Sängern ein Becher mit Bier, woraus sie sich nach vollendetem Liede erfrischen. Auch die langen Reisen, die die Einwohner der entlegnen Provinzen besonders im Winter zu den Städten und Handelsplätzen anstellen, um ihre Producte zu verkaufen und sich mit ihren Nothwendigkeiten zu versehn, gewähren eine bequeme Gelegenheit zum Singen. Bei solchen Gelegenheiten reisen oft 40 — 50 Personen zu gleicher Zeit von Hause ab oder treffen sich unterwegs: solche Gesellschaften suchen die Langeweile in den Wirthshäusern durch Lieder zu verscheuchen. Wenn bisweilen eine ungedruckte Rune berühmt und in ganz Finland gesungen wird, so muß man dies den Reisegesellschaften zuschreiben. Eine besondre Classe von Liedern machen die sogenannten Mühlengesänge, Jauhorunot, aus, die die Weiber in Sawolax, Carelen und im Cajaneborgschen bei der beschwerlichen Arbeit des Mahlens zu singen pflegen. An vielen Orten fehlt es an Mühlen, die Einwohner sind daher gezwungen, ihr Getreide auf Handmühlen zu bereiten; (in ältern Zeiten scheinen sie es in solchen hölzernen Mörsern, als sie sich gegenwärtig zum Stampfen der Fichtenrinde bedienen, klein gemacht zu haben;) *) dies ganze Geschäft ist den Weibern überlassen, während die Männer zu den Städten reisen, jagen, Holz, Heu oder Früchte aus dem Walde heimführen u. s. w. Um sich aufzumuntern, singen sie theils alte, theils neue Lieder. Diejenige, die die Mühle herumdreht, singt allein, die andern schweigen und hören zu; es wird nichts wiederholt, doch beobachten sie dieselbe, langsame Melodie. Diese Gesänge handeln theils von ernsthaften, hauptsächlich moralischen Gegenständen, theils enthalten sie Fabeln oder Geschichten, das Lob ausgezeichneter Thaten und Satyren: bisweilen sind sie gar verliebten Inhalts: doch singen nur

*) Jetzt werden auch in den innern Landschaften täglich mehr Wassermühlen angelegt: Windmühlen sieht man außer an den Küstengegenden nur selten.

die Jüngeren unter sich Liebeslieder. Man muß sie ältern Frauen zu entlocken suchen, die es nicht verschmähn, bei Gastmalen jene feierlichen Gesänge vorzutragen, was nie ein Mädchen thut; die meisten Lieder der Art sind von Weibern verfertigt *).

Einen nähern Begriff von finländischer Art und Kunst können folgende, mit größter Treue übersetzte Proben geben:

1. Ohto's Geburt.

Aus Ganander mythol. fennica, S. 64. Ohto ist ein Beinahme des Bären, wegen seines breiten Vorkopfs.

Wo ist Ohto gebohren,
Honigtatze wie ein Kind geschaukelt?
Bei dem Monde, nah den Sternen
Auf des Siebengestirnes Schulter;
Von dort ist er herabgezogen
Mit versilberten Sielen
In goldenen Wiegen.
Jungfrau Maria, das Mütterchen,
Warf Wollflocken auf's Wasser,
Binden wie Flaggen
Auf die klaren Meeresblasen
Auf die weiten Wogen.

*) H. G. Porthan de poësi fennica, Aboae 1766-1778. V. partt. 4. Der verewigte Verfasser wollte diese schätzbaren Abhandlungen, die leider nicht beendigt sind, vollenden und schwedisch bearbeitet neu herausgeben: auch um diese Frucht ist die Literatur durch seinen zu frühen Tod gekommen.

Sie wiegte der Wind,
Der Wasserzug umschaukelte sie,
Zu einer Honigreichen Spitze,
In den Wäldern zu springen,
Die Nordlande zu durchziehn.
Thu nicht was schlimm und rasend ist,
Gieb dich nicht ab mit Schimpflichem,
Zerdrück' nicht des Viehes Hüfte,
Fälle nicht die Milchträgerin;
Deine Mutter hat mehr zu thun,
Deine Erzeugerin hat große Beschwerde,
Wenn der Sohn Uebel thut,
Ihr Kind sich arggesinnt beweist.
Fahr wie ein Schwein vorbei,
Tummle dich wie ein Fisch.
Komm herein in unsre Wohnung,
Ohne daß die Melkerin es weiß.

---

2. Verweisung der Pest.

Ebendaher S. 12.

Auf und davon, du wunderliche,
Des Landes Unheil, fliehe
Von dem nackten Fleisch;
Gern will ich dir Fuhrwerk geben,
Ein Roß damit zu fahren,
Dessen Hufe nicht auf dem Eise gleiten,
Dessen Füsse nicht auf der Klippe straucheln;

Fahre, ich bitte dich,
Nimm ein Pferd aus der Hölle,
Aus dem Berg wähl' dir einen Klepper,
Wenn du nach Fuhrwerk fragst
Und einen Traber begehrst;
Ich ermahne dich
So daß du frisch magst fahren
Hin nach Norwegs Alpen
In den stahlharten Berg;
Fahre dann hart auf den Felsen,
Hebe der Hölle Oefen aus,
Wenn du heimfährst
Nach der Hölle schaurigen Heiden,
In den ewigen Abgrund,
Wo du nimmer gehöret wirst,
Nicht in ewigen Zeiten gesehn wirst;
Dahin verweise ich dich
In der Lappmark dickesten Wald
In des Nordens Grenzen;
Fahre dahin, ich bitte,
In den dunkeln Nord.

---

3. Beschreibung eines Erdbebens.

Aus einem neuern geistlichen Gedicht, Porthan S. 19

Selbst die Erde und der Erde Festen
Und des Himmels Luftdecke
Betrauert des Schöpfers Mord,
Zittert erbärmlich,

Erbangt gewaltig vor Schmerz,
Will ganz zerfallen
Aus ihren Säulen,
Umstürzen die höchsten Mauern
Erhabne Häuser niederreißen
Und ganz umwerfen.
Auch die härtesten Felsen,
Die das Beil und der Hammer nicht trennt,
Nicht zerbricht des Schmidtes Schlägel,
Scharfe Pfeile nicht durchbohren,
Bersten vor Schmerz,
Zersprengen aus Furcht,
Zerspalten aus Angst,
Da im Tode der Schöpfer ist! u. s. w.

4. Schilderung des russischen Einfalls.

Aus dem Gedicht eines Bauern, daselbst S. 67.

Noch war er nicht groß an Alter,
Noch nicht fest am Wuchs des Körpers,
Doch schon gezwungen in Schlupfwinkeln zu weilen
Zu der Verfolgung grimmer Zeit;
In des Waldes schrecklicher Wüste
Mitten unter Wölfen, Hirschen;
Herbei kam der Hunger als Gast
Zu des Bären Schlafgenossen.
Der Russe tobte im Hause,
Im Hofe die grausame Schaar;
Auch im Walde kämpften.

Im Hain wilde Krieger,
Die in seine Hände fielen,
Diese verbrannt' er, jene briet er;
Viele andere blutige Thaten
Uebte dieser harte Gast;
Wer hat Zeit sie zu sagen,
Wer sie alle zu beschreiben?
Ganz von herbem Schmerz wird bewegt,
Ihrer gedenkend, mein Gemüth;
Die Augen vergießen häufig Thränen,
Reichlich vergießen sie Wasser.
Die Zunge verdorrt,
Der Schlund wird dürr.

---

5. Mühlenlied einer finländischen Frau.

Ebendaher S. 81. *)

Meinem Jacob male ich,
Treib die Mühle meinem Lahmfuß,
Aber mir malt Jacob nicht,
Und mir treibt der Lahmfuß nicht die Mühle,
Lärmend stößt der Hinker nicht den Stein.
Dennoch ist es gut dem Lahmfuß angehören
Glücklich einem Hinkenden,
Denn sie schleppen ihn nicht zum Krieg,

*) Porthans lateinische Uebersetzung steht auch i. den von mir herrührenden Zusätzen zur deutschen Uebersetzun von Acerbis Reisen. S. 515.

Fordern ihn nicht in die Schlacht.
Selbst als alte Frau noch mal' ich,
Erreg', die Ohren verschimmelt *), der Mühle Geräusch,
Mir malt keine Schwiegertochter,
Treibt die Mühle keine Sohnsfrau.
O wenn mein Vertrauter käme,
Mir vorhergesehn erschiene,
Würd' ich bald einen Kuß ihm bieten,
Meinen Mund ihm darreichen!
Doch nichts wird von dem Geliebten gehört,
Und so werd ich Abends gequält von Verlangen,
Und zu Bette gehend noch mehr gepeinigt;
Mir sind die Nächte sehr verdrießlich;
Erwacht leb' ich in Bekümmerniß,
Leeres ergreift die Hand,
Die Rechte hascht eine Täuschung!
Wie verdrießt mich doch meines Schicksals,
Aber am Morgen empfind ich großes Leid,
Die Uebrigen zur Arbeit treibend,
Doch zur Ruh am Abend sie vereinend;
Selbst die Nacht allein zubringend
In dem Gattenleeren Bette,
Da kein Gefährte vorhanden ist,
Der mir einen Kuß biete,
Der mir sanft die Seite reibe,
Die Rippen kitzle.
Weh mir, weil man den Liebsten nicht hört

*) Homeh-Korwa, eine Hyperbel, zur Bezeichnung des Alters.

Vor dem Hause poltern,
Auf dem Platze Holz spalten,
Neben der Thüre Bretter hauen,
Unter dem Fenster verweilen.
Komm, o Freund, zu meinem Lager,
Begieb dich, Theurer, in mein Bettchen;
Doch ich rufe nicht heftig nach dir,
Gewiß die Natur wird dich zu mir führen,
Dein Blut wird dich zu mir treiben;
Dann aber zu meinem Lager heimgekehrt,
Nahe, nahe, meine Freude,
Dicht bei mir, dicht, mein Herzchen!

Die letzten Zeilen lauten im Original:

Embä kowan kutzukkaan;
Kyll' sun Cuondo luoxe tuopi,
Were wierällen wetäpi;
Sitte tuutun tulduansi,
Liki, liki, linduiseni,
Kuki, kuki, kuldaiseni!

---

6. Bild einer finländischen Hausmutter.

Aus einem Tischliede, Porthan S. 85.

— — — Dank sag ich
Der Hausmutter alsdann;
Weil sie gutes Brot macht,
Gutes Bier kocht;
Süß ist ihre Würze,

Lieblich

Lieblich ihr Malz;
Und ihr Malz ist nicht von herbem Geschmack,
Und ihre Würze nicht bitter.
Sie hört den Hahn erwachen,
Hervorspringen den Sohn der Henne,
Statt Hahns dient ihr der Mond,
Des großen Bärs Gestirn beobachtet sie; *)
Sie wird nicht aus Furcht vor Wölfen geängstet,
Und sie scheut nicht die Thiere des Waldes,
Wenn der Weg zum Bade geht; **)
Nicht mit den Haken faßt sie an,
Sondern mit den Händen,
Mit der flachen Hand kehrt sie
Und sie ordnet mit den Fingern. ***)

---

7. Finländische Sprichwörter.

Aus Porthan S. 73. Man hat auch eine eigne Sammlung. Laurentii Petri proverbiale fennicum, Aboae 1702, das Gabriel Tammelinus herausgegeben hat; der verewigte Porthan hatte die Absicht, eine neue sehr vermehrte Ausgabe zu besorgen, aber auch hieran ward er durch den Tod gehindert

Der Gute giebt auch von Wenigem
Und auch von Vielem nicht der Böse.

*) D. h. sie ist wachsamer als selbst der Hahn.

**) Die Bauerweiber verrichten viele von ihren Geschäften im Bade: sie schützt also keinen Vorwand vor, um sich der frühen Arbeit zu entziehn.

***) Warme Geschirre faßt sie nicht mit Instrumenten, sondern mit bloßen Händen an.

* *

Der Erfahrne kennt alles,
Der Unglückliche versucht alles.

* *

Weinen rettet nicht aus Gefahr,
Klagen nicht von bösen Tagen.

* *

Wer sie kann, macht eine Sache,
Der Anfänger bedenkt sich.

* *

Auch aus diesen macht der Weise ein Lied,
Aus des Thoren langen Reden
Und des Unverständigen Worten.

* *

Eignes Land ist jedem das süßeste,
Sein Wald der angenehmste.

* *

Aus Fremden werden Verwandte,
Aus Unbekannten verbundne Brüder.

* *

Nach dem frühen Morgen beurtheile ich den Tag,
Die gute Gemüthsbeschaffenheit nach den Augen.

* *

Ein gethanes Werk ist angefangen,
Durch Verschieben geht die Zeit verloren.

* *

Scharf ist des Fleißigen Werkzeug,
Stumpf das Messer des Thoren. *)

---

8. Finländisches Volkslied.

Nach der Melodie: God save the King.

Aus Åbo-Tidning 1805. nr. 79.

Eläkön Kuningas,
Wilpitöin Ruhtinas
Suomenkinmaan:
Sielläkin siwoa,
Toimea, taitoa
Parembaa oloa
Kartuttaman.

Waasaiten sialla,
Waasaiten neuwolla
Hallitkon hän!
Mettängin kodosa
Orwollen osansa,
Pienimmäl omansa
Warjelkon hän!

*) Auch Acerbi hat diese Sprichwörter I, S. 305. aber meistens ganz falsch übersetzt, z. B. bei ihm das erste: The good man spareth from his peck; but the wicked will not give from the bushel. Das zweite: the wise man knoweth what he shall do, but foots try evry thing u. s. w.

Estä, o Jumala
Pahuuden juoneja
Pimeyden teill.
Hän, kuin on ilomme
Onnemme, toiwomme
Häuelle olkomme
Se kuin hän meill.

Wainojast ystäwän
Tehkön hän pysywän
Wakuudellans!
Pois hänen murhensa
Poistakon lapsensa
Puolisons, kansansa
Rakkaudellans!

Turwana tuhanden,
Herrana sydänden,
Eläkön hän!
Wäärille pelwoxi
Hywille woitoxi
Ruottille riemuxi
Eläkön hän!

Weisaa siis jalolle
Maakunnan isälle
Suomenkinmaa;
Kaswattain rauhasa
Lapsia korwesa,
Rukita newasa,
Weisaa: hurraa!

Wörtliche Verdeutschung.

Es lebe der König
Der redliche Fürst
Auch über Finland;
Auch dort Ordnung,
Thätigkeit, Kenntniß
Ein besseres Daseyn
Pflanze er!

Auf der Wasa's Sitz
Mit der Wasa's Rath
Herrsche er;
Selbst in des Waldes Hütte,
Des Vaterlosen Habe
Des Kleinsten Eigenthum
Schütze er!

Hindre, o Gott,
Der Bosheit Ränke
Auf der Dunkelheit Wegen;
Ihm, der unsre Freude ist,
Unsre Seligkeit, unsre Hoffnung,
Ihm wollen wir seyn,
Was er uns ist.

Aus dem Hasser einen Freund
Mache er, einen beständigen,
Durch seine Rechtschaffenheit;
Fort seine Sorgen
Scheuchen seine Kinder,
Seine Gattin, sein Volk
Durch ihre Liebe!

Tausender Zuflucht,
Herzen Beherrscher
Lebe er!
Den Bösen zum Schrecken
Den Guten zum Siege
Zu Schwedens Entzücken
Lebe Er!

Sing' dann dem edlen
Landesvater
Finland auch du!
Erziehend in Frieden
Kinder in Wüsten,
Rocken auf Sümpfen,
Singe: Hurrah!

* * *

Die finländische Sprache ist sehr melodisch und zum Gesang geschickt, weil die Worte sich meistens auf Vocale endigen und selten mehrere Consonanten zusammenstoßen: wenn sie gut gesprochen wird, ist ihr eine gewisse feierliche Fülle eigen. Sie ist übrigens nicht sehr ausgebildet, da sie zu schriftlichen Darstellungen nur wenig benutzt wird: auch sind nur wenige Hülfsmittel zu ihrer Erlernung vorhanden. Die erste finländische Grammatik gab der Bischof von Åbo, Aeschil Petraeus aus Wärmeland, im J. 1649 zu Åbo unter dem Titel: linguae fennicae institutio heraus; als ein Fremder kannte er die Sprache zu wenig und folgt zu sehr Stahls esthnischer Grammatik. Der Probst Matthias Martinius in Hauho (geb. den 2. Febr. 1655, gest. den 1. Septemb. 1728) schrieb einen Hodegus finnicus, der 1689 zu Stockholm in 8. gedruckt ward, wobei die vorige Sprachlehre zum Grunde liegt, aber doch verschiedne Verbesserungen und Vermehrungen hinzugefügt sind. Endlich faßte der Probst in Ilmola, Barthold Vhael, den Entschluß, eine vollständige, dem Geiste der Sprache angemeßne Grammatik auszuarbeiten, allein er erlebte ihre Vollendung nicht; seine Entwürfe sind jedoch nach seinem Tode unter dem Titel: Grammatica fennica adcuratiore methodo, penitiore cura, observatione et labore, reserans antiquissimae hujus ac natura sua praestantissimae linguae adyta, ejus peculiarem ab aliis Europaeis linguis differentem genium, flexiones et conjugationes, orientalibus primaevae inprimis adfines, durch Veranstaltung seiner Wittwe zu Åbo 1733 auf 7 Bogen an's Licht getreten. Seitdem ist kein neuer grammatischer Versuch erschienen. Ein Wörterbuch, finländisch, lateinisch und schwedisch, in etymologischer Ordnung ist von dem Bischof in Borgo, hernach in Skara, Daniel Juuslén, unter dem Titel: Suomalaisen Sana-Lugun Koetus (Versuch eines finländischen Wörterbuchs) Stockholm 1745. 567 Seiten 4. herausgegeben. Durch den Tod des Canzleiraths und Ritters Porthan (geb. zu Wiitasaari in Sawolax den 9. Nov. 1739, gest. im Nov. 1804) hat auch die finländische Sprachkunde sehr viel verloren: er beschäftigte sich mit der Ordnung eines vom Kapellan Ganander in Oesterbottn gesammelten reichen finländischen Wörterbuchs, dem es aber an philosophischem Geist fehlte, und das in grammatischer und etymologischer Hinsicht durch seine Bearbeitung außerordentlich gewonnen haben würde: gegenwärtig werden diese höchst schätzbaren Sammlungen Gananders auf der Bibliothek zu Åbo aufbewahrt. In ältern Zeiten hatte man die Sprache mit manchen unnöthigen Regeln belastet, die immer mehr außer Gebrauch kommen. Von der Aussprache merke man 1) daß alle einfache Vocale und von denselben gebildete Silben kurz ausgesprochen werden: soll aber eine Silbe lang seyn, so wird der Vocal verdoppelt; z. B. Wara Vorrath, Waara Gefahr, Tuli Feuer und Tuuli Wind. Die richtige und genaue Aussprache ist zum Verstehen daher höchst nöthig. 2) Das H wird in der Mitte der Wörter stark aspirirt, beinahe wie ch; z. B. Wahto, der Schaum, fast wie Wachto. 3) Das O wird immer wie das schwedische Å zwischen a und o ausgesprochen: das volle an U gränzende O der Schweden ist den Finländern fremd. 4) Die Finländer haben wirkliche Diphthongen, die mit doppeltem Laut ausgesprochen werden, dabei nur eine Silbe ausmachen, z. B. Suo, der Sumpf, Suome, Finland; 5) die Finländer haben kein C, das zwar in ältern Büchern vor A, O, U und K gebraucht ward, jetzt aber immer mehr außer Gebrauch kommt. 6) Das B, D, F, G und Z kennen sie nicht; die eingebohrnen Finländer sprechen die gedachten Buchstaben in fremden Wörtern, die damit anfangen wie

P, T, W, und K aus; z. B. sagen sie Pasuna, statt Basun, Posaune, Traguna, Dragoner, Wangi, Fänge, Gefangner, Wendricki, Fähndrich. Der grammatische Bau hat freilich manche Idiotismen, ist aber doch nicht sehr schwierig; die Sprachlehre könnte sehr vereinfacht werden: so lassen sich die 13 oder 14 Casus, die man bei der Declination annimmt, sehr füglich auf 6 reduciren: die Grammatiker rechnen jede Modification, die durch das hinten angehängte Vorwort entsteht, für einen eignen Fall: z. B. nennen sie die Formel Jumalaxi, zu Gott, die aus Jumala und luoxi zusammengesetzt ist, den Casus factitius u. s. w. Auch die Conjugation ist sonderbar: minä tulen, ich komme, sinä tuleet, du kommst, hän tulee, er kommt u. s. w. bei Verneinungen heißt es aber blos: en tule, ich komme nicht, et tule, du kommst nicht, ei tule, er kommt nicht. Einen Geschlechtsunterschied kennt die finländische Sprache nicht.

Es giebt verschiedne Dialecte: die Mundart ist häufig selbst in einzelnen Kirchspielen verschieden. Man bemerkt zwei Hauptdialecte, den gewöhnlichen und den Sawolaxischen. Der erstere herrscht in dem größten Theil von Finland, hauptsächlich in den Küstengegenden, und wird am meisten in Schriften und den Religionsvorträgen gebraucht. Mit dem zweiten, der in Sawolax gesprochen wird, sind die Dialecte in Carelen, Rautalambi und Cajanaborg verwandt. Er hat viele Worte von den Russen entlehnt, so wie der eigentlich finländische von den Schweden, die nachher allgemein geworden sind; (z. B. aprakka, die Abgabe an die

Geistlichen, vom russischen Obrok, Sirppi, die Sichel, von Serp.) Sawolax ist das rechte Mutterland der finländischen Poesie und seine Mundart wird daher hauptsächlich in den Liedern und Gedichten angewandt: sie hat eine Menge eigner Wörter, von denen ein Theil freilich auch in den andern Dialect aufgenommen ist, allein eine weit größere Anzahl ist noch in den Grenzen der Provinz gleichsam eingeschlossen. Auch die Aussprache weicht sehr ab; die Sawolaxer reden langsam und breit; das lange a tönt in ihrem Munde fast wie oaa, z. B. moaa statt maa, Erde; die Küstenanwohner, die mehr mit Fremden umgehn, reden rascher, feiner und vornehmer, und heißen daher bei ihren Landsleuten, die im Innern wohnen, Kajnulaiset. Die sawolaxischen Bauern haben Geschlechtsnamen, die die Mitglieder einer Familie beständig behalten, auch wenn sie ihre Heimath verlassen, was bei den übrigen Finländern nicht der Fall ist; auch ist dabei merkwürdig, daß ungeachtet die Sprache sonst nichts von Geschlechtern weiß, die Namen der Männer in nen, z. B. Karhunen, der Bär, Ursinus, die der Weiber in tar ausgehn, z. B. Karhutar, Bärin, Ursina *).

Die schwedische Sprache hat sich in neuern Zeiten sehr ausgebreitet. Im Anfang der Regierung Gustav's I. brauchte die finländische Geistlichkeit ihre Unkunde in der schwedischen Sprache zur Entschuldigung, weswegen sie

*) Vergl. H. G. Porthan de praecipuis dialectis linguae fennicae, p. 1. Aboae 1801. 18 S. 4. Die Fortsetzung dieser vortrefflichen Abhandlung ist leider nicht erschienen.

nicht predigen könnte. Selbst der angesehne und berühmte Clees Flemming, König Siegmunds treuer Anhänger, redete so schlecht schwedisch, daß die übrigen Reichsräthe Mühe hatten, ihn zu verstehen. Ja noch in der ersten Hälfte des vorigen Jahrhunderts bedienten sich die Priester, die meisten Standespersonen auf dem Lande, der größte Theil der Kaufleute und Bürger unter einander der finländischen Sprache. Aber gegenwärtig nimmt der Gebrauch des Schwedischen täglich mehr zu: alle, die zu Beamten erzogen oder in den öffentlichen Schulen unterrichtet werden, lernen es verstehn und sprechen: und der Nutzen, den diese Kenntniß mit sich brachte, veranlaßte die Finländer, sich mit Fleiß darauf zu legen. Abscheulich und abgeschmackt war übrigens die Idee, die bisweilen in beschränkten Köpfen aufgestiegen ist, daß die Regierung dies Volk zwingen sollte, auf seine Muttersprache Verzicht zu thun: höhern Orts hat man diesen Vorschlag auch nie einiger Aufmerksamkeit gewürdigt; und er verdient daher auch nicht, näher beleuchtet zu werden *).

VI. Verfassung und politische Einrichtungen.

Die schwedische Verfassung war auch in Finland eingeführt; die Einwohner hatten dieselbe Theilnahme an der Repräsentation auf den Reichstagen als die Schweden und waren denselben Gesetzen und denselben

*) S. Åbo-Tidningar 1793. nr. 13. Anm. ***)

Lasten und Abgaben unterworfen. Die speciellen Verhältnisse beschränken sich auf folgende Momente.

I. Ganz Finland ist in Hinsicht der Civilverwaltung seit dem 20. Jun. 1775 in 6 Statthalterschaften abgetheilt, die jede unter einem Landshöfding oder Gouvernör stehn, dem verschiedne Beamte, so wie zur Einhebung der Gefälle Einnehmer oder Kronvögte untergeordnet sind.

a. Das Län oder die Statthalterschaft Åbo besteht aus dem eigentlichen Finland, einem kleinen Theil von Oesterbottn und Åland; sie ist 40 Meilen lang, 16 Meilen breit und der Flächeninhalt beträgt 436½ Quadratmeilen. Es liegen darin die Städte Åbo, Nådendal, Raumo, Nystadt und Tammerfors.

b. Das Län Nyland und Tawastehus, besteht aus dem westlichen Theil von Nyland, dem westlichen Theil von Tawastland und dem Gerichtssprengel Satakunda im eigentlichen Finland. Es ist etwa 36 Meilen lang, 14 Meilen breit und hat einen Flächeninhalt von 469 Quadratmeilen. Es liegen darin die Städte Tawastehus, Ekenäs und Helsingfors.

c. Das Län Kymmenegård oder Heinola, enthält den östlichen Theil von Nyland, den südlichen Theil von Sawolax und den Strich von Tawastland östlich vom Päjjänejärwi und Wesijärwi, ist etwa 27 Meilen lang und 7 — 20 Meilen breit und hat 338 Quadratmeilen im Umfang. Es liegen darin die Städte Borgo und Louisa und der Flecken Heinola.

d. Das Län Kuopio oder Sawolax und Carelen, enthält das schwedische Carelen, den nördlichen Theil von Sawolax und das Kirchspiel Rautalambi, ist von Osten nach Westen 36 Meilen breit und von Norden nach Süden 28 Meilen lang und hat einen Flächeninhalt von 939 Quadratmeilen. Es liegt darin die Stadt Kuopio.

e. Das Län Wasa, oder der südliche Theil von Oesterbottn mit einigen Strichen vom eigentlichen Finland und Tawastland, ist 33 Meilen lang und 22 Meilen breit. Der Flächeninhalt beträgt 765 Quadratmeilen. Es gehören dazu die Städte Christinästadt, Kaskö, Wasa, Nycarleby, Jacobsstadt und Gamlacarleby.

f. Das Län Uleåborg, das nördliche Oesterbottn mit einem Theil der Kemilappmark, ist 51 Meilen lang, 29 Meilen breit und hat einen Flächeninhalt von 1570 Quadratmeilen. Es liegen darin die Städte Uleåborg, Brahestadt und Cajaneborg.

II. In rechtlicher Hinsicht ist Finland zwei Hofgerichten unterworfen. Das erste hat seinen Sitz zu Åbo, besteht aus einem Präsidenten, einem Vicepräsidenten, 6 Hofgerichtsräthen, 6 Assessoren und den erforderlichen Canzleipersonen: es stehn darunter 3 Landgerichte (Lagsagor) (I. Åbo und Björneborgslagsaga, worunter 7 Gerichtssprengel gehören; II. Nylands- und Tawastehuslagsaga mit 6 Gerichtssprengeln und III. Kymmenegårdslagsaga, das 4 Gerichtssprengel enthält) und

11 Magiſtrāte. Der Sitz des zweiten iſt zu Waſa; es iſt mit einem Präſidenten, einem Vicepräſidenten, 3 Hofgerichtsräthen, 3 Aſſeſſoren und einem zahlreichen Canzleiperſonale beſetzt. Es gehören darunter: I. Waſa und Uleåla gſaga, worunter 8 Gerichtsſprengel und II. Karelsſka Lagſaga, worunter 6 Gerichtsſprengel ſtehn und 9 Städte. Von den Hofgerichten wird an das höchſte Gericht in Stockholm appellirt.

III. In kirchlicher Hinſicht wird Finland in 2 Stifter getheilt, deren jedes einen Biſchof und ein Conſiſtorium an der Spitze hat. Zum Stifte Åbo gehören 19 Propſteien, nämlich: die Dompropſtei Wirmo, Wemo, Björneborg, Mouhijärwi, Oriweſi, Tammela, Achas, Wichtis, Pojo, Bjerno, Åland, Nerpes, Wöro, Gamle Carleby, Pyhäjoki, Limingo, Sotkamo und Kemi; ſie enthalten 124 Paſtorate, und wenn die Schuldienſte eingerechnet werden, überhaupt 480 geiſtliche Stellen. Das Stift Borgo beſteht aus 7 Propſteien, der Dompropſtei, Helſingfors, Hauho, St. Michel, Randaſalmi, Laukas und die Carelſche Propſtei; doch ſind die Propſteien ſowohl in Hinſicht ihrer Namen, ihres Umfangs und ihrer Lage öftern Veränderungen unterworfen *).

Im ſchwediſchen Finland waren auch zwei ruſſiſche Gemeinen, die vermöge der Friedensſchlüſſe in ihrem Glauben nicht beeinträchtigt werden dürfen; in ältern

*) Man ſ. genauer Åbo-Tidningar 1795. nr. 32. 33 und 1796 nr. 26.

Zeiten hat man versucht, sie durch einen zweckmäßigen Unterricht zu einer freiwilligen Religionsveränderung zu bewegen: dieser Weg schien den Geistlichen zu langsam und beschwerlich, sie glaubten, daß der Zweck durch Zwang weit leichter zu erreichen sei, allein die schwedische Regierung weigerte sich beständig, einen eben so ungerechten als unpolitischen Vorschlag zu unterstützen. Die Griechen haben zwei Kirchen, eine im Dorf Taipale im Kirchspiel Liebelitz in Carelen; die dazu gehörende Versammlung ist in den umliegenden Kirchspielen zerstreut und beträgt etwa 3 — 4000 Personen auf etwa 160 Höfen. Die zweite ist im Kirchspiel Ilomanz in derselben Landschaft belegen, worin auch die Gemeinde wohnt, die 1795. 2748 Personen ausmachte. Einige von den Kirchen sehr entlegne Anhänger des griechischen Glaubensbekenntnisses haben ihre besondern Bethäuser, die jedoch immer seltner werden, so wie ihre eignen Begräbnißplätze, wo die Leichen niedergesetzt und bei den Besuchen der Priester beerdigt werden. Bei jeder Hauptkirche sind ein Pastor, ein Djak und ein Küster angestellt, die außer ihren Stolgebühren von der russischen Krone eine Besoldung erhielten. Die Geistlichen werden von der heiligen Synode in Petersburg erwählt, stehn aber hernach unter dem Consistorium von Borgo, von dem sie auch ihre Vollmacht erhalten. Sie sollen der finländischen Sprache kundig seyn, worin sie auch von gedachtem Consistorium geprüft werden, doch haben sie häufig einen ganz andern Dialect als ihre Gemeine; der Gottesdienst wird ganz auf russische Art, in der alten slavonischen Sprache gehalten, wovon die Einwohner nicht ein Wort verstehn. Unter diesen Umständen ist es kein Wunder, daß die Unwissenheit unter diesen griechischen Christen sehr groß ist; in neuern Zeiten sind jedoch Geistliche angestellt, die bessere Einsichten besaßen. Da sie sich nach der russischen Liturgie richten, so feiern sie auch bisweilen die russischen Staatsfeste, z. B. die Geburtstage der kaiserlichen Familie u. s. w. Die Russen haben in ihren Kriegen diese ihre Glaubensgenossen immer mit einer gewissen Schonung behandelt und sie oft zu Aufsehern über ihre schwedischen Nachbaren gemacht. Die Bewohner von Ilomanz liegen näher an der Grenze und haben einen häufigern Umgang mit den Russen: sie sind daher eifriger und intoleranter als die Libelitzer. Sie kommen den Russen an Sitten, Tracht, Sprache und dem Aeußern ziemlich gleich: doch haben sie nicht die russische Munterkeit; an ihrem melancholischen Temperament erkennt man ihre finnische Herkunft. Uebrigens ist es leicht die Griechen und Lutheraner, besonders die Weiber zu unterscheiden. Unter sich leben sie freundschaftlich und verträglich, das Dorf Ludanlax im Kirchspiel Ilomanz ausgenommen, wo die Zusammenkünfte meistens mit Todtschlag und andern Uebelthaten endigen. Die Nähe der Grenze macht es den Verbrechern leicht, der Strafe zu entgehn. In ihren Häusern, der Bereitung der Speisen u. s. w. sind sie äußerst reinlich. Die Anhänger des griechischen Glaubens sind im Ganzen wohlhabender als ihre lutherischen Nachbaren: einmal weil sie sich schlechter behelfen, dann aber auch weil sie als die ältern Einwohner

wohner meistens im Besitz der besten Höfe und Ländereien sind; die Lutheraner hingegen bestehn größtentheils aus später eingewanderten Sawolaxern, die mit den schlechtern Gelegenheiten zufrieden seyn mußten: ferner spalten sie ihre Höfe nicht in so kleine Theile. Zum Handel haben sie große Neigung, sie werden darin von ihren Glaubensgenossen jenseits der Grenze sehr unterstützt und auch dieser trägt zu ihrer Wohlhabenheit nicht wenig bei *).

IV. Zur schwedischen Kriegsmacht gab Finland eine beträchtliche Anzahl von Soldaten: es gab Kirchspiele, wo jeder 5te und 6te Mann Soldat war. In Finland befanden sich meist eingetheilte Truppen: 1) das finländische Artillerieregiment, 2) die finländische Garde, 3) die Carelschen leichten Dragoner, 4) Åboregiment, 5) Björneborgsregiment, 6) Sawolax leichte Infanterie, 7) die nylandsche Brigade aus leichten Dragonern, Infanterie und Jägern bestehend, 8) Oesterbottnisches Regiment, 9) Cajanabataillon, 10) das Jägerhornsche Regiment, 11) die Sawolaxischen Fußjäger und 12) die Carelschen Jäger. Diese Truppen machen ungefähr 15000 Mann aus; dazu kommt die sogenannte Vargerings- oder Reservemannschaft, die ungefähr der

*) Man vergl. Åbo-Tidning. 1789. nr. 36. 37. A. H. Winter de ecclesiis Careliae svec. graecam religionem profitentibus, Aboae 1796. 97. und Auszüge daraus Åbo-Tidningar 1798. nr. 2. 3. 6. Vergl. einen Aufsatz von mir in Horns Gött. Museum für Theologie und Literatur. St. 2.

halben ordentlichen Kriegsmacht gleichkommt und besonders in Finland auf einen guten Fuß organisirt ist. Alle finländische Truppen standen unter einem General en Chef, (dem Grafen Moritz Klingspor, aus einem alten fränkischen Geschlecht, das über Livland nach Finland gekommen ist.) Außer Sweaborg gab es in ganz Finland keinen einzigen haltbaren festen Platz. Zur Vertheidigung der Küsten waren verschiedne Abtheilungen der Schärenflotte bestimmt, die in Åbo und Sveaborg stationirt waren.

Dritter Theil.

Topographische Uebersicht.

Zum Grunde liegen die Beschreibung von Finland im dritten Bande von E. Tunelds Geographie öfwer Konungariket Swerige, Stockh. 1794., (einer der besten Abschnitte im ganzen Buch, weil ihn Porthan revidirte); meine Umarbeitung der Büschingschen Erdbeschreibung und die Hermelinschen Charten. Benutzt sind viele einzelne Abhandlungen, besonders academische Gelegenheitsschriften von Åbo und Aufsätze in den Åboer Zeitungen und den Tagebüchern der finländischen Haushaltungsgesellschaft.

I. Oesterbottn.

Bei den Finländern Pohjanmaa, Nordland, auch Kainu, Kainunmaa Niederland genannt, grenzt im Norden an die Lappmarken, im Osten an Rußland, im Westen an Westbottn und die bottnische Bucht und im Süden an das eigentliche Finland, an Tawastland, Sawolax und Carelen. Die Länge der Provinz beträgt 72, die Breite 14 — 40 deutsche Meilen und der Flächeninhalt 2079 Quadratmeilen. Das Land scheint größtentheils Meeresboden zu seyn, von dem das Wasser nach und nach zurückgetreten ist; noch jährlich setzt die bottnische Bucht Land ab. Die Abdachung ist fast unmerklich und selbst unter dem Wasser senkt sich der Boden nur sehr allmählig, so daß die See erst an der Westseite eine bedeutende Tiefe erhält. Im nördlichen Theil gleicht Oesterbottn gleichsam einem ungeheuren Morast, der vom Landrücken und dem Meer eingeschlossen ist, und wodurch die bei dem erstern gesammelten Gewässer in das letztere herablaufen: die Ströme sind zum Theil sehr groß und fließen fast alle von Südosten nach Nordwesten parallel nebeneinander. Die ersten Einwohner haben sich der Fischerei wegen an den Flüssen niedergelassen: die Mutterkirchen liegen auch daher fast immer an den Mündungen: nach und nach haben sich die Ansiedler seitwärts, doch noch nicht in zu grossen Entfernungen ausgebreitet. An verschiednen Stellen erheben sich einzelne Berge, mehrere von beträchtlicher Höhe. Merkwürdig ist, daß man im nördlichen Oesterbottn öfters Erderschütterungen und Erdstöße bemerkt hat. Der südliche Theil ist in einer Entfernung von 6 oder 7 Meilen vom Meer flach und zum Ackerbau geschickt. Der östliche Theil, oder Kajanaborg, ist eben und von großen Seen durchschnitten, die den Waarentransport sehr begünstigen.

Der Boden besteht aus Sandheiden, aus Sand oder Thonsand, doch kommen auch hin und wieder lange und mächtige Lehmstriche vor. Spuren von Eisen trifft man an mehrern Stellen; Eisensand und Seeeisen sind häufig und werden von den Bauern zu ihren Bedürfnissen benutzt. Im Kirchspiel Pudasjärwi hat man Anweisungen zu Kupfer entdeckt und in frühern Zeiten ist auch darauf gearbeitet worden; man hat aber wegen der geringen Ausbeute damit aufgehört. Schiefer findet sich in dem Strich neben dem Bergrücken: hier und dort giebt es auch Sandsteine, die zu Mühl- und Schleifsteinen tauglich sind. Große und mächtige Kalklager hat man noch nicht entdeckt; in kleinern Quantitäten findet sich an mehrern Stellen Kalk, der auch benutzt wird *). Durch Fleiß und Arbeitsamkeit haben die Einwohner doch alle Schwierigkeiten zu überwinden gewußt, die ihnen die Natur entgegensetzte. Das süd-

*) S. P. A. Gadd Inledning til Oesterbottns Mineral-historie. Åbo 1783. 8 S. S. 8.

liche Oesterbottn schickt in guten Jahren ansehnliche Getreidevorräthe nach Schweden: im Jahre 1793 wurden aus Wasalän wenigstens 14000 Tonnen ausgeschifft. In dem Kirchspiel Laihela und der Nachbarschaft wächst eine großkörnichte Rockenart, die unter dem Namen Wasaroden bekannt ist und besonders zur Aussaat sehr gesucht wird. Der nördliche Theil bringt nicht Korn genug hervor, die Einwohner beschäftigen sich mehr mit Fischerei und Theerschweelen als mit dem Ackerbau, der, weil man in jedem zweiten Jahr auf Mißwachs rechnen kann, sehr unsicher ist. Die Weiden sind vortrefflich und die Viehzucht wird mit Vortheil betrieben: in den Wüsteneien finden sich die grasreichsten Plätze, die ihrer Entlegenheit wegen gar nicht benutzt werden. In Cajanaborg ist der beste und üppigste Holzwuchs von ganz Finland. Hier und überhaupt in Nordösterbottn gehört die Jagd zu den vorzüglichsten Erwerbzweigen. Die vornehmsten Producte sind Getreide, Holzwaaren, Theer, Pech, Thran, Talg, Butter, Vieh und Fische. Im Jahre 1800 betrug die Bevölkerung des Landes 212000 Personen.

Oesterbottns allgemeine Wasserzüge sind bereits vorhin bemerkt: es bedürfen daher nur die vornehmsten Flüsse einer kurzen namentlichen Andeutung; 1) der Kemijoki, der größte ostbottnische Fluß, der aus mehrern Zweigen in den Lappmarken entsteht; 2) der Simojoki, kommt aus dem großen See Simo; 3) der Kuiwajoki; 4) der Ijojoki; 5) der Kimingijoki; 6) der Uleåfluß, der besonders den Einwohnern von Kajana zum Waarentransport dient, obgleich er verschiedne beschwerliche Wasserfälle hat, besonders den Pyhäkoski, wo sich der Strom in einer Strecke von mehr als 2 Meilen zwischen schroffen Bergen mit einer Krümmung herabstürzt; 7) der Siikajoki; 8) der Pyhäjoki, der bis an seinen Ursprung etwa 20 Meilen weit durch eine Art von Aufräumung schiffbar gemacht ist; 9) der Kalajoki; 10) der Raumajoki; 11) der Wetilijoki, auch Alt-Carleby's und großer Fluß genannt; 12) der Essefluß; 13) der Lappojoki oder Neu-Carleby'sfluß; 14) der Storkyrofluß, der größte Strom im südlichen Oesterbottn; 15) der Laihelajoki; 16) der Nerpes-joki; 17) der Lappfjärdsstrom bei Christinästadt. Fast alle diese Gewässer entstehn aus größern oder kleinern Seen.

Oesterbottn besteht aus 8 Vogteien oder Gerichts-sprengeln, (Häräder) wovon die vier ersten zur Statt-halterschaft Uleåborg, die vier letztern zu Wasa gehören.

1. Kemihärad.

1. **Kemi** am Ausfluß des Stroms gleiches Namens, wo auf einer kleinen Insel ein jährlicher Markt gehalten wird. Das Kirchspiel besitzt eine neue, mit einer Säulenreihe geschmackvoll gezierte Kirche, die aber so undauerhaft gebaut ist, daß man bereits ihren Einsturz befürchtet. Sie ist von Sand-stein aufgeführt, der unfern von der Kirche aus einer Bergstrecke Kallinkangas gebrochen wird, die etwa $\frac{1}{3}$ Meile lang und $\frac{1}{10}$ Meile breit ist; er ist hell, hart und feinglimricht; die Quadern sind von Natur eben, gleichseitig und zum Bauen höchst bequem:

sie lassen sich überdies leicht brechen. Die Blöcke liegen auf der ganzen Berghöhe zu Tage und stehn in einer nördlichen Beugung von etwa 60 Graden von der Horizontallinie. Auch bei Taiwalkoski, 3 Meilen von der Kirche, ist ein Hornsteinschieferbruch, der sich eine gute Achtelmeile längs dem Fluß erstreckt. Die Stücke zerfallen gleichsam von selbst in größere oder kleinere Blöcke, die von $\frac{1}{4}$ bis 1 Elle dick und 1 — 2 Ellen lang sind und werden ohne Mühe gebrochen.

2. Uleåhärad.

2. Nyby, eine im Jahre 1783 unweit vom Meer angelegte Glasfabrik, in einer durchaus öden und unfruchtbaren Gegend, die der Kaufmann Johann Nylander Matsson aus Uleåborg gründete. Schon im folgenden Jahre fanden über 100 Personen bei derselben ihren Aufenthalt und es wurden ein eigner Prediger und Schullehrer angestellt. Die Anlage hat zwar öfters durch Feuersbrünste und Ueberschwemmungen gelitten, dauert aber noch fort: der größte Theil des Glases geht nach Stockholm, wo es theils im Kleinen, theils in Parthieen verkauft wird. Es sind auch noch verschiedne andre Fabrikeinrichtungen vorhanden.

3. Carlö, finländisch Hailuoto, eine Insel in der bottnischen Bucht, $5\frac{1}{2}$ Meile östlich von Uleåborg, mit verschiednen kleinern dazu gehörigen Inseln. Die Einwohner sind berechtigt auch an der Westseite Strömlingsfang zu treiben: die Seehundsjagd ist ein-

träglich. Den Schiffern dient ein Sandberg und eine Feuerbake auf Marianiemi zur Richtung.

4. Uleåborg, finländisch Oulou, eine See- und Stapelstadt, 97 Meilen von Åbo, unter 65° 1′ 30″ und 7° 34′ 28″ östlich von Stockholm an der Mündung des Uleåflusses, der sich gleich unterhalb der Stadt über einen Wasserfall in's Meer ergießt. Der Ort hat eine gesunde Lage und gutes Wasser und wird von einem kleinen Bach durchschnitten. Er ward im Jahre 1605 angelegt und 1610 mit Privilegien versehn. Uleåborg hat 2 Märkte, 16 Gassen, eine geräumige Kreuzkirche gemeinschaftlich mit dem Kirchspiel Uleåborg, ein hölzernes Rathhaus, verschiedne andre öffentliche Gebäude und etwa 350 meistens hölzerne Häuser. Der Landshöfding über Uleåborglän hat mit den zur Verwaltung gehörigen Behörden hier seinen Sitz. Die Stadt besitzt beträchtliche Ländereien, doch meist von schlechtem Boden. Im Jahre 1795 zählte sie 3282 Einwohner. Uleåborg treibt nächst Åbo von allen finländischen Städten den ausgebreitetsten Handel. Es giebt etwa 60 — 80 Kaufleute, die verschiedne Landmärkte besuchen. Im Sommer, besonders gegen den Herbst, werden die Waaren theils auf dem Uleåfluß, theils zu Lande und im Winter zu Schlitten hergeführt; man kann vom December bis Mai täglich auf 200 Schlitten rechnen, die zur Stadt kommen. Jährlich werden etwa 27 — 30000 Tonnen Theer, 3500 Tonnen Pech, 25 — 30000 Liespfund Butter, 6 — 7000 Liespfund Talg, ungefähr 2000 Tonnen Lachs, 3 — 4000 Liespfund trockne Hechte und 5 — 600 Zwölfter Bretter

ausgeführt. Die Hauptimportwaare ist Salz, jährlich 8 — 9000 Tonnen. Der meiste Verkehr wird mit Stockholm getrieben, doch gehn auch Schiffe, besonders für fremde Rechnung, nach dem mittelländischen Meer. Im Jahr 1803 hatte Uleåborg nur 6 größere Fahrzeuge von 771 Last mit 170 Seeleuten, die aber zum Verkehr der Stadt nicht hinreichen. Der Strand, Hahtiperä genannt, bildet gleichsam einen kleinen Flecken für sich, und ist in mehrern Reihen mit Buden und Magazinen besetzt. Der Hafen ist versandet: der Ankerplatz ist ungefähr eine halbe Meile von der Stadt, die Schiffe müssen aber auch hier wegen einer vorliegenden Sandbank erst auf der Rhede erleichtert werden: man behauptet, daß der Einlauf durch Aufräumung zu verbessern ist. Die Fabriken sind von gar keinem Belange. Bei der Stadt ist ein Mineralbrunnen, der mit einem Brunnenhause versehn ist und von Kranken benutzt wird. Auf den Reichstagen nimmt Uleåborg unter Nr. 40 seine Stelle ein. Von dem ehemaligen Schloß Uleåborg sind nur noch wenige Ruinen vorhanden.

3. Kajanahärad.

5. Manamansalo, eine große im Uleåsee belegne Insel, über anderthalb Meilen lang und 1 Meile breit, enthält 10 Höfe.

6. Kajana, finländisch Kajanii, unter dem 64° $13\frac{1}{2}'$, eine Landstadt an einem sehr herabfallenden Strom, ungefähr 23 Meilen östlich von Uleåborg und etwa 20 Meilen von der russischen Grenze. Sie

ward 1650 von dem Grafen Brahe angelegt. Der Ort ist schlecht gebaut; die Einwohner leben meistens in Rauchstuben: im Jahr 1794 hatte er eine Bevölkerung von etwa 280 Seelen. Der Handel besteht in bloßer Krämerei; dagegen wird der hiesige Jahrmarkt zahlreich, auch von russischen Kaufleuten besucht. Der lebhafteste Verkehr ist in der ersten Winterszeit, wann die Bauern aus Carelen und Sawolax sich mit ihren Producten einfinden. Hauptsächlich ernähren sich die Bürger von Ackerbau und Viehzucht. Auf den Reichstagen hat sie Nr. 101. Das Schloß Kajanaborg lag mitten in einem reißenden Strom; es war 1607 angelegt. Die Russen sprengten es nach der Einnahme im Jahre 1717 entweder aus Unvorsichtigkeit oder absichtlich in die Luft. Seitdem ist es immer mehr verfallen und nicht wiederhergestellt worden. In den übriggebliebenen Theilen sind Magazine angelegt.

4. Salohärad.

7. Brahestadt, finländisch Brahen- oder Salostenkaupungi, 64° 43′, eine Stapelstadt, 92 Meilen von Åbo, am Ende eines von 2 kleinen Halbinseln gebildeten Meerbusens. Sie ward zuerst vom Grafen Brahe angelegt, 1649 mit Privilegien versehn und nach ihm benannt. Im Jahre 1790 machten die Einwohner 763 Seelen aus; sie treiben einigen Handel mit Theer (jährlich werden im Durchschnitt etwa 14444 Tonnen ausgeschifft), Butter (jährlich 10000 Liespfund) und Talg (jährlich 1571 Liespfund) ferner

mit Pech, Häuten und etwas Holz. Salz ist die vornehmste Importwaare. Im Jahre 1803 besaß die Stadt 6 Fahrzeuge von 536 Last mit 73 Seeleuten. Ehemals war der Hafen gut, jetzt können aber nur halbbeladne Schiffe einlaufen, größere beladne Fahrzeuge müssen $\frac{1}{4}$ — $\frac{1}{2}$ Meile von der Stadt vor Anker gehen. Die Stadt hat 2 Pechsiedereien, die übrigen Fabriken sind unbedeutend. Auf den Reichstagen hat sie unter Nr. 93 ihre Stelle.

5. Korsholms norra fögderi.

8. Gamla (Alt) Carleby, finländisch Kokkola oder Kokkolankaupungi, eine Stapelstadt, 73 Meilen von Åbo, an einer kleinen Einbucht, ist 1620 von Gustav Adolph angelegt und ziemlich gut gebaut; sie hat 10 sich regelmäßig durchschneidende Gassen und 214 Häuser. Die Einwohner machten 1790 1360 Seelen aus. Die Stadt treibt einen ansehnlichen Handel mit fertigen Fahrzeugen, mit Theer, Pech, Butter, Talg, Brettern u. s. w. Im Jahr 1803 hatten die Bürger 17 Fahrzeuge von 1774 Last mit einer Besatzung von 120 Mann. Unter den Fabriken verdienen nur die beiden Pechsiedereien einer Erwähnung. Der Ort besitzt einige Aecker, nur von mittelmäßigem Boden, die aber mit vieler Aemsigkeit bearbeitet und hauptsächlich mit Taback und Kartoffeln bepflanzt werden. Der Hafen Trullö ist $\frac{3}{4}$ Meilen entfernt, aber durch eine vor demselben entstandne Sandbank für tiefgehende und beladne Schiffe unzugänglich geworden, so daß sie auf der Rhede gelöscht

und beladen werden müssen: man schmeichelt sich jedoch, diesem Uebel abhelfen zu können. Auf den Reichstagen nimmt Gamla Carleby seinen Platz unter Nr. 72 ein.

9. Jacobsstadt, finländisch Pietersaaren Kaupungi, unter 63° 41′ 6″, 70 Meilen von Åbo, mit einem bequemen Hafen, ist 1653 von der verwittweten Gräfin Brahe angelegt und 1660 mit Privilegien versehn. Im Jahre 1790 betrug die Bevölkerung 930 Personen. Der Ort treibt einen ziemlichen Handel mit Theer (jährlich werden etwa 15 — 20000 Tonnen exportirt), Brettern, allerlei andern Holzwaaren, fertigen Schiffen, etwas Butter u. s. w. meist nach Stockholm. Im Jahr 1803 besaßen die Bürger 16 Schiffe von 1332 Last mit einer Besatzung von 196 Mann. Jacobsstadt hat eine Pechsiederei. Auf den Reichstagen hat der Ort Nr. 93.

10. Pedersöre, das volkreichste Kirchspiel in ganz Oesterbottn. Die Kirche liegt nahe bei Jacobsstadt und ist mit einem hohen Thurm versehn, der den Schiffern zum Merkzeichen dient. Die Einwohner sind äußerst indüstriös und zeichnen sich durch ihren guten Ackerbau aus.

6. Korsholms Medledelsfögderi.

11. Ny Carleby, finländisch Uusi Carleby, auch Joensuun Kaupungi, 63° 31′ 38″ der Breite, 66 Meilen von Åbo, 1 Meile vom Ausfluß des Lappjoki in's Meer, ist 1620 angelegt und mit Privilegien versehn. Im Jahre 1790 hatte sie 810 Einwohner. Sie verschiffen jährlich 15 — 20000 Ton-

nen Theer, Pech, Butter, Talg, (5—800 Liespfund) Fleisch, Bretter u. s. w. Die Pechsiederei gleich vor der Stadt ward am 2ten Juni 1806 von den Flammen zerstört. Die geringern Einwohner treiben Strömingsfang. Der Hafen liegt eine Meile von der Stadt bei der Mündung des Stroms. Auf den Reichstagen hat der Ort Nr. 71.

12. Kimo, eine Eisenfabrik im Kirchspiel Wörö, wo jährlich 1950 Schiffspfund Eisen verarbeitet werden.

7. Korsholms Oestradelsfögderi
8. Korsholms Södrafögderi.

13. Wasa, 63° 4′ 35″ eine von Carl XI. angelegte und nach seiner Familie benannte Stadt, 53 Meilen von Åbo, die, seitdem sie der Sitz eines Hofgerichts ist, an Größe bedeutend zugenommen hat. Sie hat 7 grade und breite Gassen in der Länge und 10 Querstraßen, eine schöne steinerne Kirche und verschiedne andre öffentliche Einrichtungen. Das Hofgerichtshaus ist ein schönes Gebäude, 70 Ellen lang, 27 Ellen breit und mit dem Dach 33 Ellen hoch; es besteht aus 3 Stockwerken nach dorischer Ordnung und ist gut verziert. Die Inschrift lautet: Gustavus III. R. S. anno imperii XII. exstruxit Themidique dicavit. An der Westseite ist ein freier mit Bäumen besetzter Platz, Gustavsmarkt genannt, um den die Wohnungen der Mitglieder des Hofgerichts, alle von gleicher Bauart, belegen sind. Wasa zählte 1790 2178 Einwohner. Im Jahre 1803 besaßen sie 9 Fahrzeuge von 1092 Last, die mit 107 Seeleuten besetzt waren.

Die Stadt treibt einen ansehnlichen Handel; nach auswärtigen Oertern werden jährlich Theer (etwa 3800 Tonnen), Pech (800 Tonnen) Bretter und Balken, und nach Stockholm allerlei Victualien, bisweilen auch fertige Schiffe ausgeführt. Einige Fabriken (eine Pechsiederei, einige Gerbereien u. s. w.) sind von keiner Bedeutung. Wasa hat eine kleine Buchdruckerei, nächst der Åboer die einzige in ganz Finland. Der Hafen ist ganz versandet; die Schiffe müssen in dem neuen Hafen Smultronören, anderthalb Meilen von der Stadt, vor Anker gehn. Auf den Reichstagen hat Wasa Nr. 50.

14. Korsholm, ein königlicher Hof, unfern von der Stadt, ehemals ein Schloß, das zur Residenz des Gouvernörs diente, jetzt aber verfallen und verkauft ist.

15. Kaskö, eine am 30sten Julius 1785 privilegirte Stapelstadt auf einer Insel, eine halbe Meile vom festen Lande, 3 Meilen nordwestlich von Christinästadt. Sie hat eine schöne Lage, einen vortrefflichen Hafen und ist ganz zu einer Festung geeignet. Im Jahre 1790 hatte der Ort 306 Einwohner in 70 Familien, die einige Schiffe besitzen und Handlung und Handwerkereien treiben. Auf den Reichstagen nimmt der Ort die 104te Nummer ein.

15. Christinästadt (nicht wie so häufig in unsern Zeitungen, Christianstadt) eine im Jahre 1649 vom Grafen Brahe angelegte und nach seiner ersten Gemalin Christine Catharine Stenbock benannte Stapelstadt, 36 Meilen von Åbo auf einer Halbinsel. Im Jahre 1790 hatte sie 1110 Einwohner: jährlich werden

etwa

etwa 2 — 3000 Tonnen Theer auswärts und 5 — 8000 Tonnen nach Stockholm gebracht: nach dem letztern Ort gehn überdies 5 — 6000 Tonnen Pech, verschiedne Holzwaaren, Seehundsspeck, Strömlinge, allerlei Victualien, auch lebendiges Vieh, besonders Milchkühe, die für die besten gehalten werden, die Finland hervorbringt. Im Jahre 1803 hatte der Ort 6 Schiffe von 303 Last mit 87 Seeleuten. Der Hafen ist gut und bequem: überdies sind noch 3 andre Ladungsplätze vorhanden.

II. Sawolax,

bei den Einwohnern Sawo oder Sawonmaa *), gehörte in älteren Zeiten zu Carelen und hat seinen jetzigen Namen von dem Kirchspiel St. Michel, das ältestens den Namen Sawolax führte. Es grenzt nördlich an Oesterbottn, östlich an das russische Finland und Carelen, westlich an Tawastland und südlich an das russische Finland, ist 37 Meilen lang, 15 — 20 Meilen breit und hat einen Flächeninhalt von 537 Quadratmeilen. Das Land ist ganz mit Seen angefüllt, die mit einer Menge zum Theil großer Inseln übersäet sind und die Communication sehr erleichtern. Die Hauptwasserzüge sind

*) Man hat manche Herleitungen des Namens, die alle nicht recht passen; in ältern Zeiten sagte man Sawilax, das allenfalls von Sawi, Thon, und laaxi, Bucht, herkommen und also eine thonigte Bucht bedeuten mag. Vergl. Porthan Juusteni chron. S. 232. Anm. 107.

bereits früher beschrieben. Das trockne Land besteht ganz aus mehr oder weniger hohen theils einzelnen, theils zusammenhängenden Bergen und Hügeln, die der Abdachung des Landes von Nordwesten nach Südosten folgen: dazwischen liegen eine Menge Moräste, Sümpfe und Gewässer, doch fehlt es nicht an Gegenden, die des Anbaus fähig sind. Der südliche Theil oder Nedresawolax ist ebner als der nördliche, besonders um die großen Seen, an deren Ufern auch fast alle Kirchen belegen sind; dieser hingegen enthält blos enge Thäler zwischen schroffen und hohen, meist kahlen Gebirgen. Aus dem Mineralreich findet man große und kleine Bergcristalle, Muhlen: Schleif: Topf: und Gestellsteine. Der Boden ist im Ganzen schlecht und unfruchtbar und besteht hauptsächlich aus grobem Sand oder Steinen, er ist jedoch mit Dammerde bedeckt und bei guter Bearbeitung einträglich. Die Aecker sind nur klein. Der Ackerbau, besonders Svedjen, ist der Haupterwerbszweig; man säet Rocken, Gerste, Sommerweizen, Buchweizen, Erbsen und Bohnen, Flachs, Hanf, der zu gewöhnlichen Kleidern verarbeitet wird; Hopfen wird wenig gepflanzt; auch Kartoffeln baut man wenig, beträchtlicher ist der Tabaksbau. Oesterbottn und selbst Tawastland erhalten eine beträchtliche Menge Getreide aus Sawolax. Durch die Aufhebung der Gemeinheiten und die verbesserte Beschatzungsart, womit man in neuern Zeiten unablässig beschäftigt gewesen ist, wird der Ackerbau sehr gewinnen. Die Wiesen sind besonders im südlichen Theil nicht hinreichend: sonst ist die Weide gut, und im nördlichen Theil besitzen die Bauern öfters einen an:

sehnlichen Viehstand. Die hiesigen Pferde werden mit Gerste und Hafer gefüttert und sind sehr stark. Die Waldungen sind durch das Svedjen sehr mitgenommen und an vielen Stellen verspürt man bereits Holzmangel. Das Theerbrennen hat aus Mangel an Absatz sehr abgenommen. Die Einwohner ernähren sich auch vom Fischfang (doch nur zu eignem Gebrauch, nicht zum Verkauf) und von der Jagd. Renthiere kommen des Winters in großen Schaaren durch Nordcarelen aus den Lappmarken und zerstreuen sich auf den großen Seen im nördlichen Sawolax. Die Jäger in den nördlichen Kirchspielen sind mehr gewohnt auf Schlittschuhen zu laufen und mit Spieß und Bogen umzugehn, dagegen man sich in den südlichen Kirchspielen besser auf die Büchse versteht. Die Sawolaxer müssen für ihre Producte sich sehr entfernte Märkte suchen, theils in Oesterbottn und Nyland, theils treiben sie auch Schleichhandel in Rußland. Die Einwohner machten im Jahre 1800 etwa 100000 Seelen aus.

Sawolax enthält 4 Gerichtssprengel, von denen die beiden ersten zur Statthalterschaft Kuopio, die beiden letztern zur Statthalterschaft Kymmenegård gehören.

1. Oefre Sawolaxhärad.

1. Strömsdal, etwa 9 Meilen nordöstlich von Kuopio, die einzige Eisenfabrik in der ganzen Provinz, die 1746 angelegt ist. Eigentlich ist sie nur auf Seeeisen privilegirt, hat aber Erlaubniß erhalten, andres Gußeisen zur Mischung zu benutzen, obgleich es besser ist,

das Seeeisen allein zu verarbeiten, weil es sich nicht ganz vollkommen mit dem Bergeisen vermischt. Jährlich werden etwa 100 Schiffpfund theils in Eisen, theils in Manufacturartikeln producirt. Die natürlichen Vorzüge des Orts sind groß: es fehlt aber, um ihn empor zu bringen, an Thätigkeit, an Verlag und Absatz.

2. Kuopio, 62° 53′ 43″ d. Breite und 45° 10′ östlich von Ferro, auf einer Halbinsel am großen See Kallawesi. Sie ward 1776 angelegt, erhielt ihre Privilegien aber erst am 14. März 1782: die ihr auf 20 Jahre bewilligte Abgabefreiheit ward 1802 auf 10 Jahre verlängert. Die Bürger können Handel und Gewerbe treiben und sind den Handels- und Gildeverordnungen nicht unterworfen. Schon früher kamen die Einwohner der umliegenden Gegenden des Handels wegen hier zusammen und der Name wird daher auch von Einigen von dem schwedischen Köping hergeleitet. Im Jahre 1799 hatte Kuopio 729 Einwohner, die sich von Ackerbau und Handwerkereien ernähren. Es ist der Sitz des Landshöfdings und einer aus drei Classen bestehenden Trivialschule. Auf den Reichstagen sitzt die Stadt unter der 103ten Nummer.

2. Nedre Sawolaxhärad.

3. Warkaus, ein Strom im Lappawirta; hier liegen die im letzten russischen Kriege in den obern Sawolaxischen Seen erbauten Kanonenschaluppen mit einer Compagnie Seesoldaten, zu deren Behuf die nöthigen Gebäude aufgeführt sind.

4. Haapaniemi 61° 5′ 41″ am Haapawesi 15 Meilen südlich von Kuopio, im Kirchspiel Randasalmi, eine im J. 1781 angelegte Militärschule für 16 Cadetten, die 5 Jahre auf königliche Kosten erhalten und unterrichtet werden. Es werden auch 24 Extracadetten gegen Bezahlung aufgenommen. Der jährliche Staat beträgt 2000 Rthlr. Die Zöglinge werden unter der Aufsicht eines Capitäns von 4 dazu commandirten Offizieren und einem Geistlichen unterrichtet: zugleich haben sie Gelegenheit, Reiten und verschiedene neuere Sprachen zu erlernen. Sie werden hauptsächlich aus den Kindern Sawolaxischer Familien genommen und sind als Volontairs bei'm Sawolaxischen Regiment eingeschrieben. Das Institut ist äußerst nützlich: es ist um so viel nothwendiger, Eingebohrne zu geschickten Offizieren zu bilden, da die Unbekanntschaft schwedischer Befehlshaber bei den finländischen Regimentern mit der Sprache, dem Lande und Volkscharakter oft schlimme Folgen haben kann. Vielleicht wäre Kuopio ein schicklicherer Platz für die Anstalt, die, weil sie so nah an der Grenze liegt, bei einem Kriege immer in Gefahr ist, aufgelöset zu werden. Zu Haapaniemi ist auch die Stuterei für das Carelische Dragonerregiment.

3. Sawolax Ofredelshärad.

5. Pumalasund, ein Paß auf der russischen Grenze.

6. Christina. Nahe bei der Kirche dieses Namens sieht man noch die Ruinen eines vom Grafen Brahe aufgeführten Schlosses, Brahelinne. Hier hat

auch eine kleine, zur Vertheidigung der schwedischen Ufer des Saimen bestimmte Abtheilung der Schärenflotte und eine aus Sveaborg dahin verlegte Compagnie Seesoldaten ihre Station.

4. Sawolax Ofredelshärad.

(Hierzu gehören auch verschiedne Kirchpiele von Tawastland.)

7. St. Michel, ein weitläuftiges und volkreiches Kirchspiel mit einem Postcomtoir und Grenzzollgericht: es werden jährlich 2 Märkte gehalten.

8. Porosalmi, 1 Meile südlich von der Kirche, ein enger Paß, den die Schweden im letzten Kriege mit 100 Mann gegen eine große feindliche Uebermacht vertheidigten.

III. Schwedisches Carelen,

auf finländisch Karjala, Karjalanmaa, (vermuthlich von dem Wort Karja, Vieh) grenzt westlich an Sawolax, nördlich an Oesterbottn und östlich und südlich an's russische Finland. Die Länge der Provinz von Süden nach Norden beträgt 30, die Breite von Osten nach Westen 11 bis 29 Meilen und der Flächeninhalt ungefähr 510 Quadratmeilen. Die Gewässer gehören zum Saimensystem und sind oben beschrieben. Das Land besteht aus langen mit Fichten und Heide bewachsnen Sandebnen, die mit Bergen, Seen und Wäldern abwechseln. Die carelischen Berge sind höher als die Sawolaxischen, erstrecken sich mehr in der Länge und fallen allmählig ab; sie sind bis an den Gipfel mit guter

Dammerde bedeckt, wenigstens auf der Südseite, und daher bis nach oben theils mit Getreide, theils mit herrlichem Laubholz und Gras bewachsen. Erzanweisungen sind bis jetzt nirgends entdeckt: und nach den von C. Rinman angestellten Untersuchungen darf man auch keine Metalladern in Sawolax und Carelen erwarten *). Seeerz hingegen findet sich in beiden Provinzen, Sumpferz hat man aber bis jetzt noch nicht gefunden: die Bearbeitung des Seeeisens verstehn die Bauern nur sehr schlecht: und es ist mehr ein glücklicher Zufall als Kunst, wenn ihnen einen Guß gelingt. Im südlichen Theil findet sich ein reicher Vorrath von Topfstein, der von den Landleuten zu Ofenkacheln gebraucht wird. Carelen bringt Rocken, Gerste, Hafer, Buchweizen und Rüben hervor; Erbsen gedeihn nicht sonderlich: Kartoffeln sind noch beinahe unbekannt; Tabak, etwas Flachs und Hanf werden gebaut. Mit der Auseinandersetzung der Gemeinheiten ist man noch nicht weit gekommen. So schlecht der Carelier seine Kühe und Schaafe hält, so große Sorgfalt verwendet er auf seine Pferde, denen er oft seinen Getreidevorrath austheilt, wenn er selbst mit Rindenbrot vorlieb nimmt. In der Regel gebraucht man jedoch in Sawolax und Carelen weiches und frisches Brot, das täglich neu bereitet wird. Butter gehört zu den vornehmsten Exportwaaren, die in Rußland, besonders in Petersburg, abgesetzt wird. Die Weiber sind in der Kunst des Brotbackens und in der Bereitung der Milch und Butter sehr geschickt. Die

*) S. f. Berättelse om en uti Sawolax och Karelen 1792. werkställd förrättning. Stockh. 1794. 8.

Jagd ist ziemlich einträglich. Wilde Renthiere sind sehr häufig. Mit Rußland wird ein großer Schleichhandel getrieben: die Carelier setzen allerlei Luxus und andre Waaren, die sie auf diesem Wege erhalten, nach Oesterbottn ab. An Geld und Geldverdienst ist großer Mangel. Ein Theil der Einwohner ist sehr wohlhabend, ein andrer schmachtet hingegen in desto tieferm Elend; dies rührt theils von dem Gewinn her, den sich der Reichere in Mißwachsjahren verschafft, theils von ihrer mäßigen Lebensart, wornach sie selbst mit den schlechtern Producten zufrieden sind und die bessern verkaufen, theils auch von dem Umstande, daß die ältern Einwohner sich die besten Ländereien ausgesucht haben. Die Carelier sind ihrer Treue, ihrer Redlichkeit und ihres Muthes wegen berühmt; zu allen Zeiten haben sie sich selbst vertheidigt; es findet unter ihnen auch die gewöhnliche Militäreinrichtung nicht Statt: sondern es ist unter ihnen eine Art von Landwehr errichtet, wozu jeder waffenfähige Mann verpflichtet ist; sie stellen etwa 8000 Mann in's Feld. Die Zahl sämmtlicher Einwohner betrug im Jahre 1800 etwa 60000 Köpfe. — In ganz Carelen giebt es keine Stadt, keinen Flecken. Ordentliche Landstraßen sind erst unter Gustav III. angelegt.

1. Carelens Oefrehärad.

1. Libelits, (finländisch Liberi) wo im Januar ein ansehnlicher Jahrmarkt gehalten wird.

2. Carelens Nedrehärad.

2. Ilomants. Die Einwohner dieses Kirchspiels sind gute Schützen und verkaufen viel Geflügel.

3. Tomajärwi. In diesem und einem Theil des Kirchspiels Kidis herrscht unter den Einwohnern ein beschwerlicher Kropf, der oft tödtlich wird und von der Beschaffenheit des Wassers herrührt. Er befindet sich auch im benachbarten russischen Carelen.

IV. Tawastland

heißt bei den Finländern Hämeh, Hämehmaa und die Einwohner Hämälaiset, ohne daß man weiß woher, grenzt östlich an russisch Finland und Sawolax, südlich an Nyland, westlich an das eigentliche Finland und nördlich an Oesterbottn, ist etwa 24 Meilen lang, 15 bis 24 Meilen breit und hat einen Flächeninhalt von etwa 378 Quadratmeilen. Die Tawastländischen Gewässer sind bereits früher beschrieben. Der obere oder nördliche Theil des Landes, besonders um den Päjjäne, ist sehr hoch und bergig; der untere aber eben und flach. Es finden sich verschiedne Kalkbrüche und der Schiefergang aus dem eigentlichen Finland erstreckt sich bis in Tawastland. Im Kirchspiel Kalwola werden gute Schleifsteine gehauen. Erzanweisungen giebt es wenig. Das Land ist sehr fruchtbar. So schlecht der Ackerbau auch betrieben wird, so wird doch so viel Getreide gewonnen als die Einwohner gebrauchen, und es kann noch ein ansehnlicher Ueberschuß verkauft werden. Zum Flachsbau ist der Boden sehr gut und mancher Bauer verkauft jährlich 30 bis 50 Liespfund. Man findet im nördlichen Theil und um den Päjjäne herrliche Waldungen; im innern Lande und nach der nyländischen Seite haben sie aber bereits sehr abgenommen. Die Weide ist gut und die Viehzucht gehört zu den hauptsächlichsten Nahrungszweigen. An Wild und Fischen ist Ueberfluß; besonders im Kirchspiel Hollola wird eine vorzügliche Art Brachsen oft in beträchtlicher Menge gefangen. Die Producte Rocken, Gerste, Erbsen, Bohnen, Flachs, Hanf, Garn, Leinwand, Hopfen, Vieh, Butter, Talg, allerlei trockne und gesalzne Fische, Geflügel, Theer, Bretter, Holz, Kalk, Peltereien u. s. w. werden theils in Åbo, theils in den nyländischen Städten abgesetzt. Die Bauern sind fast alle arm, weil der Ackerbau so sehr vernachlässigt wird. Im Jahre 1800 hatte die Provinz 120000 Einwohner.

1. Oefre Säxmäkihärad.

2. Nedre Säxmäkihärad.

1. Åmwik, eine sehr ansehnliche Glasfabrik, mit einer eignen Kirche. Jährlich wird eine grose Menge Glas, besonders Fensterglas fabricirt und theils im Lande, theils über Åbo nach Stockholm und mehrern schwedischen Oertern abgesetzt.

3. Oefre Hollolahärad.

a. (Zum Unterschied von dem Gerichtssprengel gleiches Namens unter Nro. 6.)

4. Nedre Hollolahärad.

2. Tawastehus, finländisch Hämenkaupungi, 22 Meilen von Åbo, liegt sehr angenehm an einem See. Der Ort ist 1650 angelegt und mit Privilegien

versehn. Um mehr Raum für die Festungswerke zu gewinnen, ward die Stadt 1778 nach einer andern Stelle 2000 Ellen südlicher von dem Schlosse verlegt und sehr wohl und regelmäßig aufgeführt. Die Häuser sind zwar nur von Holz, aber fast alle zwei Stockwerke hoch: die Straßen grade und breit. Die Kirche liegt auf einer Anhöhe mitten auf dem Markt. Der Ort hatte 1794 192 Häuser. Im J. 1795 betrugen die Einwohner 1314 Seelen in 221 Familien. Zum Handel liegt der Ort sehr bequem, weil mehrere Oerter ihre Producte zu Wasser dahin bringen können. Jährlich werden zwei ansehnliche Freimärkte gehalten. Uebrigens treiben die Bürger Handwerkereien. Auf den Reichstagen nimmt der Ort die 97ste Stelle ein.

Das Schloß, das eigentlich Tawastehus, Tawasteborg, vor Zeiten Croneborg, finländisch Hämelinna genannt wird, liegt neben der Stadt, ist vom Jarl Birger angelegt und in neuern Zeiten mit Festungswerken versehn und in einem ziemlich guten Zustand. Es hat einen Commandanten mit hinreichender Besatzung, ein Zeughaus, ein Magazin und andre Vorrathshäuser für die Landarmee, für die der Ort zu einem Depot bestimmt ist.

5. Sawolax Oefredelshärad. (Zum Theil.)

3. Sysmä, ein Kirchspiel, das im September einen ansehnlichen Markt hält, wo besonders viel Vieh verkauft wird.

4. Mändyharju, ein Kirchspiel, das theils in Sawolax, theils in Tawastland, theils aber im russi-

schen Finland liegt. Im russischen Antheil liegt die Kirche und Predigerwohnung; der Geistliche wird von Schweden eingesetzt. Im Kirchengebet wird der russischen und schwedischen Obrigkeit gedacht: auch werden die Fest- und Bettage an den von schwedischer Seite befohlnen Tagen gefeiert; aber auch zugleich die russischen Religions- und Staatsfeste, an denen die Einwohner während des Gottesdienstes nicht arbeiten dürfen. Ehemals waren sie ihrer Wildheit wegen sehr berüchtigt, die sie jedoch ziemlich abgelegt haben. Hier wird eine Grenzpostirung gehalten.

5. Heinola, ein Flecken zwischen zwei Seen, durch die der Kymmenefluß seinen Lauf nimmt, ist seit 1778 der Sitz des Statthalters über das Län Heinola. Der Ort ist regelmäßig angelegt, hat einen Markt, 4 lange und 6 Quergassen, jede 25 Ellen breit, und bereits mehrere öffentliche Gebäude. Die Einwohner, die 1795 zu 200 Seelen in 34 Familien berechnet wurden, sind berechtigt, Handwerke und städtisches Gewerbe zu treiben, ohne durch die Gildeordnungen und die Verfassungen über den Landhandel beschränkt zu seyn. Ueber den Strom ist auf Kosten der Einwohner der Statthalterschaft eine schwimmende Brücke angelegt.

6. Oefre Hollolahärad. b. (Größtentheils.)

6. Ajanpeldo, ein schönes Dorf und Marktplatz. In der Gegend wird ein starker Kartoffelbau getrieben.

7. Keltis, im Kirchspiel Jtis, Zollhaus und Grenzpostirung.

V. Nyland,

der Strich längs der finländischen Bucht, die es im Süden begrenzt; nördlich stößt es an Tawastland, westlich an das eigentliche Finland und im Osten wird es durch den Kymmenefluß von Rußland getrennt: es ist von Osten nach Westen ungefähr 27 Meilen breit, die Länge von Norden nach Süden ist sehr ungleich von 6 — 12 Meilen, der Flächeninhalt beträgt 226 Quadratmeilen. Von den ersten Ansiedlern ward es Nyland, Neuland genannt und die Finländer übersetzten diesen Namen durch Uhsimaa. Das Land hat mehrere kleine Landseen und Flüsse. An der Ostseite fließt der Kymene (vom finländischen Kymi, Gen. Kymen, ein schneller Strom) der die Päjänegewässer in's Meer führt. Im Kirchspiel Pyttis bei Wedenjacama (Wassertheilung) trennt er sich in zwei Hauptzweige, die die sogenannte Pyttisinsel umschließen. Der westliche Arm macht die Grenze zwischen dem schwedischen und russischen Gebiet. Der Boden ist uneben, aber fruchtbar und in neuern Zeiten sehr cultivirt: es wird eine beträchtliche Menge Getreide abgesetzt; der Hopfenbau ist beträchtlich: das Land hat gute Wiesen und Weiden, fischreiche Seen und Ströme und höher hinauf gute Waldungen, die an der Seeseite theils durch die beständige Ausfuhr nach Stockholm, theils durch den Festungsbau bei Sweaborg sehr mitgenommen sind. Theer wird zum eignen Gebrauch geschweelt, die Ausfuhr ist unbedeutend. Bei Helsingfors fängt der große Kalkstrich an, der sich bis in's eigentliche Finland erstreckt. Man findet Schiefer, auch Eisen und Kupfer, aber die Ausbeute ist so gering gewesen, daß man die Arbeiten längst eingestellt hat. Die Einwohner machten 1800 100000 Köpfe aus, die sich hauptsächlich von Ackerbau, Viehzucht und vom Strömingsfang in den Schären ernähren. Die Bauern treiben mit ihren Producten, die sie selbst nach Schweden überführen, einen ansehnlichen Verkehr, in den Küstengegenden auf Kosten des Landbau's. Die Nyländer, besonders nahe an der Küste, haben mehr Neigung zur Bequemlichkeit und zur Ueppigkeit, daher sie auch ihren Landsleuten in Finland und Südösterbottn an Industrie und Kenntniß des Ackerbaus sehr nachstehn.

1. Kymmenehärad.

1. Anjala, ein Rittersitz am Kymmene, bekannt durch die Verbindung vom August 1788. Im vorigen russisch-schwedischen Kriege ward der Hof niedergebrannt, ist seitdem wieder aufgebaut.

2. Wärälä, ein Dorf am Kymmene, im Kirchspiel Elimä, wo am 14. August 1790 der Friede zwischen Schweden und Rußland unter aufgeschlagenen Zelten geschlossen ward und 6 Tage nachher die Ratificationen mit großer Feierlichkeit ausgewechselt wurden.

3. Strömfors, eine Eisenfabrik, ungefähr $\frac{3}{4}$ Meilen von der russischen Grenze und 6 Meilen von Louisa, wo Nägel und andre Manufacturarbeiten verfertigt werden.

4. Lill Abborfors, 2 Meilen östlich von Louisa, ein Grenzpostcomtoir und Grenzzoll; an beiden Seiten

sind Schanzen und Redouten aufgeworfen und beide Mächte hielten hier eine Grenzpostirung.

5. Forsby, eine Eisenfabrik im Kirchspiel Perno zwischen Louisa und Borgo, die wegen Nähe dieser Städte ihre Fabricate mit gutem Vortheil absetzen kann.

6. Louisa, ehemals Degerby, 3 Meilen von der russischen Grenze, eine Stapelstadt, die im Jahre 1745 angelegt ward, um die Grenze zu decken: 1752 erhielt sie der damaligen Königin zu Ehren ihren neuen Namen. Sie hat 10 Haupt- und 26 Quergassen und 325 Häuser. Im J. 1794 machten die Einwohner 1559 Personen aus. Sie ernähren sich von Handel und Handwerken. Durch die Verlegung des Gouvernements nach Heinola hat die Stadt sehr verloren. Der Verkehr hat sehr abgenommen und der ehemalige beträchtliche Getreidehandel fast ganz aufgehört. Salz ist die vornehmste Importwaare. Die Bürger sind größtentheils arm und verlangten daher auch auf dem letzten Reichstage, wo sie die 9te Stelle einnahmen, herabgesetzt zu werden. Der Hafen hat losen Grund und ist so seicht, daß sich größere Schiffe der Stadtbrücke nur auf eine halbe Meile nähern können: er ist überdies voller Klippen und Steine, die das Fahrwasser sehr gefährlich machen: zum Dienst der Seefahrer ist eine Feuerbake angelegt. Auf dem kleinen Eiland Swartholm, anderthalb Meilen von Louisa, in den Schären, liegt eine Festung, die den Einlauf zum Hafen beschützt; sie hat einen Commandanten und eine Besatzung. Auch in Louisa liegt Garnison, die angefangnen Festungswerke sind in neuern Zeiten jedoch nicht fortgesetzt.

7. **Borgo**, eine Stapelstadt, mit der Freiheit nach den Ostseehäfen zu handeln, 30 Meilen von Åbo, eine der ältesten Städte in Finland, die aber häufige Unglücksfälle erlitten hat. Die Stadt hat 271 Hausplätze; die Domkirche ist ein altes steinernes Gebäude: neben derselben ist eine hölzerne finländische Kirche. Im Jahre 1795 hatte Borgo 1821 Einwohner. Sie treiben Handel mit Forstproducten, Victualien und Leinwand: meist nach Stockholm. Im Jahre 1803 hatten die Bürger 7 Schiffe von 515 Last, die 10 Seeleute beschäftigten. Ehemals waren in Borgo sehr beträchtliche Leinwebereien: von 1749 bis 1769 zählte man im Durchschnitt jährlich über 40 Meister, die sich nach den Umständen mehrere oder wenigere Gesellen und Lehrlinge hielten: seit 1769 nahm die Zahl ab; besonders gerieth das Gewerbe nach dem letzten russischen Kriege in Verfall: 1801 waren nur 24 Meister, wovon die meisten nur einen oder zwei Stühle im Gang hatten. Die Ursache wird dem Mangel an Lehrlingen, dem geringen Werth der Leinwand, der schlechten Bereitung des Flachses und manchen andern Umständen zugeschrieben. Die Weberei hat sich von hier auch auf die benachbarten Dörfer verbreitet, wo sich theils Weber niedergelassen haben, theils die Bauern ihre Zeuge selbst verfertigen *). Die Fabriken (eine Tabaks- und Segeltuchsfabrik und eine Zuckerraffinerie) sind von keiner großen Bedeutung. Borgo ist der Sitz eines Bischofs und eines

*) Finska Hushålningssällskapets dagbok. 1803. S. 187.

eines Gymnasiums, woran 6 Lehrer angestellt sind. Auf den Reichstagen hat die Stadt Nro. 70. Die Fahrt nach ihr ist fast ganz versandet, und der Hafen etwas entfernt.

2. Borgohärad.

8. Helsingfors, eine Stapelstadt, 28 Meilen von Åbo in einer sehr fruchtbaren Gegend, die 1569 mit Privilegien versehn ward. Im Jahre 1799 hatte sie mit der Garnison 3142 Einwohner. Sie besaßen 15 größere Schiffe von etwa 1437 Last. Die Kaufleute von Borgo interessiren in dem hiesigen Handel, deren Antheil ungefähr ein Viertheil ausmacht. Von 1792 — 1801 sind im Durchschnitt jährlich 8600 Zwölfter Bretter und 330 fichtne Sparren exportirt worden. Der Werth der Importen betrug im Jahre 1799 12140 Rthlr. und der Exporten 8784 Rthlr. Es kamen 42 Schiffe an und 52 liefen aus. Die Manufacturen, unter andern eine Segeltuch- und Tabaksfabrik sind von keiner großen Bedeutung. In der Gegend wird ziemlich viel Tabak gepflanzt, auch findet man gute Ziegeleien. Auf den Reichstagen hat sie die 24ste Stelle. Der Hafen ist tief, sicher und geräumig und wird von Sweaborg beschützt; der kurze Einlauf in die finländische Bucht giebt ihm einen Vorzug vor manchen andern an diesen Gewässern belegnen Seeplätzen. Die angefangne Befestigung ist seit der Anlage von Sweaborg nicht fortgesetzt.

9. Sweaborg, eine vortreffliche Festung, ¾ Meilen südwestlich von Helsingfors, auf 7 Inseln am

Anfang der See, die ehemals Wargskår hießen. Sie ist der Hauptwaffenplatz für Finland. 1) Wargö (Wolfsinsel), die Hauptfestung; hier befinden sich das Commandantenhaus, die Hauptwache und mehrere Magazine, alle von Stein und größtentheils mit bombenfesten Gewölben. In der Mitte des Schloßplatzes erhebt sich ein Monument auf den Grafen Ehrensvård, der unter demselben begraben ist; nach seiner Angabe und unter seiner Leitung ward Sweaborg seit 1749 angelegt. In den Festungswerken sind 2 Schiffsdocken, theils in den Felsen gesprengt, theils durch Verdämmungen eingeschlossen; die kleinere Galeerendocke ist 652 Fuß lang, 200 Fuß breit und 12 Fuß tief für Schärenfahrzeuge; eine größere ist zur Ausbesserung von Kriegsschiffen bestimmt. 2) Stora Oester Svartö, ein großes mit Festungswerken umgebnes Eiland, wo alle Einrichtungen, Werfte, Magazine ꝛc. für die Schärenflotte befindlich sind. Zwischen dieser und der vorigen Insel ist der befestigte Hafen für die Schärenflotte. 3) Gustavssvård, eine starke Festung auf einer kleinen Insel zunächst am Einlauf aus dem Meer. Durch einen schmalen, aber tiefen Sund, der in den Hafen von Helsingfors führt, wird sie vom Båkholm geschieden. Mit Wargö ist sie durch eine Brücke vereinigt. Sie hat einen Ueberfluß an vortrefflichem Wasser. 4—7) Lill Oester Svartö, Westersvartö, Långöre und Båkholm dienen zum Aufenthalt der Besatzung, zur Bäckerei, zu Magazinen u. s. w. und sind unverbunden. — Auf Sweaborg wohnen verschiedne Kaufleute, Handwerker u. s. w. die zur Bürgerschaft von Helsingfors gehören. Nach der neuesten Angabe befanden sich daselbst in Allem 3400 Personen. Für die Soldatenkinder ist eine wohleingerichtete Garnisonschule angelegt.

3. Raseborgs östrahärad.

4. Raseborgs wästrahärad.

10. Fagerwik, eine der vorzüglichsten Eisenfabriken in Finland, im Kirchspiel Ingo, wo viele neue Verbesserungen angewandt sind, es wird auch verzinntes Eisenblech, jährlich etwa 200 Schiffpfund (ehemals wohl 400 — 500 Schiffpfund) verfertigt, das aber dem engländischen an Güte nicht gleich kommt. Es ist hier auch ein schöner Garten und ein Treibhaus, wo manche südliche Früchte zur Reife gebracht werden.

11. Ekenäs, eine kleine Seestadt mit der Handelsfreiheit nach den Städten der Ostsee; sie liegt sehr angenehm auf einer, ehemals mit Eichen bewachsnen Spitze an der See, 21 Meilen von Åbo. Im Jahre 1795 ward die Einwohnerzahl zu 1147 Personen in 185 Familien berechnet. Sie treiben Handel, besonders auf Lübeck und Stockholm, wohin hauptsächlich Victualien und Brennholz geführt wird. Die Schiffahrt gehört zu den vornehmsten Erwerbzweigen; im Jahre 1792 besaß der Ort 25 größere und kleinere Fahrzeuge. Der hiesige Hopfen, der hauptsächlich auf dem Stadtfelde gepflanzt wird, ist seiner Güte wegen berühmt. Fabriken giebt es nicht: doch spinnen und verfertigen die Einwohner leinene und wollene Zeuge und Segeltuch. Auf den Reichstagen hat sie Nro. 78. Der Einlauf in den Hafen ist nur 7 — 8 Fuß tief.

12. Orijärwi, ein Kupferwerk im Kirchspiel Kisko, etwa $5\frac{1}{2}$ Meilen nördlich von Ekenäs: es wird seit 1760 bearbeitet. Jährlich werden etwa 100 Schiffpfund Garkupfer gewonnen. Im Jahre 1792 waren 40 Grubenarbeiter und über 200 Personen hatten dabei ihren Unterhalt.

13. Die nyländischen Küsten sind sehr eingeschnitten und überall mit Klippen und Inseln, die zum Theil bewohnt und von ziemlichem Umfang sind, besetzt. Das Fahrwasser ist sehr gefährlich: an mehrern Stellen sind Leuchtthürme und Merkzeichen aufgerichtet. Man findet verschiedne Häfen und Zölle. Pellinge, eine große Insel bei'm Einlauf von Borgo, Porkalaudd, eine sehr hervorschießende Landzunge, Baresund vor dem Kirchspiel Ingo, Hangöudd, unter 59° 48′ 35″ die äußerste westliche Landspitze bei'm Eingang der finländischen Bucht, die von einer Menge kleiner Klippen bekränzt wird. Es ist hier ein vortrefflicher Hafen, eine Feuerbake und ein Zollcomtoir. Im letzten Kriege sind unter dem Namen Gustavsvärn verschiedne Verschanzungen angelegt. Dieser Ort ist für kriegerische Operationen äußerst wichtig; einige hier stationirte Kriegsschiffe beherrschen den Eingang in die finländische Bucht und können die Communication zwischen Schweden und dem südlichen Finland verhindern.

VI. Das eigentliche Finland

liegt längs der bottnischen Bucht, die es im Westen begränzt; im Norden stößt es an Oesterbotten, im Osten an Nyland und Tawastehus und im Süden an die finländische Bucht; die Länge beträgt 33 Meilen, die Breite etwa 20 Meilen und der Flächeninhalt 578 Quadratmeilen. Außer dem Kumo, der den großen Wasserzug zwischen Finland und Tawastland in die bottnische Bucht führt, giebt es eine Menge kleinerer Flüsse, den Eurajoki, der Åbofluß, dessen größter Zweig Aurajoki heißt, den Pemarå, den Bjernoå u. a. Auch sind viele kleinere und größere Seen vorhanden. Der mittlere Theil ist meistens eben: an der Seeseite und der tawastländischen Grenze wird das Land bergiger. Der westliche und südliche Theil besteht aus zahllosen Schären mit einer Menge bewohnter und angebauter Inseln. Das Land ist fruchtbar, besonders im Süden, der nördliche Theil hingegen ist weniger angebaut. Der Fischfang an der Küste ist beträchtlich: die Fische werden theils im Lande, theils an die Stockholmer Fischhändler abgesetzt. In den äußern Schären werden Ströminge gefangen und nach Stockholm, Nyland und Ehstland verkauft. Es giebt auch ansehnliche Waldungen, woraus Balken, Brennholz, Theer und Bretter gewonnen werden. Die Bauern im südlichen Theil verfertigen eine Menge hölzerner Geschirre, die theils von ihnen selbst, theils von Nystadt und Raumo verschifft werden. Es finden sich beträchtliche Kalkbrüche; ein ansehnliches Lager von Bergkalk nimmt in Åboolån seinen Anfang und streicht durch die finländischen Schären längs der finländischen Bucht; im Björneborgschen zeigt sich ein weitläuftiger Schiefergang, der sich in mehrere Zweige theilt; der Schiefer ist sehr gut zum Dachdecken zu gebrauchen.

Im Åbolån sind mehrere Eisenfabriken. Die Bauern haben die freie Schiffahrt und führen daher den größten Theil ihrer Producte selbst nach Schweden. Im Jahr 1800 enthielt ganz Finland 130000 Einwohner.

Das eigentliche Finland zerfällt in 2 Hauptheile.

A. Åbolån.

1. Halikohärad.

1. Kimito, die größte Insel in den finländischen Schären, die ein ganzes Kirchspiel enthält. Sie hat einen ansehnlichen Kalksteinbruch, eine Eisenfabrik und jährlich wird daselbst ein Jahrmarkt gehalten.

2. Piikiehärad.

2. Åbo, finländisch Turku (corrumpirt aus dem schwedischen Torg, Markt,) 60° 27′ und 4° 39′ östlich von Upsala, an einer Landspitze, die von der bottnischen und finländischen Bucht gebildet wird, eine Stapelstadt, 43 Meilen von Stockholm, am Aurajoki, der 60 — 100 Ellen breit durch die Stadt fließt, die fast auf allen Seiten von hohen Bergen und Anhöhen umgeben ist. Sie ist in 5 Quartiere eingetheilt, wovon 3 auf der südöstlichen und 2 auf der nordöstlichen Seite des Stroms liegen; sie werden durch eine hölzerne Brücke vereinigt. Åbo hat 3 öffentliche Plätze, den alten und neuen Markt und den Kirchenplatz, 102 Gassen und etwas über 1100 Häuser, aber nur eine Kirche, den Dom oder die St. Heinrichskirche, die 150 Ellen lang, 63½ Ellen breit und 75 Ellen hoch ist, und

worin sowohl in schwedischer als finländischer Sprache Gottesdienst gehalten wird. Außer den academischen Gebäuden, die den Dom umgeben, giebt es noch verschiedne andre ansehnliche Gebäude, das Hofgericht von 2 Stockwerken, das Rathhaus, das Stadthaus, das die Bureaus für die Zölle, ein Schuldgefängniß, ein Packhaus u. s. w. enthält, sämmtlich am großen Markt, die Häuser des Präsidenten bei'm Hofgericht, des Statthalters u. s. w. — Das Wasser des Flusses ist nicht trinkbar, und die Stadt wird durch Wasserleitungen und Brunnen mit Wasser versehn.

Åbo ist der Sitz des Landshöfdings, eines Hofgerichts, eines Bischofs und der finländischen Haushaltungsgesellschaft, die eine Bibliothek und eine öconomische Modellsammlung besitzt. Die Universität hat unter manchen drohenden Umständen eine nützliche und ehrenvolle Existenz behauptet. Sie hatte im Jahre 1807 folgende Lehrer, die alle in Finland gebohren sind: in der theologischen Facultät: Bischof und Procanzler J. Tengström, C. Cavander, G. Gadolin, eine Stelle war unbesetzt; in der juristischen: M. Calonius; in der medizinischen: G. E. Haartmann, G. Bonsdorf, Jos. Pipping; in der philosophischen: C. N. Hellenius, Prof. der Oeconomie und Botanik; J. Gadolin, der Chemie; F. M. Franzén, der Geschichte und practischen Philosophie; A. J. Mether, der Mathematik; G. G. Hällström, der Physik; J. F. Wallenius, der Beredsamkeit; A. J. Lagus, der Logik und Metaphysik; die Lehrstelle der orientalischen und griechischen Literatur ist unbesetzt. Ueberdies sind noch ein besondrer Bibliothecar, Joh. Bonsdorf, verschiedene Sprachlehrer und Exercitienmeister angestellt. Die Durchschnittszahl der Studirenden, zu deren Unterstützung verschiedne Stipendien vorhanden sind, beträgt jährlich 150 — 300. Sie werden in gewisse Nationen getheilt, deren jede einen Professor zu ihrem Aufseher hat; nämlich: 1. Aboenses (aus Åbo), 2. Boreales (aus dem eigentlichen Nordfinland und Åland), 3. Australes (aus Südfinland), 4. Satacundenses (aus Satacunda oder dem Björneborgschen), 5. Tawastenses, 6. Nylandi, 7. Wiburgenses (aus Sawolax und Carelen, oder der ehemahligen Statthalterschaft Wiborg), 8. Ostrobothnienses, 9. Sviogothi. Man sieht hieraus, von welchem Einfluß die Nähe der Universität auf die Vermehrung der Studirenden ist. Ehemals ward die Academie von Schweden zahlreicher als jetzt besucht. In Hinsicht der formellen Einrichtung gleicht sie den schwedischen Lehranstalten, nur daß die hiesigen Gelehrten vielleicht noch mehr mit den Zeitgenossen fortrückten und sich lebhafter für die Literatur des Auslandes interessirten. Gegenwärtig wird für die Universität ein neues und prächtiges Gebäude nach einem guten Plane aufgeführt, wozu der König und die Königin am 24. Juli 1802 selbst den Grundstein legten. Vordem wurden die Vorlesungen in 2 großen Hörsälen gehalten, die nicht geheizt werden konnten: der Besuch der Collegien war daher im Winter sehr beschwerlich und mit Gefahr für die Gesundheit der Zuhörer verbunden. Die Academie hat einen botanischen Garten und verschiedne Sammlungen, freilich von keiner großen Bedeutung, die aber doch in neuern Zeiten manche Vermehrungen erhalten haben: dahin gehören eine Sammlung physischer und astronomischer Instrumente, ein nicht unbeträchtliches Naturaliencabinet u. d. g., wofür es bis jetzt an zweckmäßigen Plätzen zur Aufstellung fehlte. Die academische Bibliothek ist die einzige öffentliche Büchersammlung in Finland: bis auf die neuern Zeiten war nur ein unbedeutender Fonds zu ihrer Vermehrung ausgesetzt: sie war hauptsächlich aus Geschenken entstanden, und enthält zwischen 15 — 20000 Bände *). Der im Jahre 1801 verstorbne Professor Billmark vermachte der Universität den größten Theil seines Vermögens, über 20000 Rthlr. Von den Zinsen dieser Summe sollen in Zukunft jährlich 600 Rthlr. auf die Bibliothek und 66 Rthlr. 32 ßl. zur Unterstützung des botanischen Gartens verwandt werden. Auch Porthan hat ihr seine trefflichen Sammlungen, besonders zur Geschichte und Landeskunde von Finland, unter gewissen Bedingungen vermacht. Die academische Buchdruckerei ist in einem guten Zustande und hat verschiedene wichtige und große Werke geliefert: in ihr kommt auch ein Wochenblatt unter dem Titel: Åbo-Tidning **), die einzige perio-

*) G. H. Porthan historia bibliothecae Aboensis. Aboae 1787. 4.

**) Zuerst fing sie im Jahre 1770 an und ward bis 1778 fortgesetzt: verschiedner Umstände halber hörte sie auf; 1782 ward sie erneuert und dauerte bis 1785; durch den königlichen Befehl, nach dem Wochenschriften nur mit besonderer Erlaubniß erscheinen sollten, mußte sie geschlossen werden; die Subscri-

dische Schrift, die in Finland erscheint, heraus. An der Cathedralschule, die stark besucht wird, arbeiten 7 Lehrer. In dem hiesigen Lazareth werden jährlich 120 — 130 Kranke verpflegt. Die Armen werden durch freiwillige Beiträge der Einwohner unterhalten. Man denkt aber an die Errichtung eines eignen Armenhauses. Seit 1789 hat sich eine musicalische Gesellschaft verbunden, die öffentliche Concerte, bisweilen zum Besten der Armen, giebt.

Im Jahre 1795 wurden die Einwohner Åbos zusammen mit Nådendal auf 12215 Seelen in 1893 Familien berechnet: Åbo allein hatte also eine Bevölkerung von 11800 Seelen. Die Bürgerschaft ist in 3 Classen oder Societäten eingetheilt, die Handelsleute, die Handwerker und die sogenannte finländische Bürgerschaft, aus denen die 24 Aeltesten der Stadt gewählt werden. Åbo treibt einen ziemlichen einheimischen und auswärtigen Handel. Von 1792 — 1801 wurden im Durchschnitt jährlich ausgeschifft: 4700 Zwölfter

benten erhielten die fehlenden Bogen unter dem Titel: Blandade afhandlingar, såsom et bihang til de i Åbo utgifne Tidningar. 1789 verschaffte sich der Verleger ein königliches Privilegium und es erschien eine Fortsetzung, die aber für 1790 hauptsächlich aus Mangel eines Redactörs unterblieb. Seit 1791 erschien sie regelmäßig, und seit 1801 jährlich in 104 Nummern. Das Octavformat ward 1791 mit 4. vertauscht. Diese Blätter enthalten einen Schatz von interessanten Materialien für die Geschichte und Kenntniß Finlands, die von den ersten Gelehrten des Landes herrühren.

Bretter, 4500 Fichtensparren, 200 Tonnen Strömming und 700 Tonnen Theer. Im Jahre 1805 ward in Åbo eine Disconteinrichtung auf 15 Jahre priviligirt, wozu die Capitalien von Privatinteressenten hergeschossen wurden. Im Jahre 1803 hatte die Stadt 20 Schiffe von 2383 Last, die zusammen eine Besatzung von 447 Mann beschäftigten. Größere Fahrzeuge müssen bei dem Beckholm, etwa ¾ Meilen südwestlich von der Stadt, vor Anker gehn, kleinere können bis an die Brücke kommen. Der Einlauf ist der vielen kleinen Klippen wegen mühsam und oft gefährlich. Es giebt in Åbo zwei Schiffswerfte, 2 Tabaksfabriken, eine Zuckerraffinerie, Zeugmanufacturen und noch verschiedne andre minder beträchtliche Fabriken. Die untern Volksclassen sprechen finländisch, die Kaufleute und Handwerker hingegen schwedisch, doch mit einem eignen Dialect. Auf den Reichstagen hatte Åbo die achte Stelle.

Das Schloß **Åbo** oder **Åbohus** liegt am Ausfluß des Aurajoki in's Meer auf einer Landspitze und ist auf 3 Seiten von Wasser umgeben: es ist die älteste Festung des Landes und in neuern Zeiten zu wiederholten Malen erweitert und verbessert worden. In demselben befinden sich eine Schloßkirche und ein Arsenal. Gegenwärtig dient es theils zum Aufenthalt der dahin verlegten Compagnie Marinesoldaten, theils zu Magazinen und zum Gefängniß. Bei dem Schloß ist ein Hafen für die hier stationirte Abtheilung der Schärenflotte. — Kuppis oder die St. Heinrichsquelle nahe bei der Stadt wird für den besten Mineralbrunnen in Finland gehalten, soll aber, seitdem die Quelle im

Jahre 1780 ihren Lauf veränderte, an Gehalt abgenommen haben.

3. Meskoһärad.

4. Die Insel Runsala, ¾ Meilen nordwestlich von Åbo, ist mit Eichen und Haseln bewachsen und ihrer lieblichen Lage wegen berühmt.

5. Nådendal (Gnadenthal), eine kleine Landstadt, 2 Meilen von Åbo. Im Jahre 1400 ward hier ein Kloster vom Brigittenorden gegründet, in dessen Nähe 1443 ein Städtchen erbaut ward. Es hat etwa 600 Einwohner, die einigen Handel mit Vieh, Pferden und Victualien, so wie mit Strümpfen, treiben, die hauptsächlich in Stockholm abgesezt werden. Bei der Stadt ist ein Gesundbrunnen, der ziemlich zahlreich besucht wird, die Wohlfeilheit ist seine vornehmste Empfehlung. Auf den Reichstagen hat Nådendal die 91 Stelle.

4. Wirmohärad.

6. Fagerholm, ein Zollhaus auf einer nackten Klippe bei'm Einlauf nach Åbo, in dem sogenannten Korpostrom.

5. Wemohärad.

7. Nystadt, eine Seestadt, mit der Freiheit nach den Häfen der Ostsee zu handeln, 12 Meilen von Åbo, ward zuerst 1617 angelegt und hat einen guten Hafen. Im Jahre 1793 ward die Bevölkerung auf 1845 Personen in 297 Familien berechnet. Die Bürger besitzen über 30 Fahrzeuge. Sie treiben

Handel mit Latten (1790 wurden 679, 1791 680, 1792 759 und 1793 376 Zwölfter ausgeführt), Holzgeschirren (wovon sie am meisten von allen finländischen Städten absetzen) Lebensmitteln und Leinwand nach Schweden, Dänemark und Deutschland. Es werden viele wollne und leinene Zeuge verfertigt und Strümpfe gestrickt.

B. Björneborgslän oder Satacunda.

6. Nedresatacundahärad.

8. Raumo, 61° 7′ d. Breite, 12½ Meile von Åbo, hat das Recht, in der Ostsee Handel zu treiben und einen guten Hafen. Im Jahre 1800 wurden die Einwohner zu 1600 Seelen angegeben. Ihr activer Verkehr hat in neuern Zeiten sehr abgenommen, dagegen ist der nicht so vortheilhafte Frachthandel aufgekommen. Im Jahre 1800 hatten die Bürger 13 größere Fahrzeuge von etwa 705 Lasten. Ausgeschifft werden allerlei Holzwaaren, Latten (1790 1121⅓, 1791 814 $\frac{7}{12}$, 1792 9777 und 1793 9505 Zwölfter) Bretter, hölzerne Geschirre, und nach Schweden, besonders Stockholm, etwas Birkenrinde, Brennholz und Victualien. Raumo hat ein Schiffswerft, doch fehlt es den Bürgern bereits sehr an Holz zum Schiffbau. Die ärmern Einwohner leben vom Landbau, besonders von Kartoffelpflanzung und vom Fischfang. Spitzenklöppeln ist eine allgemeine Beschäftigung: die hiesigen Spitzen werden sehr gesucht und finden auch auswärts Beifall und Absatz. Raumo ward 1447 von König Christoph mit

Privilegien versehn und nimmt auf den Reichstagen die 65ste Nummer ein.

9. Säkylä, 10 Meilen östlich von Raumo, hat einen ansehnlichen Mühlsteinbruch, woraus die Einwohner des Kirchspiels jährlich über 100 Mühlsteine herausholen und zum Gebrauch bearbeiten, die nicht nur in Finland und Schweden, sondern auch in Reval und Riga abgesetzt werden. Die größten hier verfertigten Steine sind 1 Elle dick und $2\frac{1}{2}$ Ellen im Durchmesser und werden auf der Stelle mit 20 — 21 Rthlr. bezahlt *).

10. Björneborg, eine wohlbelegne Stapelstadt, 17 Meilen von Åbo am Kumojoki, der sich gleich unterhalb der Stadt in mehrere Arme theilt und dadurch in einer Entfernung von anderthalb Meilen verschiedne Inseln bildet. Sie gehört zu Finlands ältesten Städten und ward 1558 nach ihrer jetzigen Stelle verlegt. Am 10. Juni 1801 brannte die ganze Stadt ab, sie ist aber nach einem bessern, etwas erweiterten Plan auf dem alten Platz wieder aufgebaut worden. — Im Jahre 1799 hatte Björneborg eine Bevölkerung von 2163 Personen. Der auswärtige Handel ist unbedeutend: 1799 liefen 19 Schiffe zusammen von 594 Last aus, und 22 von 830 Last kamen an. Die Exporten bestehn in Brettern, Latten, Sparren, hölzernen Geschirren, Theer und Pech. Die meisten Bürger machen jährlich verschiedne Reisen nach Stockholm. Im Jahre 1803 besaßen sie 17 Fahrzeuge von 790 Last, die 108 Seeleute beschäftigten. Björneborg hat ein Schiffs-

*) S. Gadolin om Säkylä Quarn stensbrott. 1801. 4.

werft, einige nicht sehr beträchtliche Fabriken, besonders 2 Ziegeleien und ansehnliche Aecker. Der Hafen Räffö liegt $4\frac{1}{2}$ Meilen von der Stadt; kleine Fahrzeuge können ihr bis auf anderthalb Meilen zur Sandudde nahe kommen, und Schiffe, die nicht tiefer als 6 Fuß gehn, bei der Brücke anlegen; diese Entfernung des Hafens von der Stadt ist für den Handel sehr unbequem: man hat gesucht, den Strom durch Baggern zu reinigen, allein alle Versuche sind ohne Erfolg gewesen. Auf den Reichstagen nimmt Björneborg die 64ste Stelle ein.

11. Fredricsfors, eine Eisenfabrik, wo verschiedne Fabricate und auch eiserne Platten verfertigt werden.

7. Oefre Satacundahärad.

8. Oefre Satacunda Oefredelshärad.

12. Tammerfors, eine im Jahre 1779 gegründete Landstadt, 24 Meilen von Åbo, am Fluß Tammerfors zwischen den Seen Näsi und Pyhäjärwi. Im Jahre 1793 wurden die Einwohner zu 560 Personen in 97 Familien berechnet. Im Februar wird ein großer Markt gehalten, der größte in ganz Finland, und von den Handelsleuten mehrerer finländischer Städte und vielen Landleuten besucht, die Flachs, Hanf und alle ihre übrigen Producte hieherbringen. Sonst ist der Ort nahrungslos und ohne alle Indüstrie. Auf den Reichstagen nimmt er Nro. 102 ein.

9. Einige Striche von Satacunda gehören unter das Län Tawastehus.

VII. Die Åländischen Inseln,

bei den Finländern Ahwenanmaa (das Barschland), eine zahlreiche Insel- und Klippengruppe am Anfang der bottnischen Bucht, vom 59° 47′ der Breite bis 60° 32′ und vom 36° 57′ — 39° 47′ der Länge von Ferro. Der Theil des Meers, der im Süden ihre Inseln bespült, behält den Namen der Ostsee, der Theil aber von Oegstensbake bis nach Lågskjärsbake, der sie von Upland trennt, heißt Ålandshaf und ist ungefähr 7½ Meilen breit. Die Breite des Gewässers, das sie im Osten von den finländischen Schärenkirchspielen trennt, beträgt auf den engsten Stellen im Norden kaum ¾, im Süden über fünftehalb Meilen. Die Inseln selbst werden durch zwei weitere Pässe, Delet und Lappwesi, von einander geschieden. Åland enthält über 80 bewohnte Inseln: das eigentliche Åland ist die größte, etwa 6 Meilen lang und 5 Meilen breit, und enthält ungefähr zwei Drittheile der Bevölkerung. Die übrigen bedeutendern Inseln sind Lemland, Lumperland, Ekerö, die zum Kirchspiel Foglö gehörigen Eilande, Kumblinge, Wårdö und Brandö. Ganz Ålands Flächeninhalt mag etwa 22 Quadratmeilen betragen. Flüsse giebt es nicht, aber viele kleine Landseen. Berge sind überall; Ebnen seltner: rother grobwürflichter Granit ist die allgemeine Bergart. Das Land gewährt einen malerischen Anblick. Das Clima ist in Rücksicht der Polhöhe noch ziemlich gelinde. Man behauptet, daß die Kälte in neuern Zeiten zugenommen habe, und daß besonders Ålandshaf öfterer zufriere, als vor Zeiten: es ist gemeiniglich in jedem

jedem Jahrzehend mehrere Male der Fall. An der Åländischen Küste bemerkt man bisweilen die unter dem Namen Fata Morgana bekannte optische Erscheinung. Der Boden ist sehr ungleich; in einigen Kirchspielen findet man gute Lehmerde, in andern hingegen Sand; überhaupt ist der Boden sehr steinig. Man säet Rocken, Gerste und Erbsen; Hafer und Weizen wenig. Im Durchschnitt kann man auf das siebente Korn rechnen. Jährlich producirt das Land etwa 22500 Tonnen Getreide, die zur Consumtion der Einwohner hinreichen. An Dünger fehlt es dem Åländischen Bauer nicht. Das Getreide wird mit der Sichel geschnitten und vor dem Dreschen auf Darren getrocknet; übrigens gleicht die hiesige Art des Ackerbaus mehr der schwedischen als finländischen. An einigen wenigen Stellen wird geswedjet. Bisweilen wird die Saat durch Insecten beschädigt; Nachtfröste schaden selten. Ueberhaupt sind die meisten Jahre gut, wenigstens mittelmäßig. Man pflanzt Hopfen, Kohl, Wurzeln, Kartoffeln und etwas wenig Flachs. Fruchtbäume sind bei den Bauern selten. Die Wiesen werden vernachlässigt und fast ganz der Natur überlassen: übrigens geben sie einen ziemlichen Ertrag. Gemeiniglich weidet das Vieh in den Wäldern, die aus Fichten, Föhren, Birken und Ellern bestehn. Die übrigen Holzarten sind selten. Jährlich werden über 12000 Faden Brennholz nach Stockholm geführt. Im Kirchspiel Kumlinge giebt es Haseln in solcher Menge, daß die Nüsse ausgeführt werden. Die Viehzucht wird mit Vortheil betrieben: die Kühe sind nur klein und haben zum Theil keine Hörner. Der seiner Güte wegen bekannte Åländsche Käse wird hauptsächlich von einigen Dörfern im Kirchspiel Foglö gewonnen, wo der Käsehandel einen vorzüglichen Erwerbzweig ausmacht. Die Schaafzucht ist ziemlich beträchtlich. Die Wolle wird im Lande, unter andern auch zu Segeln, verarbeitet. Ziegen werden von den meisten Schärenbewohnern gehalten. Die Pferde sind von mittelmäßigem Schlage. Die Viehseuche ist selten. Ålands Hauptgewerbe ist der Fischfang: am einträglichsten ist der Strömingsfang; jährlich werden über 6000 Tonnen eingesalzen. Stockholm wird größtentheils von diesen Inseln mit Fischen versehn. Der Seehundsfang belohnt oft die Mühe des Jägers reichlich; doch kann man mit Sicherheit nicht darauf rechnen. Am besten ist er bei starken Wintern. Die Seehunde werden bei offnem Wasser in den Buchten, auf den Klippen und Steinen geschossen oder mit der Harpune und dem Seehundseisen erlegt. Im Winter werden sie auf dem Eise getödtet, wenn sie aus den Oeffnungen hervorkriechen. Jährlich wird um Åland eine ansehnliche Menge gefangen, doch nehmen die Einwohner aus Roslagen in Upland und Oesterbottn an dem Fange Theil. Seehundsthran wird auf Åland nicht bereitet; die Bauern finden es vortheilhafter, den Speck roh zu verkaufen. Auch viele Wasservögel werden geschossen und nach Stockholm gebracht. Unter den wilden Thieren sind die Wölfe zahlreich und schädlich. Die Elenthiere, die ehemals auf diesen Inseln gehegt und von den Königen gejagt wurden, sind ganz ausgerottet. Kalk ward ehemals verkauft, ist aber jetzt kaum zu eignem Gebrauch hinreichend. Einen ansehnlichen Gewinn verschafft den Einwohnern die Schiffahrt.

Sämmtliche Einwohner machten im Jahre 1800 12000 Seelen aus. Wenn die ersten Kinderjahre vorüber sind, ist das Land gesund: mehr als ein Sechstel der Insulaner ist über 50 Jahre. Sie sind schwedischer Herkunft und bedienen sich der schwedischen Sprache. Sie ernähren sich gut; reines Rockenbrot, frische und gesalzne Fische, Butter, Käse und Fleisch (auch von Seehunden) sind die gewöhnlichsten Speisen; in einigen Kirchspielen speist man auch Klöße mit Seehundsspeck. Ihre Kleidung ist reinlich und besteht zum Theil aus Tuch, seidnen und baumwollenen Zeugen; zum täglichen Gebrauch bedient man sich eigengemachter Zeuge, wovon die Weiber eine große Menge besitzen. Einen besondern Luxus treiben die letztern mit goldnen Ringen. Ihre Wohnungen sind hell, geräumig und nett. Das Volk ist munter, verständig, dienstfertig, rührig und besonders auf der See unerschrocken und geschickt. Man beschuldigt sie einer zu großen Proceßsucht. Der Aberglaube ist fast ganz ausgerottet.

Die Insel enthält 8 Mutterkirchen und 7 Capellen; Sund mit Wårdö oder Sundskärscapell, Saltvik, Finström, mit der Capelle Getha; Hammarland mit Ekerök; Jomala, Lemland mit Lumperlandcapelle, Kumblinge mit Brandök; die 6 ersten Mutterkirchen, die zugleich mit Getha zusammenhängen, heißen das feste Åland. Die Capellen Wårdö, Ekerö und Lumperland werden nur durch kleinere Sunde getrennt, aber die Versammlungen Kumblinge und Foglö mit den dazu gehörigen

Capellen sind entlegner und zerstreuter. Castelholm, auf einer Landspitze an der Ostseite des eigentlichen Ålands, ehemals ein Schloß, wovon jetzt nur Ruinen vorhanden sind; gegenwärtig ist hier ein Kronhof und ein Postcomtoir. Man hat öfters daran gedacht, eine Stadt, wenigstens einen Flecken auf Åland anzulegen, wodurch die Inseln unstreitig gewinnen würden, besonders weil sie dadurch geschickte Handwerker (denn jetzt müssen sich die Einwohner viele Bedürfnisse selbst verfertigen) und einen leichten Zugang zu manchen unentbehrlichen Waaren, z. B. Salz erhalten würden; sie wäre auch ein bequemer Zwischenplatz für den finländischen Handel mit Stockholm: die finländischen Fahrzeuge müssen oft wegen Gegenwind Wochen lang in den Åländschen Schären verweilen. Für den bequemsten Ort wird das Dorf Ytternäs im Kirchspiel Jomala gehalten, wo in einem Umkreis von 4 Meilen über die Hälfte der Einwohner lebt. Der Hafen ist sicher und der Einlauf gut. Innerhalb der Åländschen Schären sind mehrere gute Häfen und bei'm Anfang derselben an verschiednen Stellen Merkzeichen aufgerichtet; auch ist eine große Anzahl Lootsen angestellt, über die ein eigner Inspector die Aufsicht führt. Der gewöhnliche Weg von Schweden nach Finland geht über Åland; man legt ihn theils zu Wasser, theils zu Lande zurück. Auf der Insel Ekerö ist ein Telegraph, der über Signilsskär nach Grisselhamm in Upland correspondirt *).

*) Beskrifning öfwer Åland af F. W. Radloff. Åbo 1795. 260 S. 8.

Anhang.

Von den finländischen Colonisten in Schweden und Norwegen.

I. Von den an verschiednen Stellen in Schweden wohnenden Finländern *).

Hauptsächlich trifft man in Wärmeland, Dalarne, Gestrikland, Helsingland und Medelpad finländische Colonisten, die sich in den entlegensten Waldgegenden ihre Wohnplätze ausgewählt haben: solche Gegenden pflegen daher Finmarken genannt zu werden. Daß sie ehemals auch an verschiednen andern Orten (z. B. in Westergothland) sich aufgehalten haben, wo sie aber verdrängt sind oder durch Verschmelzung mit ihren schwedischen Nachbaren ihre Sprache und Sitten eingebüßt haben, ist nicht unwahrscheinlich: wenigstens ist gewiß, daß die Finländer ehemals weit zahlreicher und ausgebreiteter waren als gegenwärtig. Ueberall, wo sie sich niedergelassen, haben sie sich Pörten erbaut und ihre Lebensart ganz auf ihre Landesweise eingerichtet. Swedjen, und wo Gelegenheit war, Jagd und Fischerei waren die Erwerbszweige, die sie erwählten: so wie das Swedjen ohne Zweifel die Veranlas-

*) M. s. Om de på Swenska sidan bvende Finnar. Åbo - Tidningar 1793. nr. 5 — 8. 10. 13. 1}. 32. 49. 52

sung zu ihrer Ansiedelung war, so verursachte es auch in der Folge die Verfolgungen und die Härte, die öfters gegen sie ausgeübt ward.

Wann sie in Schweden einwanderten, kann nicht mit völliger Gewißheit bestimmt werden. Es ist aber sehr wahrscheinlich, daß es durch Gustav I. und Carls IX. Veranstaltung geschah, die um verschiedne große und entlegne Waldgegenden anzubauen und zu bevölkern, finländische Familien herüberriefen, um daselbst Swedjebau zu treiben. Diese Vermuthung wird durch die unter ihnen fortgepflanzte Tradition bestärkt; Carls Andenken ist noch in dankbarer Erinnerung bei ihnen und er wird mit dem Namen der gute König (hywå Kuningas) bezeichnet; auch die schriftlichen Urkunden über ihr Besitzungsrecht sind alle aus diesen Zeiten und manche Familien wissen ihre Vorfahren bis auf den ersten herzuzählen, der sein Vaterland verließ.

Sie stammen unstreitig aus Nordsawolax oder dem Härad Rautalambi, dessen Einwohner auch für Sawolaxer gerechnet werden müssen. Es war natürlich, daß man die Colonisten nicht aus Gegenden wählte, wo bereits ordentlicher Ackerbau das gewöhnliche Gewerbe war, sondern aus dem innern Lande, dessen Einwohner nur das Swedjen verstanden: sie konnten auch am leichtesten zur Auswanderung veranlaßt werden, sobald man sie nur versicherte, daß sie große Waldungen mit aller Freiheit benutzen sollten. Ihre Sawolaxische Abstammung verräth sich auch hinlänglich durch ihren Dialect, und den Gebrauch der Geschlechtsnamen, die allein die Sawolaxer gebrauchen und die

bei

bei den Colonisten größtentheils dieselben sind, die in Sawolax und Rautalambi vorkommen.

Wärmeland war, als es zu Carls Herzogthum geschlagen ward, beinahe völlig öde, voller Waldungen und Sümpfe; ganz Wäsehärad, Carlskoga und Nyed machten eine Wüste aus, bis sich Finländer daselbst niederließen: jetzt sind sie aus diesen Districten ganz verdrängt. Dasselbe gilt von Gilbergahärad, wo, wie in den zunächst an der norwegischen Grenze belegnen Oertern, sie sich im Anfang vornämlich niederließen; ihre Nachkommen, die hier noch übrig sind, haben bloß den Namen Finnen behalten und sind in Sprache und Sitten ganz zu Schweden geworden. Wirkliche Finnen trifft man jetzt nur noch in Elfdals-Jösse und Fryksdals-härader, in den Kirchspielen Gunnarskog, Järnskog, Ny, Dalby und Fryksände; ihre Wohnörter erstrecken sich längs der Grenze und den Bergrücken, mit denen sie sich an einigen Stellen in's innre Land krümmen, von Dalarne bis zum Kirchspiel Eda, in einer Strecke von 21 Meilen. Aber hauptsächlich halten sie sich neben der norwegischen Grenze auf, wo sie am wenigsten unangenehmen Einschränkungen und Verfolgungen ausgesetzt waren.

Zuerst scheinen diese Finländer als eine Art Kronhäusler angesehn zu seyn, und genossen viele Freiheit, weswegen sie sich auch bald ansehnlich vermehrten und ausbreiteten. Im Jahre 1644 waren sie bereits so zahlreich, daß in dem dänischen Kriege einige hundert Mann von ihnen aufgeboten werden konnten. Indessen dauerten ihre Freiheit und ihre guten Tage nicht lange.

Ihr eigenmächtiges Verfahren mit den Wäldern, das mit der Zeit und bei der zunehmenden Bevölkerung einem Theil ihrer schwedischen Nachbarn schädlich zu werden drohte, erweckte besonders bei den Besitzern der vielen nach und nach angelegten Eisenfabriken Mißvergnügen, deren großes Holzbedürfniß Befriedigung der Wälder vor der finländischen Oeconomie erforderte. Die Finnen wurden bald verhaßt und auch bei der Regierung übelangeschrieben. Schon im Jahre 1627 ward in Dalarne höchlich über ihre zu große Vermehrung geklagt. Es wurden äußerst strenge Befehle gegen sie erlassen; ihre Hütten und Häuser sollten abgebrannt und ihnen ihr Getreide genommen werden, damit sie aus Mangel an Unterhalt gezwungen seyn möchten, die Waldgegenden zu verlassen. In der Holzordnung von 1647 wird verordnet, daß über ihre Wohnpläze eine Untersuchung angestellt werden soll, in wie weit sie dem Lande und den Wäldern schädlich seyn möchten: es ward ihnen verstattet, ordentlichen Ackerbau zu treiben, aber alles Swedjen unter schweren Drohungen untersagt. Die Folge dieser harten Gesetze war, daß sie einen großen Theil ihrer ältern Wohnstellen verließen und aus den Gerichtssprengeln, wo sie sich zuerst ansiedelten, ganz verschwanden. Einige wurden gezwungen, Köhler unter den Fabriken zu werden, wodurch sie sich leichter mit ihren schwedischen Mitbrüdern verschmolzen: andre wurden ordentliche Ackerbauer, deren Grundstücke beschazt wurden, worauf sie in Ruhe leben konnten. Nach der königlichen Resolution vom 8. Dec. 1680 ward ihnen erlaubt, kleinere Swedjeäcker nach vorhergegangner Besichtigung auszuhauen, um die Weide zu vermehren: diese Freiheit ist aber durch spätere Verordnungen wieder sehr eingeschränkt. Zum Glück für die Finnen in Wärmeland wurden die obgedachten Verordnungen nicht immer mit der äußersten Strenge ausgeführt: sie wurden nicht Knall und Fall davon gejagt, sondern ihnen ward Zeit gelassen, sich anders einzurichten; und durch spätere gesetzliche Verfügungen wurden ausdrücklich mildere Bestimmungen festgesetzt.

Gegenwärtig ernähren sie sich hauptsächlich von Viehzucht. Ihre Butter, ihr Käse (den man in Sawolax nicht verfertigt und dessen Bereitung die Colonisten später gelernt zu haben scheinen) und ihr Talg stehn in Ansehn. Ihre Gefäße halten sie sehr reinlich. Sie haben verschiedne eigenthümliche, in Finland übliche Speisen; z. B. Rieska, ein Kuchen aus Mehl und Wasser, der auf einer eisernen Platte gebacken wird; Motti (in Finland Hillo) eingekochte Preißelbeeren mit rohem Mehl. Sie haben viele Geschicklichkeit im Holz- und Balkenhauen. Wenn sie Gelegenheit und Erlaubniß haben, säen sie auch etwas Rocken in Swedjeland: und der finländische Swedjepflug (Sahra) ist überall bei ihnen im Gebrauch. Zum Ackerbau haben sie wenig Neigung: aber sie müssen jetzt aus der Noth ein Gesetz machen. Ihr Widerwille rührt jedoch großen Theils von dem schlechten Boden her, der sehr steinigt ist und meistens aus Sand besteht. An einigen Stellen haben sie ihre Aecker mit Steinwällen eingehegt. So wie ihre Nachbaren gebrauchen sie hauptsächlich Mengkorn. Zur Urbarmachung von Morästen haben sie große Lust, wenn sich nur irgend eine Gelegenheit findet. Es giebt unter ihnen auch starke Bärenschützen.

Sie sind im Ganzen stark, ausdauernd und können geduldig strenge Arbeit und Mangel ausstehn: Gastfreiheit üben sie gern. Sie sind heftig und jähzornig, aber lassen sich leicht versöhnen: ohne Verstellung und viele Umstände, aber doch nicht grob; sie halten pünctlich ein gegebenes Wort: dagegen beschuldigen ihre schwedischen Nachbaren sie der Zurückhaltung, (was aus den vielen Ursachen, die man ihnen in frühern Zeiten zum Mißtrauen gegeben hat, leicht zu erklären ist;) des Eigensinns und der Proceßsucht. Gegen die Feinde haben sie immer Muth und Tapferkeit bewiesen. Die Schweden sind sehr geneigt sie für Hexenmeister zu halten.

Sie wohnen in Pörtten, in denen der Ofen meistens auf der rechten Seite des Eingangs angebracht ist. Löcher dienen zu Fenstern: einige haben doch den Schweden zu Gefallen sich mit einem kleinen Glasfenster versehn; der Rauch nimmt seinen Ausweg durch ein Loch oben im Dach (der Finländer Räppänä oder Lakeinen), das mit einer Klappe versehn ist, um nach den Umständen geöffnet oder verschlossen zu werden. Statt Stühle gebrauchen sie blos Bänke: sie haben keine Betten, sondern liegen auf Stroh, das am Abend herein und des Morgens herausgebracht wird. Die Kinder schlafen im Winter auf dem Ofen, sonst auf dem Boden oder den Bänken, in Pelzen. Uebrigens halten sie ihre Pörtten ziemlich reinlich. Außer ihren Wohnungen haben sie besonders eingerichtete Küchen (bei den Finländern Kota.) Ihre Hütten sind gemeiniglich sehr volkreich.

Auch in der strengsten Kälte gehn sie ohne Halstuch: sie brauchen kleine runde Mützen ganz von derselben Art wie die finländischen Pitnilkor und alltäglich Schuhe von Birkenrinde. Sie baden das ganze Jahr hindurch wöchentlich 2 bis 3 Mal: beide Geschlechter baden gemeinschaftlich in Gegenwart ganzer Dorfschaften und laufen im Winter entweder in's Freie, um sich auf dem Schnee herumzuwälzen oder springen im Sommer in's Wasser. Sie essen weiches Brot; bei ihren Hochzeiten lieben sie keinen Staat, sondern Braut und Bräutigam gehn in ihren gewöhnlichen Feierkleidern. Obgleich sie viel im Rauch leben, trifft man doch selten einen Blinden unter ihnen.

In ältern Zeiten hielten diese Finländer sich von ihren schwedischen Nachbaren sehr entfernt. Nicht nur ihre entlegnen Wohnungen, wohin keine Wege gebahnt waren, sondern auch die Ungleichheit der Sprache, der Sitten und Oeconomie erschwerten die Gemeinschaft; dazu kam der Eindruck, den die Verfolgungen auf die Finnen machten, denen sie des Swedjens wegen ausgesetzt waren, eines Nahrungszweiges, zu dessen Betreibung man sie ausdrücklich aus ihrer Heimath gelockt hatte. Wenn ein schwedischer Bursche um ein finländisches Mädchen warb, erhielt er sicher einen Korb; die Finländer hielten ihre Töchter für hübscher als die schwedischen, was auch öfters der Fall ist, aber nur so lange sie unverheirathet, oder vielmehr, so lange sie jung sind: der Rauch in ihren Pörtten ist fur die Schönheit sehr schädlich und man kann nichts häßlicheres sehn als ein finländisches altes Weib mit ihrer Pfeife im Munde, woran sie sich meistens gewöhnen sobald sie verheirathet sind. Aus ihrer Zurückgezogenheit haben ihre Nachbaren Gelegenheit genommen, sie des Hochmuths zu bezüchtigen und mit dem Spottnamen Finnadel zu belegen. Mit der Zeit haben sich die beiden Völker einander mehr genähert; jetzt verheirathen sie sich öfters mit den Schweden und einige haben auch angefangen, eigne Fremdenstuben für Gäste anzulegen, denen die Hitze in ihren Pörtten unerträglich ist.

Zu den meisten Findörfern führen noch immer keine ordentliche Wege und daher ist ihre Communication mit den Nachbaren oft sehr schwierig. Allein die schwedische Sprache ist jetzt unter ihnen, besonders unter den jüngern, allgemein; nur einzelne alte Personen haben Mühe, sie zu verstehn oder sich vollkommen darin auszudrücken. Dadurch ist das Finländische an vielen Stellen ganz außer Gebrauch gekommen und ausgestorben; besonders wo sich die meisten unter ihnen mit schwedischen Frauen verheirathet haben. Dieser Veränderung folgt auch ein Wandel der Sitten und Lebensart, so daß sie auf diese Art nach und nach ganz mit ihren schwedischen Nachbaren zusammenschmelzen. An vielen andern Orten erhält sich jedoch ihre Muttersprache, ohne bedeutende Veränderung: hin und wieder ist sie indessen verdorben oder mit schwedischen Wörtern vermischt. Unter sich reden sie finländisch und schwedisch blos mit Schweden. Bei der Aussprache des Schwedischen machen sie dieselben Fehler wie die eigentlichen Finländer: P sprechen sie wie B und D wie T, und umgekehrt, das S setzen sie oft unrichtig oder lassen es weg; z. B. Stricka statt

Dricka (trinken) und Nickare statt Snickare (Tischler.) Hauptsächlich hat sie der Mangel an Predigern und finländischen Religionsbüchern gezwungen, sich auf die Erlernung der schwedischen Sprache zu legen. Zu gewissen Zeiten wollte man sie mit Gewalt dazu anhalten: es ward unter Carl XI. 1682 ein Befehl ausgewirkt, daß sie, entweder um einen nothdürftigen Unterricht im Christenthum zu erhalten, die schwedische Sprache erlernen, oder ganz aus der Gegend verwiesen werden sollten. Zum Glück für diese armen Finländer ernannte der König einige Jahre nachher 1690 seinen Hofprediger, Joh. Schäfer, einen gebohrnen Finländer, zum Propst in Gefle, der gleich nach seinem Amtsantritt die Finmarken besuchte und finländische Catechisationen anstellte: der König entdeckte, daß es einen glücklichern und billigern Weg zur Aufklärung dieser seiner Unterthanen gebe, und er verordnete den gedachten Schäfer zum Generalvisitator in allen Finmarken und bestellte für die Finländer eigne Priester. Ehe sie ihre schwedischen Lehrer verstehn lernten, waren sie in einer großen Unwissenheit. Sie lärmten in der Kirche, besuchten die nahgelegnen Krüge, die Jungen kletterten auf den Thurm und spielten Karten; die Taufe ward bisweilen so lange aufgeschoben, bis die Knaben selbst zum Priester gehn konnten: allein nachdem sie die Sprache ihrer Geistlichen gelernt haben, sind sie an Kenntniß des Christenthums ihren Nachbaren völlig gleich, und wohnen dem öffentlichen Gottesdienst mit vieler Andacht bei, ungeachtet sie einige beschwerliche Reisen von 9 bis 10 Meilen machen müssen, um zur Kirche zu kommen. Zu Hause lesen sie die Bibel und allerlei schwedische und finländische Erbauungsschriften; Bücher der letzten Art haben sie gegenwärtig in ziemlicher Menge; die Buchbinder versehn sie damit auf den Märkten und ließen sich im Anfang sehr theuer bezahlen.

Aus Wärmeland scheinen sich seitdem Colonien ausgebreitet zu haben. Man findet sie in ziemlicher Menge in Dalarne. Die großen Waldgegenden, die an Wärmeland stoßen, scheinen sie angelockt zu haben, sich daselbst bei zunehmender Bevölkerung niederzulassen, besonders da sie in Wärmeland immer mehr verfolgt und vertrieben wurden. Vielleicht sind sie auch unmittelbar aus Finland hieher versetzt: wenigstens führt eine allgemeine Tradition ihre erste Ansiedelung auf die Zeiten Johanns III. und Carls IX. Da sie im Anfang nicht blos geduldet, sondern auch aufgemuntert wurden, vermehrten sie sich bald und verbreiteten sich über mehrere Kirchspiele, bis sie wieder den Bergwerken und Fabriken zu nahe kamen, wo sie natürlich dasselbe widrige Schicksal als in Wärmeland erfahren mußten. Indessen haben sich ihre Nachkommen hier erhalten; an einigen Stellen sind sie mehr, an andern weniger mit ihren schwedischen Nachbaren zusammengeschmolzen: ihre Sprache, ihre Sitten, ihre Bauart und Oeconomie haben sie mehrentheils beibehalten: doch verstehn sie alle schwedisch und sie können daher an dem Gottesdienst ohne Schwierigkeit Theil nehmen. Ferner haben sie sich in Westmanland, in Gestrikland, in Helsingland, in Medelpad, in Herjedalen und in Ångermanland angesiedelt: in diesen Provinzen sind sie jedoch bereits sehr verschwunden oder vielmehr mit den Schweden verschmolzen; die vielen halbfinnischen Wörter, die in dem nordschwedischen Dialect vorkommen, scheinen von ihnen herzustammen.

II. Von den Finländern in Norwegen *).

Die glückliche Gelegenheit zum Swedjen veranlaßte die Finländer auch über die norwegische Reichsgrenze zu gehn und sich hier auszubreiten; hauptsächlich halten sie sich in der Vogtei Sollöer und im Kirchspiel Tryssild auf, das an der schwedischen Grenze liegt: ob sie sich nach andern Gegenden ausgebreitet haben, darüber fehlt es an Nachrichten. Zuerst sollen sie sich um das Jahr 1624 eingefunden haben **). Sie bewohnen in Tryssild etwa 13 Höfe und verschiedene dazu gehörige Kathen. Ihre Zahl macht ungefähr 250 Seelen aus. Nach der unter ihnen vorhandnen Tradition sollen sie vor den Russen aus ihrem Lande geflüchtet seyn und sich in den benachbarten schwedischen Grenzprovinzen niedergelassen haben. Sie haben vorzüglich Waldberge ausgesucht, die für ihr Swedjen besonders bequem sind. Wegen der Jagd und des Rockenbaus wollen sie sich nicht gern im ebnen Walde niederlassen. Es verdient bemerkt zu werden, daß sie nicht weiter nördlich als Tryssild wohnen und auch hier nicht weiter als bis zum Anfang der

*) Aus A. C. Smith beskrivelse over Trysild Praestgjeld i Agger huusstift i Norge, Kap. 21, in Topographisk Journal for Norge, 23stes Heft. S. 44—63.

**) E. Pontoppidans natürl. Historie v. Norwegen I. S. 188.

Alpen, weil dort des strengern Clima's wegen die Rockensaat nicht gedeiht. Zum Unterschied von den Lappen, die bei den Dänen Finnen heißen, nennen sie sich Rokkenfinnen; (Rugfinner.) Jede finländische Familie hat ihren Zunahmen, dessen sie sich doch selten bedienen: es sind dieselben, wie bei ihren Brüdern auf der schwedischen Seite. Sie sprechen das Dänische eben so wie diese das Schwedische; ihre Muttersprache nähert sich unter ihnen ihrem Untergang: die Jüngeren verstehn nur noch wenig davon und können sie nicht mehr sprechen. Die Gegend, wo sie wohnen, heißt im Allgemeinen Finwald oder Finmark. In Trysild gehören ihnen ihre Höfe eigenthümlich zu, in Sollöer sind sie meistens Häusler. Gewöhnlich liegen ihre Wohnungen auf Bergen und den Nahmen derselben ist daher in der Regel berg angehängt. In Sollöer wohnen sie noch in Pörtten, in Trysild hingegen haben sie eben solche Häuser als die norwegischen Bauern. Daher kommt es vielleicht, daß die letztern nicht die dürren, fahlen Gesichter und die trüben, rothen Augen der erstern haben, die eine Wirkung des vielen Rauchs sind, der so oft ihre Badstuben anfüllt. Sie baden sich etwa einmal in der Woche. In ihren Badstuben steht ein kleiner Ofen von Feldsteinen. Wenn dieser wohlerwärmt und der Rauch verzogen ist, entkleiden sich die Badenden und stehn oder hängen sich oben über dem Ofen an die Balken, während der Ofen mit Wasser begossen wird und sie mit einem heissen, feuchten Dampf umgiebt. Unterdessen schlagen sie ihren Körper mit Ruthen, wodurch er noch mehr erleichtert und die Glieder weicher und geschmeidiger werden. Wenn sie aus dem Bade kommen, überschütten sie sich entweder mit kaltem Wasser oder laufen in den Bach. Sie sind gute Schützen und im Schlittschuhlaufen geübt. Swedjen war ehemals mehr als jetzt ihr Hauptgewerbe. Gegenwärtig beschäftigen sie sich mehr mit Holzhauen, ohne doch ihren väterlichen Nahrungszweig ganz zu vergessen. Tannenberge sehn sie am bequemsten für die Rockensaat an: sie verrichten das Swedjen auf die gewöhnliche verderbliche Art. Die Aerndte ist oft sehr lohnend. Sie trocknen ihr Getreide in Rygen oder Trockenhäusern. Die meisten Finländer sind in bessern Umständen, als die norwegischen Einwohner von Trysfild; man schreibt es ihrem Swedjen zu; die in neuern Zeiten diese Nahrungszweige mit geringerm Eifer betrieben haben, sind nicht so wohlhabend als ihre Vorfahren. Im Ganzen leben sie jedoch besser als ihre Nachbaren. In den großen Walddistricten, worin ihre Höfe liegen, giebt es viele grasreiche Sumpfwiesen, so daß sie eine Menge Vieh unterhalten können. Ihre Aerndten schlagen selten fehl und der Gebrauch des Rindenmehls ist in den Finmarken weit seltner, als bei den eigentlich sogenannten Trysfildern. Die Finnen werden von vielen der Zauberei, Hexerei und andrer Gaukeleien beschuldigt. In ältern Zeiten herrschte auch wohl ein größerer Aberglaube unter ihnen, als bei den andern norwegischen Bauern, gegenwärtig ist er aber fast ganz ausgerottet.

Diese Finländer sind achtungswerthe Menschen, ziemlich aufgeklärt, und besitzen große Dienstfertigkeit, Wohlwollen und Nachgiebigkeit. Aber eine gewisse

Schwermuth, eine Art von Melancholie ist in den Finwäldern allgemeiner, als in andern Gegenden. Ihre Ackergeräthe sind von den bei ihren Nachbaren gebräuchlichen wenig verschieden: doch haben sie den finländischen Pflug. Sie beschäftigen sich weniger als die andern Trysfilder mit der Fischerei. Im Frühling gehn sie fleißig auf die Vögeljagd; Holzhauen und Swedjen sind ihre Sommerarbeiten. Mit der Heuärndte fangen sie früh an und sie gebrauchen ziemliche Zeit dazu, weil ihre Sumpfwiesen so weitläuftig sind. Im Winter ist die Jagd ihre vornehmste Beschäftigung. Es giebt unter ihnen einige gute Schmidte; seine Haus- und Ackergeräthschaften verfertigt sich ein Jeder selbst. In Bildung und Tracht unterscheiden sie sich nicht von ihren Nachbaren. Sie verheirathen sich gemeiniglich nur untereinander, doch auch bisweilen mit Fremden. Ein einzelner Finne ist weniger vergnügt in einer norwegischen Gesellschaft, als ein einzelner Trysfilder unter Finnen. Mit den Norwegern reden sie dänisch, obgleich ihre Aussprache sie leicht verräth; aber kaum sind sie unter sich, so fangen sie an finnisch zu sprechen. Mit ihren schwedischen Stammverwandten leben sie in fortdauernder Freundschaft.

Erörterungen

zu meiner

Karte von Finland.

Der Auftrag des Verlegers ging dahin: Freiherrn S. G. Hermelin's Karte von Finland, durch C. P. Hällström, 1799, — um ein Drittel zu reduziren. Ich übernahm dieß Geschäft mit der nothwendigen Verbindlichkeit: *) Diese Karte, in meinem Blatte, wo nöthig, durch mathematisch-geographische Ortsbestimmungen noch zu verbessern und zu vermehren. — Jetzt hält meine Zeichnung 15 Zoll Leipzig, oder 13,08 Zoll Paris, Höhe, und Breite, im Lichten (innerhalb des Limbus), und der Maßstab von 1° der Breite oder 15 deutschen Meilen = 1,88 Zoll L. oder 1,635 Zoll P.

Die Hermelin'schen Specialkarten von Schweden sind sehr gerühmte Blätter, **) — dennoch habe ich Hermelin's-Hällström's sonst treffliche Karte nach den, meist seit ihrer Erscheinung bekannt gewordenen, zuverlässigern Ortsbestimmungen nicht nur um Sechstel-Grade der Länge, sondern selbst um Zwölftel-Grade der Breite in meiner Zeichnung verbessert, — also, daß man nunmehr dagegen ersieht: daß das Land auf H. H's Karte ziemlich verschoben ist, und daher alle Punkte dieses Blattes umgeordnet, dasselbe gänzlich umgearbeitet werden mußte, — wie die Unterschiede der Festpunkte ***) in nachstehender Tafel zeigen.

*) Meine Erörterungen zur Karte von Deutschland. S. 11.

**) Vergl. von Zach's Ephem. II. B. S. 87 bis 89; — III. 526; — IV. XXV; — Correspond. I. 116, 374.

***) Erörterungen . . . Deutschland S. 11.

Die zuverlässigsten mathematisch-geographischen Ortsbestimmungen in Finland und um dessen Grenzen.

	Länge			Breite			
Åbo	39°	50′	30″	60°	27′	40″	Hermelin's Karte von Finland, von Hällström.
		58	30		27	7	Connaissance des tems pour l'an 1809.
Unterschied		8	0			33	
		(56	54		27	0	. . . v. Zach's Corr. VII. S. 462.)
Gronskar	36	36	0	59	15	50	Hermelin = Hällström. (Daselbst ohne Namen.)
		42	15		13	50	Conn. des tems.
Unterschied		6	15		0	0	
Hango. Le fanal * . .	40	31	30	59	46	20	H. H. (Ohne Namen.)
		37	30		46	20	C. d. t.
Unterschied		6	0		0	0	
Helsingfors . . .	42	41	0	60	10	30	H. H.
		40	0		5	0	C. d. t.
Unterschied		1	0		5	30	

* Schwedisch: Lanterna.

	Länge			Breite			
Hernösand	35°	30′	0″	62°	37′	0″	H. H.
		33	0		38	0	C. d. t.
Unterschied		3	0		1	0	
		(32	3		38	0	Wurm. v. Zach's Corr. II, 268; — VII, 485.)
Kajana	45	16	10	64	14	30	H. H.
		25	15		13	30	C. d. t.
Unterschied		9	5		1	0	
		(25	15		13	30	. . . v. Zach's Corr. VII, 462.)
Kittis. Berg * . . .	.	.	.	.	.	.	H. H. * Zeitunterschied mit Upsala 25′ 45″.
	.	.	.	.	.	.	C. d. t.
	41	45	0,0	66	48	20,0	Prosperin, Maupertuis, v. Zach. v. Zach's Eph. IV, 101.
Malo'rn *	.	.	.	.	.	.	H. H. * Länge = der von Torneå. Vergl. die Nachricht Corr. I, 380.
	.	.	.	.	.	.	C. d. t.
	.	.	.	65	31	32,14	Svanberg, Ösverbom, Holmquist, Palander. v. Zach's Corr. VI, 565.
Pahtavara *	.	.	.	.	.	.	H. H. * Länge = + der von Pullingi. Vergl. die Figur Corr. V, 162.
	.	.	.	.	.	.	C. d. t.
	.	.	.	67	8	51,33	Svanberg, Ösverbom, Holmquist, Palander. v. Zach's Corr. VII, 565.

	Länge °	'	"	Breite °	'	"		
Pello. Haus Korten-Niemi *	.	.	.	.	.	.	H. H. C. d. t.	* Zeitunt. mit Stockholm 24′ 0″, Upsala 25′ 40″, Torneå 0′ 34″ mit Paris 1ˢ 26′ 54″ Längenunt. 41° 43′ 30″. Méchain. v. Zach's Eph. IV, 255.
	41	43	45	66	48	0	Maupertuis, Prosperin. v. Zach's Eph. IV, 101; — Corr. I, 117.	
Petersburg	48	0	0	59	55	0	H. H.	
	47	59	0		56	23	C. d. t.	
Unterschied		1	0			53		
		(57	54		56	23	. . . v. Zach's Corr. VII, 462.)	
		(59	13,2		.	.	Wurm. v. Zach's Eph. II, 435.)	
Pullingi. Berg * . .	.	.	.	.	.	.	H. H.	* Zeitunt. mit Torneå 1′ 27″,6 Méchain } v. Zach's Eph. 26 ,4 Triesnecker } IV, 457. Mittel 1 27 ,0 mit Paris 1ˢ 26′ 1″ Längenunt. 41° 30′ 15″ wie vorn.
	.	.	.	.	.	.	C. d. t.	
	41	30	15	66	38	32	Maupertuis, Méchain, Triesnecker. v. Zach's Eph. IV, 255, 457.	
Revel	42	27	0	59	24	0	H. H.	
		25	30		26	29	C. d. t.	
Unterschied		2	30		2	29		

	Länge			Breite				
Söderarm. Fanal * .	37°	1′	0″	59°	46′	0	H. H.	* Schwedisch: Lanterna.
		6	15		46	0	C. d. t.	
Unterschied		5	15		0	0		
Stockholm *	35	37	0	59	18	30	H. H.	* Zeitunt. mit Upsala 0° 1′ 40″ Paris 1 2 55
		43	45		20	31	C. d. t.	
Unterschied		6	45		2	1		
		(42	56		20	30	. . . v. Zach's Corr. VII, 462.)	
Torneå *	41	50	30	65	50	10	H. H.	* Zeitunt. mit Stockh. 24′ 33″ Upsala 26 13 } = mit Paris 1° 27′ 28″
		52	0		50	50	C. d. t.	
Unterschied		1	30		0	40		
		(51	45		.	.	Mechard, Lönberg, Prosperin.	} v. Zach's Eph. IV, 103; — Corr. VII, 485.)
		(52	0		.	.	Méchain	
Umba	.	.	.	.	.	.	H. H.	
	51	52	45	66	44	30	C. d. t.	
Upsala *	35	12	30	59	52	0	H. H.	* Zeitunt. mit Stockholm 0° 1′ 40″ Paris . . 1 1 15
		18	45		51	50	C. d. t.	
Unterschied		6	15		0	10		
		(17	54		51	50	. . . v. Zach's Corr. VII, 462.)	
		(17	54		51	50	. . . v. Zach's Corr. VII, 462.)	

An bürgerlicher Brauchbarkeit verliert H.H's sonst doch vorzügliche Karte ungemein viel: durch ihre Ueberladung, — indem auf diesem Generalblatte allzuviel des Inhalts der übrigen 5 *) Specialblätter von Finland, wiedergegeben ist, durch welche unverhältnißmäßige Redukzion auch der Stich an vielen, ja, den bei weitem meisten Stellen zu wahrer Krizzelei, und die Ortsnamen (für Nicht-Schwedisches Publikum) sehr oft so gänzlich unleserlich geworden, daß schon 1000 gegen 1 zu setzen: selbst weder Schwede noch Fine könne dieses Blatt völlig ablesen ohne Zweifel, und Fehler.

Mit vielen andern Karten hat auch dieses Blatt gemein: den Mangel an Namen der Gewässer, **) — welches beim Gebrauche stets sehr empfindlich fällt! — Ingleichen fehlt der Name des Breitenkreises zwischen 66° und 67°, — welcher der nördliche Polarkreis ist. — Ja, selbst für mehrere Ortszeichen, besonders auf der schwedischen Küste, fehlen die Namen! — Anderwärts fehlt, umgekehrt, für Namen, das Ortzeichen, — z. B. bei Kronstadt und im Norden von Torneå. — Auch fehlt vor Christina die Fortsetzung der Straße von Willmanstrand her. — — In der Bezeichnung der Flüsse vermißt man beinahe alle hidrographische Haltung, um ohne Weitläufigkeit ihr Verhältniß zu einander beurtheilen zu können (z. B. zu allerlei [zivilistischen, merkantilischen, militärischen] Schlüssen: auf Trennung oder Verbindung), — ingleichen den Lauf, die Richtung auf- und ab-wärts, den Fall derselben, — und, wie ihre Mündungen, so ihre Quellen, bald oder gleich aufzufinden, — — als höchst wesentlich zur (phisisch-)geographikalischen Selbst-Belehrung, und zum unterrichtenden Total-Eindrucke. Denn

*) v. Zach's Corr. I, 116.

**) Erörterungen . . . Deutschland. S. 81.

eine Karte ist mnemonisches Bild der Geographie! Die durch die Geographik *) erlernte Geographie, ist die dauerndste im Gedächtnisse. —

Ob ich, meinerseits, in Rücksicht des mir angedeuteten baldigen Bedarfes meiner Zeichnung, mich nun wohl sehr sputete, ging doch die Ausfertigung nicht nur ganz heiter vor sich, selbst während der ängstlichen Uferzeichnung dasiger zahlloser Seen, sondern ich fertigte, bei alle diesem, — auch hier nichts Gemeines: weder Tagelöhner-Arbeit, noch Hand-Werk. — Der Werth meiner geographikalischen Ausarbeitungen ist anerkannt. Ich habe da auch in der That noch nichts Schlechtes geliefert, —: denn ich habe noch nicht allzuviel herausgegeben, gleich einem Vielschreiber dieses Faches.

In den Ortsbestimmungen, deren, wäre es auch noch so mühvolle, wenn nur erreichbare Auffindung, und ihre Anwendung, einem treuen Arbeiter in der bessern Geographik oder dem geographikalischen Weinberge des Herrn, unerlaßlich ist, **) — bin ich, zum Behufe meiner Karte, der Table des positions géographiques in der Connaissance des tems pour l'an 1809 gefolgt: 1) nachdem ich gefunden: daß ihre Angaben oft ganz, übrigens ziemlich, gleichlautend sind mit meinen mühsam herausgeklaubten Resultaten (aus weiten Vergleichungen, Berechnungen, zerstreuten Angaben) in den v. Zach'schen Zeitschriften; und 2) nachdem ich zugleich erwogen: daß (wirklich!) nach der Vervollkommnung dieser Table stets gestrebt wird, — doch die Bestimmungen von Kittis, Malorn, Pahtavara, Pello und Pullingi, welche in dieser Tafel fehlen (wogegen sie wieder andere eigenthümlich besitzt),

*) Erörterungen . . . Deutschland S. 11.

**) Vergl. Ebendaselbst.

sind aus den v. Zach'schen Zeitschriften. Es ist nicht so leicht, diese Schätze zu benuzzen; man erhält da meist erst (astronomisch-)arithmetische Nüsse, die noch geknakt seyn wollen, und mit kritischen Zähnen. Denn durch Kritik überhaupt erhebt sich die Geographik zur Kopf-Arbeit, welches von der bloßen Hand-Arbeit des Hand-Werks, des Karten-Malens in den Spiel-Karten-Fabriken nicht zu sagen stehet.

Nach [1)] Ersinkung [und 2) Ausschmelzung] der gold- und silber-nen Ortsbestimmungen (deren von Platina giebt es nur wenige: Paris, Seeberg, ...), folgt in der schwierigen, kunstvollen [3)] Bearbeitung, Gebrauch, Anwendung, besonders in der Interpolazion und Intersekzion, *) — der zweite Haupt-Theil der höhern Geographik. — So wie den ersten, meine ich auch diesen andern zur Zufriedenheit der Kritik ausgearbeitet zu haben, und übergebe ihr diese Zweieinigkeit hiermit zur Betrachtung.

*) Erörterungen ... Deutschland S. 10.

Leipzig im September 1808.

G. Benj. Meißner.

FSC
www.fsc.org
MIX
Papier | Fördert gute Waldnutzung
FSC® C083411

Kolibri 360 GmbH
Ferdinand-Jühlke-Straße 7
99095 Erfurt, Deutschland
produktsicherheit@kolibri360.de